信息检索与利用教程

http://ms.lzu.edu.cn/wwhhss

主　编　王怀诗
副主编　王兴泉　程传超　胡文静

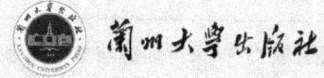
兰州大学出版社

图书在版编目(CIP)数据

信息检索与利用教程/王怀诗主编.—兰州:兰州大学出版社,2007.2(2019.7重印)
ISBN 978-7-311-02927-2

Ⅰ.信… Ⅱ.王… Ⅲ.情报检索—高等学校—教材 Ⅳ.G252.7

中国版本图书馆 CIP 数据核字(2007)第 020621 号

书　　名	信息检索与利用教程
作　　者	王怀诗　主编
出版发行	兰州大学出版社　（地址:兰州市天水南路 222 号　730000）
电　　话	0931-8912613(总编办公室)　0931-8617156(营销中心)
	0931-8914298(读者服务部)
网　　址	http://press.lzu.edu.cn
电子信箱	press@lzu.edu.cn
印　　刷	北京虎彩文化传播有限公司
开　　本	710 mm×1020 mm　1/16
印　　张	23.75
字　　数	449 千
版　　次	2007 年 2 月第 1 版
印　　次	2019 年 7 月第 8 次印刷
书　　号	ISBN 978-7-311-02927-2
定　　价	36.00 元

(图书若有破损、缺页、掉页可随时与本社联系)

前　言

当今世界，科学技术的发展日新月异。人们用"知识爆炸"来形容当今世界知识的增长。人类社会正由工业经济社会向知识经济社会过渡，人类的生活从来也没有像现在这样依赖于知识和信息。"知识爆炸"引起的文献总量和各类信息的快速增加，使人们不得不面对海量的文献资料和各类信息。如何将这些文献资料和信息有序地组织起来，在需要的时候迅速地查找出来，如何编制适应用户需要的检索工具来达到这一目的，这是知识时代人类面临的核心课题，由此产生的文献信息检索和知识检索已成为一门带有科学方法论性质的重要学科。

我国从20世纪30年代就有个别高校开设参考工具书和专业文献利用课；20世纪50年代，少数高校开设了某些专业文献的讲座或图书馆学、目录学课程；20世纪70年代，许多图书馆和情报机构举办文献检索培训班，许多高校也陆续开设相关课程。从1984年开始，国家教育部正式发文，强调了高校开设文献检索与利用课程的重要性和必要性，并指出了课程教学的目的、性质、内容和要求等。进入21世纪，信息检索与利用已经成为提高人们信息素质和综合素质的基础学科和重要工具。随着信息社会、信息技术和信息资源的发展，信息检索与利用的重要性越来越突出。它既是一个平台、一个工具，也是一个引擎，通过对信息检索与利用课程的学习，可以全面提高社会成员的自学能力和独立研究能力，促进文献信息机构对信息资源的开发利用，提高企业及各类管理人员的决策能力和水平，从而极大地提升整个社会的信息素质和创新能力。

本书根据当代信息检索与利用的发展现状及趋势，全面阐述和介绍了信息检索的基本知识、基本原理、基本技能以及信息分析与利用的基本素质。全书内容主要包括信息与信息检索、文献信息源及其特征、信息组织与检索语言、信息检索策略、信息检索工具、数据库与网络检索、特种文献检索、信息分析与利用技能、科学研究与论文写作等。通过系统的知识介绍，可以使读者全面了解信息检索的对象和机理，掌握信息检索的各种重要工具，同时学会信息分析与利用的基本技能，更好地适应现代信息社会和知识经济发展的要求。

本书具有如下特色：一是新颖性，注重介绍近几年新出现的检索方法、检索工具和最新动态，紧跟时代潮流，使读者及时了解信息检索发展的最新动态；

二是准确性，力求讲述准确，精选和考证有关资料，对信息检索涉及的基本概念、术语及信息检索的基本原理等做出恰当的阐述；三是实用性，强调培养实际应用能力，希望读者掌握各种检索工具的共性和个性，能触类旁通、举一反三；四是简明性，力求结构清晰，文字简练，具有较强的可读性。

  本书分 9 章，由王怀诗拟订提纲并撰写其中的第 1、2、4、5 章，第 6 章的第 1～3 节，第 9 章和附录部分，第 3 章由王兴泉撰写，第 7 章由胡文静撰写，第 8 章和第 6 章第 4 节由程传超撰写。全书最后由王怀诗负责统稿。

  衷心感谢兰州大学网络学院的梁国胜提出的许多有价值的意见和建议，感谢兰州大学出版社的张爱民为本书的出版给予的大力支持和帮助！

  本书编著过程中，参考了大量文献资料，但由于篇幅所限，未能一一列出，特向有关作者致歉并表示衷心感谢！由于本书的编著者水平所限，错误和欠妥之处在所难免，诚望广大读者指正。

编 者

2007 年 3 月

目 录

第一章 信息与信息检索 ... 1
- 第一节 信息社会与信息素质 ... 1
- 第二节 信息概念、特征与类型 ... 8
- 第三节 信息检索：概念、类型与发展 ... 16
- 第四节 信息检索的基本原理 ... 23

第二章 文献信息源及其特征 ... 31
- 第一节 信息源的概念与类型 ... 31
- 第二节 文献与文献资源 ... 37
- 第三节 文献的基本类型 ... 43
- 第四节 现代信息资源发展的整体特征 ... 58

第三章 信息组织与检索语言 ... 67
- 第一节 信息组织原理 ... 67
- 第二节 分类检索语言 ... 74
- 第三节 主题检索语言 ... 81
- 第四节 信息描述与标引 ... 94

第四章 信息检索策略 ... 103
- 第一节 信息检索方法 ... 104
- 第二节 信息检索技术 ... 109
- 第三节 信息检索步骤 ... 120
- 第四节 信息检索效果 ... 129

第五章 信息检索工具 ... 137
- 第一节 题录与书目 ... 138
- 第二节 文摘与索引 ... 149
- 第三节 国际著名的检索刊物 ... 163
- 第四节 参考工具书 ... 175

第六章 数据库与网络信息检索 ... 188
- 第一节 信息检索数据库 ... 188
- 第二节 联机与光盘信息检索 ... 198
- 第三节 网络信息检索 ... 216
- 第四节 数字图书馆检索 ... 232

第七章　特种文献检索 ……………………………………………240
 第一节　科技报告检索 ………………………………………240
 第二节　会议文献检索 ………………………………………248
 第三节　专利文献检索 ………………………………………254
 第四节　标准文献检索 ………………………………………270

第八章　信息分析与利用技能 ……………………………………281
 第一节　信息阅读方法 ………………………………………281
 第二节　信息分析的意义及步骤 ……………………………286
 第三节　常用信息分析方法 …………………………………293
 第四节　信息利用的保障与形式 ……………………………299

第九章　科学研究与论文写作 ……………………………………305
 第一节　科学研究的概念与方法 ……………………………305
 第二节　学术研究与学位论文 ………………………………313
 第三节　学位论文的构成要素 ………………………………320
 第四节　学位论文的写作程式 ………………………………332

主要参考文献 ………………………………………………………346
 附录1　信息检索发展大事记 ………………………………347
 附录2　DIALOG系统主要数据库一览表 …………………353
 附录3　文摘编写规则（GB6447-86）………………………361
 附录4　文后参考文献著录规则（GB7714-87）……………363

第一章 信息与信息检索

【内容提要】

信息素质是人们在信息社会中有效生活的通行证。本章从信息社会的概念、特征以及信息素质的内涵入手,分析了信息概念的研究发展历程;从信息检索角度描述了信息的基本特征和重要类型,重点分析了信息与知识、情报、文献之间的关系。在此基础上,提出了信息检索的概念、类型以及信息检索的发展阶段,探讨了信息检索的基本原理,从而在整体上为信息检索与利用确定了一个基本的研究框架。

第一节 信息社会与信息素质

一、信息社会的特征

信息社会的概念源于空想社会主义者圣西门(Saint-Simon),而最早提出者是美国社会学家、哈佛大学教授贝尔(Daniel Bell)(《后工业社会的来临——社会预测初探》,1973)。马丁(James Martin)曾把信息社会定义为一个生活质量、社会变化和经济发展越来越多地依赖于信息及信息开发利用的社会:在这个社会里,人类生活的标准、工作和休闲的方式、教育系统和市场都明显地被信息和知识的进步所影响。在他看来,衡量信息社会有5个标准:一是技术标准,即信息技术必须是这个社会的关键性能动力量;二是社会标准,即信息必须保证提高人们的生活质量,整个社会要有广泛而强烈的信息意识;三是经济标准,即信息必须成为关键的经济因素,是资源,是服务活动,是流通的商品,也是就业和财富增值的源泉;四是政治标准,即信息能够增强民主和自由,加强人们的各种参与协调活动;五是文化标准,即信息具有文化价值。

一般认为,信息社会是指信息的搜集、处理、流通、控制和利用高度发达的社会。在这种社会中,信息和知识成为经济发展中超过劳动力和资本的最重要的因素。通常认为，人类社会是在 1956—1957 年开始步入信息社会的。主要标志是：1956 年，美国从事管理、技术和事务的白领阶层首次超过生产物质产品的蓝领工人；1957 年，苏联发射第 1 颗人造卫星，使人类进入全球通讯时代。

信息社会的基本特征主要表现在以下几个方面：

1. 信息数量的激增

贝尔首先提出"信息爆炸"这一概念。奈斯比特（John Naisbitt）指出，"我们现在大量生产信息，就像我们过去大量生产汽车一样"。从 20 世纪 40 年代以来生产和累积的信息量已经大大超过了在这之前人类有史以来所有信息量之和。信息如同"麦克斯韦妖"一样，正在冲击着每一个人的眼球，吞噬着每一个人的脑细胞，人们真正生活在汹涌澎湃的信息海洋之中。以前，人们担心的是没有足够的信息，而现在更为关心的则是如何筛选以降低信息的数量，避免它们造成的障碍。

2. 信息职业的扩大

信息业成为经济发展中的基干产业，从事信息业的人数占社会劳动力的多数。奈斯比特曾经把美国职业发展的历史归纳为"农民→工人→职员"，其中的职员在很大程度上是不与生产设备和物质资料直接打交道、而与信息打交道的就业者。据统计，在美国的就业人口中，专业职位、技术职位和非技术职位的比例已从 20 世纪 50 年代的 2∶2∶6，演化为 20 世纪 90 年代的 2∶6∶2，拥有更多知识的劳动者逐步成为社会劳动力的主体。研究还发现，劳动者的财富与其受教育状况之间有某种规律性。

3. 信息资源的显化

信息与能源、材料并驾齐驱，甚至成为更重要的战略资源。我们知道，时代变迁的奥秘隐藏于"资源—工具—生产力—时代"的连锁反应的过程中。人们认识世界的宏观规律总是由直观开始，逐渐至于抽象。在物质、能量、信息三种资源之间，物质相对直观，信息相对抽象，而能量介于其间。这就决定了古代人类主要利用物质这一类资源，近代人类开始有效利用物质和能量两种资源，而现代人类正在学会综合利用物质、能量和信息三种资源。这种历史性的进步分别导致从古代无动力无智慧的人力工具、近代有动力无智慧的动力工具到现代有动力有智慧的智力工具的发展。

我们把一个社会从以材料、能源为基础向以信息、材料和能源并立而信息更具有基础性的发展态势，称之为社会信息化。在这种发展态势下，信息资源作为社会政治、经济和文化活动的内在结构性要素，在社会发展中成为更具决定性作用的因素和力量。社会信息化是信息社会最根本的标志，它是与社会物质化相对而言的。社会信息化包括两个方面：一是"硬信息化"，即以信息基础设施建设为标志的信息技术在社会领域的全面推广；二是"软信息化"，即以信息服务发展为标志的信息资源与社会活动的深度融合。社会信息化已经引起世界各国的广泛重视。

4. 信息应用的泛化

信息产生于社会的各个领域，也服务于社会的各个方面。信息技术和信息产品深入到日常生活中。决策科学化、生活多样化、权力分散化和技术综合化等等都与信息网络的发展息息相关，真可谓"信网恢恢，疏而不漏"。信息网络是人们获取、开发、传播、加工、再生和利用信息资源的基本技术设施体系，它与保障信息网络有效运转的社会支持环境一起，共同构成一个社会的信息基础结构。1993年9月，美国提出"国家信息基础设施"（National Information Infrastructure，NII）计划，率先进入社会发展的快车道——信息高速公路。1994年9月，美国提出"全球信息基础设施"（Global Information Infrastructure，GII）计划，建议把各国的NII联通，实现各国之间的信息共享，建立一个全球的信息市场。1993年3月，我国政府开始启动国家信息化工程，即以"三金工程"为代表，后扩展为"八金工程"，社会信息化程度大幅度提高。

5. 信息意识的强化

终身教育是信息社会的基础，信息意识和自我学习的重要性越来越得到社会的首肯。信息意识是指人们利用信息系统获取所需信息的内在动因，具体表现为对信息的敏感性和洞察力，并及时对其进行分析、联想、综合和推理等，从而判断该信息是否能为自己或某一团体所利用，是否能解决现实生活或实践中某一特定问题等一系列的思维过程。

信息意识主要包括信息认知、信息情感和信息行为倾向3个层面，涉及对信息功能的认同意识，对信息来源的选择意识，对信息内涵的同构—再生意识，对信息的检索、利用和开发意识等多个方面。现代社会日益激烈的竞争，刺激了人们对信息的渴望和对信息的敏感性，从而使得人们的信息意识在不断强化。这种情况在经济、科技等领域表现得更为明显。

二、信息素质的内涵

当我们面对21世纪的国际竞争时，国民的信息素质已经成为科学研究水平、信息资源开发和利用以及国际竞争力的主要表征。

1. 信息素质的概念

"信息素质"（Information Literacy）一词最早是由美国信息产业协会主席泽考夫斯基（Paul Zurkowski）在1974年给美国政府的报告中提出来的。他认为信息素质是人们在工作中运用信息、学习信息技术、利用信息解决问题的能力。美国大学和研究图书馆协会（ACRL）把信息素质定义为：一系列有关个人能意识到信息需要并能找到、评价和有效利用所需信息的能力。

2.信息素质运动的发展

20 世纪 70 年代，信息用户教育在美国和其他西方国家开始普及；20 世纪 90 年代以来，以美国成立的"国家信息素质论坛"（The National Forum on Information）为标志，信息素质的理念迅速向英国、加拿大、澳大利亚、新西兰等国家推广；进入 21 世纪之后，包括中国、德国、新加坡、南非、西班牙、瑞典、墨西哥和南美国家在内的更多的国家，开始关注信息素质的教育问题，信息素质的培养成为一场全球性的运动。

（1）20 世纪 80 年代中后期，美国图书馆协会成立了信息素质教育委员会（Coalition for Information Literacy），目的是明确信息素质在学生学习、终身教育和成为一个良好公民过程中的作用，设计在正式或非正式学习环境下的信息素质教育模型。该委员会还出版了关于信息素质问题的报告，即《美国图书馆协会信息素质主席委员会最终报告》（The American Library Association Presidential Committee on Information Literacy: Final Report, January 1989）。1998 年 3 月，美国图书馆协会发表《信息素质教育进展报告》，对 1989 年所提出的建议的进展情况进行总结，并分析了所面临的问题，提出了相应的对策。

（2）1990 年，美国"国家信息素质论坛"成立，其成员来自 65 个不同国家的不同部门。同年，美国大学与中学教育中部协会的高等教育委员会制定了"信息素质教育结果评估大纲"。

（3）美国高等教育协会（AAHF）成立了"信息素质教育行动委员会"，定期开展活动。1994 年至 1995 年，美国对全国 3 236 所大学的信息素质教育情况进行了调查。

（4）2000 年 1 月，美国大学和研究图书馆协会制定了《高等教育信息素质能力标准》（Information Literacy Competency Standards for Higher Education），并于 2004 年 1 月在全美大学图书馆协会上正式通过。该标准包括 5 项标准、22 项操作说明和 86 个细目，作为教师或图书馆员评估学生信息素质能力的一个指南，为信息素质的测度提供了一个基本的框架。

（5）2003 年 9 月，UNESCO 在布拉格召开国际信息素质专题会议，并达成如下共识：信息素质是终身学习的一种基本人权；信息素质是个人投身信息社会的一个先决条件；信息素质是促进人类发展的全球性政策。

我国从 20 世纪 30 年代就有个别高校开设参考工具书和专业文献利用课；20 世纪 50 年代，仿照苏联开展图书馆学、目录学知识的宣传，少数高校开设了某些专业文献的讲座或课程；20 世纪 70 年代，一些高校和文献信息机构陆续举办文献检索培训班。从 1984 年开始至 1993 年，国家教育部先后 4 次发文，提出在高校开设文献检索与利用课程的重要性和必要性以及文献检索与利用教学的目的、性质和要求等。20 世纪 90 年代中后期以来，教育部和全国高校图工委等单位，在多个学术会议中将信息素质教育作为大会主题或分议题；有关信息素质方面的论文大量增加，对信息素质能力标准体系、教育体系和评价体系等做了较为深入的探索。从整体上看，信息素质教育和研究在国内得到了相当程度的发展。

3. 信息素质的测度标准

依据 ACRL 通过的《高等教育信息素质能力标准》，测度信息素质的五项标准是：

（1）学生应具备明确信息需要的内容与范围的能力。具体指标包括：定义与形成信息需要；能够识别多种类型与格式的潜在信息源；知道获取信息的费用以及产生的效益；具备对所需信息内容与范围进行重新评价的能力。

（2）学生应具备高效获取所需信息的能力。具体指标包括：选择合适的调查方法或信息检索系统，以获取所需信息；构建与实施有效的检索策略；利用联机检索终端或亲自使用一组方法检索所需信息；必要时改进检索策略；获取、记录、管理信息与信息源。

（3）学生能客观、审慎地评价信息与信息源，并将其纳入信息库与评价系统。具体指标包括：具有从获取信息中提炼信息主题的能力；为评估信息与信息源形成最初的标准；复合主题概念以形成新的概念；能通过对新旧知识的比较而确定信息的增加值；能确定新的知识对个人的价值体系的影响，并使其融入个人的价值体系中；能通过与个人、领域专家及其他人员的交流，对信息的理解与解释的有效性加以判断；决定是否有必要修订初始的查询。

（4）学生个人或作为群体的一员能有效地利用信息以完成特定的任务。具体指标包括：能够利用各种可获得的信息完成计划，以及产生特定的信息产品或成果；修订产生信息产品或成果的过程；有效地将信息产品、成果与他人交流。

（5）了解有关信息使用的经济、法律以及社会因素，获取与使用信息要符合道德与法律规范。具体指标包括：了解信息与信息技术使用的相关法律、道德伦理以及社会经济问题；在存取、使用信息资源时能够遵守法律、法规、信息资源提供的规定以及约定俗成的一些规则；对引用的成果表示致谢。

4. 提高信息素质的方式

（1）丰富的知识和经验是增强信息意识、提高信息素质的基础和前提。知识来源于信息，它一经形成又会对信息意识起导航作用。如果没有必要的基础知识，人们就会对所感知的信息不认识、不理解，也就无法利用这些信息。

（2）高度的事业心、责任感和明确的奋斗目标是增强信息意识、提高信息素质的主要动因。为了解决学习和工作中存在的问题，提高工作效率，只有具备高度的事业心和责任感,以及树立明确的目标,才能主动地去为解决存在的问题搜集和处理信息。

(3) 处处留心是增强信息意识、提高信息素质的主要途径。有目的、有针对性地留心观察周围的人物、事物,留心转瞬即逝的事物或奇特的事物,都会获取许多重要的有价值的信息。如果对周围事物或所见所闻漠不关心,当然就谈不上用意识去思考了。

(4) 开展用户培训,学习和掌握信息检索与利用课程及其他相关知识是增加信息意识、提高信息素质的重要方法。

5.信息素质教育网站

(1) 信息素质在线资源指南(Directory of Online Resources for Information Literacy)(http://bulldogs.tlu.edu/mdibble/doril/):这一网站全面反映了国外信息素质教育研究的基本状况。

(2) 美国国家信息素质论坛(National Forum on Information Literacy),(http://www.infolit.org/related_sites/):系统介绍了信息素质的概念与相关知识。

(3) 清华大学图书馆(http://www.lib.tsinghua.edu.cn/):设立有"利用图书馆100问",分为一般性问题、查找资料、数据库检索、联机公共检索书目(OPAC)、流通阅览、有关规则及咨询服务。

(4) 中国国家图书馆(http://www.nlc.gov.cn/):在"快速查询指导"等相关栏目中,曾提供有简洁的检索辅导,如怎样查找会议录、报刊论文、国家标准、统计资料、专利文献、人物传记、图像资料、革命史料、马列经典文献等。

(5) 美国特拉华大学图书馆(http://www.lib.udel.edu/tutor):在"虚拟图书馆用户培训家庭教师"(The Virtual Library Tutor)中,介绍了利用图书馆的一般技能,如主题检索方法、OPAC的利用、期刊和报纸论文的检索、情报资源的评价、如何查找联机目录等。

(6) 美国康奈尔大学图书馆(http://www.library.cornell.edu/okruef/research/tutorial):在"用户培训计算机辅助教学"网页中,提供了用户使用信息系统的具体方法和步骤,如可供参考的选题信息源、联机目录使用方法、如何鉴别和评价选题等。

(7) 美国威斯康星大学Parkside图书馆(https://uwp.courses.wisconsin.edu/)的用户教育课件:包括讲授研究选题、学习研究方法、寻找资料、搜寻Web上的研究成果、评价信息源等。

三、信息检索的研究内容与意义

1.信息检索的研究内容

任何一门学科的研究内容都是时间和研究工作的函数,并在发展过程中逐步形成自己的核心研究内容和相关研究内容。作为一门科学方法课,信息检索与利用的研究内容主要包括4个方面:

(1)信息检索的基本知识:文献、情报、知识、信息的概念;不同文献类型的特点;本专业文献概况及主要收藏单位;信息与信息素质对科学活动及个人知识增殖的作用,信息检索的意义和作用等。

(2)信息检索的基本原理:信息检索类型、信息检索程序和方法;信息组织方法、检索语言与排检法;检索工具和参考工具书的类别、特点、功用及其辅助索引;数据库和计算机检索的基本策略等。

(3)信息检索的基本技能:包括掌握若干种基本的综合性和专业性的中外文检索工具和参考工具书,了解其内容特点、适用范围、著录格式及查阅方法等,能够通过多种途径使用它们检索和专业相关的不同类型的文献;全面掌握计算机检索的方法,包括选择数据库、制定检索策略、使用搜索引擎、分析检索结果;能够独立地根据检索课题选用适当的检索工具,并综合使用多种检索工具和参考工具书完成检索课题;掌握获取原始文献的主要方法及初步分析和整理文献资料的方法;了解当代信息检索技术的现状及发展趋势等。

(4)信息利用的基本素质:对信息检索的结果进行初步的整理加工和分析研究,掌握科学的文献信息的阅读方法与技巧,掌握一定的科学研究方法,具备初步的研究论文的写作能力等。

2.信息检索的重要意义

随着信息技术的发展和人类创造的知识信息量的指数增长,人们的生存方式、教育模式和学习方法、研究方法等都发生了根本性的改变。譬如,教育模式已经由过去的强调人际互动(Human-human Interaction)的课堂模式,转变为以人机互动(Human-machine Interaction)为主的网络(E-learning)模式。"学会学习"、"终身学习"、"能力导向学习"、"开放式学习"和"检索式学习"等成为新的教育理念。在信息社会的大背景下,信息检索有着十分重要的作用。

有人把信息检索的重要性概括为4个方面:一是中心论,即信息检索是信息机构工作的中心;二是桥梁论,信息检索是联系信息生产者和信息使用者的桥梁;三是钥匙论,信息检索是打开信息资源宝库的钥匙;四是节约论,信息检索是提高研究效率,节约研究费用的保障。

我们认为,信息检索的重要意义主要表现在以下3个方面:

（1）培养人们的信息素质，提高其自学能力和独立研究的能力，使信息检索成为提升人们综合素质发展的平台（Platform）。

（2）加强用户培训，促进信息资源的开发利用，使文献信息机构成为社会信息化发展的智力引擎（Engine）。

（3）避免科研劳动的重复，提高科学研究的效率；同时积极地协助管理者做出正确决策，使信息检索成为人们有效工作和生活的一个工具（Tool）。

第二节 信息概念、特征与类型

一、信息概念的发展

信息概念是不断发展的，从日常含义到科学概念，再到哲学本质的探索，层层抽象。

1.日常含义

与符号、数据、消息、事实、新闻、情报、知识等概念混用，其核心义项是消息。李中（924—975）在《暮春怀故人》一诗中最早提出了"信息"一词。

符号是指人类感官接受外界刺激后，大脑中产生的刺激的组合；数据是各种事实、数字和字符等符号的集合；信息是指语法特征上相互关联的数据对象的集合；知识是有语法、语义关联的信息结构。

2.科学概念

科学概念不再是经验的概括，而是根植于理性的理论框架中。它与不定性、概率、熵、有序化、变异度等概念密切相关。信息作为科学概念是在近代的通信实践中产生的。

（1）哈特莱（L. V. R. Hartley）：信息是选择的自由度（1928）；

（2）申农（C. E. Shannon）：信息是用来减少随机不定性的东西（1948）；

（3）维纳（N. Wiener）：信息是指人们适应外部世界，并使这种适应为外部世界所感知的过程中，同外部世界交换的东西的名称（1948）；

（4）布里渊（L. Brillouin）：信息就是负熵，是系统组织结构和有序程度的度量（1951）；

（5）艾什比（W. R. Ashby）：信息是集合的变异度（1956）；

（6）朗高（G. Longo）：信息就是差异（1975）；

（7）布鲁克斯(B.C.Brokes):信息就是使人原有的知识结构发生改变的东西。

（8）数学家认为，信息就是使概率发生变动的东西。

3.哲学本质

信息是一切事物运动状态和方式的表象或表达，与物质、能量、运动、反映、意识等概念息息相关。

从本体论上讲,信息泛指一切事物运动状态和运动方式的表象,包括事物内部结构的状态和方式以及外部联系的状态和方式。如地下矿藏资源状况,就反映了地层内部结构的状态和方式以及外部联系的状态和方式。这种信息自我存在、自我演化,与观察者的认识无关。

从认识论上讲,信息是关于事物运动状态和运动方式的表达,它既与事物有关,更与观察者的因素有关。同样一个事物的运动状态和方式,有的观察者一无所获,而有的观察者却能从中获得大量的信息,它因人、因时、因地而异,仁者见仁,智者见智。"月落乌啼霜满天"是本体论层面的信息,"江枫渔火对愁眠"是认识论层面的信息。信息检索主要是指对认识论层面信息的检索,要获得这样的信息,主体必须具备一定的认识能力。

既然信息是物质的运动状态和方式,信息就和物质(主要指人物、事物)、运动(主要指能量上发生的变化)具有联系。没有物质,就不会有运动,也就谈不上运动状态和方式,也就没有信息可言。具体而言,信息的显示、摄取、变换、传递、存储、加工、识别、检索等所有过程都必须有物质和能量的支持。但信息也不同于物质和能量,如信息没有质量;信息传递不守恒;信息价值的大小并不与消耗的能量成比例等。

二、信息的基本特征

信息特征是指信息区别于其他事物的本质属性的外部表现和标志。我们在分析信息基本特征时,要注意掌握4条原则:首先,要根据信息的本质来分析信息的特征,信息特征对于信息本质具有相对的依赖性;其次,把信息的基本特征与基于这些基本特征派生出来的一般特征区别开来;第三,要把信息的整体特征与某一信息个体或子集的特征区别开来;最后,要弄清信息具有某一基本特征的条件和界限。例如,信息普遍性有存在的普遍性和应用的普遍性之分;信息和物质、能量都有传输性,但传输的条件和机理是不相同的。

一般来说,信息有下述基本特征:

1. 普遍性和无限性

信息广泛存在于自然界、人类社会及思维领域。人与人之间、机器与机器之间、人机之间、动物之间、植物之间以及细胞之间等都存在着信息的交换。铁和氧的化学反应、鸟语花香、服饰建筑等都是信息的表现形式。

物质运动的无限性,人类认识创造能力的无限性都决定了信息连绵不绝;即使在有限的时空中,由于物质的多样性和物质运动的连续性,信息也是无限的。

2.客观性和依附性

信息的客观性源于客观存在的物质运动的特征。信息本身尽管看不见摸不着，但它并不是虚无飘渺的东西。在人类存在之前信息就已经存在；主观信息也有其客观实际背景，并且一旦与载体相结合就成为不受主体局限的客观存在。

信息是抽象性的，只能依附于物质载体上才能为人们所交流和共享，这就是信息的依附性，或称寄载性。信息所依附的物质称为信息载体，主要有语言、文字、图像、声波、电磁波等物质载体，又包括纸张、磁带、胶片、软盘、光盘等介质。信息与信息载体的不可分性是信息具有可传递性、可转换性、可存储性和可处理性的基础，是信息能够实际利用的前提。

3.时效性和传递性

信息反映的总是特定时刻事物的运动状态和方式。当人们把此时此刻的信息提取出来之后，事物仍在不停运动；这样已经脱离源物质的信息就会渐渐地失去效用，最终只能作为一种历史记录。因此上，信息的内容和数量都是时间的函数。应当指出的是，在研究信息时效时，所取的空间界面和时间区段不同，信息的价值就会有所不同。一般而言，及时新颖的信息价值大一些，要注意收集检索；不过这在历史研究中可能恰恰相反。因此要具体分析各类信息的时效长短。

信息的传递性是指信息可以在一个时点 t_1 到另一个时点 t_2 之间传递（信息存储），也可以从一个空间点 S_1 向另一个空间点 S_2 传递（信息传输）。信息传递性的根据在于它可以脱离源物质而独立存在。个人信息的传递主要依靠语言、身势语、类语言等，社会信息的传递则依靠大众传媒、文献情报系统和现代化的信息网络系统。

4.可共享性

指同一内容的信息可在同一时间内为众多的使用者所使用；换言之，当信息从传者到达受者时，传者不会因此失去信息。信息共享实现的条件是信息对物质依附性的相对性，即同一信息可以采用多种载体。信息产品的使用价值是一个"点集"或"面"，其价值和使用价值具有非对称性；而物质产品的使用价值在同一时刻仅为一个"点"，且遵循等价交换原则，失去一物才能得到另一物。

应当指出的是，信息类型不同，信息共享的范围就不同。现代信息社会更为强调信息保密意识，这在经济、军事、个人生活方面有重要的现实意义。

除了上述基本特征之外，有些学者还指出信息的其他特征，如可塑性、可伪性、表征性、中介性、可识别性、可再生性、可替代性、可贸易性、可物化性（转化性）、可争辩性、异步性、相对性等等。

三、信息的主要类型

分门别类是科学研究的重要方式，通过分类和归类可以简化研究环境，使人们较快地将所研究的物体或事件归入到已有的类属中去，从而使研究对象变得容易处理。由于信息是一个普遍而复杂的研究对象，范围广、数量大、特征多，加上人们认识上的不统一，因此，就会出现不同的划分标准及其相应的分类。这里从信息检索与利用的实际需要出发，提出以下主要的划分标准及相应类型。

1. 以信息的主客观属性为依据进行划分：客观信息、主观信息

（1）客观信息：指对事物不加价值判断的客观公正的报道，即关于认识对象的信息。它全面客观地描述论题的各个方面，使人对该论题能够有一个完整的概念。如百科全书提供的多是基本事实的客观信息。

（2）主观信息：一般是依据事实和分析，阐明个人对论题的观点和见解，是经过思维主体加工的信息。多表现在评论、述评中。

2. 以信息的社会生成领域进行划分：社会信息、非社会信息

（1）社会信息：指对人类社会运动变化状态进行客观描述的信息，或称人类信息。包括一切人与人之间交流的信息以及由人创造的具有广义社会价值的文化形态和观念形态。社会信息既包括通过手势、身体、眼神所传达的非语义信息，也包括用语言、文字、图表等表达的语义信息。按照人类活动领域，社会信息又可分为科技信息、经济信息、政治信息、军事信息、文化信息等。

（2）非社会信息：指反映自然界一切事物的存在和运动变化状态的信息，也称非人类信息，具体又包括机器信息、生物信息、自然信息等。

3. 以信息的媒体形式进行划分：文本信息、超文本信息、多媒体信息和超媒体信息

（1）文本信息：普通的文本（Text）信息是按线性顺序排列的，阅读时，人们跟随文本的线性流向吸收其中的知识单元，遇到不懂的地方或想要知道详细情况时，就得暂时中断阅读，去查阅有关参考资料，这就打乱了文本固有的线性配置格局。文本信息促使思维的逻辑性、条理性和定型性。尽管人类的知识是一种网状结构，但是，普通的文本信息并无法反映和追踪这种网状结构，更难以对其进行修改和补充。超文本的出现为解决这一问题提供了手段。

（2）超文本信息：超文本（Hypertext）是一种通信，也是一种新型的信息管理技术，是按知识单元及其关系建立的知识结构网络。它以结点为单位组织信息，在结点与结点之间通过表示它们之间关系的链加以连接，构成表达特定内容的信息网络。因此，超文本的基本要素包括结点（Node）、链路（Link）

和网络（Network）3个方面。查阅超文本信息时，以知识片段及其关系作为追踪、检索的依据。超文本组织信息的方式与人类的联想记忆方式有相似之处，从而可以更有效地表达和处理信息，并极大地促进了人类思维方式的多样化、立体化和简单化。

（3）多媒体信息：多媒体（Multimedia）是包括文本、图像和声音在内的各种信息表达或传播形式的总称。多媒体信息系统能针对用户的需求提供各种形式的信息。它们可以是文本、图像（图表、图画、照片、动画或活动影视）、声音（语言、音乐或其他音响）以及它们的结合。由于计算机软、硬件技术的限制，相当长时间以来计算机信息检索系统只限于存储和检索书目、文摘等线索型文献，多媒体的出现使得人们接受的信息资源不但图文并茂，而且丰富多彩，并促使思维进入到一个色彩斑驳的世界中。

多媒体系统（Multimedia Information System）是计算机综合处理多种媒体信息，并在各种媒体信息间按某种方式建立逻辑连接，集成为具有交互能力的信息演示系统。它融合了数字通信、计算机、图形学和大众传播等多个学科的多种技术。计算机发展的三大里程碑分别是：个人电脑（PC）、图形用户界面（GUI）和多媒体技术。

（4）超媒体信息：1987年在美国出现超媒体（Hypermedia），它是指通过计算机控制，把各种文献载体和各种信息内容综合为一个整体，从而向读者提供各种形式和各种内容的资料。超媒体是超文本与多媒体两种技术的结合，即在信息浏览环境下，超文本的信息管理方式与多媒体的信息表现方法结合在一起时，就称为超媒体。近几年来，超媒体技术发展迅速，在Internet上超媒体应用系统不断涌现。在超媒体信息系统中，不同类型的媒体信息能高度综合和集成，空间上图文并茂，时间上媒体信息同步实现，有超文本和多媒体两种信息的特点，具有高度的交互性，能充分满足用户需求的多样性和全面性。

4. 以信息符号指称为标准划分：语法信息、语义信息、语用信息和全信息

（1）语法信息：指主体所感知或表述的事物运动状态和方式的形式化关系，是信息的第一层次，也是最基本、最抽象、研究最多的层次。目前，邮电通信系统主要关注的信息量、信道容量、信息传递的方式和手段的可靠性、速度等技术问题就属于语法信息的范畴。

语法信息反映的是信息的确定度，指的是符号与其他符号的关系，它决定着这一符号系统的结构，也称句法信息、结构信息或客观信息。语法信息主要有概率型、偶发型、模糊型和确定型四种最基本的形式。

（2）语义信息：指认识主体所感知或表述的事物运动状态和方式的含义及其逻辑上的真实性、准确性，这是信息的较高层次，反映了信息的真实度。美国著名的逻辑学家卡尔纳普（Rudolf Carnap）和希勒尔（Y. Bar-Hillel）等人在 1953 年发表的《语义信息论导论》一文中较早提出了语义信息及其量度问题。

语义信息涉及符号与客体的关系，它决定着符号的意义。信息的语义不仅与所用的语法结构有关，而且与信宿对所用符号的主观感知有关，有主观性和难度量性的特点。信息量相等的信息，其意义可以相同，也可以完全不同；同时，具有相同语法特性的信息含义也常有真伪、精粗、贫富之分，有待信息工作者和使用者进行鉴别、提炼、加工。

（3）语用信息：指信源发出的信息被信宿收到后所起的作用和效果，或者说是主体所感知或表述的事物运动状态和方式相对于某种目的的效用，也或称有效信息、相对信息。这是最高层次的信息类型。

语用信息主要涉及符号与主体的关系，反映的是信息的效用度。通常，信息的效用具有相对性，同一信息对不同的接收者和使用者有不同的价值；即使对相同的接收者也会因时空变换而有所不同。

（4）全信息：指语法信息、语义信息和语用信息的统一体。信息的形式、含义和效用是相互联系的，要充分研究某一事物，就必须全面把握该事物的状态和方式的"形式－含义－效用"等多个方面，如图 1.1 所示。

以爱因斯坦的著名公式 $E=mc^2$ 为例来说明信息三个层次之间的关系：如果不了解每个字母与数字所代表的事物的含义，那么只能获得有关"英文字母与数字的一种特定的排列方式"之类的信息，也就是说只能获得该公式的语法信息；如果知道 E 代表能量，m 代表质量，c^2 代表光速的平方，那么就能获得质能转换关系方面的信息，也即该公式的语义信息；如果进一步了解到利用质能转换公式可以改变原子核的质量状态从而获得巨大的原子核能时，就得到该公式的语用信息。

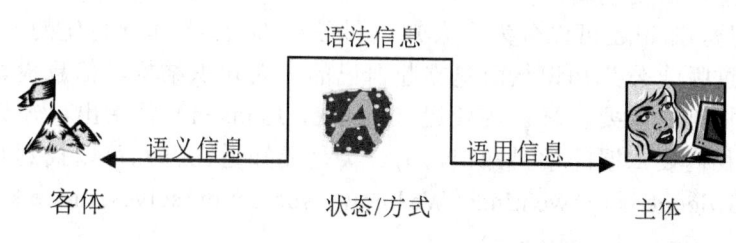

图 1.1　全信息：信息的语法、语义和语用的关系

除此之外，还可根据信息的应用部门划分，有工业信息、农业信息、科技信息、经济信息、管理信息、政治信息等；根据信息的流通范围划分，有公开信息、内部信息和机密信息；根据人类的感知方式划分，有直接信息、间接信息等等。

四、信息与知识、情报、文献的关系

1.知识

（1）知识的概念

知识是人类社会实践经验的总结，是人的主观世界通过信息对于客观世界的概括和如实反映。人们在日常生活、社会活动和科学研究中所获得的对事物的了解，其中可靠的成分就是知识。知识一般可用 6W 和 1Q 来概括，即 know-what、know-why、know-how、know-who、know-when、know-where 和 know-quantity。

（2）知识的类型

依照反映对象的深刻性和系统性程度，知识可为生活常识和科学知识。生活常识是对某些事实的判断和描述；而科学知识是通过一定的科学概念体系来理解和说明事物的知识。按成熟程度，知识可分为经验知识和理论知识；感性知识和理性知识。感性知识是对客观事物的描述和对现象或事实的感知，是未完全经过逻辑加工的信息内容；而理性知识则是对客观事物的本质和规律性的认识，是经过思维加工的信息。按照知识的应用范围进行划分，除了一部分基础知识外，大部分都是专门知识，是关于某个领域、某个主题、某种思想方法、某门科学、某种技术、某种价值体系、某种社会组织形式的认识。知识有显性知识和隐性知识之分，显性知识存在于信息载体上，通常需要经过符号化或结构化等文献处理，内容是固定的、外在的；隐性知识则存在于人的大脑中、行为上及概念里，是个人的、以经验为基础的知识。隐性知识较之显性知识更能激活灵感、启发创新。

此外，知识还可以分为个人知识和公共知识。个体社会化的一个重要方面，就是通过吸收公共知识从而建立起自己的个人知识结构，信息检索就是这种知识吸收机制的重要一环。约翰逊（Samuel Johnson）曾指出，知识分为两类：一类是我们要掌握的学科知识，另一类是要知道在哪儿可以找到有关知识的信息（Knowledge is of two kinds: We know a subject ourselves, or we know where we can find information upon it）。

知识具有意识性、信息性、实践性、规律性、继承性和渗透性等特点。知识本身或者就是科学技术，或者可以转化为科学技术，而科学技术则是促使社会发展的第一生产力。科学技术的基础是知识，社会生产力来源于知识，人的聪明才智离不开知识，知识是一切力量的源泉，是衡量一个国家综合国力和国际竞争力的重要指标之一。

2.情报是指被传递的知识或事实，其概念和功能尚在发展中

（1）概念演变：古代的情报主要是指"战时关于敌情的报告"。20 世纪 50 年代，由于科技发展，专职的情报机构的主要工作是知识的有序化，以解决情报检索的问题，于是情报概念变为"作为存储、传递和转换的对象的知识"，即情报是系统化的知识。20 世纪 60 年代，为了满足用户的多种需要，情报定义为"在特定时间、特定状态下，对特定的人提供的有用知识"。20 世纪 70 年代，为了解决情报资料激增为决策人员有效服务的问题，情报工作由一般的文献工作阶段进入了侧重与经济、社会发展相结合的情报分析研究阶段，情报定义中增添了新的内容，即"情报是激活了的知识"。20 世纪 90 年代以来，大情报观逐步确立，信息技术日新月异，情报被认为是人类社会中传递的信息。

（2）情报属性：知识性，即凡是事实、数据、信号、消息等都可以成为情报的内容；传递性，尽管知识是情报最主要的属性，但知识成为情报还必须经过传递，供人们利用；效用性，人们创造情报、交流传递情报的目的在于充分利用、不断提高其效用。情报的效用性表现在启迪思想、增进知识、改变知识结构、帮助决策、解决问题。除上述三个基本属性之外，情报还有社会性、积累性、与载体不可分性以及老化等特性。

（3）情报类型：可以按应用范围分为科学情报、经济情报、技术情报、军事情报、政治情报等；可以按情报的内容及其作用分为战略情报、战术情报等等。

3. 文献是用文字、图形、符号、声频、视频等技术手段记录人类知识的一种载体

文献不仅包括图书和期刊，而且包括会议文献、科技报告、专利文献、科技档案等特种文献，甚至包括用声音、图像以及其他手段记录知识的全部现代出版物。文献是在时间上、空间内用符号和载体积累和传播情报的最有效的手段，目前仍是情报的最主要来源，是情报的主体部分。

4. 信息、知识、情报与文献的关系

（1）信息概念不仅包括人与人之间的消息的交换，而且还包括人机之间、机器与机器之间的消息交换，以及动、植物界信号的交换。

（2）知识是人类通过加工吸收信息，对自然界、人类社会以及思维方式与运动规律的认识与掌握，是人的大脑通过思维重新组合的系统化信息的集合。因此，人类既要通过信息认识世界、改造世界，还要把所获得的信息组织成知识。可见，知识是信息的一个部分，而信息则是构成知识的原料。例如，动物异常现象，是一种自然信息，人们在长期的社会实践活动中，总结出"动物异常现象有可能是地震发生的前兆"这一结论，这时的信息便转化为知识。知识是人们对自然信息进行系统化的加工而形成的，如果信息不经过人类的加工，不能正确反映客观存在的现象，那么信息还是信息。

新知识首先发生并存在于人脑中,这就是主观知识;如果将头脑中认识的结果通过某种物质载体记录下来,就变成了可以传递的客观知识;而随着人类认识的深入发展,这种知识就逐步积累而成为较完整的知识体系,这就是人类创造的宝贵的精神财富。

(3)情报属于人工信息的范畴,信息和知识都是它的来源:激活的知识变成情报,失去时效的情报还原为知识。它们的转换过程如图1.2所示。

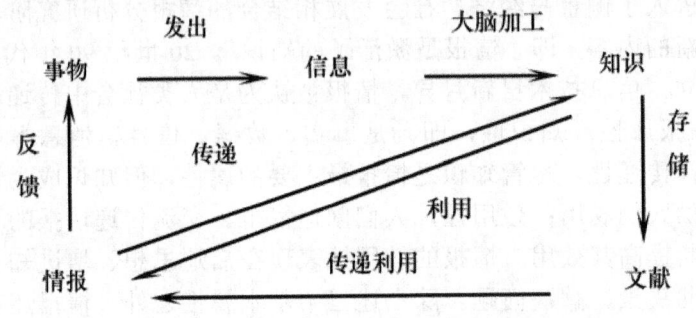

图 1.2　信息、知识与情报转换框图

物质运动发出信息;信息经人脑加工变成知识;知识被记录形成文献,被传递成为情报;情报应用于实践产生新的信息,失去时效又还原为知识。

由上述可见,信息是知识中的一部分,文献是信息的一种载体。文献不仅是信息传递的主要物质形式,也是吸收利用信息的主要手段。

第三节　信息检索:概念、类型与发展

一、信息检索的概念

信息检索是指知识的有序化组织和查找的过程。对此可以从以下几方面来理解:

1. 信息检索是信息获取的一种主要方式

在实际的工作和学习过程中,时时刻刻都离不开信息,都需要获取信息。一般来说,人们获取信息的方式可以归纳为两种类型,即直接的实践和间接的学习。对于各种非文献信息而言,人们获取的方式主要通过询问法、观察法、实验法等,通过交谈、书信往来、参观访问、考察、参加学术会议、听演讲、实物样品的搜集及技术考察等方式,而不是借助于文献来获取所需的信息。在

印刷术发明前，它们是交流、获取信息的主要方法，一般比从正式发表的文献中获取的信息要早得多，快得多。据报道，在学术杂志上发表的论文，约 1/5 已在学会内部刊物刊登，约 1/10 已在地方学术会议上宣读过，约 60% 论文作者在原稿完成后即已复制送给同行阅读；论文正式出版前以口头或文章形式将其内容作为信息传递的达 67%。可见，通过直接的实践获取信息具有迅速性、新颖性、针对性和直观性的优点，其缺点是难以评估信息的价值，客观性和真实性也难以保证，且适用范围有限。此外，还可以通过特定的信息技术和信息手段来获取信息。

与此不同，信息检索侧重于记录信息和已有的科技研究成果的获取，"他山之石，可以攻玉"，善于检索并利用他人的研究成果，是治学活动中知识的继承与发展的辩证统一。在当代社会中，通过信息检索获取信息进行创新发明，已经成为最重要的一种科学研究方式。

图 1.3 给出了人类获取信息的基本方式（T. D. Wilson，1981）。

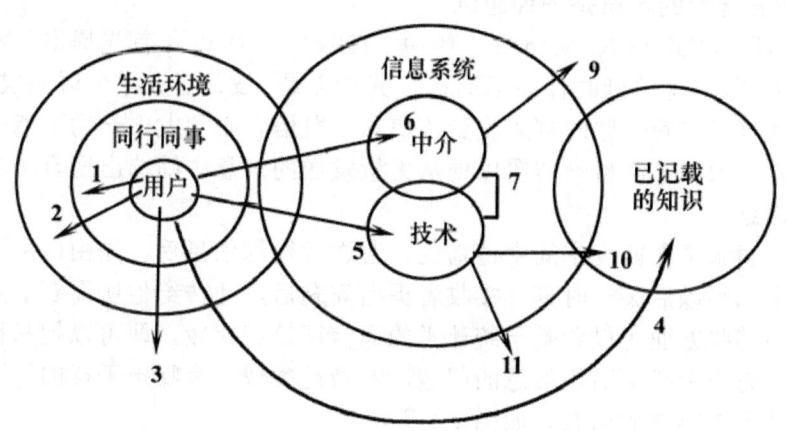

图 1.3　人类获取信息的基本方式

2.信息检索萌芽于图书馆的参考工作

图书馆的参考工作是图书馆员对读者在利用文献和寻求知识、情报方面提供的帮助活动，它以多种方式向读者提供事实、数据和文献线索。一般认为，比较正规的参考咨询服务是 19 世纪末最早在美国公共图书馆和大专院校图书馆开展起来的；1891 年，图书馆学文献中出现"参考工作"这一术语；20 世纪 20 年代初，参考咨询理论传入我国，清华大学图书馆首先成立参考部。

参考工作的基本内容有：指导利用图书馆；咨询服务（事实咨询和课题咨询）；编制书目等。参考咨询的基本流程是：接受咨询→分析确认需求→设计检索方案确定检索步骤→选择检索工具以及检索语言→进行全面检索→选择答案→提交答案并听取读者意见→建立咨询档案。

3.信息检索是人类信息活动的高层次，包括存与取两个环节

信息检索就是将信息按一定的方式存储起来，并根据用户需要找出有关的信息。它涉及两个方面，一是高度组织化的存储，二是高度选择性的检索。信息检索的全称应为"信息存储与检索"（Information Storage & Retrieval）。不过对于用户而言，后者更为直接和明晰，所以狭义的信息检索仅指后者，即检出过程；前者则主要涉及信息资源建设、数据库建设、信息组织等学科和信息工作。

信息存储主要是指对信息进行收集、加工、著录和标引，并按一定顺序存储起来形成数据库的过程。"著录"是对信息外部特征（如文献的篇名、著者、出处、出版时间等）进行分析、选择与记录的过程；"标引"则是指对信息内容特征进行分析，赋予信息以检索标识的过程。

4.信息检索的本质是一种通讯

穆尔斯（Calvin N. Mooers，1919—1994）在1948年首先提出此术语时，就把它定义为一种"延时性通讯形式"。其特点是，发信者在某一时刻发出信息，而接收者可以在晚一些时刻才收到该信息；发信者必须发出一切可能的信息，而接受者必须有某种检索装置以便从大量发送的信息中筛选出适合接收者自己需要的信息。

这种通讯是在四度空间中传播的：发送者发送信息后，先由信息机构设法存储起来，待以后某一时刻，接收者提出问题后，才传给他所需要的那部分信息。它的某些方面可以和基于统计学的通信理论相比较，即可以把从范围较广泛的知识海洋中找出适用信息的问题，看做是类似于有噪声干扰的情况下探测信息脉冲是否存在的问题。如图1.4所示。

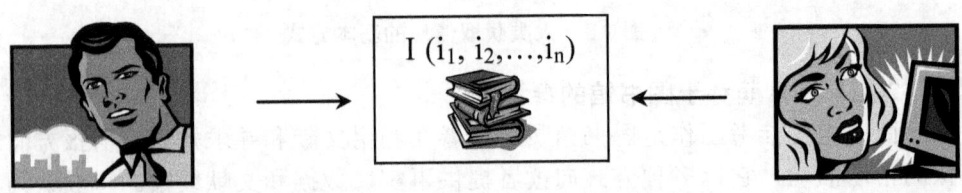

图1.4　信息检索：一种延时性通讯

5.信息检索是一个发展中的概念

信息技术的进步，应用领域的扩大，可供存取的信息媒体的多样化以及人工智能的研究的发展，这些都促使信息检索在不断的发展。从图书馆咨询到文献检索、情报检索再到信息检索、知识检索、知识发现，信息检索的概念作为检索实践的产物，也需要不断的发展和完善。例如，"存取"（Access）、"搜索"（Search）已成为更为流行的、既含有信息检索过程又能体现社会信息化特征和人类获取信息行为的术语。"信息存取"（Information Access）、"存取服务"（Access Services）等术语有可能取代传统的"信息检索"（Information Retrieval）和"信息服务"（Information Services）。

二、信息检索的类型

1.按存储与检索的对象为标准划分

（1）文献检索（Document Retrieval）：以文献为检索对象的信息检索，是指将文献按一定的方式存储起来，然后根据需要从中查出有关课题或主题文献的过程。文献检索主要是一种相关性检索，即只能查出与用户提问相关的文献，供用户参考，而不能解答用户所提出的问题；文献检索是信息检索的核心部分，广义的文献检索即是信息检索；文献检索主要面向信息资源管理者、教学科研人员。

根据检索的内容，文献检索可以进一步细分为：书目检索，即以文献线索为检索对象。换言之，检索系统存储的是书目、题录、索引和文摘等二次文献；全文检索，即以文献所含的全部信息作为检索对象，检索系统存储的是整篇文章或整部图书。检索时可以"文海捞针"，查到原文以及有关的章、节、段、句等文字，并能够进行各种词频统计和内容分析。

在20世纪80年代之前，由于受计算机硬件技术的限制，检索主要是以"二次文献"为主，数据库记录主要储存的是文献特征信息。用户想获取原文，必须先获取文献流水号，然后到文献机构中查找。随着计算机硬件的提升和全文数据库的建立，在20世纪80年中后期，国外出现了全文检索软件。在1990年DIALOG检索系统的300个数据库中，就有100多个提供全文服务。全文检索技术的发展和全文检索系统的出现，是传统文献检索走向新型文献检索的分水岭，以全文检索为核心技术的搜索引擎已经成为网络时代的主流技术之一。

（2）数据检索（Data Retrieval）：以具有数量性质并以数值形式表示的数据为检索内容的信息检索，或称数值检索。即检索系统中存储的是大量的数据，诸如物质的各种参数、电话号码、银行账号、观测数据、统计数据，也包括图表、图谱、化学分子式、物质的各种特性等非数字数据，并提供一定的运算推导能力。

数据检索是一种确定性检索，即检索到的各种数据是经过专家测试、评价、筛选过的，可直接用来进行定量分析；数值数据库的相关数据来自文献，有的有直接对应的印刷型文献，如名录、手册、文摘、图表等。

（3）事实检索（Fact Retrieval）：以文献中抽取的事项为检索内容的信息检索，或称"事项检索"。其检索对象既包括事实、概念、思想、知识等非数值信息，也包括一些数据信息。但要针对查询，由检索系统进行分析、推理后，将最终结果输出。

事实检索也是一种确定性检索，用户获取的是有关某一事物的具体答案。事实检索是信息检索中最复杂的一种，要求检索系统必须有一定的逻辑推理能力和自然语言理解功能。目前，许多事实检索课题仍需靠人工完成，但已经有了一些试验性的计算机事实检索系统。

2.按存储的载体和实现查找的技术手段为标准划分

（1）人工检索（Manual Retrieval）：用人工来处理和查找所需要的信息的检索方式。即通过检索者对印刷型的检索工具进行手翻、眼看、脑子判断而进行的，它是检索者与检索工具的直接"对话"，不需要借助任何辅助设备。优点是方便、灵活，边查看边思考，随时修改检索策略，查准率较高。缺点是速度慢，漏检现象严重，不便于进行多元检索。

（2）机械检索（Mechanical Retrieval）：利用某种机械装置来处理和查找文献的检索方式。大约出现于20世纪四五十年代，是介于手检和计算机检索之间的一种半自动化检索。按其使用的检索设备和信息载体可细分为穿孔卡片检索、缩微品检索等类型。

（3）计算机检索（Computer-based Retrieval）：即自动化检索，是指把信息及其检索标识转换成电子计算机可以阅读的二进制编码，存储在磁性载体上，由计算机根据程序进行查找和输出。使用的是机检系统。系统包括计算机设备、终端、通信设施、数据库和检索、应用软件等。检索主要是针对数据库进行。

根据检索者同计算机进行的不同的通信方式，可细分为：

①脱机检索（Offline Retrieval）：成批处理检索提问的计算机检索方式。检索时用户不直接使用计算机，只是把检索提问单交给系统的专职检索员，待各种提问积累到一定数量后，才输入计算机进行一次处理，然后将检索结果交给用户。相应的系统称为"脱机检索系统"或"批式检索系统"。

②联机检索（Online Retrieval）：检索者通过检索终端和通信线路，直接查询检索系统数据库的机检方式。相应的系统称为"联检系统"、"交互式检索系统"或"对话式检索系统"。1964年，美国国家医学图书馆开始了MEDLARS联机情报检索系统商业服务，使计算机检索进入了新的阶段。

③光盘检索：利用微机和光盘驱动器，对光盘数据库进行文献信息的检索方式。包括单机光盘检索（这是一种典型的脱机检索）和光盘网络检索两种类型。早在1966年就有人提出用光盘来存储信息的概念。1983年首张高密度只读光盘存储器（CD-ROM）诞生；1984年美国、日本和欧洲开始利用CD-ROM

存储专利文献、技术资料和工程图纸。1985年,世界上第1个商品化的CD-ROM数据库——BIBLIOFILE（即美国国会图书馆的MARC）推出,之后各种各样的CD-ROM数据库不断涌现。

④网络检索:指利用E-mail、FTP、Telnet、Archie、WAIS、Gopher、Veronica、WWW等检索协议和检索工具,在Internet等全球性网络上进行信息存取的行为。网络检索是一种广义的联机检索,它的发展主要得益于Internet的发展和信息高速公路建设,其基础是网络革命。现代通信、电子计算机、信息资源三者各自网络化及其相互渗透、连结、联合而形成的信息的全方位服务网络（FSN）是一场名符其实的网络革命,"三网合一"使一切信息尽在掌握。作为全球信息基础设施（GII）建设的一个组成部分,我国也正在推进中国信息基础设施（China Information Infrastructure, CII）的建设。

目前,计算机检索的质量和效果还非常有限,在提供的信息深度和广度上还不能与图书馆、档案馆等传统的信息机构相比,尤其是查准率很低。因此,手工检索尽管效率低,但由于低廉的检索费用,较高的检索质量和一次文献获得率,仍是信息检索中不可代替的一种检索方式和类型。

3.按存储文献的时间为标准划分

（1）定题检索（Selective Dissemination of Information）:定题检索是预先把用户需要的有关文献存储在计算机的存储器中,定期按用户提问要求从存储器中检索出用户所需要的最新文献,发给用户,使用户能定期得到所需要的文献信息。

（2）回溯性检索（Retrospective Search）:它是根据用户提出的课题,提供某一时间以前文献的检索方式。回溯的时间根据信息价值而定,如5年、10年或更长的时间。这种检索系统的数据库建立时间越长,存储的文献越多,越有利于进行回溯检索。这种系统,一般适用于专题文献的普查。

4.按检索系统的结构为标准划分

（1）顺排档检索（Serial File Retrieval）:它是以每篇文献为单位,按照文献号（如文摘号）的大小依次存储在存储介质上,构成顺排文档。检索时,按文献号的顺序依次检索。其缺点是检索速度慢。

（2）倒排档检索（Inverted File Retrieval）:它是将顺排文档再按主题词、分类号、文献名称、作者等检索途径编排成一个索引系统,这个索引系统称之为倒排文档。检索时,先查倒排文档（相当于查索引）,然后再从顺排文档中抽出文献内容。这种查找方法,不必逐个扫描,检索速度较快。

利用倒排文档检索,既可以进行定题检索,也可以进行回溯检索,还可以进行联机检索。而顺排文档,一般只用于定题检索和脱机检索,无法进行回溯检索和联机检索服务。

三、信息检索的发展

信息检索具有悠久的发展历史。公元前两千年，类似文摘的东西出现在封装美索不达米亚人用楔形文字写成的文献的陶制封套上。整体上看，信息检索经历了从手工检索到计算机检索，从文献检索到信息检索，从古代的书目文献检索到近现代的印刷型文摘刊物的检索，再到现当代的联机和网络信息检索的历史演变。莱斯克（Michael Lesk）把信息检索的发展分为 7 个发展阶段，即 Childhood（1945—1955）、The Schoolboy（1960s）、Adulthood（1970s）、Maturity（1980s）、Mid-Life Crisis（1990s）、Fulfillment（2000s）和 Retirement（2010）等。

1. 孕育与形成阶段（1945—1950）

西方工业国家的科技发展使信息检索有了诞生的社会基础。以德国、英国、美国和苏联为主的一些国家积累了大量的需要处理和利用的科技文献资料；西方国家对研究与开发的投入大大增加；计算机的问世并被应用于文献检索领域。这些因素成了孕育与催生信息检索的强大力量。

信息检索最初阶段的理论基础是美国科学家布什（V. Bush）和英国文献学家布拉德福（S. C. Bradford）奠定的。前者于 1945 年在《诚若所思》（As We May Think）一文中首次提出了机械化检索文献缩微品的设想；后者于 1948 年发表了《文献工作内容的改进和扩展》一文，强调了自 19 世纪 90 年代以来蓬勃发展的文献工作到 20 世纪 40 年代所面临的必须革新的局面。二者的结合促成了文献检索向信息检索的历史性转移。

2. 初期发展阶段（1950—1960）

手工检索开始越来越多地转为计算机检索系统，信息检索已初步形成了研究体系和内容：信息组织，信息存储和检索设备，机器翻译和信息需求。美国人陶伯（M. Taube）、穆尔斯、肯特（A. Kent）、卢恩（H. P. Luhn）等相继研究发展了信息检索技术，如陶伯提出的元词法和 5 卷集的《组配标引研究》、卢恩发明的题内和题外关键词索引等；费尔桑（R. A. Fairthorne）对分类检索、克莱弗登（C. W. Cleverdon）对检索系统性能的评价问题等都分别做了研究。

3. 发展与壮大阶段（1960—1980）

信息检索的研究内容、研究方法和手段、系统和网络实体、同其他学科和工程技术的交叉程度都变得更为广泛和复杂。这一时期，美国国家航空与航天局的 RECON 信息检索系统、美国国立医学图书馆的 MEDLARS、洛克希德公司的 DIALOG、系统发展公司的 ORBIT 以及书目检索服务社（BRS）的联机检索系统都相继投入使用。信息检索系统与信息用户的需求成为人们研究的关键问题,并逐步形成以兰卡斯特(F. W. Lancaster)、萨尔顿(G. Salton)和克莱弗登为代表的信息检索学派。

4. 提高与充实阶段(1980—1990)

随着数据库技术、网络技术和高密度信息存储技术的进一步发展,信息检索的研究范围和深度被大大地拓宽和提高。在这一时期,信息检索的研究重点是面向国家和国际联机信息检索系统和网络的设计与开发;光盘检索技术的应用和发展等。

5. 世纪末的骚动与对新世纪的憧憬(1990—)

Web 的出现、"信息高速公路"的建设以及网络资源的迅猛发展都给传统的文献信息检索带来技术与资源上的挑战;同时,检索的智能化、数据挖掘以及各类信息咨询、信息调查机构也对信息检索产生了重大的影响。全文本、多媒体、多原理和自动化等新型检索取得了长足的进步,信息管理专家、计算机专家、信息技术专家等共同加入到信息检索系统的研究行列。

第四节 信息检索的基本原理

人类的信息检索行为是随着特定的信息需求的产生而开始,并在特定的环境和信息检索系统中完成的。因此,信息检索的基本原理可以表述为:

1. 信息检索是信息存储与用户检索的交互过程,如图 1.5 所示

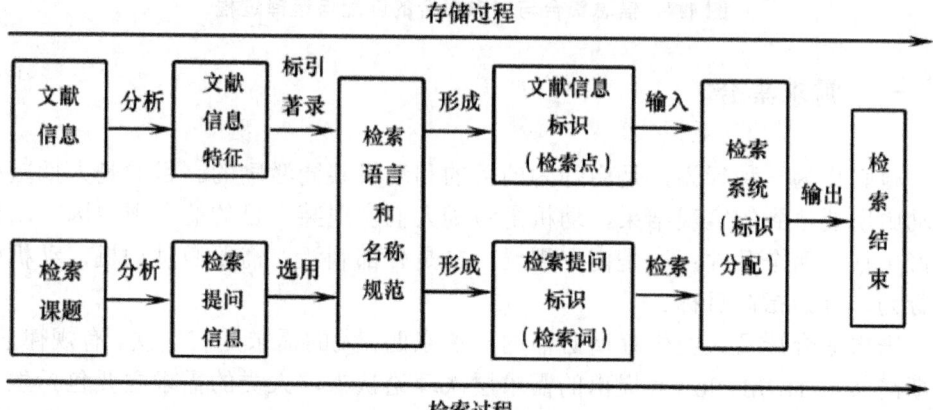

图 1.5 信息存储与用户检索的交互过程

2.信息检索是信息标引与信息查询的运算过程。如图1.6所示

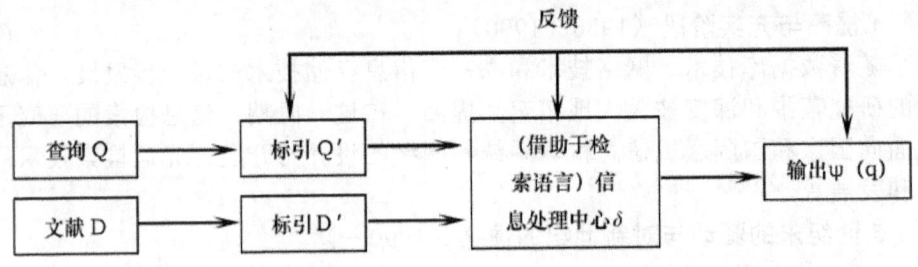

图1.6 信息标引与信息查询的运算过程

由此,信息检索基本过程可定义为一个四维组,即 $S=(D, Q, T, \delta)$。式中,D 为文献集合,Q 为用户查询,T 是标引集合,而 δ 为匹配函数。δ:$D' \times Q' \to R$,D' 是经标引的文献集合,Q' 是经标引的查询集合,R 为函数值集合。

3.信息检索是信息集合与需求集合的匹配和选择过程。如图1.7所示。

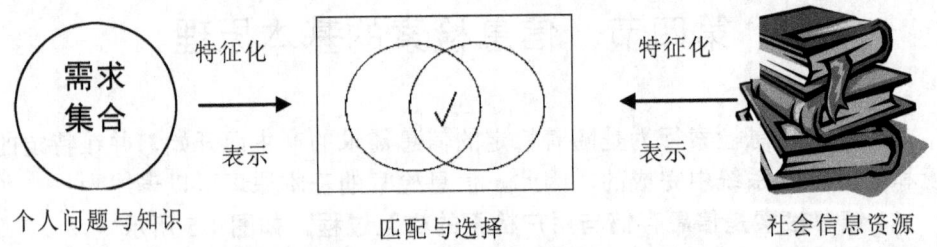

图1.7 信息集合与需求集合的匹配与选择过程

一、需求集合

检索作为一种行为,是由行为的目的和动机共同激励的。目的是人期望在活动中所要达到的客观结果,动机是激励人们实现某个目的的主观原因。动机的产生依赖两个条件:一是内在需要,二是外部刺激。需要激励动机,动机引发行为,行为指向目标。

需求集合涉及人类生存所必需的一切东西,人的需求是有层次、有规律的。马斯洛(A. H. Maslow)提出的需求层次理论认为,人类的需求主要包括生理需要(Physiological Needs)、安全需要(Security or Safe Needs)、感情需要(Affiliation or Acceptance Needs)、尊重需要(Esteem Needs)以及自我实现的需要(Needs for Self-actualization)。

应当说,人类的信息需要是所有需要中的高级需要,与其他需要相比,具

有更大的复杂性和社会性。据马斯洛的估计，在现代文明社会中，生理需要的满足率约为85%，安全需要的满足率约为70%，感情需要的满足率约为50%，尊重需要的满足率约为40%，而自我实现的需要只能满足10%左右。

1.信息需求的结构、规律与类型

（1）信息需求是一种运动状态，表现为3个层次结构。Kochen将人类的信息需求状态表示为：需求状态→被唤起和被认识到的需求状态→表达出来的需求状态。

（2）信息需求的规律。一般认为，支配人类信息需求的规律和法则主要有：

①布拉德福定律（Bradford's Law）：用户信息需求在学科领域、载体、语种等方面都呈现出集中与分散的总体发展趋势。

②穆尔斯法则（Mooers' Law）：一个信息检索系统，如果对用户来说，取得信息比不取得信息更伤脑筋和麻烦的话，那么这个系统就不会得到利用。

③齐普夫定律（Zipf's Law）：人力图求得运动行为消耗最小化，即最少省力法则。美国情报学家罗森瑞等人也都发现，用户对信息源或信息渠道的选择几乎都是建立在可获取性的基础上的，最便于获取的信息源或渠道会首先被选用，对质量的要求则是次要的。

④马太效应（Matthew's Effect）：少量用户的信息需求量，随着时间的推移将会越来越高于平均水平，并且在行为上力图占有更多的信息。

⑤罗宾汉效应（Robin Hood's Effect）：多数用户的信息需求水平总是比较平衡的。

此外，用户信息需求规律还包括：信息需求量与信息生产量之间的对应规律；信息需求随着研究工作阶段、用户自身知识结构的变化、科技发展状况而改变的内容变化规律等。

（3）信息需求的类型

信息需求主要包括对信息内容的需求、对信息源的需求和对信息获取方式方法的需求等。信息需求可以做多种类型的划分：有文献信息的和非文献信息的；有知识型、消息型、数据事实型和资料型等等。根据"我国科技电子信息资源的开发和利用研究"报告（1998），我国信息用户的需要排序是：科技信息（72.9%）、经济信息（42.3%）、社科信息（31.8%）和新闻信息（30.5%）等；北京图书馆作为综合性图书馆，其用户最需要的信息也是科技信息（62.8%），其次是经济信息（40.6%）、社科信息（32.6%）和新闻信息（26.4%）等。

不同的信息用户其信息需求是不同的。例如，社科研究者信息需求的事业特征、科技研究者信息需求的专业特征、工程研究者信息需求的行业特征以及决策管理者信息需求的职业特征等。就大学生而言，信息需求具有比较明确的专业范围和明显的阶段性,信息需求的类型、来源和获取方式都比较单一。随着教育体制改革、学习的革命性变化以及网络环境的变革,大学生的信息需求也会发生一定的变化。

2.信息需求识别与表达

信息需求是一种主观内在的心理状态,有的需求是无法用语言表达的;而有的需求则可以用语言表达出来。信息需求的表达是信息检索的前提条件。但是,正如柏拉图所说:"人们要询问的既不是他知道的,也不是他不知道的。如果他知道,则没有必要再问;如果他不知道,则他也不知如何去问。"

贝尔金(N. J. Belkin)指出,用户在与检索系统交流时,常常不能正确而完整地描述自己的信息需要,他把用户的这种知识状态称为"知识的非常状态"(Anomalous State of Knowledge, ASK),它构成了信息检索的基础。信息检索的任务就是尽力要求用户陈述自己的目标、问题和知识,而不是要求用户必须准确地指定自己的需求,然后对这些陈述加以表征,用来对相似的文献表征进行对比,从而达到检出相关文献的目的。

莫里斯(Ruth C. T. Morris)认为,用户查找信息并不表现为满足其需求的功能,而是表现为明确其需求的功能。原因在于,对于用户而言,信息的相关性(Relevance)或适合性(Pertinence)判断比清晰地表达其需求要更为容易——用户能够识别什么信息可以满足其需求,即使不知道自己到底需要什么。换言之,用户的信息需求在信息查找之初,通常是模糊的,而且不容易表达,通过对查找到的信息的相关性或适合性的判断,用户才逐渐明确自己的真实需求,最终得到满意的信息。如图1.8所示。

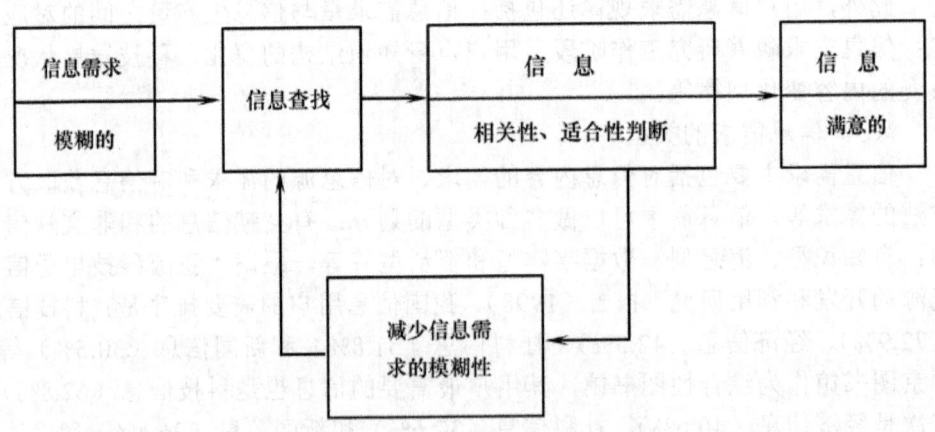

图1.8 信息需求:由模糊到明晰

因此，如何激发信息需求，清楚地表达信息需求，已经不仅仅是信息检索研究的问题，而且需要心理学、语言学、教育学和认知科学等进行整体的研究。通过知识诱导技术，采用头脑风暴法、语义网络法、社会学方法等都能够有效地发掘用户信息需求。具体包括：提问法、案例处理法、授课法、评论法、目标与概念分析法、数据处理法、行为记录法（如思考记录法、行为记录法、事后回顾法）等等。丹麦文献学家英格维森（P. Ingwersen）采用心理学中的"出声思维"（Thinking Aloud）法，即要求被调查者口述他们正在做什么以及为什么这么做，根据录音以及其他辅助观察记录，分析被调查者的信息行为特征及其原因。在英格维森看来，"信息检索的任务就是协调文本生成者、系统设计者、标引员与信息工作者、信息用户的认知结构，共同解决用户当前的信息需求。"

3.信息需求的处理与加工

信息需求的处理是指采用特定的检索语言将信息需求表示出来，换言之，将检索问题或课题进行处理，抽取出主题内容或其他特征。经过这样处理的信息需求我们就称之为 1 个提问（Query）。例如，如果需要"生物学中的计算机图像处理"这一方面的文献，那么经过主题分析，可标引为"计算机"、"图像处理"和"生物学" 3 个主题词，这 3 个主题词，是从检索系统所使用的《汉语主题词表》中查出的正式主题词。如果进行分类标引，则标引为 TP391.4，它是依据检索系统使用的《中国图书馆分类法》而确定的分类号。在检索时，如果采用分类检索途径，那么直接查分类号 TP391.4，便可将该文献检索出来；但如果采用主题检索方式，还需要编制检索提问式。

二、信息集合

信息集合是指有关某一领域的文献或数据的集合。它是一种公共知识结构，是人类积累起来的财富，有可能弥补某一特定用户知识结构的缺陷，即可以向用户提供所需要的知识或知识的线索，从而解决用户个体所遇到的问题或者减少用户的不确定性。

1.信息集合的复杂性

历史和实践表明，随着社会的发展，信息运动的速度越来越快，时间越来越短，而信息量也越来越多，尤其是社会信息，在生产、传递、利用和普及等诸环节之间加速运行，这就是人们惊叹的"信息爆炸"。换言之，信息运动在时间上越来越浓缩，在空间上越来越膨胀的发展态势，就是信息加速运动规律。

它的直接表现就是信息数量的增加、信息增速的加快、信息类型的增多,从而导致整个人类信息和知识集合的复杂化。

2.信息集合的有序化

通过信息的收集和加工处理,使信息集合有序化,使信息或文献原来隐含的不易识别的特征显性化,文献情报界把这一工作称为文献加工(Document Processing)。主要包括信息组织、信息压缩和信息研究等内容。信息组织涉及对文献信息的著录和标引;信息压缩涉及文献信息的编目、题录、简介和文摘的编制等;信息研究则主要涉及对文献信息深加工而形成的综述、述评、研究报告等信息研究成果。

信息序化是信息检索的前提,是各种信息检索工具形成的条件。信息的加工组织能够使信息集合的熵值发生变化,便于人们更好地利用信息资源。如图1.9所示。

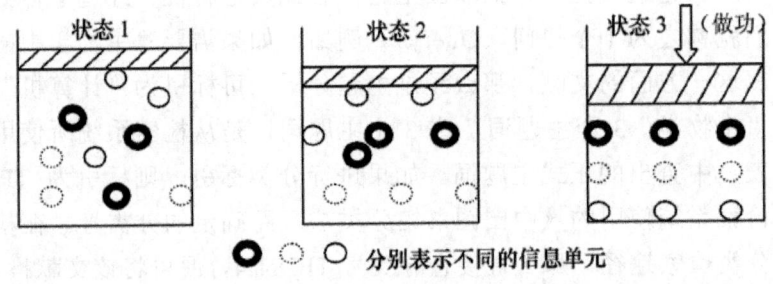

图1.9　信息加工与信息的熵变

3.检索点(Access point)

每件信息产品都包含有其内部和外部的特征,这些特征可以用来作为检索的出发点和匹配的依据。我们称之为检索点。这些检索点包括分类、著者、主题、名称、代码等。

三、匹配与选择

匹配与选择是一种机制,负责把需求集合与信息集合进行相似性比较,然后根据一定的标准选出符合需要的信息。这种机制至少包括两个因素:执行匹配的动因和选择的标准(或称匹配标准)。前者可以是人或机器或二者同时作用;后者则根据需求的性质和系统的智能水平来确定。匹配原来是电工学中的术语,对检索提问与检索标识成功匹配的描述,则称之为"命中"(Locate/Hit)。

目前，匹配运算主要采用布尔模型、向量模型、概率模型、神经网络模型、聚类模型、基于命题逻辑模型、基于规则模型、模糊模型和语义模型等方式，各种模型在表达用户信息需求的形式和深度、提供的检索手段、界面的友好性、用户对检索结果的控制、文献的表现形式和聚类方式上都各有特点。

在匹配运算中，相关性是一个重要的概念。相关性通常被用来表示用户和文档之间存在或不存在的一种关系，即文档 d 和用户需求 q 的关系。在概率模型中一般使用概率 $P(R/q, d)$ 估计相关性的大小。

需要说明的是，需求集合和信息集合是任何一个信息系统的两个基本环节和核心要素，是一对矛盾的两个方面。在特定的时间和范围内信息资源是有限的，用户信息需求则是无限的，正是这一对矛盾的运动，成为信息工作发展的动力，成为信息检索研究的基点。目前，信息集合所具有的量大、面广、分散、零乱、冗余等特点与需求集合所具有的集中、专指、系统、优质之间的矛盾越来越突出，这就使得选择与匹配工作越来越困难。

由此看来，信息检索的基本原理就可以简化为提问与有序化的、特征化表示的信息集合之间的匹配，即两组有限的语词符号化特征之间的比较。在计算机检索中，基本原理不变，只不过是信息的表示方式、存储结构和匹配方法发生了变化：在信息表示方法上，采用计算机可识别的代码；在存储结构上，信息采用了便于计算机快速存取的方式。例如，文献的著录项变成了字段（Field），文献的条目变成记录（Record），传统的文献正文和索引变成了计算机检索文档（File）和倒排文档（Inverted File）。在匹配方法上，采用机械匹配，匹配标准由隐式变为显式。在这种机械匹配中，原先表达概念的语词符号变为没有内涵的字符串，检索过程就是表示用户需求的字符串与计算机存储的信息字符串的比较和运算过程。若二者一致或部分一致，并符合给定的逻辑运算条件，即为"命中"。一般来说，匹配是信息系统的信息存储和检索子系统的任务。之后，计算机根据人们的需要再将"命中"的信息输出给用户。检索原理如图 1.10 所示。

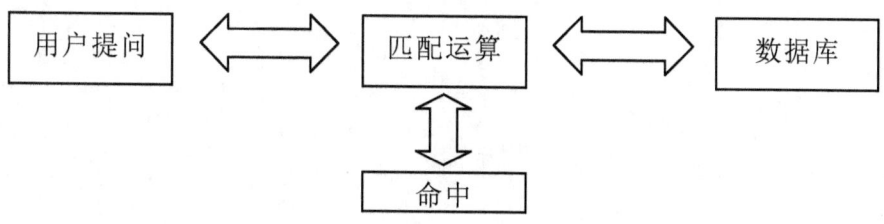

图 1.10　计算机信息检索原理

思考题：
1. 什么是信息素质？查询国内外相关的信息素质网站。
2. 人们对信息概念的探索经历了怎样的发展过程？
3. 怎样理解信息检索的概念和发展历程？
4. 举例说明文献检索与数据检索、事实检索的差异。
5. 谈谈自己对信息检索原理的认识。
6. 如何激发自己的信息需求？
7. 结合实际，谈谈信息检索学习的重要性和必要性。

第二章 文献信息源及其特征

【内容提要】
　　本章全面分析了信息源的概念、类型及特征，特别是重点介绍了文献的构成要素、文献资源的特征以及现代文献的基本类型，在此基础上探讨了现代信息资源发展的整体特征及其对信息检索与利用的影响。掌握各类信息源的生产、发展、分布规律，尤其是核心期刊、网络信息源等重要特征，能够有针对性地、高效地开展信息检索。

第一节 信息源的概念与类型

一、信息源的基本概念

1.信息源的内涵

　　信息源，顾名思义，就是信息的来源。没有信息来源，信息检索与利用就成了无源之水、无本之木，而如何选择和拓宽信息来源对信息检索与利用的影响甚大。显然，信息来源越广泛，检索到的信息数量就越多；信息来源越可靠，检索到的信息就越真实可信；信息来源越实际，检索到的信息就越实用可行。为了提高信息检索与利用的效果和效率，必须善于发现和开拓新的信息来源。
　　由于信息的含义十分宽泛，信息源的定义也因学科领域的不同而有不同的解释。在传播学上，信息源指的是能够生成、制作和发送信息的人，也可以是群体——指发生信息的部门或机构；在文献情报领域，信息源被解释为：人们在科研活动、生产经营活动和其他一切活动中所产生的成果和各种原始记录，以及对这些成果和原始记录加工整理得到的成品。联合国教科文组织在其出版的《文献术语》中，把信息源定义为：组织或个人为满足其信息需要而获得信息的来源。
　　广义而言，凡是人类能够获取信息的媒介、系统或机构，都是信息的源泉。

这些实体能够产生、持有或寄载信息，而且具有潜在的传输或交换信息的可能性。

2.信息源的特征

信息源是信息检索的对象。从总体上看，信息源具有如下一般特征：

（1）信息源具有结构多样性。由于社会的信息来源极其丰富，是由多种载体类型、多种记录手段、多种传播方式的信息源组成的体系和集合，可以运用多种方法进行区分，因而在结构上体现出多样性。比如，依据信息源的层次及其加工和集约程度，信息源包括一次信息源，也称本体信息源；二次信息源，也称感知信息源；三次信息源，又称再生信息源；四次信息源，也称集约信息源，等等。这些信息源广泛存在于自然界、人的大脑、各种信息机构，分布于信息传播、信息咨询、决策等众多的领域中。

（2）信息源具有功能互补性。每一种信息源都具有信息内涵反映的不完全性和不确定性；同时，每一种信息源在生成和发送信息过程中都有一定的局限性。各具特色的信息源可以形成"信息碰撞"和"信息组合"，从而实现优势互补。因而，在选择和利用信息源的时候，必须注意把握不同信息源表征信息的特点；同时，注意广泛开发多种信息源以求得"博采众长"、"兼听则明"的效果。古代学者喜欢"皓首穷经"，比较重视图书文献而轻视其他信息来源，而现代科学研究则要求全面把握信息源，科学评价信息源，主动检索和开发利用各种信息源。

二、信息源的基本类型

1.口头信息源

口头信息指通过交谈、讨论、报告等方式交流传播的信息。口头信息源在人类获取信息的方式中占据着极其重要的地位。1965 年，卡尔森对美国国防部工程师 3 400 人次的信息查询进行了调查，结果发现有 31%的信息来自口头信息源。

实物和文献在传递信息时都有一定的局限性。实物作为信息载体的主要功能是表现，也就是说，如果未发现实物就无法从中提取信息；文献虽比实物更易携带，但作为一种固态品，它保存和传播信息的功能也受到时间、空间和各种人为因素的影响。人们在从事研究时往往感叹资料的缺失，其原因就在于很多信息并没有以文献的形式反映出来。搜集口头信息是解决这一问题的最好途径。口头信息源具有广泛性、针对性、适时性、随意性等特点。

人的大脑能存储大量信息。当外界的信息摄入大脑后，有机体就出现了认识和记忆。这种认识，包括思考、见解、看法、观点是推动研究的最初起源，它们的形成常常缺乏完整性和系统性,因此初始阶段难以通过文献公诸于世,但可以通过口头交流来了解。处在这一阶段的口头信息的特点是出现早、传递快、偶发性强。当然这种认识,有的转瞬即逝;有的经过加工整理形成文字,附载于各种文献中;有的成为长期记忆存储于大脑之中。人类的记忆是一个巨大的信息源,其中一部分可通过个人采访而获得,称为口述回忆,另一部分借助耳闻口授代代流传而保存下来,称为口碑传说。

无论是个人口述回忆、即兴发表的评论,还是口碑资料,都是信息留存的形式,都应作为信息源而受到重视,它们在学术研究、科技活动和经济建设中有不可低估的作用。一个企业所需的信息不一定都能从文献中得到。国外一些著名公司的档案系统非常注意保留口述档案供分析研究用,一些专门的经济研究部门也在搜集这类信息,如哥伦比亚大学1975年完成的"大陆集团"的口述档案,搜集了从最高管理者到半熟练工各个层次雇员的口述回忆;这个大学还完成了美国企业家专访计划,其中不乏一些最成功的企业家。美国国家历史博物馆已经花了数年时间搜集百事可乐、可口可乐和万宝路香烟等多家公司市场营销方面的口述资料。

口头信息无时不在、无处不有,这一极为丰富的信息源可以为一切人所享用。我们应该利用一切口头信息传播的场合、个人和途径。要从口头信息中获得较多有价值的情报,取决于信息搜集者的情报意识、观察力和判断力,以及所采用的方法。口头信息主要来源于权威人物、当事人或意见领袖;获取的方式主要是人际交流、各种会议、电话录音、广播等。

(1) 利用个人交流

个人交流是收集口头信息最古老也是最常用的方法。米哈依洛夫在《科学交流与情报学》中指出,在科学、技术、设计、生产四个领域中,经过人与人之间的信息交流所获得的信息分别占所有获得信息的 40%、64%、79%、77% 左右。

(2) 利用会议信息

会议作为群体交流方式,是获取口头信息较常用的方法。科学讨论会、技术交流会和产品鉴定会可以得到本学科、本行业权威人士的较高水平的见解,通过围绕某一理论、工艺、管理问题、产品所进行的切磋讨论,甚至激烈争辩可以获得大量有价值的技术经济信息;展览会是接触竞争者和用户的机会,可以获得他们对产品的不同意见;在技术信息发布会上可以得到人才、技术成果方面的口头信息;在交易会、订货会上可以通过洽谈了解市场情况;午餐、沙龙、公关活动等渠道都是口头信息的重要来源。

(3) 利用广播电视

广播电视所传播的信息往往是通过现场采集、访谈、会议等途径搜集到的。

作为口头信息的主要来源，其优势是：①迅速及时。无线电波每秒 30 万公里的速度使信息从信源到信宿的时间差几乎为零，这是任何其他载体无法比拟的。与报纸相比，广播电视省却了拣字、排版、校对、印刷、运输、发行等中间程序，还可以采取现场报道、实况转播，使新闻报道与新闻事件同步进行，这使其在信息时效上远胜于报纸；②广播电视不受空间阻隔，只要电波能够抵达的地方就能传递声音的讯号，那些难以获得报纸的地区就可以通过广播电视及时得到信息。③与报纸、电视相比，从广播中接受信息费用低廉，不受电力供应、讯号接收条件限制，没有报纸发行条件的制约，不要求相当的文化水准，因而是最理想、最经济的获取信息源的一种方式。

从电视中获得口头信息具有比广播更大的优势。电视是画面、声音和色彩的结合，是视觉和听觉的结合，电视的出现，把许多人从看书读报和听广播这两种接受信息的传统方式中吸引过来，成为今天最吸引人的信息传播工具。电视的兼容性强，在传播手段方面有比其他媒介优越的地方：可由播音员直播，可以穿插影片、录像报道、照片、图表等文献信息，可以有采访者和被采访者的现场谈话，现场纪实性强，能逼真地再现信息源的各种情景，省却了人们通过文字解码信息的过程。双向交互式电视的出现，更使用户有可能按照个人要求通过有线电视检索所需信息。

（4）利用电话录音

电话是利用声电转换和远距离传输原理传递话音的口头信息交流方式。电话普及率的提高，带动了电话功能的不断拓展。许多用户利用电话获取生活信息、金融信息、交通信息、气象信息、医疗信息、市场信息、法律信息等，过去一向消息闭塞的农民也善于运用电话畅游于市场经济大潮中，不仅解决当地农副产品销售难的问题，还从时间差、价格差中获取利润。商家则不失时机地推出"电话购物"、"电话自选商场"、"电话直销服务"和各种热线。电信服务机构所推出的各种电话信息服务更进一步提高了口头信息的利用程度。

口头信息的获取还有其他途径，例如，从咨询服务中就可以获得大量有价值的市场信息，有助于人们对各种信息进行筛选和提炼。

2.实物信息源及其优点

实物信息源就是指载有信息内容的各种实际物体的总称。如产品、设备、模型、建筑物、武器、试剂、仪表、标本等人工实物和矿物、陨石、树木年轮等自然实物。实物信息源内含大量科技文化信息，在自然科学和工程技术研究中有着重要的地位。

实物信息源具有文献所不具备的许多优点：

（1）直观。以样品为例，在造型、外观、包装等方面直观、形象，通过拆卸—还原过程，可以了解其工作原理、功能、工艺情况等，看得见、摸得着，全部信息和盘托出，容易理解。而文献所传递的信息要经过对文字符号的理解、组合和思维才能吸收。有的实物可当场操作演示，其作用可马上表现出来，对技术、材料和使用的要求一般当场就可以判断出来。这比花钱买技术资料或去情报单位查资料更有独到的优势。

（2）客观。实物样品是具体的东西，实实在在，真实可靠，信息直达受者，不需经文字、图片等中间媒介转达，可以避免人为因素造成的信息扭曲和损耗。

（3）实用。实物是现实的商品，除了本身的信息价值外，还具有商品价值和使用价值。实物一旦不作为信息载体使用（陈列、展览），即可投入流通或作为一般物品发挥它本身的使用价值，并在使用中继续发挥其信息功能，这也是其他信息载体所不及的。

（4）综合。一件实物样品可承载多种信息：技术人员可了解其工艺、技术、材料；管理人员可进一步分析制造工序和成本；市场人员可就其市场价值和销路发表意见；装潢人员可以从造型、色彩、包装、设计方面得到启发。另外，实物还可通过测绘、拍照，转为文献信息存放，供以后反复研究对比，启发新思路，引导创新。

（5）经济。引进实物信息，不需花大量外汇，不需派人出国考察，比购买技术、引进成套设备和专利花钱少，见效快，能很快同生产挂上钩。

文化信息、科技信息、市场信息等都可以通过举办展览、展销、陈列、参观博物馆、样品交换等途径进行搜集和交流。

3. 机构信息源

机构信息源是指创造、生产、研究、传播或收藏信息的各类社会机构。用户获取信息主要是直接或间接地由机构信息源提供的。具体包括：

（1）创造信息的机构：学术机构、学术团体、高等学校、科研单位、政府部门等；

（2）生产信息的机构：出版发行机构、编辑部、报社等；

（3）研究信息的机构：信息研究所、数据信息中心、咨询中心等；

（4）传播信息的机构：大众传播媒体，如电视台、广播电台等；

（5）收藏信息的机构：图书馆、文献中心、资料室、档案馆等。

上述机构信息源涉及信息产生到信息利用的各个环节，它们的职能既有区别和分工，又有交叉和协作。其中，收藏信息的机构是信息检索者主要的活动场所，是信息源最为重要的部分。

4. 文献信息源

文献是记录有人类精神信息的、且便于存储或传递的人工固态附载物。文献信息源概念主要是从用户检索信息的角度提出来的，它是指记录和传播信息的各类文献。通常认为，文献信息源是在社会发展过程中积累起来的，对人类社会的发展具有实用价值且能够被人类所利用的文献信息的集合。它由3个要素构成：①文献信息源是文献信息的集合，文献信息是文献信息源的元素；②文献信息源必须是对人类社会的现实发展具有实用价值的资源；③文献信息源是指能够为人类所开发、利用的文献信息。

文献信息源具有交流性、积累性、社会性、时效性、可整理性等特征。

文献信息源是信息检索和信息机构收藏、研究的主要对象。几千年来，文献作为知识和信息的重要载体，一直是人类了解过去、认识现在、预测未来的重要依据。"文献是人类知识的栖息地"。文献信息源种类繁多，增长迅速，使用便捷，始终是信息源的主体。

5.电子信息源

"电子信息"是在计算机技术、通信技术和高密度存储技术的迅速发展并在各个领域里得到广泛应用的背景下成为信息学的词汇的。电子技术在信息的存储、传播和应用方面已经从根本上打破了长期以来由纸质载体存储和传播信息一统天下的局面，代表了信息事业发展的方向。电子信息源主要包括数据库和网络信息源。

数据库作为信息源的优势在于：

（1）最小冗余度。由于有专门的系统软件对数据进行存取、管理和加工处理，因而可以使数据尽可能不重复，而且人们可以随时将收集到的信息存入数据库，需要时方便地在数据库中查询。

（2）最大共享性。数据库可以以最优方式服务于一个或多个实用程序，因而使数据可以共享。

（3）安全可靠性。数据库管理系统（DBMS）可以保证用户数据的安全保密，且当他们同时使用数据库时对数据提供保护。

（4）信息更新速度快，动态信息库已达到日更新和时更新的程度，二次文献库的更新速度也比印刷型检索刊物快，可按季度或半年更新，而印刷型检索工具往往要一年左右。

（5）可以提供各种检索手段。由于数据库可以结合各种字段进行检索，其检索途径远比手工检索工具多得多。

这些特点使数据库应用渗透到一切领域，成为储存和传递信息最有用的工具。

计算机信息网络是指通过远程通信方式进行计算机信息交换与数据库的存取，从而形成的一种系统。通过这种网络的控制和协调，可以充分实现地理上分散的信息资源的共享，利用网络已经成为当今获取信息的最主要途径。

从时间和空间上讲，网络对用户没有任何限制，覆盖面遍及全球，24小时从不间断；就信息符号而言，网络采用宽频传输文字、图像、影视、声音等多种媒体；就服务类型而言，网络提供的信息服务包括数据库、全文文本、电子函件、文件传输、电子布告、电子论坛等；就检索技术而言，网络采用人工智能、专家系统、超文本、友好界面等让用户访问网上的各种信息资源。因此，无论在服务内容、方式、深度、广度、效果和效益等方面，网络信息资源几乎胜过了以往所有传统的信息资源，成为人们查找信息的首选资源。

第二节　文献与文献资源

一、文献概念

1.古代的文献含义

对于文献的概念，人们的认识有一个演变过程。一些学者通过对殷商甲骨文、金文以及《周礼》、《礼记》等研究中发现，殷商与周代之时祭礼甚多，有"羹献"、"玉献"、"饩献"、"禽献"、"币献"等祭品名称。此外，文祭也是殷周祭礼中的一项重要内容，文献就是祭品之一，即用以祭祀祖先神灵的文章典籍。

"文献"一词最早见于《论语·八佾》，"夏礼吾能言之，杞不足徵也；殷礼吾能言之，宋不足徵也；文献不足故也。足，则吾能徵之矣"。汉·郑玄释"文献"为"文章和贤才"；宋代朱熹注："文，典籍也，献，贤也。"

最早用"文献"作书名的是元代马端临的《文献通考》。马端临在自序中指出："引古经史谓之文，参以唐宋以来诸臣之奏疏，诸儒之议论谓之献。故名曰：'文献通考'。"从形式上看，在书中凡顶格写的称"文"，即书本记录；凡低一格写的都是"献"，即名流贤者的议论。这说明我国古人治学比较注重文字记载和口头传说，注重"我注六经，六经注我"的文化和知识的继承性。

2.现代的文献概念

（1）"文献"作为一个整体术语在使用，其含义专指那些具有历史价值的文章和图书，而"贤人"的含义逐渐消失，其外延比古代有些缩小。

（2）作为整体术语的现代"文献"，是在两个层面上使用的：狭义上，文献被理解为"具有历史价值的图书文物资料"和"与某一学科有关的重要图书资料"（《辞海》，1979）。随着科学技术的发展，人类发明了各种各样的知识记录方式，也出现了各种各样的信息载体，文献的外延在不断扩大，除了包括原来意义上的文章和图书之外，还泛指一切知识信息载体，这就是"文献"的广义用法。1989年版《辞海》对文献的定义,能够充分反映文献概念的历史演变:文献"原指典籍与宿贤……后专指有历史价值的图书文物资料,如历史文献。亦指与某一学科有关的重要图书资料,如医学文献。今又为记录有知识的一切载体的统称。即用文字、图像、符号、声频、视频等手段将人类的知识记录在各种载体(如纸张、胶片、磁带)上。"

(3)国际标准化组织制定的《文献情报术语国际标准》(ISO/DIS5217)给文献下的定义是:"文献是记录一切人类知识信息的载体。"我国的国家标准《文献著录总则》(GB3792.1-83)和《情报与文献工作词汇——基本术语》(GB4849-85)中,对文献规定的定义是:"文献是记录有知识的一切载体。"这一定义简单明了,比较准确地反映了文献的内涵,被广泛接受和使用。

在国外,"文献"(Document)一词最早由法国文献学家奥特勒(P. Otlet)提出,原指"文件",后来逐渐统一,泛指"固定、传递、使用信息的物质客体"。相关的术语还有:Literature、Item、Material等。

二、文献要素

1.信息内容

信息内容是指文献中所表达的思想意识和知识观念。信息内容是文献的内涵、灵魂之所在,直接体现了文献的文化产品的性能,具有知识和情报价值。离开信息内容,文献便不复存在,文献检索的实质就是获取文献的知识信息。

信息内容随着人类文明的发展而不断更新和丰富,逐渐构建着科学知识的体系。信息内容可以按照人类获得的文明成果进行学科划分,其中经济管理、行政管理和信息管理是人类知识体系的重要组成部分。

文献信息属于信息,当然具有信息的一切性质和功能,但文献信息也有自身的一些特点。主要表现为:

(1)文献信息是经人的一系列加工(筛选、归纳、整理)后记录下来的信息(Recorded Information),不是指文献符号系统本身的信息,也不是指文献载体本身的信息。

(2)文献所表达的信息内容虽然与符号本身没有必然联系,但文献信息的传递是通过人工符号系统——文字、标识符、声像信号来实现的,因而对文献信息的摄取方式和吸收的程度必然受到这种人工符号的制约。

(3)文献信息是一种相对固化的信息,如纸质印刷品所传递的信息是无法变动的。可擦写光盘和磁盘虽然可以用修改、删除、增入等手段更新数据,一旦变动后又处于静态之中。文献信息的固态化是文献易老化的原因,它不能随外界的变化而变化。为了克服由此造成的弊端,需要不断更新文献。

（4）文献所传递的信息是人对客观世界的反映，因而不一定完全符合客观世界表现出的信息内容，这种"歪曲"、"畸变"、"失真"的程度因人们的认识水平、立场观点、方法和时代因素的不同而异。

（5）文献信息既然是人工记录下来的附载于物质实体上的信息，那么这种物质实体就是文献信息的"外壳"。两者的关系是既具有不可分割性(没有文字的纸不成其为书)，又具有相对独立性，即信息内容不会因载体形式的改变而改变，或者说不同的信息载体可以传播同一内容的信息，这一特点说明信息资源的开发涉及载体资源的开发。为了获取或传播同一信息，人们应该选择信息载体和传播方式，以便更方便、更有效、更经济地开发和利用文献信息。

2.信息符号

符号系统是揭示文献信息内容的标识，是表达知识情报的手段，是记录和传播文献信息内容的媒介。

文献信息符号主要是从语言不断衍化而来的，并逐步发展为文字、图画、表格、公式、编码、声频和视频等类型。早期的苏美尔人、埃及人、中国人都使用图形文字。例如，在苏美尔人最初的楔形文字中，用一头牛的形状代表"牛"，很像中国最早的"羊"字；用一组星星代表"夜"，就像中文里用三个人代表"众"字。

按照人类感知世界的方式，可以将文献符号系统划分为视觉符号系统、听觉符号系统和视听同步符号系统，它们与文献信息内容建立不同程度、不同方式的映射关系。

3.记录方式

指将文献符号系统所代表的信息内容通过特定的记录手段和方法使其附着于一定的载体材料上。因为知识信息并不能天然荷载于物质实体上。

文献记录方式具体包括刻画、书写、印刷、拍摄、录制、复印和计算机录入等。早期的苏美尔人把芦苇秆的头削成楔形，用它做笔，在表面柔软的湿泥板上刻写文字；在我国，有"蒙恬造笔"的说法，更有着悠久的毛笔书写的传统。

在人类信息记录方式上，印刷术是一个里程碑。从早期的印章、捶拓技术到唐代的雕版印刷，不仅从根本上改变了文字的记录方式——从抄写走向印刷，而且改变了书籍的装订方式——由卷轴制向册叶制转变。到了北宋仁宗年间（1041—1048），毕昇发明泥活字；元代仁宗皇庆年间（1312—1313），王祯又发明了木活字；明孝宗弘治初年（1488—1505）还出现了铜活字。但令人遗憾的是，我国的活字印刷术却从来没有在印刷业中占据过主要地位。例如，乾隆皇帝时期，世界上最大的丛书《四库全书》7部全部是用手工抄写的。

1448年前后，德国古登堡利用葡萄压榨机原理发明铅合金活字印刷术，并印刷了《四十二行圣经》；19世纪，德国卡克斯顿印刷所首次用蒸汽动力机器印制图书，此后文献的制作正式进入机械化时代。1975年，计算机排版系统出现并在世界范围内普及，加快了文献的制作过程；现代的计算机录入和激光照排则是信息技术发展史上的又一次革命性进步。

4. 载体材料

载体材料是可供记录信息符号的物质材料，是全部信息载体（大脑、天然实物）中一个重要的子系统。文献载体反映了文献物质产品的性能，具有商品、保存和流通价值。

文献载体大体经历了石头和陶器（Stone/pottery，旧石器和新石器时代）、泥板（Clay Tablet，公元前4000年两河流域的苏美尔人使用）、纸草（Papyrus，公元前3000年古埃及人使用）、羊皮（Parchment，公元前2世纪帕伽马人使用）、蜡板（Waxed Tablet，公元4世纪之前古罗马人使用）、甲骨（Bones or Tortoise Shells，中国商、周时期使用的文献载体材料，约公元前16—10世纪）、金文（Bronze，商、周、春秋、战国时使用，约公元前16世纪—前221年）、简牍（Bamboo and Wooden Slips，战国到东晋时期）、缣帛（Silk，源于春秋，盛于两汉）等各种演变。

纸是文献载体发展史上的里程碑。公元前2世纪，中国人开始造纸；到东晋的桓玄称帝时，正式使用纸张代替简牍。西汉以后，纸就开始向朝鲜、日本等周边国家传播，尤其是对日本的思想、文化、教育等产生了重大影响。到了唐代，纸的生产与传播都达到了一个相当的规模，通过丝绸之路和阿拉伯国家，纸被传入欧洲；而随着15世纪末美洲的发现，"新大陆"才终于有了纸。

目前，载体材料以各种磁性材料、光学材料、感光材料和光盘为主。载体材料随着信息技术的发展而不断拓宽，并由此导致文献类型的多元化，促使社会进入多媒体时代。

总之，文献是物化的精神产品，或者说，文献是知识信息的物化形态。人类社会的知识量的增长与技术的革新推进了文献的发展。其中，信息内容是文献的知识内核，载体材料是文献的存在形式和外壳，而符号系统和记录方式则是二者联系的桥梁和纽带。这4个要素相互联系就构成了文献的四维框架结构，如图2.1所示。

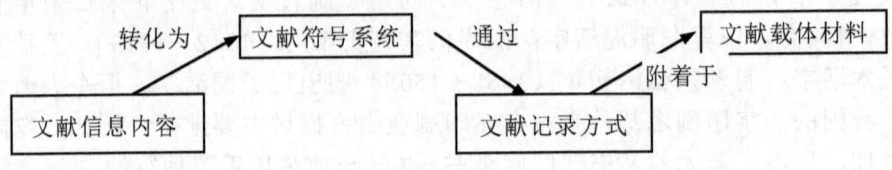

图 2.1 文献的共时性静态结构

三、文献资源

　　文献是一种资源，文献资源是人类社会积累、贮存的文献总和，是人类智力资源的主要存在形式。文献资源蕴含了人类文明的全部成果，同水资源、矿产资源、森林资源等自然资源一样，是人类生存和发展必不可少的条件。文献资源的贫富程度和开发利用状况是衡量一个国家文明水准的尺度，也是检验其经济、文化和科技实力的指标之一。南朝刘勰这样描述文献的重要性："夫经典沉深，载籍浩瀚，实群言之奥区，而才思之神皋也。"

　　作为资源，文献资源和其他物质资源和能量资源一样，都具有稀缺性、有用性和可选择性这样一组完备的特征。但与其他资源相比，文献资源又有自己的一些特点：

　　第一，再生性。文献资源不同于一次性消耗资源，它可以反复利用、异地传播、原文复制。随着文献开发利用的深入，它不仅不会枯竭，反而会增殖和增值。自然资源来自太阳，而文献资源则来自于人类本身。

　　第二，可建性。文献资源是人类自己创造的智力资源，人们可以对它进行规划、建设、改造和优化。例如，针对文献资源东西、城乡梯度分布和马太效应等自然状况，进行文献资源的布局。

　　第三，共享性。人类有能力也有可能共同分享全世界的文献资源，使之为全人类的进步发挥更大的作用。

　　第四，冗余性。社会文献资源并不等于各单位文献的简单算术和，相同内容文献的重复积累不仅不能增加信息总量，形成体系完备、功能最佳的文献资源保障，而且还会阻塞文献交流通道，使有用信息的传递发生迟滞性干扰。

　　第五，价值潜在性。文献资源的作用往往是间接的、滞后的，其经济效益的实现完全依赖于人们对文献资源开发利用的程度。只有把文献资源中所蕴含的知识信息转化为现实的生产力以后，其价值才能表现出来。一本经济学图书未必使人发财致富，这里的关键是如何运用文献提供的知识信息创造财富。

　　信息资源是人类最宝贵的智慧资源，也是人类所有依赖的资源中最重要的资源。随着自然资源的日益减少甚至枯竭，信息资源的重要性表现得更为明显。有人形容图书馆是"没有围墙的大学"、"知识的喷泉"、"无声的教室，智慧的宝藏"等。但就目前为止，人类对信息资源开发利用的水平还很低，许多文献信息机构在促进社会信息化和知识化方面做得还很不够，大量的文献信息资源束之高阁，藏而不用，其巨大的经济和社会效益远远没有发挥出来。据统计，我国文献信息资源开发利用率在15%～30%。

◆ 迄今为止，现代化的信息存储和检索系统使用得很少；

- 文摘和索引,尤其是工程技术方面的文摘和索引使用率不高;
- 对于文献信息机构而言,潜在用户的数量远远大于现实用户的数量;
- 文献信息机构必须面向用户,有责任和义务促进对现有的信息加以有效利用。

四、文献资源体系

所谓"体系",也指系统,是指若干事物相互联系、相互作用而形成的一个有机整体。文献资源体系是指在一定范围内,经过布局、收集、整理、保存并提供利用的所有文献信息的集合。文献资源体系的基本特征是:集合性、系统性、可检索性和可利用性。只有经过整序并具有检索点的文献信息集合才能成为文献资源体系。一般来说,文献资源体系的层次结构包括以下4个级别:

1. 单位文献资源体系

这是指一个单位内部建立的或独立文献信息机构建立的文献资源体系,主要功能是满足本单位或某类文献信息用户或用户对某类文献信息的信息需求。单位文献资源体系是构成整个社会文献资源体系的基本单位。

2. 地区文献资源体系

这是指非全国性的、主要服务于某特定区域的文献资源体系。主要包括省(直辖市、自治区)、地区(市、州)和县(市、区)的各种文献信息机构及其联合体的文献信息资源。

3. 国家文献资源体系

这是建立在地区文献资源体系基础之上,通过一个或多个协调中心,将各地区的文献资源体系联系起来而组成的全国性文献资源网络系统。该体系的建立能保证最大限度地利用一个国家的文献资源,是一个全国性的文献资源社会保障系统。这一社会保障系统应当是一个集资源建设、组织管理与信息共享功能于一体的社会实体。

4. 国际文献资源体系

这是以国家文献资源体系为基础,以现代化技术为支撑,以国际文献资源共享为目的的集成系统,是文献资源体系发展的最高形式。尽管目前尚没有专门的组织来设计这一体系,但在一些发达国家已经出现了某些全球性系统的端倪。如联机检索系统中的 DIALOG 系统、OCLC 系统、STN 系统、ESA-IRS 系统和 ORBIT 系统等。一些实力强大的文献信息机构,因其所从事的国际互借业务,也成为一种国际文献信息资源,如英国不列颠图书馆外借部、中国国家图书馆、美国国家档案馆等。

第三节 文献的基本类型

现代文献多种多样，并各有其自身的特点和作用。掌握文献类型能够使信息检索有目可寻，有的放矢。

一、按加工等级和层次划分文献

1.一次文献（Primary Literature）

指作者对已经创造的知识信息进行第一次加工固化而形成的文字记载，或称原始文献、第一手资料。

（1）一次文献的主要特点

①原始性：一次文献通常是由作者本人直接记载其科研成果和生产实践经验的产物，属于原始的初次创作。其中的观点、材料、数据、事实一般是未经加工整理的。因此，它既有可靠性的一面，又有待定性和不成熟的一面。

②创造性：一次文献是作者创造性劳动的结晶，其中所表述的新成果、新技术、新发明、新理论都在一定程度上增加了人类知识的总量。

③分散性：由于研究课题或研究角度的不同，不同作者或同一作者在不同时期所创作的文献内容就会有所区别；同时，各种科研成果发表的方式、刊登的文献类型多种多样，这使得一次文献杂乱分散。

（2）一次文献的基本类型

一般而论，各种实验记录、日记、通信、备忘录、期刊论文、专利说明书、研究报告、会议论文、学位论文、产品样本等大都属于一次文献的范畴。其中，论文（Thesis）和专著（Monograph）是一次文献的代表。贝尔纳指出，论文是"科学交流中最常见的基本单元"。20世纪中后期，世界上每年仅发表的期刊论文就超过1 000万篇；专著则更是内容广博、论述系统，阐述"一家之言"，并包含大量的书目信息。

判断一篇文献是不是一次文献，主要依据文献的内容和性质，而不管在文献撰写过程中是否参考或引用了他人的资料，也不管该文献以何种载体形式出现。

2.二次文献（Secondary Literature）

通常是指文献工作者对一次文献进行加工整理后的产物，即对无序的一次文献的外部特征如题名、作者、出处等进行著录，或将其内容压缩成简介、提要或文摘，并按照一定的学科或专业加以有序化而形成的文献形式。

（1）二次文献的主要特点

①汇集性：二次文献是在大量分散的一次文献的基础上加工整理而成的，它汇集了一个特定范围内的许多文献，并用科学的方法对这些文献进行加工整理，从而比较完整地反映某一学科或专题等的文献情况。

②检索性和通报性：二次文献所汇集的不是一次文献本身，而是特定范围的文献线索，并对这些线索加以编排，因此，它是累积、报导和查找一次文献的工具。由于二次文献具有检索性和通报性双重功能，所以又被称为检索性文献或通报性文献。文献检索的一项最重要的内容就是研究、利用各种二次文献检索工具。

③系统性：二次文献是对一次文献系统化的产物，对特定范围的一次文献线索的系统记载；与此同时，二次文献本身也都具有自己的系统结构。

（2）二次文献的基本类型

题录、目录、索引、文摘、搜索引擎等是最基本的二次文献类型。

3.三次文献（Tertiary Literature）

通常是指文献研究者按照给定的课题，利用二次文献选择有关的一次文献并加以分析、综合而编写出来的述评、专题报告或百科全书等。

（1）三次文献的主要特点

①综合性：一方面，三次文献利用的文献数量较多，类型复杂；另一方面，三次文献是对大量的相关文献的内容进行分析、综合、筛选而形成的。这种内容加工既有纵向的，如对某一学科研究状况过去、现在和未来的描述；又有横向的，如对各产业部门同类产品的比较评价。

②针对性：三次文献的编写都有一定的目的和针对性。在很多情况下，三次文献是文献信息机构接受用户委托后，经过信息研究而产生的结果。这种三次文献必须是从特定的用户需要出发，针对其生产和科研工作中的问题而编写的。

③价值性：三次文献在一定意义上就是科研工作的组成部分，其内容可靠，知识含量大，可以直接提供参考、借鉴和使用，有较高的实用价值。三次文献也称参考性文献。

（2）三次文献的基本类型

三次文献包括综述研究类，如专题述评、研究报告、综述报告、技术预测和参考工具类，如数据手册、一次文献书目的书目、二次文献的书目和索引、年鉴、手册、指南、百科全书等。

4.三个级次文献的关系

文献经过作者的创作，文献工作者的整理、加工和压缩，文献研究者的综合、分析和创造，使文献从一次文献到二次文献，再演化为三次文献，使文献的形式和内容由博而约、由分散到集中、由无组织到系统化，原来离散和个别的信息递增为系统的和定型的知识。这就是文献的链式结构。图 2.2 描述了从知识产生到一次文献、二次文献到三次文献形成的整个过程。

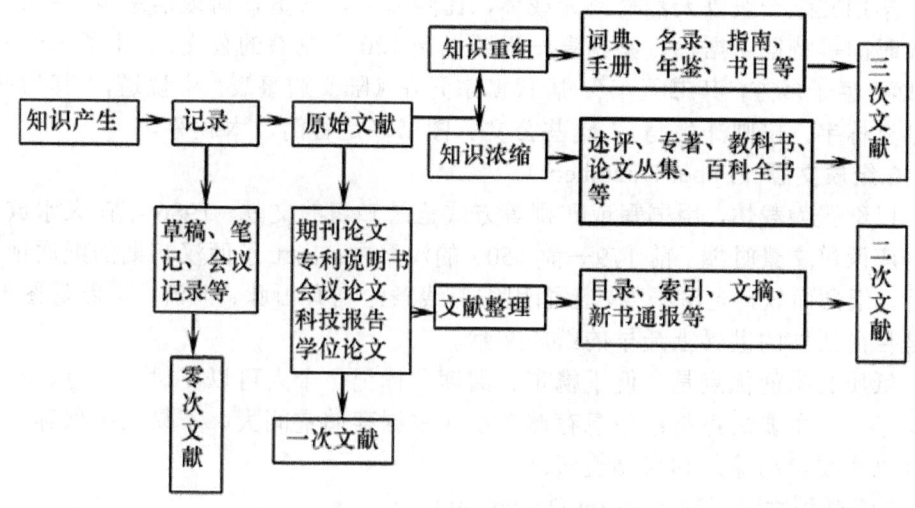

图 2.2　文献的链式结构

相应的，用户的检索利用模式则通常是按文献链形成的逆时针方向进行的。如图 2.3 所示：

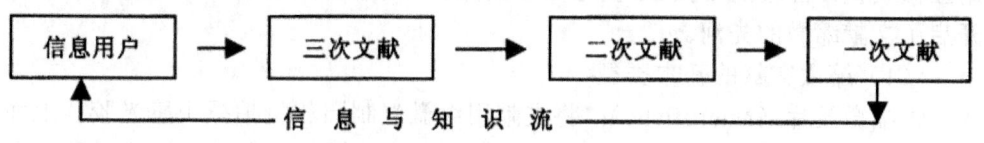

图 2.3　信息检索与文献级次

需要指出的是，在文献级次划分上，还有原生文献与派生文献、零次文献与高次文献等提法。零次文献是指未经刊载或未进入社会交流的最原始的文献，如私人笔记、文章草稿、设计草图、书信、内部档案等。它是一次文献的素材。高次文献是在三次文献基础上，进一步增加了作者或文献工作者的知识和智慧而使原有知识发生增值的文献。如可行性研究报告、咨询诊断、超文本资料和某些资讯数据库等。

二、按载体划分文献

1.早期文献（Early Document）

早期文献一般以天然材料为载体，比较笨重、昂贵，荷载信息少，并具有偏倚时间等特征。据称，秦始皇一天要批阅 120 斤左右的公文；《庄子·天下》记载，"惠子多方，其书五车"；唐代柳宗元在《陆文通墓表》中说道，"其为书，处则充栋宇，出则汗牛马。"这些公文、图书多是竹简、木牍等。

2.纸质文献（Paper Document）

以纸张为载体，用书写或印刷等方式记录知识的文献。1986 年在天水放马滩一座西汉文景时期（前 179—前 150）的汉墓中，出土了西汉初期的纸质地图残片，纸薄而软，光滑平整，上面用细黑线条绘制有山脉、河流、道路等图形，这是目前所知的世界上最早的纸质文献。

纸质文献的优点是：便于携带、阅读和标记，个人可以支付、占有、存档和保存等；主要缺点是：信息存储量小、占据存储空间大、不易长久保存，并且难以实现自动输入和自动检索。

3.缩微型文献（Microform Document）

用缩微照相的方式，将原始文献（含有文字等视觉符号）缩小若干倍存储在感光材料上，并借助于专用阅读器而使用的文献（借助于阅读机直接阅读屏幕上的文献，或借助于阅读打印机阅读打印文献）。

1839 年，英国物理学家、摄影师丹赛（John Benjamin Dancer）在实验室利用显微装置，首次把 1 张 20 英寸大小的原件，拍摄成 1/8 英寸的缩微品，从而开启了文献缩微的先河。

（1）缩微文献的基本类型

①缩微胶片（Microfiche）：将文献用缩微复制照相机拍摄于感光胶片上而成。常见的规格是 105 mm×148mm。每张胶片拍摄 60 页～90 页文献称为普通缩微胶片；2 500 页～3 200 页为超缩微胶片；22 500 页为特超缩微胶片。

②缩微胶卷（Microfilm）：它是成卷的胶片连续拍摄而形成的文献复制品，其长度视被拍摄的文献内容多少而定，一般有 30m、50m 不等；规格有 35mm、16mm 等，每卷分别拍摄 1 400 页和 2 800 页文献。 微胶卷是现代缩微文献中最常用的品种，多用于拍摄期刊、报纸、丛刊等连续出版物和多卷书，便于文献的保存和文献的再次复制。

③缩微卡片（Microcard，Micro-opaque）：即缩微照片，是一种不透明的缩微复制品。规格通常是 75 mm×125mm，缩微倍率为 24:1，每张单面可拍摄 40 页～60 页文献，双面拍摄容量加倍。其大小与目录卡片相仿。每张缩微卡片上

都有文献题名、编号等，正常视力可以看清楚，因此可以将其排列在目录柜中，检索十分方便。

（2）缩微文献的主要特点

缩微文献具有如下优点：①信息量大而体积小、重量轻，体积仅为纸质文献体积的 1/600，一般可使保存空间节省 85%～98%。②各条信息固定在一定位置，不会散失弄乱。③规格统一、存储标准，通过胶片扫描仪可以把模拟影像转换成数字信息，与数据处理设备进行联机使用；易于实现检索的机械化和自动化。④易于复制、放大或转换成另一种形式的缩微品。⑤能保存长久，不易变质，在科学的保存条件下，可保存 500 年以上。⑥制作成本和收藏管理、寄发的费用低，其价格为印刷文献的 1/10～1/20。

缩微文献的缺点主要是：文字图像小，阅读不方便，存放与保管的条件要求比较严格（标准温度 15℃～25℃，相对湿度为 30%～40%），设备投资费用较多等。

4.音像型文献（Audio-visual Document）

以磁性材料、光学材料等为记录载体，利用专门的机械装置记录与显示声音（Sound）、图像（Image）、动画（Animation）和视频（Video）的文献。或称声像资料、视听资料、音像制品。

（1）音像文献的主要类型

音像文献主要包括视觉文献（Videoform），如幻灯片、照相底片、电影胶片、传真照片等；听觉文献（Audio Document），如普通唱片、盒式或匣式录音带等；音像文献（Audio-visual Document），如有声影片、激光唱盘、多媒体学习工具、程序化学习工具、游戏卡等。

（2）音像文献的基本特点

音像文献的突出特征是用声音和图像传递信息，它具有存储密度高、内容直观真切、表现力强、易被接受和理解、传播效果好等优点；在帮助人们认识某些复杂或罕见的自然现象，探索物质结构和运动机制，丰富文化生活，提高教学与训练效果等方面具有独特的作用。

20 世纪初，图书馆已经开始收藏音像文献（与缩微文献等合称为"非书资料"）。20 世纪 50 年代后期，音像文献数量、品种增多，利用价值增大，图书馆也更多地开展声像服务（Audio-visual Service）。有些国家设有声像图书馆。我国到 20 世纪 70 年代后期，一些文献信息机构也陆续开始提供此类服务。

5.电子文献（Electronic Form）

电子文献是指以机器（通常指计算机）能阅读和处理的形式存储在某些特殊载体上的信息或数据集合体。电子文献的生产和使用过程是：用键盘或光学扫描方式输入文字和图像，机器将这些图文信息转换成数字化信号或模拟信号，记录在适当介质上，然后进行各种处理，包括接收、存储、检索、传送、提取、变换、运算、检测等，最后经通讯系统将处理结果传送给用户（如终端显示、存入用户文件、打印输出或传真输出等）。

（1）电子文献的主要类型

机读目录（Machine-readable Document）、文摘索引磁带（Magnetic Tape）、联机或网络数据库、电子书刊、光盘、视频数据服务、电子票据、电子邮件、超级载体等都是电子文献的家族成员。

①机读文献：早期机读文献包括记录有数据的穿孔纸带和穿孔卡片。1966年，美国国会图书馆研制出 MARC I，机读文献这一术语才逐渐为人们所接受。机读文献可以看做是电子文献的前身。

②光盘（Compact Disk，CD）：是最常用的电子文献形式。它是指用聚焦成直径小于 1 微米的激光束在光记录介质上写入和读出信息的高密度存储载体。能独立地在光盘上进行信息读出或读、写的装置，称为光盘存储器或光盘驱动器。

光盘按存储信息的种类分为用来存储声音信息的激光唱盘，用来存储图像的激光视盘，用于存储记载有文字、数字等文件资料的数字光盘。通常按光盘读取数据的性能，把光盘分为以下 3 类：

第 1 种是只读光盘（Compact Disk Read Only Memory，CD-ROM）：信息由专业制造厂录制，用户只能读取或再现已经录入的信息。习惯上称电视唱片。1978 年由美国音乐公司等推出。目前市场上大量出售的 CD 产品皆属此类。它的特点是将数据先写到母盘上，然后大量复制拷贝发行。

第 2 种是一次写入光盘：具有随录随放功能，它的存储密度比 CD-ROM 小，但信息一经写入，不能擦除重写。因它主要存储数字数据，通常称为光学数字数据盘。第 1 台一次写入光盘存储器于 1978 年由美国和荷兰的菲利普公司研制成功。适用于现场记录数据，不能大量复制，盘片和驱动器价格较高。目前市场上可以见到的 WORM（Write Once-Read Many）、ORAM（Direct Read After Write）等产品都属于此类。

第 3 种是可擦除光盘：与磁盘相似，信息随录随放并且能够反复擦写。其使用的光敏膜材料不同于一次写入光盘，质量高，容量为 10MB～1GB 不等，重复使用次数在 100 万次以上。简称 WMRA（Write Many-Read Always），目前已经进入实用化阶段，主要用于计算机的外存设备，可代替磁带、磁盘。

（2）电子文献的主要特点

电子文献具有如下特点：①信息存储量大。通常，一张光盘单面的存储容量达 10^{10}～10^{11} 字节，用它可以存储 50 万页由文字数字编码信息组成的 A4 幅面资料。《人民日报》10 年的报道内容，1 张光盘即可完全存入。②编辑出版迅速、传输、存取方便。③可提供立体的、动态的图文信息,保存时间长(通常在 30 年以上)等。

此外,电子文献还具有可存取性、及时性、可检索性、可研究性、学科交叉性、动态性、合作性、可链接性、交互性、广博性和多媒体性等许多特点。

总体上看,文献资源构成自 19 世纪后已经发生了根本性的变化。纸质文献尽管有其优势,但各种非书资料也正在进行"殖民活动"。目前,文献的媒体形式正朝着数字化和多媒体方向发展。各种电子文献类型,尤其是多媒体文献日益促使我们对世界的感知与认识更加全面和深入,信息检索与利用的范围也变得更为广泛和深刻。多媒体是数字化视听媒体,由计算机提供交互式访问,除文字外,还包括声频、视频、图画等综合效果,界面友好,既是电子型的,也是声像型的。它提供的虚拟现实(Virtual Reality)技术可以把人们带进一个虚幻的模拟空间去漫游和体验。电子文献借助于计算机被海量存储,又借助于网络流向四面八方,它是当代文献的一道独特风景线。电子文献是人类在知识生产与交流方面继语言、文字和活字印刷之后的第四次革命。人们通过计算机来书写、编辑、生产电子文献,又通过计算机来检索、阅读、交流、利用电子信息资源,并出现了计算机素养(Computer Literacy)、网络素养(Network Literacy)等新概念。但同时我们也应当看到,各种文献的产生、存在和发展都有其特定的环境和需要,多种文献媒体的共存、互补和结合会存在一个相当长的时期,并共同服务于人类文献文化的发展。

三、按出版形式划分文献

1.**图书**(Book)

(1)图书的概念

对图书概念的认识随时间的发展有所不同。在古代,图书是双重意义的,与书契、档案不分。《易·系辞》就有"河出图,洛出书"之说。这里的"图"是指地图,"书"是指法令、户籍等文书。"图书"作为一词最早见于《史记·萧相国世家》。

现在使用的"图书"也有狭义、广义之分。广义的图书指用文字、图画或其他符号手写或印刷于纸张等形式的载体上并具有相当篇幅的文献,包括一切书籍、期刊、小册子、图片等文献。狭义的图书或称专著,指"以印刷方式单本刊行的出版物"(《普通图书著录规则》GB3792.2-95);联合国教科文组织为了统计目的,规定"图书是非连续出版物,除封面外至少 49 页;5 页~48 页为小册子;5 页以下称零散资料。"(《关于印刷品统计》,1964)。

(2)图书的特征

就内容而言，图书的主题鲜明，内容系统完整，论述全面深入，知识相对成熟稳定，大多是编著者长期经验和学识的积累。但由于图书编撰出版周期较长，内容有滞后现象，一般不含最新的信息，因此，图书的情报价值要低于其知识价值。

就形式而言，图书都有相当篇幅，装订成册，完整成型。一般由封面、书名页、篇章目次、正文、版权页、封底等部分组成。

（3）图书的类型

图书的类型很多：按文种、内容、版次等标准都可以划分图书。一般的按作用范围分为：一般图书、教科书、工具书；按著作方式分专著、编著、译书、汇编、文集、类书等；按知识程度划分为学术专著、普及读物、儿童读物等。其中比较重要的是教科书和工具书。

教科书是按教学大纲的要求编写的教学用书，或称课本、教材。其中的大学教科书内容较为专深，有较高的学术价值。教科书一般都经教育部门审定，在材料筛选、概念解释、观点介绍以及学科知识的综合归纳、分析和结论等方面，都应具有全面、系统、准确的特征。大学教科书一般应当列举和推荐相应领域的重要文献，提供丰富的书目信息。

工具书是供查找和检索知识信息的图书，包括检索工具书和参考工具书两类。一般来说，工具书具有下列特点：

①知识的密集性。工具书存储的知识密度比普通图书高得多，它是在搜集大量文献的基础上，对其进行筛选、提炼、加工、浓缩而成的信息密集型文献。同时，一般文献存储的内容，既包括知识，也包括客观事物表面现象的信息，但工具书所存储的多是人们对信息进行系统化的加工而转化成的可供人类使用的知识。

②知识的权威性。工具书致力于存储具有客观性、稳定性的科学知识，对编撰过程的规范性、编撰人员的权威性、编撰内容的完备性等方面都有很高的要求。工具书在编撰过程中必须遵循由国际标准化组织下属的术语标准化技术委员会制订的标准。

③知识的有序性。工具书能把无序的知识转化为有序的知识。例如，字典、辞典、百科全书、手册等工具书，就是将散见于古今中外各个学科领域、各种文献中的单元知识搜集起来，以特定的方法予以编排，使之成为人们能及时提取利用的有序性的知识。

④知识的可检性。工具书所存储的是有序的知识，只要遵循一定的次序，就可以从中提取所需要的知识。工具书的检索性或查考性是工具书最本质的特征。

⑤外观讲究，装帧精美。工具书一般采用优质的纸张印刷，版面清晰，装

订精美。

2.连续出版物（Serial）

（1）连续出版物的概念

我国国家标准《连续出版物著录规则》（GB3792.3-85）规定：连续出版物是指印刷或非印刷形式的出版物，具有统一的题名，定期或不定期以连续分册形式出版，有卷期或年月标识，并计划无限期地连续出版。

（2）连续出版物的特点

①连续性：连续出版物都是计划无限期连续不断出版发行下去的，而不是预定在有限期内以连续分册形式出版的文献（通常称之为丛书）。这是其最基本的属性。因此，连续出版物正适合于传播变动着的知识和信息。

②及时性：连续出版物一般编辑及时、出版及时、发行及时，能够反映各门学科和各个行业的最新知识和信息。

③稳定性：连续出版物的题名、篇幅、版面、装帧、开本等是相对稳定的，其内容也有一个相对固定的学科或主题范围，并有一个相对固定的编辑出版单位。

（3）连续出版物的类型：

连续出版物通常包括期刊、报纸、年刊（年鉴、指南等）、成系列的报告、学术会刊、会议录和专著丛刊等。其中，期刊和报纸是连续出版物中最为重要的类型。

①期刊（Periodical）：或称杂志，有固定名称，定期或按宣布期限出版，并计划无限期出版的一种连续出版物。主要刊登论文、记事或其他著述。通常每年至少出版两期。

世界上最早的期刊是1665年1月法国的《学者杂志》（Le Journal des Scavants）和同年3月英国的《皇家学会哲学汇刊》（Philosophical Transactions of the Royal Society）。第1份中文期刊是英国传教士马礼逊于1815年8月在马六甲创办的《察世俗每月统计传》（月刊，木版雕刻，1821年停刊）。

期刊的类型是多种多样的，有学术性或技术性期刊，情报资料性期刊，检索性期刊，还有普及性期刊和时政性期刊等。截至2006年底，我国的期刊有9 480种左右。

核心期刊（Core Journals）是指在某一学科或专业信息密度大、刊载论文数量多、借阅率和被引率较高的，能够代表该学科发展水平的少数期刊。一般来说，与某学科有关的论文总数的50%刊登在相关期刊总数5%～10%的期刊上，这小部分期刊就称为核心期刊。在我国，核心期刊研究始于20世纪70年代，20世纪90年代以来出现了一系列的研究成果。表2.1、表2.2分别给出了国内外管理学的期刊核心。

表 2.1　中国管理学核心期刊（南京大学中国社会科学研究评价中心，2006）

管理世界	科研管理	管理科学学报	外国经济与管理
中国软科学	科学学研究	南开管理评论	中国管理科学
管理工程学报	预测	中国科技论坛	经济管理（新管理）
研究与发展管理	科学管理研究	科学学与科学技术管理	管理现代化
经济体制改革	中国行政管理	商业经济与管理	软科学
科技管理研究	管理科学	中国人力资源开发	未来与发展
科技进步与对策	宏观经济管理		

表 2.2　国外管理学核心期刊（SCI 和 SSCI 检索的 59 种管理类期刊）

序号	期 刊 名 称
1	ACADEMY OF MANAGEMENT JOURNAL
2	ACADEMY OF MANAGEMENT REVIEW
3	ACCOUNTING REVIEW
4	ACM TRANSACTIONS ON INFORMATION SYSTEMS
5	ADMINISTRATIVE SCIENCE QUARTERLY
6	BUSINESS HISTORY
7	CALIFORNIA MANAGEMENT REVIEW
8	DATA MINING AND KNOWLEDGE DISCOVERY
9	DECISION SCIENCES
10	FINANCIAL MANAGEMENT
11	GOVERNANCE-AN INTERNATIONAL JOURNAL OF POLICY & ADMINISTRATION
12	HARVARD BUSINESS REVIEW
13	HUMAN FACTORS
14	HUMAN RELATIONS
15	HUMAN RESOURCE MANAGEMENT
16	IEEE TRANSACTIONS ON ENGINEERING MANAGEMENT
17	IEEE TRANSACTIONS ON INFORMATION THEORY
18	INFORMATION & MANAGEMENT
19	INFORMATION SYSTEMS
20	INTERNATIONAL JOURNAL OF HUMAN-COMPUTER STUDIES

续表 2.2

序号	期刊名称
21	INTERNATIONAL JOURNAL OF PRODUCTION RESEARCH
22	JOURNAL OF ACCOUNTING RESEARCH
23	JOURNAL OF BUSINESS
24	JOURNAL OF CONSUMER RESEARCH
25	JOURNAL OF FINANCE
26	JOURNAL OF MANAGEMENT
27	JOURNAL OF MARKETING RESEARCH
28	JOURNAL OF PRODUCT INNOVATION MANAGEMENT
29	LEADERSHIP QUARTERLY
30	MATHEMATICS OF OPERATIONS RESEARCH
31	OPERATIONS RESEARCH
32	ORGANIZATION STUDIES
33	RESEARCH POLICY
34	JOURNAL OF FINANCIAL AND QUANTITATIVE ANALYSIS
35	JOURNAL OF MANAGEMENT STUDIES
36	JOURNAL OF MONEY CREDIT AND BANKING
37	JOURNAL OF QUALITY TECHNOLOGY
38	MANAGEMENT SCIENCE
39	MATHEMATICAL PROGRAMMING
40	ORGANIZATIONAL BEHAVIOR AND HUMAN DECISION PROCESSES
41	PUBLIC ADMINISTRATION
42	REVIEW OF FINANCIAL STUDIES
43	JOURNAL OF INTERNATIONAL BUSINESS STUDIES
44	JOURNAL OF MANUFACTURING SYSTEMS
45	JOURNAL OF OPTIMIZATION THEORY AND APPLICATIONS
46	JOURNAL OF RISK AND UNCERTAINTY
47	JOURNAL OF ORGANIZATIONAL BEHAVIOR MANAGEMENT
48	MIS QUARTERLY
49	ORGANIZATIONAL DYNAMICS
50	PUBLIC ADMINISTRATION REVIEW

续表 2.2

序号	期刊名称
51	STRATEGIC MANAGEMENT JOURNAL
52	JOURNAL OF INTERNATIONAL MONEY AND FINANCE
53	JOURNAL OF MARKETING
54	JOURNAL OF POLICY ANALYSIS AND MANAGEMENT
55	JOURNAL OF SOCIAL POLICY
56	MARKETING SCIENCE
57	MIT SLOAN MANAGEMENT REVIEW
58	ORGANIZATION SCIENCE
59	R & D MANAGEMENT

注：本表中的序号只为统计方便，没有排序价值

期刊是科学研究，尤其是自然科学和工程技术研究最重要的信息源，是信息和知识交流的最基本、最广泛的手段。通过科技期刊可以把全世界科研人员有组织地、正式而公开地紧密联系起来。这是近代科学得以迅速发展的文化建制。据统计，科技期刊占整个科技人员所有信息源的 65%～70%左右。

②报纸（Newspaper）：主要刊载新闻和评论，是出版周期较短的定期连续出版物，传递信息快、现实感强、信息量大。通过报纸可以认清经济政策、社会舆论等。

中国唐代官府的"邸报"和古罗马元老院的《每日纪闻》被视为古代世界最早的报纸。近代较早的报纸有 1609 年在德国出现的《报道新闻报》、《政府报》等；而 1858 年在香港出版的《中外新闻》则是最早的中文报纸。

3.特种文献（Special Documents）

特种文献是指介于图书和连续出版物之间的特定文献类型，似书非书、似刊非刊，包括科技报告、政府出版物、学位论文、产品样本、专利文献、科技档案等多种类型。

（1）科技报告（Scientific & Technical Report）：科技报告是指对科学、技术研究成果或研究进展的记录，或称研究报告、报告文献。科技报告的出现早于科技期刊。在科学交流制度化之前，科学家们就已经在交换报告。但是，作为一种传递科技信息的特定类型的文献，其历史只能追溯到 20 世纪初。"二战"之后，由于冷战以及经济、科技保密性的要求和迅速发展，科技报告的数量迅速增长，类型也越来越多样化。其中比较著名的是：美国的四大报告，即 PB、AD、NASA 和 DOE 报告；英国的航空委员会（ARC）报告、英国原子能局（UKAEA）报告；法国原子能委员会（CEA）报告；联邦德国航空研究所（DVR）

报告；日本原子能研究所报告、东京大学原子核研究所报告、三菱技术通报；苏联的科学技术总结以及我国出版的"科学技术研究成果报告"等。

（2）会议文献（Conference Literature）：在学术会议上宣读和交流的论文、报告及其他有关资料。会议文献多数以会议录的形式出现。随着科学技术的发展，世界各国的学会、协会、研究机构及国际性学术组织举办的各种学术会议日益增多。20世纪80年代，世界上每年举办的科学会议约1万个，其中的科技会议（Sci-Tech Conference）就有四五千个，产生的会议论文约十余万篇，每年出现的各种会议录就达3 000余种。

（3）标准文献（Standards Literature）：狭义指按规定程序制订，经公认权威机构或主管机关批准的一整套在特定领域内必须执行的规格、规则、技术要求等规范性文献，简称标准。广义指与标准化工作有关的一切文献，包括标准形成过程中的各种档案，宣传推广标准的手册及其出版物，揭示报道标准文献信息的目录、索引等。

标准文献类型多种多样，并具有自己的特点。一个国家的标准文献体系能够反映出该国的技术经济政策、生产发展水平、标准化和现代化程度以及自然条件和资源状况。标准还在一定程度上预示科技和经济发展的前景，对提高经济、科技、文化等综合竞争力都有重大作用。

（4）产品样本（Product Sample Book）：厂商为向用户宣传和推销其产品而印发的介绍产品情况的文献，或称产品资料、产品文献。但也有少数是产品主管部门出版的。

产品样本包括：产品说明书、产品数据手册、产品目录、厂商介绍、产品一览、厂刊、外贸刊物等多样类型。一般来说，产品文献所介绍的多是已经投产或行销的产品，反映的是较为成熟的技术；图文并茂，形象直观，文字简练，印刷精美，通俗易懂，常附有较多的外观照片和结构简图。产品文献的时间性强，使用寿命较短；出版发行迅速，多为散页形式印发，免费赠送；宣传成分较多，数量庞大。

产品文献是工程人员设计、制造新产品的重要参考资料，是产品使用人员和维修人员的指南，也是决策管理和市场营销工作者掌握产品市场情况和动向的重要信息源。有许多产品目录、手册、样本数据库、年鉴等可供检索。

（5）政府出版物（Government Publication）：由政府机构制作出版或由政府编辑、由政府指定出版商出版的文献，或称官方出版物。UNESCO规定：政府出版物是根据国家机关的命令并且由国家负担经费而出版的一切记录。

政府出版物一般包括行政性文献和科技文献两种类型。常见的出版形式有报告、公报、通报、文件汇编、会议录、统计资料、政府工作手册、官员名录、国家机关指南、地图、地名词典等。

政府出版物内容广泛，可靠性强，有一定的保密性，售价低廉，有些是免费供应的。有些文献在未列入政府出版物之前，由所在单位出版过，因此政府出版物与其他文献有重复现象。政府出版物对于了解一个国家的政治、经济、法律、科技、教育等发展情况和方针政策、组织规划，都是不可或缺的重要参考资料。

（6）学位论文（Dissertation for Academic Degree）：高校或研究机构的学生为取得学位在导师指导下完成的科学研究、科学实验成果的书面报告。

学位论文，尤其是硕士和博士论文对研究工作和教学工作有较高的参考价值。20世纪中后期，全世界每年产生的博士、硕士论文约10万篇左右。

（7）专利文献（Patent Literature）：记录有关发明创造信息的文献。广义包括专利申请书、专利说明书、专利公报、专利检索工具以及与专利有关的一切资料；狭义仅指各国（地区）专利局出版的专利说明书或发明说明书。

专利文献种类很多，数量庞大，技术性和约束性较高，素有"技术知识宝库"之称，有效利用专利文献对新技术市场的开拓和经济发展具有重要作用。据统计，各国因未查阅专利文献，使研究课题失去研究价值，每年造成的损失，美国达11亿美元～13亿美元，英国为2000万英镑～3000万英镑，前苏联16亿卢布～19亿卢布。我国更是有大量的低水平的重复研究和开发，对科技资源造成了极大浪费。例如，我国一家保温瓶厂，花了几年时间组织攻关，终于解决了以镁代银镀膜工艺，当他们组织鉴定并想申请国家发明奖时才去进行专利查新，结果大吃一惊，发现英国的一家公司早在1929年就解决了这个问题，并申请了专利。当时该专利早已期满失效，成为公知公用技术，我们只需要拿来使用就可以了。某企业投资数十万元研制了一种汽车消声技术，待该技术研制成功后，发现国外在几年前就已有了这种技术，并且其技术内容完全落入他人的专利保护范围之内，他人的专利技术比自己研制的还要先进，结果使该技术失去了实施的价值。像这种忽视专利调查，造成大量浪费的案例在我国还有许多。当然，这种浪费不仅仅是资源，更重要的还是浪费了开发市场、占领市场的时机。

（8）科技档案（Archives）：科技档案是档案文献的一种重要类型。所谓档案，是指国家机构、社会组织以及个人从事政治、军事、经济、科技、文化、宗教等活动直接形成的具有保存价值的各种文字、图表、音像等不同形式的历史记录。档案是历史上产生的最早的文献之一，一般认为，档案源于国家的出现和文字产生时期。

档案文献具有如下主要特点：

①记录性和原始性。档案是由文件转化而来的历史记录。文件被使用和办理完毕以后，一部分随着记述、办事等现行功能的结束，失去其社会价值而被

淘汰；另一部分由于日后仍有查考价值，则被选择保存下来成为档案。档案是原始的历史记录，不是事后编写的材料，档案以其记录性和原始性集于一体的特点区别于一般的历史遗物。

②定向积累性和历史联系性。档案是各种机关、组织和个人在特定的社会活动中积累而成的文件组合体。其产生与存在始终渊源于专门的形成单位和其职能活动，并由此构成档案材料之间的内在联系。这一特点要求尊重档案来源与内容等方面固有的联系，维护档案材料体系的历史面貌，这样才能发挥档案信息特有的作用。

③可靠性和稀有性。由于档案材料是历史的原始记录物，是非复制品，故更具有可靠性，并且多具有单一性和稀有性。档案以其原始和孤本而珍贵的特点区别于其他出版物，其保护和利用也有特殊的要求。

科技档案侧重于一个国家、组织或企业内部科技活动的原始记录，包括科研、工程建设、生产技术、设备管理档案等。科技档案具有凭证价值和情报价值，是科学管理工作的依据，是科学研究和生产建设的可靠资料。

此外，各种文件（Records）、乐谱（Music Score）、地图（Map）等也都是现代文献的重要类型。

四、按获取的难易程度划分文献

第一，白色文献。即通过正式渠道公开发行的文献，具备内容的公开性、发行范围的广泛性等特点。如图书、期刊分别通过出版社－新华书店、杂志社－邮局等途径出版发行。

第二，黑色文献。指不正式出版、发行范围狭窄、内容保密的文献。如军事情报资料、技术机密资料、个人隐私材料等。绝大部分黑色文献都有密级规定，其制作、保管和流通都有严格控制，非特定读者无法获取。

第三，灰色文献。指不正式出版、也非秘密文献的文献。或称非公开出版物（Non-publication Literature）、内部刊物（House Journal）、非传统出版物（Non-conventional Literature）、难得文献（Hard-to-get Literature）或地下出版物（Underground Literature）等。

灰色文献主要出现于20世纪70年代。常见的类型有：①不公开、不刊登在报刊上的会议文献；②非公开出版的政府文献；③学位论文；④不公开发行的科技报告；⑤技术档案；⑥工作文件；⑦不对外发行的产品资料；⑧企业文件；⑨内部刊物，即内部征订或部分赠阅、交换的定期或不定期出版物；⑩未刊稿，包括手稿、译稿以及学术往来函件；⑪贸易文献，包括产品说明书和市场信息机构印发的动态性资料。

第四节 现代信息资源发展的整体特征

20世纪是科技发展的黄金时代。科研领域日益扩大,科技人员不断增加,科研费用日益增长;知识学科的新陈代谢加快,新技术、新产品周期缩短,科技认识速度骤增。据统计,在当代,每分钟就可发现一个新化学分子式,每3分钟就可发现一个新的物理学关系,每5分钟就可获得一项新的医学认识等。这些都促使科技知识量和文献量呈指数输出。据研究,科技成果每增加一倍,信息量就增加几倍,文献量则增加四倍左右。因此,现代科技发展的特征和规律反映到信息资源上,就使得现代的信息资源从整体上呈现以下发展特征。

一、数量庞大,增长迅速

1. 数量庞大

据统计,世界图书产量为80万种/年,期刊为10万种/年,并以5%的速度增长。科技期刊的增长速度更快,每7年~8年就增长一倍。有些新兴学科,如原子能科学、计算机科学、环境科学等每隔3年左右就翻一番。目前,全世界专利文献每年增加100万件,技术标准增加20万件,产品样本增加50万件~60万件,会议文献增加100万篇左右,各种连续出版物40万种。若以信息单位计算,当今每天约有40亿个信息单位的信息量向全世界发送,年递增速度为18%~20%;再加上大量的新闻信息、经济信息、电子信息等各种数据库,人类真正生活在信息资源的海洋中。

2. 增长迅速

1961年,美国文献学家普赖斯(D. Price)在《巴比伦以来的科学》(Science Since Babylon)一书中指出:"似乎没有理由怀疑任何正常的、日益增长的科学领域内的文献是按指数增加的,每隔大约10年~15年时间增加一倍,每年增长约5%~7%。"他进一步指出,整个科学系统资金、人力和物力的指数输入是造成科研成果和科技文献指数输出的重要原因;并且认为,科研人员、科研经费与文献量呈 n、n^2、$\sqrt{n}$ 三个阶数关系。通过对科学期刊的历时性研究(1665—1965),普赖斯得出科学文献增长同时间呈指数函数关系的结论,即:

$F(t) = ae^{bt}$。式中,$a>0$,$b>0$,t 为时间,a 为条件常数即 $t=0$ 时的文献量,b 为时间常数即持续增长率。

以历史年代为横轴,以文献量为纵轴,普赖斯描绘出了文献增长的指数模型。如图2.4所示，图2.5则描绘了世界上期刊增长的基本情况。

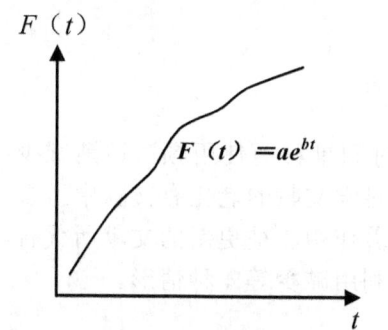

图2.4 普赖斯文献增长的指数模型

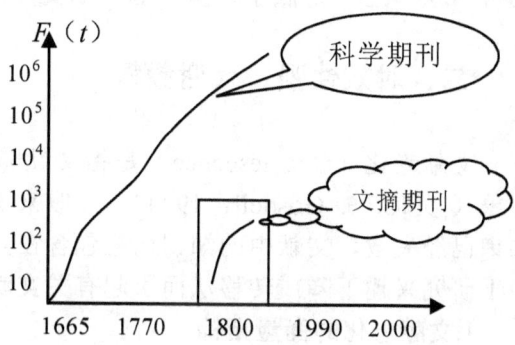

图2.5 1665—2000年世界期刊增长图

3.对信息检索的影响

如果在农业社会和工业社会中，人们遇到的是信息短缺，那么在当代的信息社会中，人们遇到的则是信息过剩。人们对"过犹不及"应当有更深切的理解和体会。

（1）查全率低下。信息量多了，信息增长快了，使得信息检索的全面性受到严峻的挑战，查全率越来越低，并直接影响到科学研究工作的效率。据统计，人们查阅文献平均占工作时间的比例为：18世纪5%，19世纪15%，20世纪50年代25%，现在为50%。

（2）查准率下降。在信息数量激增和信息污染指数比较高的信息世界中，人们检索有用信息的难度在明显增加。在科技文献领域内，每篇文献的质量是不同的，不同质量的文献的增长速度也会是不同的。

美国科学史家和信息学家勒希尔（N.Rescher）在《科学的进步》一书中，据此提出了文献质量等级增长模型。假定 $F(t)$ 为文献总量，则在 λ 级上的文献量为 $[F(t)]^\lambda$，λ 为文献的质量等级指标，$0 \leq \lambda \leq 1$。具体而言：

① $\lambda=1$，起码是常规文献（代表了所有文献）：$F(t)^{\lambda=1} = ae^{bt}$；
② $\lambda=3/4$，起码是有意义的文献：$F(t)^{\lambda=3/4} = [ae^{bt}]^{3/4}$；
③ $\lambda=1/2$，重要文献：$F(t)^{\lambda=1/2} = [ae^{bt}]^{1/2}$；
④ $\lambda=1/4$，起码是非常重要的文献：$F(t)^{\lambda=1/4} = [ae^{bt}]^{1/4}$；
⑤ $\lambda=0$，第一级（头等重要的）文献：$F(t)^{\lambda=0} = \ln a + bt$。

假设有100万篇文献（代表了常规文献），文献数量年增长率1‰，那么对应于不同 λ 的文献数量/倍增周期分别是：有意义的文献只有31 623篇/倍增周期9年；重要文献只是总文献的平方根，即1 000篇/倍增周期14年；非常重要的文献为 32 篇 / 倍增周期 28 年；而最佳文献仅为 14 篇，从时间上说每 10 年才会产生一份属于最重要等级的文献。

二、时效性强，代谢频繁

文献老化（Obsolescence）是指文献随着时间推移而使用频次逐渐减少的现象（[美]C. F. Gosnell，1944）。一般来说，科学文献的老化有文献中所含的知识已经失效、文献中的知识已经包含在其他著作中、被更新的文献所代替、由于研究兴趣下降或转移从而引起有关文献的利用减少等 4 种情形。

1.文献老化的衡量指标

（1）半衰期（Half-life）：指现有活性文献中一半的出版时间，或者说，某一学科或专业被利用的文献总量中，一半文献失去效用所经历的时间。例如，社会学的半衰期为五年，在统计研究的那一年中，尚在使用的全部社会学文献的 50%是在最近 5.0 年内出版的；换言之，经过五年，社会学文献的一半，其利用价值逐渐衰减（J.D.Burnal，1958；R.E.伯尔顿和 R.N.凯普勒，1960）。

表 2.3 Burton & Kebler 对 9 个领域半衰期的测定数据，1960

学科领域	冶金	物理学	化工	机械	生理学	化学	植物学	数学	地质学
半衰期（年）	3.9	4.6	4.8	5.2	7.2	8.1	10.0	10.5	11.8

表 2.4 前苏联《发明杂志》对各类文献半衰期的统计数据

文献类型	图书	科技报告	学位论文	技术标准	连续出版物	产品样本
半衰期（年）	10～20	10	5～7	5	3～5	3～5

（2）普赖斯指数（Price's Index）：在某一知识领域内，把对年限不超过 5 年的文献的引文数量与引文总量之比当做指数，用以度量文献老化。公式表示：普氏指数＝被引文献数量（≤5 年）/被引文献总量×100%。研究发现，普赖斯指数越大，半衰期越短，文献老化速度就越快。

普赖斯以 5.0 年为标准划分文献，年龄小于 5.0 年的论文称为"现时有用"的文章，年龄超过 5.0 年的则称为"档案性"文章。"现时有用"文献的普氏指数为 75%～80%，而"档案性"文献的普氏指数的数值范围为 22%～39%。普氏根据 SCI 分析发现，现时一年中被利用的在过去年代中发表的文章的一半，其年龄不超过 5 年，并据此测定出各学科的普氏指数。如表 2.5 所示。

表 2.5　各学科的普赖斯指数

学科领域	物理、生物化学	放射学	社会科学	植物学	语言、历史学
普氏指数	60%~70%	55%~60%	40%~45%	20%	小于 10%

（3）剩余有益性（Residual Utility）指标。有益性是指某一年份某一期刊被用户利用的文章的次数，经过若干年后，期刊还保留的有益性即称为剩余有益性。显然，有益性的下降服从几何级数规律（负指数规律）。这一指标可用于期刊老化的衡量。

2.文献老化的数学模型

模型多是以文献的引文分析为基础而建立的，主要有：

（1）负指数模型：1970 年，英国文献计量学家布鲁克斯（B.C. Brookes）提出了科技期刊文献的被引数量随着时间推移的衰减过程服从简单的负指数规律的假设。此后，奥利弗和格里菲斯（M. R. Oliver & B. C. Griffith）等人证实了这一规律的存在。用公式表示，即 $C(t) = C_0 e^{-bt}$。式中，t 表示文献的出版年龄（以 10 年为单位），$C(t)$ 表示 t 年所发表的文献的引用频率，C_0 为 $t=0$ 时文献被引用的初始量（随学科而异），b 为文献老化速度，$0<b<1$。

（2）伯尔顿－凯普勒老化方程：1960 年，美国的图书馆员伯尔顿和物理学家凯普勒发现科技文献衰变曲线并求出了这一曲线的标准公式：$Y = 1-(a/e^x + b/e^{2x})$，式中，$a+b=1$，Y 是被引文献量累积百分数（经过一定时间该学科尚在利用的文献的相对数量），x 为时间即被引文献出版年龄（以 10 年为单位），a、b 是因学科专业而变化的常数。

此外，罗马尼亚文献计量工作者阿拉莫斯库（A.Avramescu）还提出了信息传播模型，以揭示不同质量文献的老化速度和老化过程。例如，有些文献会迅速老化，有些文献涉及学科根本性问题，老化很慢，有些文献可能真正有价值而不会老化等。其模型为：$C(t) = C_0 (e^{-at} - e^{-mat})$。式中，$C(t)$ 为引文频次，C_0 为传播幅度，a 为年代衰减率，$1/a = T$ 为时间常数，m 为初始增量，可取不同的数值。典型的 5 类引文频次分布如图 2.6 所示：

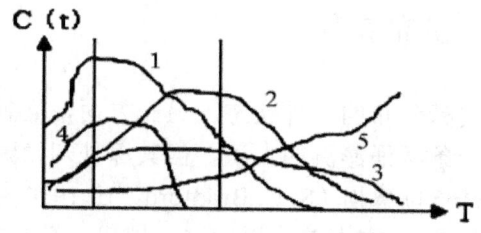

图 2.6　不同质量文献的引文频次分布

3.对信息检索的影响

在现代的信息环境中，信息流动加快，信息时效不断缩短。据统计，现代网络文献的平均寿命是 44 天，Internet 上网页的平均寿命是 74 天。这样一来，文献信息的价值就更容易变得昙花一现。研究表明，科技文献的使用寿命平均为 5 年～7 年，如果延误 1 年～2 年，其价值将丧失 30%，因此应当尽快检索最新的文献。

三、广泛分散，交叉重复

科技知识的高度分化和高度综合，使科技文献呈现出高度的离散性和冗余性。就离散性而言，同一专业文献分散在众多的相关专业刊物上，与此同时，某一学科或专业的刊物，除刊载本学科或专业的文献外，还刊载其他学科或专业的文献。尤其在社会科学、人文科学领域，文献的离散性表现得更加明显。这种离散性使用户无法检索到专业文献的全部，但同时也把用户引入到一个交叉渗透的科技世界，有利于用户思考和研究学科的相关性以及科学发展的网络结构。

就冗余性而言，科研选题的重复，同一知识内容不同载体、不同语种、不同版式或不同出版机构等使文献的内容交叉重复和雷同现象比比皆是。据统计，英、美两国 70%的图书内容有重复。世界各国每年发表的专利说明书重复率达 65%以上，全世界每年出版的再版、重版书占出版量的 20%～30%。特别是现在的网络化更加助长了信息的复制或抄袭。有人甚至称"网络内容提供商"（Internet Content Provider，ICP）实际上就是"网络复制和粘贴"（Internet Copy & Paste）。这种交叉重复使文献检索功效降低，无法检出真正有用的信息内容，影响了知识完备性。

◆ 缺乏对信息检索的了解而导致重复劳动，其损失将会越来越大；

◆ 科学研究和技术开发的课题在性质上呈现出更多的学科交叉和综合的趋向，因而需要从范围更广的资料来源中获取信息。

四、载文聚散，分布有序

文献的离散性是文献分布的一种状态，另一方面，文献分布又有宏观上的规律性。文献流看似一条汹涌澎湃的大河，但其深处却隐藏着无规则中的规则和秩序。英国文献学家布拉德福（S. C. Bradford）在 1934 年发表的《文献的紊乱》（Documentary Chaos）一文中首次揭示这一规律。英国文献学家维克利（B. C. Vickery）将之称为"布氏分散规律"（Bradford's Law of Scattering）。

从一次文献分布看，Bradford 曾对地球物理学科进行过研究，发现 1/3 的论文刊载在 3.2%的少数期刊上，而 2/3 的论文则分散在大量期刊上。从二次文献分布看，联合国教科文组织的一个委员会在 1967 的一篇研究文章中写道，从物理学和化学领域的重要文摘杂志中发现了一条规律，它们所收录的或编成文摘的 75%的论文，仅来自它们所收摘的全部期刊的 10%。从引文分布看，美国《科学引文索引》的创始人加菲尔德在 1971 年统计了 2 000 种期刊中的约 100 万篇参考文献后发现，24%的被引频次高的文章出自 25 种期刊，50%出自 152 种期刊，75%出自 767 种期刊，而其余的被引文章则离散在数量大得多的期刊中。

1. 布氏定律表述

如果将科学期刊按某一给定学科的论文刊载量多少，以递减顺序排列起来，就可以将这些期刊分成专门论述该学科的核心区和另外几个区，其中每区期刊的载文量与核心区期刊载文量相等，这时各区的期刊数成 $1:n:n^2:\cdots$ n 为布氏常数，n>1，约等于 5。可以发现：核心区所涉及的论文来自数量不多但效率最高的 P_1 种期刊；相关区包括数量较大、效率中等的 P_2 种期刊；外围区包括数量最大但效率很低的 P_3 种期刊。3 个区的期刊数量成下列关系：$P_1:P_2:P_3=1:n:n^2$。

布氏定律的基础是科学的统一性原则。科学是统一的力场，每个学科都或多或少、或远或近与其他学科相关联，因而才有一个学科的论文出现在另一学科期刊上的现象；但另一方面，正由于学科之间关系的远近不同，就出现某些期刊离某一学科更近一些，刊登的有关该学科的论文就更多一些，从而成为该学科的核心期刊；而其他期刊离这一学科要远一点，相应的就成为该学科的相关、相邻期刊。

2. 布氏定律在信息检索中的应用

（1）测定核心期刊。采用载文率、摘引率和流通率等指标来进行。

（2）测定检索工具的完备性。利用布鲁克斯公式 $R(n)=k\log n$ 求出期刊总数（$N=k$），再根据 $R(n)=k\log n$ 求出该学科的论文总数，以此比较文摘或索引的实际款目数量和摘引的期刊数量（k 为斜率，当 N 足够大时，$N=k$）。

（3）测定全检论文总数，估计检索范围，计算查全率等指标。例如，预计在 n 种期刊中完全检索的论文数与预计在全部 N 种期刊中完全检索的论文数之比为：$\dfrac{R(n)}{R(N)}=\dfrac{N\log n}{N\log N}=\dfrac{\log n}{\log N}=f$，因此，$n=N^f$。

假如经济管理学科共有 400 种期刊，如果打算从中检索相关论文总数的 1/2

或 1/3，则至少要检索多少种期刊？根据上式计算：$\sqrt{N} = \sqrt{400} = 20$（种），$\sqrt[3]{N} = \sqrt[3]{400} = 7$（种）（取最近的整数）。

五、形式多样，文种复杂

信息类型复杂多样，尤其是电子型信息资源大量涌现，各种数据库如雨后春笋，并逐步向产业化、商品化、社会化和技术手段现代化等方向发展。这就要求信息检索不能固守于传统的书本而应当熟练掌握各种类型的信息检索技术。

根据法国科学家的统计研究，目前世界上共有语言 5 651 种左右，其中产生地区性影响的只有 500 多种，有 2/3 的语言没有文字，对世界产生影响的语言有 50 多种，而最主要的有 5 种左右。就文种来讲，世界各国出版的科技出版物所有文种有 70 种～80 种，比较常用的也有 7 种～8 种，其分布大体为：英文 50%，德、俄文各占 10%，法文 7%，日文 3%，西班牙文 2%，中文和其他文种则占 18% 左右。与此同时，各种专业术语和符号越来越多，这些都增加了信息检索和利用的难度。据 UNESCO 统计，在全世界出版的科技文献中，有 50% 以上的文献是用 50% 以上的科学家不懂的语种发表的。

六、参差不齐，污染严重

1.无用信息与有害信息

并非所有的信息都是有价值的。对社会发展有积极作用的、能够消除人们对未知事物不确定性的有益信息，才是人类社会的资源和财富，如人们提出的新的科学理论、科学方法和科学观念等。除此之外，在社会的信息洪流中，还有大量的无用信息和有害信息，在当前的信息生态环境下，信息污染问题显得更加突出。

（1）无用信息：指对信息使用者所从事的某种活动没有作用的、多余的信息，即人们业已知道的、无意义的重复雷同以及不必要的繁琐细节、已经老化无用的信息垃圾等。一般说来，衡量无用信息可以使用以下 3 个指标：

一是德国文献学家瓦斯根据文献被阅读情况提出的废页率。若用 S 表示某一期刊的总页数，$S*$ 表示读者平均阅读该刊的页数，那么，废页率 $M = S - \dfrac{S*}{S} \times 100\%$。研究表明，许多期刊或书籍都存在严重的废页率。

二是美国信息科学家彭德尔伯里和加菲尔德等提出的不引率。不引率是指文献中一次都没有被引用过的论文占全部论文的比例。研究表明，在发表的论文中，大约35%的论文从来未被他人引用过，只引用1次的论文最多，占49%，且多是自引；被引用过2次的论文占9%；被引用过3次的占3%；被引用过4次的占2%；而被引用过5次或超过5次的则分别只占1%。当被引用次数较多时，被引用的论文以$n^{2.5}$或$n^{3.0}$递减。由此可见，有半数以上，甚至2/3的论文对科学几乎没有贡献。这种情况在艺术、人文科学、社会科学中更为明显。

三是信息冗余度，即信息中超出完整要求而在传递中属于多余的内容。如果每个符号的平均信息量为H，每个符号所能达到的最大信息量为H_{max}，则$R = 1 - \frac{H}{H \max}$，即为信息的冗余度。据统计，每年约有10%的信息还未进入交流系统就已经成为垃圾。各种刊物上的相互抄录、转述、引用、抄袭等，各个信息机构或网站上的重复收藏和转录等都极大地增加了信息冗余。

（2）有害信息：指对社会发展和信息用户有消极和阻碍作用的不真实或庸俗、媚俗的信息，主要有虚假信息和色情信息等。这些东西不仅无助于人们认识的提高，反而会使认识的不确定性增加。

虚假信息的产生有两种情况：一是信息生产者无意制造的，即由生产者的认识能力的局限性所导致的对事物的错误认识，未能揭示事物的本质；二是信息生产者故意制造的，藉以实现某种目的或获取某种利益。虚假信息在形式上多表现为子虚乌有、张冠李戴、捕风捉影、声东击西、暗渡陈仓、瞒天过海等。色情信息的产生主要是出于本能的好奇、精神的空虚、思想的浮躁和利益的驱使。由于信息网络可以在全球范围内传递图文并茂的多媒体信息，具有速度快、使用方便和难以监控的特点，因此它成为不法分子传播色情信息的工具与场所。有害信息主要表现在：文字使用不合规范、数据来源缺乏实证、概念界定信口雌黄、文献内容随意拼凑、病毒木马泛滥成灾、暴力色情汹涌澎湃、伪科学观点花样翻新等等。

2.信息污染的危害与治理

无用信息、虚假信息和色情信息都是信息污染的重要表现，是现代信息社会的毒瘤。一些专家认为，在现代社会信息流中，实际上无用、有时甚至有害的信息不少于50%，在个别领域甚至高达80%。奈斯比特指出："失去控制和无组织的信息，在社会里不再构成资源，相反构成污染和信息工作者的敌人。"研究表明，由于每个人吸收的信息负载量是有限的，当人们吸收的信息量超过所能消化的信息量时，超出的部分日积月累，人就会产生一系列心理和生理上的不适反应，如信息焦虑等，最后诱发"信息污染综合症"。

针对信息污染，可以从制定信息法规和政策，加强信息防范技术和信息管理制度化入手,开展信息伦理与信息道德的教育,建立国际间的信息交流秩序,切实做好信息质量控制等方面,进行综合治理。

思考题:
  1.什么是信息源?信息源都有哪些基本的类型?
  2.如何理解文献的概念和本质?
  3.文献级次之间存在什么样的关系?
  4.比较图书与连续出版物的特征。
  5.了解并掌握本学科或专业的核心期刊。
  6.现代信息资源有哪些基本特征?
  7.谈谈对信息污染的认识。
  8.调查自己周围的文献信息资源分布状况。

第三章 信息组织与检索语言

【内容提要】
　　本章从信息组织原理、分类检索语言、主题检索语言、信息描述与标引 4 个方面，详细介绍了信息检索的"后台"工作内容，重点研究了信息组织的理论依据、信息检索语言的类型及特征、信息描述与现代文献信息标引的发展动向，对于网络信息资源的组织问题也进行了一定的探讨。

第一节 信息组织原理

一、信息组织的重要性

1.信息组织的概念

　　美国未来学家约翰·奈斯比特（John Naisbitt）在《大趋势——改变我们生活的十个新方向》一书中指出："我们淹没在信息中，但是却渴求知识。"为什么当各类海量信息使我们应接不暇时，我们仍缺乏所需要的信息呢？原因就在于，在知识经济和信息社会中，"失去控制和无组织的信息不再是一种资源，相反，它成为信息工作者的敌人。"无序的信息堆积不仅无助于信息资源的使用，反而会加剧信息增长与信息使用之间的矛盾。人们把这种情况形象地称为"信息超载、知识匮乏"。越来越多的人已经认识到，原始信息本身并不能产生价值，只有将其有效地组织起来，按特定的需要集中和揭示，才能产生价值。
　　信息组织，或称为信息资源组织（Information Resources Organization），它是根据信息资源检索的需要，以文本、电子及各种类型的信息源为对象，通过对其内容特征等的分析、选择、标引、处理，使其成为有序化集合的过程。
　　信息组织是信息检索的基础。在信息检索系统中，信息组织一般是根据信息检索的需要，以信息资源的一定单元为单位，记录信息资源的特征，并根据需要对部分信息资源进行必要的相关处理，然后将这些信息资源的记录或条目按规定的方法输入系统，组成文献资源库或信息检索系统。信息检索则是信息组织的目的和归宿，是信息组织的反向过程。

2. 检索语言

检索语言是信息用户表达信息需要、信息工作者组织信息的工具，也是检索人员与标引人员进行有效沟通的桥梁。和世界语、计算机语言一样，检索语言是一种根据信息组织和检索需要而创制的有预定规则的人工语言，专门用于各种手工的和计算机化的文献信息存储检索系统，表达文献主题概念和检索课题概念。检索语言也称索引语言、标引语言等。作为一门学科概念，检索语言大体上始于20世纪50年代末60年代初。

检索语言的实质是表达一系列概括文献信息内容的概念及其相互关系的概念标识系统。它可以是代表某种分类体系的一套分类号码，也可以是从自然语言中精选出来并加以规范化的一套词汇，它可以是代表某类事物某一方面特征的一套代码，也可以是知识引证关系中出现的一种引文，用以对信息内容进行逻辑分类、主题标引、特征描述和源流分析。

检索语言包括两个部分：一是检索语言词汇，是指登录在分类词表或主题词表等上面的全部标识。一个分类号、一个主题词、一个代码或一条引文等标识就是它的一个语词，而分类词表、主题词表、代码表、引文索引等则是它的词典。另一个是检索语言语法，即如何创造和运用词汇标识来正确表达文献内容，以有效地实现信息检索的一整套规则。

检索语言的功能可以概括为4个方面：对文献的信息内容及某些外部特征加以标引；对内容相同或相关的信息加以集中或揭示其相关性；对大量信息进行系统化或组织化；便于将标引用语和检索用语进行相符性比较。

二、信息组织的依据

信息组织和检索语言都是以概念逻辑为工具，以知识分类为基础，以系统科学为方法，根据信息资源的特点和设备条件的状况进行的。

1. 概念逻辑

概念逻辑是一种揭示事物本质属性及各种事物之间联系与区别的科学思维方式，它反映概念之间的关系，确定概念的类型、内涵和外延等。文献信息内容特征和外部特征的标引，文献主题概念之间关系的显示等等都需要运用概念逻辑的方法。

概念是表达事物对象的特有属性或本质属性的思维形式，是检索系统交流的内容。概念通常包括内涵和外延两个方面：内涵是指概念的含义，即概念所反映对象的本质属性的总和；外延则是指具有该属性的事物对象，即所包括的范围。

概念之间按照其是否存在共有的外延，可以分为相容关系和不相容关系两类。相容关系是指至少有一部分外延相同的概念之间的关系，包括同一关系、包含关系、交叉关系、整体与部分的关系、全面与某一方面的关系等；不相容关系是指不存在共有外延的概念之间的关系，具体又包括矛盾关系、反对关系和并列关系等。

概念的内涵和外延成反变关系。一个概念的内涵越浅，其符合概念对象的范围就越广；反之，概念的内涵越深，其符合概念对象的范围则越小。例如，"学校→中等学校→普通中等学校"，这一概念系列就是随着概念内涵的加深，范围随之逐步缩小的。因为在学校这一概念中增加了"中等"这一属性，就构成了"中等学校"这一较为专指的、内涵较深的概念，其范围也相应缩小；再在这一概念上增加"普通"这一属性，构成"普通中等学校"这一更加专指、内涵更深的概念，适用这一概念的对象又再一次被缩小。以上加深内涵、缩小外延的过程称为对概念的限制；反之，减小内涵、扩大外延的过程则称为对概念的概括。

在信息组织工作中，可以依据概念的限制和概括以及概念之间的关系，可以通过概念的划分、概念的分析和综合，展开检索语言系统或进行检索演算。其中，对概念的划分一般可以依据明确的划分属性，将一个母项分为若干子项，从一个属概念分出若干子概念，如此连续进行就可以建立起等级分类体系。对概念的分析和综合则可以根据概念的构成，将复合主题概念分解成若干个子概念，并通过对子概念的组配，表达复合主题概念，进行概念逻辑运算。概念的划分、概念的分析与综合是信息组织和检索语言中使用非常普遍的逻辑方法。信息资源分类表的建立、逻辑检索方法的使用就是这一方法的实际应用。

2.知识分类

任何有深度的信息组织都要求按照主题内容之间的知识关系进行组织和揭示，这就要求以已有的知识分类成果为基础。知识分类是指以各门科学所研究的运动形态的固有特征及其互相关联与转变的次序为依据，对整个科学知识领域所做的分类，或称科学分类。

根据知识组织的不同对象和层次，现有的知识组织体系包括科学分类体系、学科分类体系、事物分类体系、行业分类体系等多种类型。这些都在不同层次上反映了人们对知识之间关系的认识，是科学、合理地进行信息组织的重要依据。

（1）科学分类体系。科学分类体系是根据对科学之间整体关系的认识建立的体系，它是随着科学的发展而不断发展的。

古希腊哲学家亚里斯多德（Aristotle，约前384—前322）最早从人类活动出发,对知识进行了原始分类:理论哲学(逻辑学、物理学、数学、形而上学)、实践哲学(伦理学、政治学、经济学)、创造哲学(诗学、修辞学、艺术)。古罗马学者及作家瓦洛(M. T. Varro,前 116—前 27)在《学科要义九书》(Disciplinarum)中,分别记述了语法、修辞学、逻辑学(三学),几何、算术、音乐和天文学(四术)。"三学四术"(The trivium & quadrivium)的分类方法被称为"自由七艺",是古代对人类知识的一种分类。英国哲学家和科学家培根(Francis Bacon,1561—1626)在《伟大的复兴》(The Great Instauration)一书中,将人类的知识分为自然哲学(科学)、人的哲学(心理学、人体学说)、公民哲学(人与人的关系,政治等),这一分类是基于他对人的三种精神能力及其相应的学科观点而提出的:历史表现记忆力、诗歌表现想像力和哲学表现理解力。恩格斯认为,科学分类必须依据物质运动形式进行划分。物质运动主要包括物理运动、化学运动、生命运动、意识运动,这也是宇宙物质运动由低级向高级发展的一个序列。据此恩格斯提出的科学分类体系是:数学、力学、星体、地球、原子和分子运动、原子(物理)、分子(化学)、生物的运动(生物学)、植物、动物、社会科学、人类思维等。

科学分类依据特定原则,确定知识门类划分和组织的总体性框架,考察各门科学的内部结构以及各门科学之间的区别与联系,可以作为建立信息组织和检索语言整体知识、处理各种主题之间关系的重要依据。

(2)学科分类。学科是相对独立的知识体系,学科分类是对科学分类的深化,一般是根据学科发展的现状,依据各学科研究的方法和对象之间的关系建立的。不少国家都根据学科研究和管理的需要建立了自己的学科分类体系。我国 1992 年编制的《学科分类与代码》(GB/T13745-1992),依据科学性、实用性、简明性、兼容性、扩延性和惟一性的原则,建立了由 58 个一级学科,下分 3 000 多个小类组成的三级类目体系。如表 3.1 所示。这是了解学科及其关系的有价值的类表。

此外,还存在有各种行业分类体系、事物分类体系以及各专业的分类体系等,它们各自的划分原则、类目设置、关系处理、排列方式等,都是进行各个专门领域信息组织和检索的重要依据和参考。

3.系统理论

所谓系统(System),是指相互联系、相互作用的诸元素的有机整体。换言之,如果对象集 S 满足以下两个条件:S 中至少包含两个不同对象;S 中的对象按一定方式相互联系在一起,则称 S 为一个系统,而称 S 中的对象为系统的元素。

表 3.1　我国《学科分类与代码》大类表

数学	材料科学	马克思主义
信息科学与系统科学	矿山工程技术	哲学
力学	冶金工程技术	宗教学
物理学	机械工程	语言学
化学	动力与电气工程	文学
天文学	能源科学技术	艺术学
地球科学	核科学技术	历史学
生物学	电子、通信与自动控制技术	考古学
农学	计算机科学技术	经济学
林学	化学工程	政治学
畜牧、兽医科学	编织科学技术	法学
水产学	食品科学技术	军事学
基础医学	土木建筑工程	社会学
临床医学	水利工程	民族学
预防医学与卫生学	交通运输工程	新闻与传播学
军事医学与特种医学	航空、航天科学技术	图书馆、情报与文献学
药学	环境科学技术	教育学
中医学与中药学	安全科学技术	体育科学
工程与技术科学基础学科	管理学	统计学
测绘科学技术		

　　系统理论和系统科学强调系统的整体性、关联性、动态性和目的性。首先，系统虽然是由各要素和子系统组成的，但系统的整体性能并不等于各要素的简单代数和，即系统具有非加和性。其次，系统内部各子系统之间、系统与子系统之间以及系统与环境之间是相互作用、相互依存的，这就是系统的关联性。实际上，系统的整体性就在于系统不仅具有时空边界，而且各元素之间又息息相关，即系统内部的协同效应和外部的涨落效应。系统的关联性要求我们从相互作用、结构与功能、熵和信息以及等级层次等角度去分析和研究事物。再次，系统论的创始人贝塔朗菲（Ludwig von Bertalanffy）认为，任何系统都会随时间不断变化，动态是系统保持静态的前提。如果说关联性强调的是系统要素在空间上的分布状况，那么动态性强调的是系统状态和结构在时间上的演化趋向。

系统内部的联系、有序性运动以及系统边界与系统内部、系统与环境的联系等等，都说明了系统的动态性。系统在动态发展过程中具有内部不断分化和特化、机械化与中心化的双重趋势。最后，系统发展都有自己的目的，即在一定条件下系统有从无序到有序或从有序到无序的演化方向和规律。一般系统论认为，一个系统的发展方向，不但取决于该系统的实际状态（必然性），而且还取决于它对未来的预测（偶然性），这两者的统一就是所谓的目的性。

系统方法是指以系统为基础，从整体出发，用事物的相互联系和动态转化的观点，全面研究事物的环境与要素、结构与功能、过程与状态、层次与演化、有序与无序、控制与评价等各个方面的一种科学方法。从信息组织的角度看，各类概念和知识单元都是相互作用、相互联系的，从整体上构成了人类的概念体系和知识系统。因此，信息组织必然是以系统理论和方法作为自己的重要方法和方法论的。

三、信息组织的基本方式

信息组织的目的是为了构建和反映用概念表达的人类知识地图，便于用户对各种类型的信息资源的检索。因此，信息类型、信息机构、信息工作的目的不同，信息组织方式也会有所不同。

1.根据信息的类型对信息组织进行划分

（1）语法信息组织：指以信息的形式特征为依据序化信息的方法。语法信息的组织应当遵循方便性、多向成族和标准化等原则。常见的方法包括：字顺组织、代码组织、地序组织、时序组织以及颜色组织、形状组织、重量组织等。

（2）语义信息组织：指以信息的内容或本质特征为依据序化信息的方法。语义信息的组织应当遵循客观性、逻辑性和发展性原则。常见的方法有：元素结构组织、逻辑组织、分类组织、主题组织等，其中分类组织和主题组织是最为典型的语义信息组织。

语义信息组织能够反映事物的本质属性和事物之间的联系与区别，它不仅具有序化的功能，而且还具有引导和认识的功能。可以说，语义信息组织是信息组织的核心，语法信息组织是其补充，而语用信息组织是其延伸和发展。

（3）语用信息组织：指以信息的效用特征为依据序化信息的方法。语用信息的组织应当遵循目的性、实用性和个性化原则。常见的方法有：权值组织、概率组织、特色组织以及重要性递减组织等。

语用信息组织法的主要特征是能够反映和满足用户的信息需求，它属于一种应用性的信息组织方法，在实际工作中运用得极为广泛。

（4）信息综合组织：信息工作中，人们很少只简单地运用某一种信息组织方法，通常的做法是将不同的信息组织类型综合起来加以运用。信息的综合组织主要有：图书分类、主题组织、档案分类和新闻编辑等。文献分类就是语法信息组织和语义信息组织的综合，其中类目和正表展示了事物的本质属性及其相互关系，属于语义信息组织；类号、附表和索引则属于语法信息组织。在大众传播活动中的编辑工作，既要以语用信息组织为主（面向读者，效用当先），同时又要涉及语义信息组织（逻辑完整、观点鲜明）和语法信息组织（突出特点、点面结合、承前启后、比例平衡），因此上也是一种综合信息组织方法。

2.根据检索工具的对象对信息组织进行划分

（1）文献目录：是以各种媒体的文献单元为对象，对其进行揭示、报道的工具，包括文献收藏目录和书目。前者以一个或多个文献单位收藏的文献为对象加以揭示；后者则以某一领域或时空范围内出版的文献为对象进行组织，为用户提供较为全面的文献信息。

（2）文摘与索引：是以文献或文献集合中包括的信息内容为揭示对象的检索工具，分为报道性文摘、指示性文摘以及图书、期刊等各类索引。它们一般可以给用户提供某一内容摘要或特征线索，能够深入到文献所包含的信息单元，与书目一起，共同构成了对不同层次文献信息的有效揭示体系。

（3）机读数据库：是一种依托于计算机技术、以机读形式建立的检索系统，包括文献数据库和非文献数据库。机读数据库通常是由某种同类记录按照一定的方式组织而成，目前许多传统的手工目录、索引正在逐步向机读形式转换，成为发展迅速的检索工具。

（4）网络搜索引擎：这是一种以网络信息资源为对象的检索系统，是数据库的一种特殊形式。与一般数据库相比，它不仅可以处理各种类型的网站、主页等网上资源，而且还可以连接包括聊天室、BBS、网上即时播报等新形式以及各种电子形式的数据库，通过超文本链接的方式访问各种形式的信息资源。

3.按照信息的标识对信息组织进行划分

任何一件信息产品都有形式特征和内容特征两个方面，这些特征是以特定的标识来体现的。据此将信息组织划分为下列 5 种基本方式：

（1）代码法：以化学分子式、标准书号、专利号、档案号、文献登录号等代码系统为标识，对文献信息进行组织。代码法简单明确，易于排检，比较适于专业人员在组织和查找文献或数据时使用。

（2）名称法：以信息资源的责任者、题名、机构名称、出版地和出版社等外部特征为标识，对文献信息进行组织。名称法直观清晰，便于组织和检索。

（3）分类法：以表达信息内容的分类号码为标识，并按照知识分类的原理对主题之间的关系进行系统的组织。包括体系分类法、组配分类法和体系－组配分类法等类型。

（4）主题法：直接以表达文献内容的名词术语为标识，并按字顺予以组织排列。具体包括标题法、元词法、叙词法、键词法等类型。

为了更好地满足社会对文献存储和检索的需要，分类法和主题法相互影响、渗透、补充和结合，从而出现了分类主题一体化方法。如分类语言和叙词语言在术语系统、参照系统、标识系统和索引系统等方面实现兼容所形成的分类主题语言。

（5）引文法：以文献之间的引证关系中出现的参考文献和引用文献为标识，对文献信息进行组织。引文法根据引证关系将有关文献自然地耦合在一起，人们通过引文这种最客观、最容易获得的标识可以组织或查寻一系列内容相关的信息。

第二节 分类检索语言

一、分类检索语言的概念

分类是依据一定的属性或特征对事物加以区分，并将区分出来的事物按一定的次序加以类聚的活动。分类是人类思维的基本形式，是认识世界的基本方法。分类广泛应用于科学研究、生产活动和日常生活的各个方面，分类检索语言就是分类方法在信息检索领域应用的具体结果，是最为基本的检索语言之一。

分类检索语言是指将各个学科知识及其研究问题的类目，按科学分类原理进行系统排列，并以代表类目的分类号码作为文献主题标识的一类检索语言。文献信息内容属于某个学科类目，就用该类目的分类号进行标引，并被放在与分类体系一致的序列中的特定位置。

分类检索语言具有如下基本特征：

第一，分类检索语言是以科学分类原理对信息资源的内容特征进行组织和揭示的。信息资源按照科学知识和学科知识的内在逻辑组织成一个具有等级性的系统，把具有相同学科知识属性的信息资源集中在一起，而把具有不同学科知识属性的信息资源区分开来。

第二，分类检索语言是以一定的标记符号作为排序工具的。现代的分类检索语言一般都是以一定的标记符号来表示类目的相对位置和相互关系，标记符号通常是由有序的符号，如数字、字母等组成，简单明确，有较好的通用性。

第三，分类检索语言的具体表现形式是分类表以及分类规则。分类表是根据类目之间关系组织起来的，并配有一定标记符号的类分信息资源的工具，是进行分类工作的依据和规范。由于分类表的重要作用，人们习惯上也直接称之为分类法。没有预先编制的分类法，要准确一致地对数量庞大的信息资源进行分类组织几乎是不可想象的。

第四，使用分类检索语言建立的信息检索系统能够使检索者鸟瞰全貌，触类旁通，对系统地掌握和利用一个学科或专业范围的知识和信息十分方便、有效。

二、传统文献资源分类法

传统文献资源的分类有多种类型：按适用对象可分为图书分类法、专利分类法、档案分类法、期刊分类法等；按编制方式可分为体系分类法、组配分类法和混合分类法。其中，《杜威十进分类法》（Dewey Decimal Classification，DDC，1876）是现行文献分类法中流行最广、影响最大的一部体系分类法，被世界上130多个国家和地区的20多万个文献信息机构采用。印度文献学家阮冈纳赞（S. R. Ranganathan）创制的《冒号分类法》（Colon Classification）是世界上最早的一部组配分类法；而由比利时文献学家奥特莱和拉封丹（P. Otlet & H. Lafontaine）创制的《国际十进分类法》（Universal Decimal Classification）则是混合式分类法的代表。从影响和使用范围看，体系分类法是传统文献资源分类法中最常用、最重要的类型。

1.体系分类法的概念与特征

体系分类法，也称等级列举式分类，是指将信息资源的所有类目组织成一个等级系统，并采取尽量列举的方式加以编制的一种分类法。例如：F 经济→F0 经济学→F01 经济学基本问题→F014 经济范畴→F014.3 商品生产与交换→F014.31 价格理论/F014.32 需求理论、供给理论/F014.35 经济效益……

体系分类法的基本特征主要表现在以下几个方面：

（1）类目系统，结构直观。体系分类法以科学分类为基础，以逻辑方式进行划分，强调知识的系统化组织，便于用户从学科或专业角度检索相关文献。

（2）标记简明，号码单纯。体系分类法通常采用阿拉伯数字或拉丁字母为标记符号，易于理解，适用性广。既可用于编排分类检索工具，也可用于文献的分类排架和分类统计。

（3）预先列类，类目有限。体系分类法是先组式检索语言，各个类目预先设置，类表有一定的凝固性，不便于根据需要随时改变或调整检索策略，不能进行多元检索，检索的准确性和灵活性较差；同时，列举式列类无法及时自动地生成新类，难以与科学技术的发展保持同步。

（4）组配较差，管理较难。体系分类法的类目一般是单线排列的，难以多向成族，从而造成同一主题文献的分散。例如，"教育心理学"、"航空心理学"等分属教育、航空等学科领域。对于一些比较细小而又专深的主题，体系分类法也无法充分予以揭示。另一方面，许多大型的体系分类法，都尽可能详尽地列举类目，因此分类表的篇幅都比较庞大，管理和修订也不太容易。

2.体系分类法的类目与类目体系

（1）类目。类目是体系分类法的基本成分，它的作用在于揭示具有共同属性的一组文献，即同类文献。类目由类号、类名、注释等3部分组成。例如，**F230 会计学** 簿记学、会计核算理论。

类目一般分为基本部类、基本大类（一级类目）、二级类目、三级类目等。基本部类是分类法中对人类知识范畴所做的最为概括的划分，是分类法展开的基础。基本部类的划分及其排列次序一般在分类法的编制体例中予以说明，在分类表中不会单独列出，也不会用于实际分类。基本大类，或称基本大纲，是体系分类法中首先区分出来的第一级类目，也是分类法整体框架的体现。基本大类一般是在基本部类的基础上，根据知识门类的发展和信息资源标引的需要对一定学科领域的基本划分。

（2）类目体系。类目体系是按一定标准和规则把类目排列成为一个具有层层隶属关系的体系。类目体系由类系和类列构成，并以标记制度加以体现。类系是指一个类目与它的各级上位类共同构成的一个具有从属关系的类目系列，或称类链；类列是指在类目划分时，一组具有并列关系的同位类的总称。图3.1是《中国图书馆分类法》（以下通称《中图法》）中有关经济学的类目及类目体系。

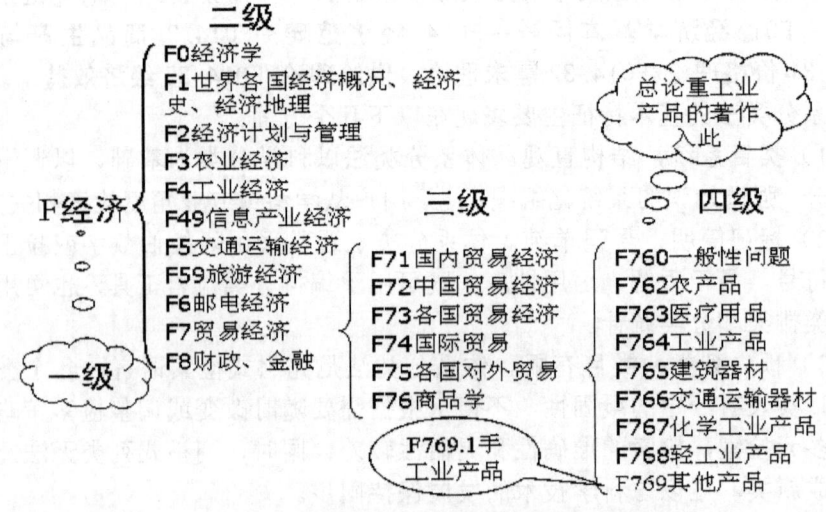

图3.1 《中图法》中经济学的类目及类目体系

3. 体系分类表的结构

体系分类法通过体系分类表来体现。体系分类表一般由编制说明、分类表和索引等几个部分组成。如图 3.2 所示

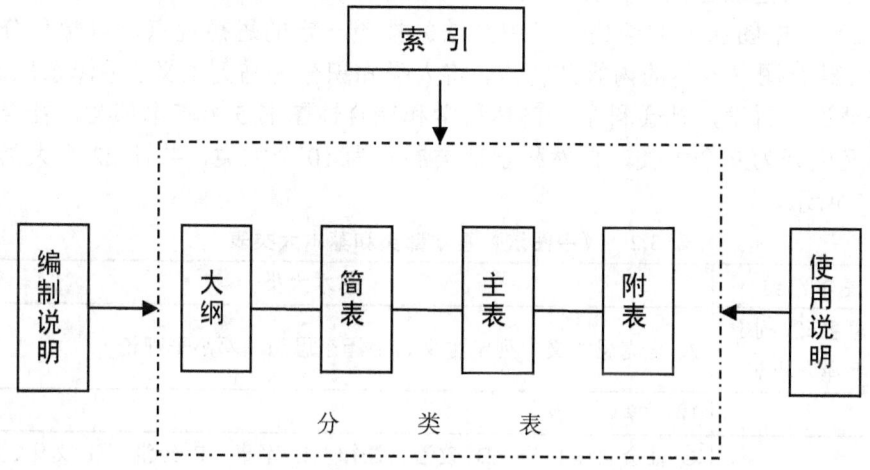

图 3.2 体系分类表的基本结构

（1）编制说明：是对分类表的编制目的、编制原则、适用范围、体系结构、标记符号等进行介绍，使用户在使用分类表之前对其有一个基本的了解，一般置于分类表的前面。主要有序论、大类说明、编制原则和使用说明（也可以单独成册）等内容。

（2）分类表：是文献分类法的主体，一般包括大纲（基本大类表）、简表（基本类目表）、主表（详细类目表）、附表（复分表）等内容。在《中图法》中，设置了 22 个大类，约 250 个基本类目，8 个通用复分表和 67 个专类复分表。

（3）类目索引：是指将分类表中的全部类目、类目同义词及类目注释中的有关主题词，分别注明对应的分类号，按字顺编排而成的使用分类表的辅助工具。类目索引方便使用者按照主题概念名称查找类号，并使分类法在一定程度上具有主题法的功能。《中图法》的类目索引采用轮排索引的方式，对类目及相关的主题概念进行轮排，提供检索。

4.《中国图书馆分类法》

（1）《中图法》的编制。《中国图书馆分类法》(Chinese Library Classification, CLC)，简称《中图法》，是新中国成立之后编制出版的一部具有代表性的大型综合性分类法。《中图法》的编制始于 1971 年，1975 年出版第 1 版，1999 年出版第 4 版。《中图法》不仅系统地总结了我国分类法的编制经验，而且还

吸取了国外分类法的编制理论和技术,成为一部适应我国国情、适用于多种类型信息机构、大型书目检索刊物、机读数据库等的分类标引工作,是我国使用最为广泛的大型综合性文献分类法。

(2)《中图法》的结构。《中图法》按照一定的思想观点,以学科分类为基础,结合图书资料的内容和特点,将人类知识分为马列主义、毛泽东思想、邓小平理论,哲学,社会科学,自然科学和综合性图书5个基本部类,社会科学部类又展开为9个大类,自然科学部类展开为10个大类,共计22个大类。如表3.2所示。

表3.2 《中图法》基本部类和基本大类表

基本部类	基本大类
1 马克思主义、列宁主义、毛泽东思想	A 马克思主义、列宁主义、毛泽东思想、邓小平理论
2 哲学	B 哲学、宗教
3 社会科学	C 社会科学总论　D 政治、法律　E 军事　F 经济　G 文化、科学、教育、体育　H 语言、文字　I 文学　J 艺术　K 历史、地理
4 自然科学	N 自然科学总论　O 数理科学和化学　P 天文学、地球科学　Q 生物科学　R 医药、卫生　S 农业科学　T 工业技术　U 交通运输　V 航空、航天　X 环境科学、劳动保护科学(安全科学)
5 综合性图书	Z 综合性图书

《中图法》采用拼音字母与阿拉伯数字相结合的混合制标记符号,用一个字母标志一个大类,以字母的顺序反映大类的序列,分类越详细,类号越长。此外,还采用了一些特殊符号作为辅助号码,如间隔符号"."、总论复分符号"-"等。

三、网络信息资源分类法

1.现有文献分类法在网络信息资源组织中的应用

传统文献分类法经过上百年的发展,体系已经相当完善,在信息资源组织方面发挥着重要的作用,在网络信息资源分类中也具有自己的优势。目前许多网站或搜索引擎都在一定程度上采用了现有文献分类法来组织网络信息资源。

(1)《杜威十进分类法》的应用

DDC正式出版于1876年,最新一版是2003年7月出版的第22版。DDC按照传统的学科分类,总共以10个主要的大类(Main Classes)涵盖了人类所有的知识体系,如表3.3所示。

表 3.3 DDC 基本类号与类目

类号	类目	解释
000	Computer, Information & General Reference	计算机、信息及一般资料
100	Philosophy & Psychology	哲学与心理学
200	Religion	宗教
300	Social Sciences	社会科学
400	Language	语言
500	Sciences	自然科学
600	Technology	应用科学
700	Arts & Recreation	艺术与娱乐
800	Literature	文学
900	History & Geography	历史与地理

在大类之下再细分为若干类（Divisions）和小类（Sections）。通过数字标记、号码层次等，逐步形成其类目等级体系。类目系统合理、标记易于理解等优点使得 DDC 在网络信息资源组织上也有广泛的应用。利用 DDC 比较成功的网络信息资源目录有加拿大图书馆的 Canadian Information by Subject，美国北德克萨斯州立大学图书馆的 The World Wide Web Reference Collection，美国密苏里州公共图书馆的 Internet Resources in Dewey Decimal Order，以及 The Mathematical Atlas、BUBL Information Service、Cyber Dewey、WWlib Browse Interface 等一些特色网站。

（2）《国际十进分类法》的应用

UDC 是 1899 年在《杜威十进分类法》的基础上逐步扩充而成的，并被翻译成 20 多种语言，出版了详略不同的许多版本。现有几十个国家的 10 万多个机构采用它进行分类标引和检索。UDC 的主表在 9 大类的基础上，采用等级列举式方法进行逐级展开。UDC 在网络信息资源组织方面的应用有：NISS Information Gateway，这是英国图书馆界的一个合作项目，目的是为英国教育界和科研领域提供全球信息服务；SOSIG（Social Science Information Gateway），是一个有关社会科学的网络目录，它使用 UDC 社会科学部分的类目来组织网络信息资源；BUBL Subject Tree，覆盖了英国国内综合性的网上资源；German Harvest Automated Retrieval and Directory，目标是建立整个德国的网络资源检索与浏览工具。

此外，由美国依阿华大学开发的 CYBERSTACKS 项目，Internet Collegiate Reference、Collection Cooperative Online Resource Catalog 等都采用了美国《国

会图书馆分类法》(Library of Congress Classification, LCC); 我国的"网络指南针"按照《中图法》将网络信息分为 22 大类。

2. 网站和搜索引擎自编的分类系统

目前，许多网站或搜索引擎采用自编的分类系统对网络信息资源进行分类组织。这些自编的分类系统大致上分为等级式主题分类法、组配分类法和学科分类法 3 种类型。1993 年，美国的费罗和杨致远（David Filo & Jerry Yang）采用宽泛的主题领域建立分类索引，通过分析与综合的方法建立了 Yahoo! 综合性主题指南（http://dir.yahoo.com/）。这是最早以网络信息资源为对象的分类语言和分类目录。Yahoo! 分类法包括 Arts & Humanities、Business & Economy、Computers & Internet、Education、Entertainment、Government、Health、News & Media、Recreation & Sports、Reference、Regional、Science、Social Science、Society & Culture 等 14 个一级类目。之后，新浪（http://dir.sina.com.cn/）、搜狐（http://dir.sohu.com/）、网易（http://search.163.com）等都建立了自己的分类目录体系。

与传统文献资源的分类方法相比，自编分类系统具有以下特点：以网络信息资源的主题而不是文献内容的学科属性作为聚类的主要依据；类目（包括"子类"、"网站"和"网页"等）收录范围广、排列方式简单；网络分类可以采取多个而不是单一的体系，这种多重列类便于用户多角度查寻和浏览；直接以语词而非符号标识组织信息；网络分类更新迅速，类目名称和注释上也更加简明、实用等。这些特点使自编分类系统得到了广泛的应用。

自编分类系统的缺陷表现在：

（1）分类体系不严密。某些网站和搜索引擎在划分类目时并未真正从知识体系的角度来划分，而更多地是从商业角度来考虑，从而破坏了分类体系的系统性和完整性。

（2）类目之间缺乏逻辑性。在部分网站和搜索引擎的分类体系中，许多类目之间缺乏逻辑性，隶属关系紊乱，某些上、下位类之间、类列之间都缺乏合理的知识联系。

（3）类名不规范。主要表现为类名不统一，类名用语不准确，类名不能准确地概括类目的内涵等。

（4）类目划分的标准不一致。由于类目设置采用多重划分，一些类目下往往使用两个或多个分类标准，有的甚至在同一层次上列出不同等级的类目。

要解决这些问题，必须充分考虑网络用户的需要和网络信息资源的特征，充分借鉴传统的文献分类法和已有的自编分类系统的经验、技术和成果，从而尽可能使网络信息资源的分类能够满足对网络上各种信息组织的需要，能满足各类用户浏览查询信息的需要，能揭示信息内容的相关性，对搜索到的信息进行必要的控制和过滤,力争把分类浏览检索与使用自然语言的专指检索结合起来。

一般来说,网络类目体系的建立首先要根据网站性质,以"主题和专题"作为聚类的主要标准,同时以学科和专业作为辅助标准。一级类目通常以 10 个~20 个为宜,除了社会科学、科学技术、经济、教育等之外,还应把网络信息丰富、查询率高的列入一级类目,如休闲娱乐、生活服务、计算机与互联网等。在一级类目下,根据信息的相关性展开分类体系,分类层次基本控制在 3 级~6 级之间。由于网络分类语言是面向最终用户的,因此必须科学和人性化地设计查询界面。

第三节 主题检索语言

一、主题检索语言的概念与特征

1.主题与主题检索语言

我国国家标准《文献主题标引规则》(GB3860-83)对主题的定义是:"主题是一组有共性事物的总称,用以表达文献论述和研究的对象和问题,即文献的中心内容。"

主题检索语言是指直接采用描述文献主题内容的语词作为检索标识,以字顺为排检途径,并通过参照系统等方法揭示词间关系的一种信息检索语言,或称主题法、描述语言等。一般由主题词表及其编制和使用规则组成。

按主题法选词方式的不同,主题检索语言可以分为标题法、元词法、叙词法和关键词法;按其使用时是否进行控制,可以分为受控主题法和非控主题法;按其使用时组配的先后不同,又可以分为先组式主题法和后组式主题法等。

2.主题检索语言的基本特征

(1)直接以语词作为检索标识。这些词语一般是指从自然语言中选择的、经过一定规范化处理的、可以用来表达信息资源主题的名词或名词性术语,这些语词就称为主题词。

(2)直接按字顺排检标识。英文文献采用字母顺序加以排检,汉语文献则根据汉字的特点使用汉字排检。尽管主题法也常常采用按范畴、词族等方式来组织主题词,但字顺方式始终是主要的排检依据。例如,一篇论述"羊的饲养"和另一篇论述"山羊的饲养"的文章,则分别按照"羊"和"山"两个字被分散排列。

（3）以主题为中心集中信息资源。这里的主题是指信息资源论述的主要对象，包括事物、问题、现象等。例如，关于"茶的种植"、"茶的焙制"、"茶的贸易"等文献，在分类法中，是按照学科知识分散在农业、轻工业和经济等不同学科部门；在主题法中，就可以通过语词标识和字顺排列，直接在"茶"这一主题下集中地予以揭示。

（4）用参照系统及其他方法揭示主题词之间的关系。分类法通过等级关系和知识分类等方法，可以直接显示出主题概念之间的关系，系统性很强。主题法按照字顺排列不能必然地揭示主题概念之间的联系，为了克服这一局限，主题法发展了完备的参照系统和多种辅助索引，在主题词之间建立充分的语义联系。例如，在"羊"这一主题词下面可以通过"参见绵羊、山羊、黄羊……"等方式来显示主题词之间的关系。

（5）接近自然语言，容易与自然语言结合使用。

主题法检索的直接性、通用性较好，适合于进行各种专指检索和机器检索，不过，主题法一般只适用于组织各种检索工具，而不适于信息资源的排架、典藏等工作。

二、标题法与元词法

1.标题法与标题词

标题法（System of Subject Heading）是最早出现的一种主题法。早在19世纪中后叶，英国的克里斯塔多罗（A. Crestadoro）和美国的克特（C. A. Cutter）等人就提出了标题法的理论方法和基本原则。通常认为，标题法就是以标题词作为主题标识，以词表预先确定的组配方式标引和检索文献的一种主题法。

所谓标题词，是指能直接表达文献主题或检索需求的、经过规范化处理的、通常是比较定型的事物名称或术语，亦称标题。标题词并不是指文献"标题"中出现的词，而是指一种检索标识。标题词选自名词和名词性词组，而其他词类一律不采用。例如，"图书"、"信息资源"、"信息存储和检索"等都可以作为标题词。

一般按标题词在检索系统中的作用，把标题词分为主标题词（Main Heading）和副标题词（Subheading）。主标题词是指能够表达文献主题的起主导作用的关键性概念，是标题词的主体因素，一般都具有独立检索意义，通常采用大写或粗体显示的形式。例如，ECONOMICS、Information Theory等。副标题词是隶属于主标题词的下级标题词，往往是对主标题词起说明、限定、修饰或补充，主要用于通过与主标题的组配来对复合主题进行标引和检索。标题词还可以按其结构分为：单级标题、多级标题、倒置标题、限定标题和混合标题等。例如,"经济发展"是单级标题,"经济发展—铁路运输—世界"是多级标题,"经济发展趋势—中国"是倒置标题,"Correlation（Statistics）"是限定标题,"心理学,医学—美国"则是混合标题。

2. 标题法的主要特点

（1）标题法属于主题法,具有主题法的一般特点。比如采用受控的词语作为标识,以字顺排列标识,用参考系统表达主题概念之间的关系,从而对文献信息进行标引。

（2）标题法采用定组方式,即以词表中主标题词与副标题词的固定组配来表达某一主题概念,对于标题词表中未予规定的组配关系则不能任意采用,这样会使标引工作操作简便,误差较低。但另一方面,固定组配使标题法不能充分发挥主题法组配灵活的特点,主副标题的二元组配也难于表现专指度较深的主题概念。这样就无法从多个角度和多个因素对信息进行检索。

（3）标题法采用列举式词表,标识的含义比较明确,形式直观,选用标识相对容易；必要时,还可以自拟标题以表达新的或没有列出的主题概念,适应能力较强。但词量较大,词表的管理与修订并不容易。

3. 标题词表

标题词表是标题法的具体体现。世界上最重要的标题词表是 1909 年美国国会图书馆编制出版的《美国国会图书馆标题表》(Library of Congress Subject Headings, LCSH)和美国工程信息公司编制的《工程标题词表》(Subject Headings for Engineering, SHE)。

LCSH 是世界上使用最广泛的主题词表,世界各国图书馆在对英文图书编目时,基本上都使用该表或参考其编目数据进行主题标引,目前有印刷版、机读版和缩微版。LCSH 由主表、副表和使用说明 3 部分组成,款目包括标题与非标题、LCC 分类号、注释、参照项等。SHE 是和《工程索引》(Ei)配套使用的词表,1990 年后改为《工程索引词汇表》(Ei Vocabulary)。

4. 元词法

元词法（Uniterm Indexing）是指以单元词作为主题标识,通过字面组配的方式来表达文献主题的主题法。元词法脱胎于标题法,它是对标题法先组式标识进行改革而形成的一种后组式检索语言。1951 年,美国陶伯（M. F. Tauber）最早系统地建立了元词法体系。

单元词是指能够表达文献主题,经过规范化处理的最基本的、字面上不能再分的词汇单元。例如,"马克思"、"图书馆"、"贸易"、"乌鲁木齐"等就属于单元词,而"知识组织"和"主题标引"就不是单元词。单元词只是构成标题的组成部分,它们本身大部分不是具体的标题,若干个单元词进行组配才能构成一个专指标识。

在使用单元词法的情况下,对复合主题的标引和检索可以通过单元词的组配来进行。例如,对"经济文献检索"这一主题,就必须采用"经济"、"文献"和"检索"3个单元词进行标引。在一定意义上看,标题法的词组标题、倒置标题、多级标题、限定标题、混合标题等所表达的复杂概念,都可以用单元词的组配来实现,从而有效地建立词汇控制。

元词法的基本做法是:为每个元词制作一张卡片,在这张卡片上记录下所有用这一元词标引的所有文献号码,文献号是该文献在文献收藏集合中所处位置的号码;然后按元词的字顺对元词卡进行排列,组成系统。使用时,用户需要将检索提问分解成元词,并在系统中找出相应的元词卡,通过对相关卡片上的文献号进行比较,检出各个卡上同时出现的文献号,就可以查找到所需要的文献。

元词法的词表体积很小,标引专指度较高,利用对单元词的增减,可以自由地扩大、缩小或改变检索范围,检索途径也较多。但是,元词法主要采用字面组配,容易造成误差。此外,元词法也缺乏必要的参照系统,无法对相关资料进行检索。元词法的主要贡献是率先探索了后组式检索方法及组配中联号、职号的使用等问题,为叙词法的发展和使用开辟了道路。目前,元词法已经被叙词法所代替。

三、叙词法

1.叙词法的概念与原理

叙词法(Descriptor Indexing),或称主题词法,是指以自然语言中精选出来的、经过严格规范化的语词作为文献主题标识,并通过概念组配的方式表达文献主题的一种检索语言。它是在20世纪50年代后期,为适应计算机检索的需要而发展起来的一种新型的检索语言,也是目前应用最为广泛的主题法。

叙词法既是对标题法、单元词法的扬弃,同时也吸取了体系分类法和组配分类法以及关键词法的诸多优点。具体表现在以下几个方面:

(1)吸收了标题法的语词规范化的基本方法,以保证词与概念的一一对应;同时对标题法的先组和参照系统进行了完善。

(2)吸收了元词法的后组技术,同时把元词法的字面组配发展成为概念组配,对某些词组也加以选用,从而有效地克服了字面组配时产生的意义失真。例如,在标引"美术学校"时,元词法使用"美术"、"学校"两个词进行组配,会出现"美术专科学校"、"学校的美术课程"等多种情况,而叙词法直接以"美术学校"进行标引,就不会出现歧义。

(3)吸收了组配分类法的分面组配技术,并建立了概念组配和词汇分面分类表技术。

（4）吸收了体系分类法的学科划分和等级结构的技术，编制了叙词分类索引、等级索引和词汇分类表。

（5）吸收了关键词法的轮排技术，编制叙词轮排索引，从多方面显示叙词间的相互关系，以保证准确、全面地选用叙词进行标引和检索。

由此看来，叙词法是多种检索语言的原理和技术的综合，已经成为现代受控主题语言的主流。如表 3.4 所示。

表 3.4 叙词语言对其他检索语言技术的综合

检索语言	技术/原理	叙词语言技术/原理
体系分类法	学科分类 等级结构	分类索引 等级索引 词汇分类表
组配分类法	分面组配	概念组配 词汇分面分类表
标题法	先组 见对照、参见对照	适当先组 用、代、属、分、参参照
元词法	字面组配 完全后组	概念组配 基本后组 倒排档
键词法	轮排技术	轮排索引

由此看来，叙词法是一种采用表示单元概念的规范化语词的概念组配来对文献主题进行描述的后组式词汇型标识系统。主要特点是：结构比较完备，词汇控制严格；组配非常准确，标引能力较强；检索效率高，适应能力强；编制管理难度大，标引要求比较高。

2.叙词与叙词规范

（1）叙词的概念与类型

叙词是叙词法最基本的成分，是指以基本概念为基础，经过优选和规范化处理，具有概念组配和语义关系显示功能，用以表达文献主题和检索需求的词或词组，或称描述词，国内也称主题词。"叙词"（Descriptor）和"叙词法"（Descriptor Method）的概念最早是由穆尔斯提出的。他认为，叙词由表达概念的符号及其定义或注释两部分组成。

叙词可以划分为普通叙词和专用叙词。普通叙词是指表示各种事物及其属性的叙词，它表达的通常是普通概念，诸如表示各种事物的名词术语，表示科学门类、技术部门、理论学说等名词术语以及表示文献类型和某些具有构词功能的名词术语。例如，"宇宙"、"商品"、"经济危机"、"期刊"等都是普通叙词。专用叙词则是指表示某一特定事物的叙词，它表达的都是单独或特定概念。如地名、人名、年代、民族名称和机构、会议、产品名称、历史事件以及学说、学派、方针政策等的专有名词。例如，"中国"、"汉族"、"马克思"等都是专用叙词。

（2）叙词规范

叙词规范或称叙词词汇控制，是叙词法的重要基础。词汇控制的基本原则：一是文献保证原则（Literature Warrant），即对于某一主题至少有一本文献时，才能确立相应的词汇。二是用户保证原则（User Warrant），即只有当用户对某一词汇感兴趣时，它才能被选为索引词。词汇控制主要包括词类控制、词形控制、词义控制和词间关系控制等4个方面。

①词类控制。叙词主要是从自然语言中精选出来的名词或名词性词组，其他词类一般不加选用。一般来说，对使用频率较高的常用词组，对词组分解后产生歧义的、具有特定检索意义的专有名词或复合词等，如"高等教育"、"工业橡胶"、"人民日报"、"中国石油工业"等都可以直接作为叙词使用。

②词形控制。词形控制包括对语词的形体、外来语用法、标点符号的使用、词序和词长等方面的规范处理。例如，采用"渔具"而不是"鱼具"作为叙词；使用"静态分析（经济学）"、"九·一八事变"作为叙词；词汇长度不得超过14个汉字等。

③词义控制。在一词多义上，通过增加限定词或注释加以说明。例如，"病毒（医学）"、"病毒（计算机）"。在多词一义上，一般选用通用的、规范的、专业性的名词术语。例如，把"国家机构"、"玉米"、"SS-1 导弹""国际经济十经济援助"、"杜鹃"作为正式叙词，而把"国家机关"、"包谷"、"飞毛腿导弹"、"对外经济援助"、"布谷鸟"作为非正式叙词。对词义含糊的词进行注释说明，从而使概念明确、容易理解。例如，"**互市** 注：中国古代对中外贸易的统称"、"**岭南画派** 注：中国现代画流派，主要是在广东活动"。

④词间关系控制。叙词之间具有复杂的语义网络，这种语义关系主要有等同关系、等级关系和相关关系3种，如表3.5所示。等同关系是指叙词与非叙词之间的关系，例如，"**义务教育** 用 **普及教育**"。等级关系是指专指度深浅不同的两个叙词之间的隶属关系，例如，"**马克思主义** 分 **历史唯物主义**"。相关

关系是指叙词之间存在一定的关联、交错、对立和矛盾的关系，或称类缘关系，两者互为参照。例如，"**仿生** 参照 **人工智能**"、"**胡适** 参照 **实用主义**"等。一般来说，在某一主题领域的文献中词语出现的频率越高，这些词语的含义相关的可能性就越大。

表 3.5　叙词语义关系参照符号

词间关系	参照符号含义	汉语符号	英文符号	国际通用符号	举例说明
等同关系（用—代）	用	Y	USE	→	经济侵略 Y 经济扩张
	代	D	UF	=	经济扩张 D 经济渗透
	组代		UFC	&	
等级关系（分—属—族）	分	F	NT	>	联合国 F 国际法院
	属	S	BT	<	国际法院 S 联合国
	族	Z	TT（Top term）		
	（属种）分		GNT	>P	
	（属种）属		BTP	<P	
相关关系（参—参）	参	C	RT（Related Term）	—	禁烟运动 C 鸦片贸易 鸦片战争 C 鸦片贸易

下面以《汉语主题词表》和《INSPEC 叙词表》中的款目为例说明叙词之间的各种语义关系，如表 3.6 所示。

表 3.6 《汉语主题词表》与《INSPEC 叙词表》中的款目及其说明

《汉语主题词表》		《INSPEC 叙词表》	
款目叙词	Bianji Xiaoyong Xuepai 边际效用学派——05DB Marginal utility school	代 下位词	acoustic wave velocity（声波速度） acoustic velocity
范畴类号			
代参照	D 边际学派 边际主义	UF	acoustic velocity
		上位词	NT ultrasonic velocity
分参照	F 奥地利学派 剑桥学派		BT velocity
	洛桑学派	族首词	TT velocity
属对照		相关词	RT acoustic dispersion（传播） acoustic impedance（阻
	数理学派	分类代码	acoustic wave propa-gation（传递）
*族首词符号	S 庸俗资产阶级政治经济学 经济学派*	SA 分辑号 和分类号	Mach number（马赫数） Shock waves（冲击波）
族首词（有两个族首词，即两个上位词）	Z 政治经济学 C 费边社会主义 凯恩斯主义 瑞典学派	输入数据库的全形码	CC A4300 A5140 A6260 A6265 FC a4300-za5140-ga6260 +ya6265+a
参参照	新古典学派、新剑桥学派	Data of input	DI January, 1973

注：INSPEC 叙词表是国际物理学和工程信息服务部（International Information Services for the Physics and Engineering Communities，INSPEC）编辑出版的《科学文摘》（Science Abstracts，SA）的一个检索词表。

3.叙词表

叙词表（Thesaurus）是一种将文献标引者和检索者使用的自然语言转换成规范化的系统语言的术语控制工具，也是一种概括特定知识领域并由词义相关、语义相关的术语组成的可以不断补充的规范化词典。亦称主题词表，是叙词法的具体体现。

叙词表最早出现在美国，它的出现可以说是信息检索语言的一个里程碑。第 1 部用于信息检索的叙词表是美国杜邦公司于 1959 年前后编制的。1960 年，美国武装部队技术信息局（ASTIA）首先编成用于计算机文献检索的叙词表。据统计，目前全世界已经有 1 000 多种叙词表。它们大体可以分为综合性和专业性两类：综合性叙词表中比较有影响的是美国《工程与科学主题词表》（Thesaurus of Engineering & Scientific Terms，TEST）和《日本科学技术情报中心主题词表》（Thesaurus of Japan Information Center of Science and

Technology，JICST）；专业性叙词表有美国的《美国教育资源信息叙词表》、《航空航天局主题词表》（NASA Thesaurus）、《国际核信息系统主题词表》，英国的《电机工程师协会主题词表》等。

我国编制的叙词表也已超过 130 种。综合性的有《汉语主题词表》和《国防科学技术主题词表》；专业性的有《航空科技资料主题词表》和《电子技术汉语主题词表》等。

一般来说，叙词表一般由一个主表和若干个辅表组成。主表亦称字顺表，是将全部主题词按字顺加以排列，并添加必要的标注项和词间关系项，它是叙词表的主体结构。附表则是专有叙词索引，如地区索引、机构索引、人名索引、产品索引等，它是从主表中分离出来的专用词汇表。附表通常是叙词表的辅助部分，大体有以下几种类型：

（1）词族索引（族系表）：也称等级索引（Hierarchical List of Thesaurus Terms），是利用概念的等级关系将有关叙词汇集在一起成为一族，构成一个从泛指叙词到专指叙词的等级系统，从而可以从一族中外延最广的叙词（族首词）出发，找到一系列同族的叙词，并且可以明确它们之间的层层隶属关系。族首词按字顺排列，等级关系以·显示。词族索引是实现自动扩检、满足族性检索要求的重要手段，可以弥补字顺表族性检索功能差的缺点。

（2）范畴索引（分类表）：也称分类索引，是将叙词按其概念所属学科或范畴分成若干大类，在大类之下再分成若干小类，在小类之下将叙词按字顺排列，形成一个类似体系分类法的概念分类系统，便于从学科或专业的角度选用叙词。

（3）轮排索引：是利用字面成族的原理，将含有相同单词的词组叙词汇集在一起，排列在该单词之下，可以从它出发检索到任何含有该单词的词组叙词。一个词组叙词由几个单词构成就可以轮排几次。轮排索引便于查找，并起一定的族性检索作用。

（4）双语种对照索引：可以提供从另一种语言字顺入手查词的途径，有助于在标引外文文献时选准叙词或利用本国叙词表查阅外国的检索工具。

四、关键词法

1.关键词与关键词法

关键词（Keyword）是指从文献题名或正文中直接选取的能够表示文献的主题内容，具有实际检索意义的词或词组。与此相反，文献中出现的没有实际检索意义的语词，则称为非关键词，如冠词、介词、连词、感叹词、代词、某些副词、形容词、某些动词（如助动词、情态动词），以及一些使用频率过高的通用词。这些词一般反映在非用词表或禁用词表中。关键词多采用自然语言形式，选取较为自由。

关键词法（Keyword Indexing，亦称键词法）就是指抽取题名或正文中的关键词作为主题标识，并按照字顺加以编排，以提供主题检索途径的一种信息检索语言，或称关键词语言。关键词法可以追溯到 19 世纪欧洲一些国家图书馆目录或索引的编制。1856 年，英国的克里斯塔多罗在《图书馆编目技术》（The Art of Making Catalogues of Libraries）一书中提出了书名的主词，即关键词这一概念，并在书中介绍了用关键词轮排方法编制公共图书馆目录的书名语词索引的步骤和方法。但由于自然语言本身的问题，这一方法在手工检索系统中后来逐步被标题法所取代。

20 世纪 50 年代，随着计算机在信息检索中的使用，关键词法得到了人们极大的关注。1958 年，美国的 H.P.卢恩和巴克森德尔（P. B. Baxendale）在华盛顿召开的国际科学信息会议上，首次提出了关于关键词索引的构想和用穿孔卡片编制的关键词索引的样品，引起了极大的反响。可以说，关键词法是最早用于计算机检索的自然语言形式。1963 年，美国的《化学文摘》（Chemical Abstracts）从第 58 卷起，就开始采用电子计算机编制关键词索引，提供快速检索文献资料主题的途径。

2.键词法的主要特点

（1）采用语词作为概念标识，直接从文献题名、文摘或正文中抽取关键词。相对于采用规范词作为检索标识的叙词法、标题法和元词法来说，键词法基本上属于自然语言，在标引阶段只进行少量控制或不加控制，要求标引水平低，尤其适用于计算机处理和自动标引。

（2）具有丰富的轮排方式并建立字顺排列体系，检索非常方便。采用键词法的检索系统是时差最短和最经济的检索系统。

（3）一般不建立关键词表，即使建立关键词表，也非常简单。通常不设置任何参照或词间关系，因此篇幅很小，管理方便。

（4）由于关键词一般不进行特别的规范处理，词汇质量比较粗略，会影响到信息检索的查全率和查准率等。

3.关键词索引（Keyword Index）

键词法的表现形式主要是关键词索引。关键词索引主要有两种类型：一种是带上下文的关键词索引，包括题内关键词索引、题外关键词索引、双重关键词索引；另一种是不带上下文的关键词索引，主要有单纯关键词索引、词对式关键词索引和简单关键词索引等。

（1）题内关键词索引（Keyword-in-context，KWIC），或称上下文关键词索引。这是最早出现的机编索引，由美国的卢恩提出并首先应用于 1960 年美国化学文摘社创办的《化学题录》。题内关键词索引的标目在款目的中部，左右均为该标目的上下文作为限定词；索引款目按位于款目中部作为标目的关键词的字顺排列。格式如下：

| 上文 | 关键词 | 下文 | 文献地址 |

KWIC 的设计思想是：文献题名通常具有揭示文献主题内容的作用，从题名中抽取的关键词能够有效地将用户指向相关主题的文献；保留题名中关键词前后的上下文，有助于说明关键词的含义。检索时，先在索引款目中部找到与检索课题有关的关键词，再查看上下文，寻找切题的文献。

（2）题外关键词索引（Keyword Out-of-context，KWOC）。这是最早出现的 KWIC 的改进形式，特点是将标目的位置置于款目的左端或左上方，标目之后或之下仍保留完整的文献题名。其款目格式是：

| 关键词 |

| 文献题名 | 文献地址 |

编制时依次轮流将题名中的每个关键词置于标目的位置，原题名中的关键词也可用特定的符号（如星号*）代替，题名之后注明文献地址；最后将款目按关键词的字顺排列起来。

KWOC 因标目的位置突出，款目形式与普通主题索引接近，可读性强，使用符合检索习惯，但篇幅比 KWIC 大，并且容易造成复合主题的文献在字顺排列中被分散在多处。

（3）双重关键词索引（Double KWIC），也称双重上下文关键词索引，它是 KWIC 和 KWOC 的结合形式，由美国 A.E.彼特拉克于 1969 年创制。特点是双重标目，主标目（第一关键词）在题名之外，副标目（第二关键词）在题名的左端，索引款目共两行。其格式是：

| 第一关键词 |

| 第二关键词 | 上下文 | 文献地址 |

双重关键词索引兼有 KWIC 和 KWOC 的优点，使用方便，但索引篇幅大，编制成本高。

（4）单纯关键词索引（Pure Keyword）。是将表征一篇文献主题内容的关键词全部抽出，组成一个纯粹由若干关键词组成的索引。一般从题名、文摘、正文中抽出 1 个～5 个关键词，将每个关键词依次轮流移至款目的左端或左上方作为标目，将其余关键词用做说明语，并给出相应的文献地址。其索引款目的格式为：

| 关键词1 | 关键词2 | 关键词3 | …… | 关键词n | 文献地址 |

单纯关键词索引的制作较为简单，它具有标引深度较大而索引篇幅较小的

优点，但由于没有上下文，没有语法结构，所以难以判断索引款目的含义，查准率较低。

（5）简单关键词索引（Single Keyword）：只有一个关键词，后面附上全部相关文摘号，极为简单。它一般与文摘下文构成一个检索系统。检索时，可以选择一条关键词款目，根据其列出的文摘号转查文摘，以发现符合要求的文献。它与单元词索引相类似，质量比较粗糙。

五、《汉语主题词表》

1.《汉语主题词表》研制

《汉语主题词表》（Chinese Thesaurus，CT），简称《汉表》，是我国一部大型的综合性主题词表，1974年在中国科技信息所和北京图书馆主持下开始编制，近9 000人历经5年时间，于1980年3月正式问世。《汉表》分为3卷10个分册，11万条叙词。第1卷是社会科学部分，包括主表及索引，收录主题词23 500余条；第2卷是自然科学部分，包括主表及索引，收录主题词65 200余条，非正式主题词12 913条；第3卷是社会科学与自然科学共用的附表。

1991年，中国科技信息所对词表的自然科学部分进行了修订；1994年，在北京图书馆主持下，我国正式出版了基于《中图法》和《汉表》的分类法—叙词表对照型词表——《中国分类主题词表》。目前，《汉表》有印刷版和机读磁带版两种形式。我国综合性图书馆一般都以《汉表》作为主题标引工具。

2.《汉语主题词表》的选词

主题词是主题词表的基本成分，是标引和检索的直接依据。为了提高主题词的实用价值，必须明确选词的原则和范围。

《汉表》的选词原则是：选定的主题词，主要是各个学科领域内经常出现的、具有文献检索意义和组配意义的最基本的名词术语；主题词的词义必须明确，必须是能表达文献主题和用户查询课题的特定概念；主题词的名称一般为科学上的通用名词，外来词要采用其通用译名；对新生事物和新兴学科的词语，要考虑到科技发展的需要加以收录。

《汉表》的选词范围包括：表示具体事物和学科门类的名词术语；表示事物的状态或现象的名词术语；表示研究与工作方法的名词术语；表示工艺方法的名词术语；表示事物的理论、定律、定理、学说之类的名词术语；专有名词术语；表示文献资料类型的名词术语等。

3.《汉语主题词表》的体系结构

《汉表》由主表、附表、范畴索引、词族索引、英汉对照索引等部分组成。

（1）主表：由全部正式主题词和非正式主题词组成，并按字顺排列，是标引和检索文献、组织目录的工具。主题词的款目结构包括汉语拼音、款目主题词、英文译名、注释项、范畴号、参照项等（见表3.6）。

（2）附表：是将主表中通用的一些专有名词抽出另排，具体包括4个附表：世界各国政区名称、自然地理区划名称、组织机构和古今中外具有研究价值的人物表。

（3）辅助索引：可以满足多途径检索的需要。《汉表》共有3种辅助索引：一是词族索引，或称等级索引，是把主题词中具有属分关系的全部主题词，按其本质属性的级别展开，显示词间关系的一种词族系统，目的是满足族性检索的需要。族首词的标记符号是*，置于该词的右上角。二是范畴索引，亦称分类索引，是把主题表中的全部主题词按其所属的学科范畴划分成若干个大小类目，目的是便于从学科分类角度检索。该索引按马列、哲学、社会科学、自然科学、一般概念分5个部类，56个大类，675个二级类目，1 080个三级类目，并采用字母和数字混合号码来排列主题词。三是英汉对照索引，是以英文字母顺序排列的英汉对照主题词，便于从英文名称检索，按社会科学和自然科学分别编排。

（4）参照系统和语义网：参照系统是主题词表中控制词义和反映主题词之间的相互关系，并借以明确主题词所涉及的范围的一种规范化措施。由于在主题词表中，所有的词按字顺排列，词间关系被割断了。参照系统把被割断的词间语义联系重新恢复起来，形成了一个暗含语义的网络，从而确保文献信息标引和检索用语的一致性，扩大检索途径，满足族性检索的需要，提高查全率。《汉表》的参照系统由主题词的等同关系、属分关系和相关关系组成，共设6个参照项，即用（Y）、代（D）、分（F）、属（S）、族（Z）和参（C）等。

六、主题法在网络信息组织中的应用

近年来，国内外的一些学者及研究机构已认识到主题法在网络信息组织中的重要作用，这方面的研究主要集中在：

1.关键词法的应用

目前由搜索引擎软件自动建立的网络信息资源索引数据库所支持的就是关键词检索。但是，由于关键词法未进行同义词及反义词控制，未能揭示词间关系，这种关键词检索的主要缺点就是查准率太低。人们提出网络信息检索应导入受控语言机制，使用后控词表，即"标引不控制，检索控制"模式来提高关键词法的性能。

2.叙词表的应用

少数搜索引擎中提供主题词表检索方式，在用户界面上，可直接浏览主题词表，从中选中主题词，作为搜索引擎的检索提问。用户可以在检索界面中修改检索提问，也可返回到主题词表界面重新选择主题词。其共同的特征是词表内超文本导航。

3. 标题词表的应用

标题词表在网络信息组织中的应用可以分为两种情况：一种是检索前使用，即通过标题词表规范用户的检索表达式。用户可以首先在网络信息组织工具提供的词表中检索到标准标题词及相关联的词汇。以该词作为检索词，点击表中超链接即可得到检索结果。另一种是检索后使用。即在给出用户所用检索表达式，得出检索结果的同时，提供相关词作为用户进一步检索的线索，用户可自由进行扩检或缩检，从而提高检索效率。

目前使用的词表主要是《美国国会图书馆标题表》（LCSH）和《医学标题表》（MeSH）。采用 LCSH 的系统有 A Catalog of Internet Resources（OCLC）、Electronic Journal Subject Index；采用 MeSH 的有英国诺丁汉大学的 OMNI 系统，这是一个有关医学和健康的网站。

第四节　信息描述与标引

信息的描述与标引是信息组织和检索语言研究的重要内容，它既是信息工作者组织信息的手段，又是用户有效表达信息需求的方式。熟悉文献信息标引工作能够全面了解信息存储原理，熟悉信息检索的"后台"工作。信息描述与标引的质量，直接关系到信息检索的效率，关系到信息资源的开发利用水平。

一、文献信息的描述

文献信息描述，亦称信息资源描述，是依据文献信息描述规则，对文献信息资源的主题内容、形式特征、物质形态等进行分析、选择和记录的活动。在传统的文献检索系统中，文献信息描述也被称为文献著录或信息资源编目。文献信息描述的结果，是获得信息资源的记录，即元数据，亦称款目。

元数据（Metadata）一词最早出现于美国航空航天局（National Aeronautics and Space Administration，NASA）的《目录交换格式》（Directory of Interchange Format，DIF）手册中。一般认为，元数据是关于数据的数据，或关于数据的结构化的数据，或是对信息包的编码描述。例如用 MARC 编码的 AACR2 记录、DC 核心记录、GILS 记录，或者与 XML 相关的应用系统中各种描述。

元数据具有资源描述、定位、检索、管理和评价的多重功能，是构成检索系统和检索工具的基本单元,将众多的元数据按照一定的次序组织起来就构成了一个检索系统。元数据在检索系统中的作用体现在:一方面是向用户提供信息资源的目录学信息,供使用者确认信息资源,进行选择;另一方面,元数据的各种特征也是进行信息组织的依据,是建立检索工具的前提。任何检索系统要充分发挥检索功能,都必须依赖元数据对信息资源特征揭示的准确性、规范性和完备性。

元数据已经从早期的网络资源的描述数据,逐步扩大到电子文本的描述数据以及传统出版形式的编目数据;元数据描述的规范也从20世纪70年代的文献著录标准,如《国际标准书目著录》(ISBD)、《英美编目条例》(AACR2)、《文献著录总则》(GB3792.1-83),发展到20世纪90年代一系列新描述规范,如《都伯林核心集》(Dublin Core,DC)、《政府信息定位服务》(Government Information Locator Service,GILS)等。其中最具代表性、能够适应多种信息环境的是DC。

DC最早产生于1995年在美国都伯林的第1届元数据库研讨会,在这个由OCLC(Online Computer Library Center)和NCSA(National Center for Supercomputing Applications)联合发起的会议上,52位来自于图书馆界和计算机网络界的专家学者,经过共同研究提出了DC标准。之后,通过多次研讨,DC得到不断的补充、修正并日臻完善。目前,DC描述项目分为以下15个大项,如表3.7所示。

表3.7 DC的描述项目及其含义

项目	说明
题名(Title)	由创作者或出版者赋予资源的名称。
作者或创作者(Author or Creator)	负责创作资源知识内容的个人或组织。例如,文献作者、视频资源的艺术家、摄影师、插图作者。
主题和关键词(Subject and Keywords)	即资源的主题。通常以描述资源主题或内容的关键词或短语表达。鼓励使用控制词表或正式的分类法。
描述(Description)	资源内容的关键描述,包括文献类对象的文摘或视频资源的内容描述。
出版者(Publisher)	负责使资源以现有形式提供的实体,诸如出版社、大学的部门、团体实体等。

续表 3.7

项目	说明
其他参与者（Other Contributor）	对资源做出重要智力贡献，但其贡献小于创作者字段中注明的个人或组织，因而没有在创作字段中注明的个人或组织。
日期（Date）	资源创建或提供的日期。推荐使用 ISO8601 中规定的格式。
资源类型（Resource Type）	指网页、小说、诗歌、工作报告、技术报告、散文、词典等。
格式（Format）	指资源的数据格式，或大小、持续时间等，用以识别显示或操作资源的软件和可能需要的硬件。
资源标识（Resource Identifier）	用来识别资源的惟一的字符串或数字。例如，网络资源的 URL 和 URN。其他全球性的具有惟一性的识别符，如国际标准书号 ISBN，以及其他可作为此成分的选择依据的其他正式名称。
来源（Source）	用来识别该资源派生出来的资源的信息。通常情况下，此项只包括关于当前资源的信息，当认为对发现当前资源重要时，本项也可以包括派生出来的资源的元数据。
语言（Language）	指资源内容中使用的语言。推荐遵循 RFC1766 所规定的号码。
关联（Relation）	指另一资源的标识符及与当前资源的关系。
覆盖范围（Coverage）	资源内容的空间和时间特征。空间范围指以地名或组配（例如经度、纬度）表达的位置。时间范围指资源内容发生的时间，而不是指何时创建或提供的（后者属于日期项）。时间范围的表达通常使用规定的时期。
权限管理（Right Management）	权限管理说明的是有关资源本身所有或被赋予的权限信息。可以是权限管理的说明，也可以是一个提供资源权限管理信息的机构的标志符。

　　DC、我国的《文献著录总则》等都对文献信息描述的符号和文字、描述的格式和详略级次等做了明确的规定。1997 年 10 月，在 W3C 的倡导下，DC 等元数据库团体和一些著名的公司与研究机构，如 IBM、Microsoft、Netscape、OCLC、University of Michigan 等，合作制定了符合多种需要、功能强大而灵活的资源描述框架（Resource Description Framework，RDF），用以支持 Internet 上的元数据。

二、文献信息的标引

为了保证文献信息的描述质量，使信息资源真正能够得到利用，还需要对文献信息进行科学的标引。所谓标引（Indexing），就是指通过对文献主题的分析，选用确切的检索标识（类号、标题词、叙词、关键词、人名、地名等）用以反映该文献内容的过程。其实质是对文献的内容特征进行主题类属的划分和用词的转换。一般包括分类标引和主题标引两种。

1.分类标引

分类标引，或称归类，是指依据一定的分类语言，对信息资源的内容特征进行分析、判断，赋予分类标识的过程。

（1）分类标引的基本要求

①准确：首先是归类要正确，将文献归入对应的学科和专业领域；其次是归类要确切，即把文献归入到分类体系中最专指、最切合其内容的类目。

②充分：根据使用需要，能够全面完整地揭示所有具有检索价值的文献主题。一般情况下，对于一个主题的文献，只归入一个对应的类目；对于同时涉及两个或三个主题的文献，就需要对这两个或三个主题对象进行分类标引。标引过深，会降低查准率；标引不全，则会影响查全率。因此，要采用适当的标引深度。

③一致：对同一主题内容的文献，应当赋予统一的分类标识，不能因人而易，因时而变。

④适用。标引时要根据用户的需要和检索系统的实际情况，使标引结果科学适用。例如，一个经济管理专业的文献系统，可以只标引与本专业有关的文献主题内容。

（2）分类标引的步骤

①查重：查重是判断某文献是否已经标引过，以求标引前后的一致，避免不必要的重要劳动。

②主题分析：对文献内容特征进行分析，提取出具有检索意义的特征。全面了解文献论述了什么问题，涉及什么学科（学科主题分析）；是单主题还是多主题（主题类型分析），构成主题有哪些因素及其相互之间的关系如何（主题结构因素分析），是一般文献还是特种文献（文献类型分析）等。

③主题概念转换（归类）：根据主题分析的结果将文献归入到确切的类目中。

④确定标识（给号）：根据确定的类目给予相应的分类号。

⑤审核：对分类标引质量进行全面评价，保证标引的准确性、适度性和一

致性。

2.主题标引

主题是依据一定的主题词表或主题标引规则,对信息资源赋予语词标识的过程。

(1) 主题标引的方式

主题标引包括整体标引、全面标引、重点标引、分析标引等基本方式。

整体标引是一种概括揭示信息资源基本主题内容的标引,它只对信息资源中具有检索价值的整体性主题进行揭示,而不涉及其各种从属性的主题内容。例如,"经济管理概论",只要对"经济管理"这一主题进行标引就可以了,对该书中的各个附属主题内容则不必一一揭示。

全面标引,是一种深度标引,它要充分揭示信息资源论及的所有符合检索系统要求的主题概念。例如,《长江上游水质变化浅析》一文,主要分析了长江上游的水质变化,指出城市工业废水、环境退化及农药大量使用是造成长江上游水体污染的主要原因。在进行全面标引时,就要对长江、水质、变化、水质污染、环境退化、农药污染、城市污水、工业废水、河流污染、预测等主题概念一一予以标引和揭示。

重点标引,或称对口标引,是一种只揭示文献中适合本专业或本单位需要的主题内容的标引。例如,《高速公路与地方经济》一文,经济管理学院资料室就可以只对地方经济的有关内容进行标引,而对高速公路方面的内容不予揭示。

分析标引是一种根据信息资源中的部分片段或集合型资源的构成单元进行的标引。例如,将某大学网站进行概括标引的同时,对该网站下的有关院系进行分析标引;对某一专业期刊进行整体标引的同时,对期刊中的相关主题内容进行分析标引。

(2) 主题标引的程序

和分类标引一样,主题标引一般经过主题分析、主题概念的转换、主题词的确定等主要环节。我国国家标准中提出的主题分面公式,是将文献主题成分概括为 5 种基本因素,并将文献主题成分及其次序规定为:A 主体因素(A1 研究对象、A2 材料、A3 方法、A4 过程、A5 条件等),B 通用因素,C 空间因素,D 时间因素,E 文献类型因素。这一公式可以作为主题分析和主题概念提炼的重要依据和方法。例如,"21 世纪我国信息系统设计手册"这一主题可以分析如下:

信息系统	设计	中国	21世纪	手册
(主体因素)	(通用因素)	(位置因素)	(时间因素)	(文献类型因素)

主题概念的转换是指将主题分析的结果,通过主题词表等工具转化为规范化的主题词,并根据检索系统的要求,对标识进行处理。在转换过程中,要采

用概念分解，避免字面分拆，并善于掌握概念分解转换的程序。

主题标识的确定是指根据检索系统的使用需要，对标引词进行必要的处理。主要涉及增加联号和职号，以防止错误组配等问题。

①联号：联号是表示不同主题词在同一文献中联系程度的专用符号，它是表示几个主题词组配时在语法上彼此关联的分组标志。通常是在检索标识后标上一定的数字或字母等符号，用来揭示主题概念之间的联系。数字相同的主题是在语法上相关联、可以组配的一组概念。例如，对于"东南亚金融危机和中国的经济发展"这一并列主题，如果简单采用"金融危机"、"东南亚"、"经济发展"、"中国"进行标引，那么，用户在检索时除了可以检索到"金融危机－东南亚"、"经济发展－中国"等文献外，还可能检出"经济发展－东南亚"、"金融危机－中国"等虚假组配的文献。使用联号就可以避免这一问题。假设该文献号是1234，以数字1、2为联符，则该文献可标引为：金融危机1、东南亚1、经济发展2、中国2。

②职号：职号是表示主题词在组配中的职能或语法作用的符号。其作用是用来明确文献主题标识的关系，排除组配时可能产生的歧义和多义现象，这也是后组式检索语言用以提高查准率的一种手段。职号一般是字母或数字，附加在组配的主题词之后。例如，在"中国对欧盟的农产品贸易"这一主题中，"中国"是施动者，"欧盟"是受动者。如果简单地使用"中国"、"农产品贸易"、"欧盟"3个主题词进行标引，在检索时就有可能同时检出"中国对欧盟的农产品贸易"和"欧盟对中国的农产品贸易"两种文献。使用职能符号通过指明有关主题标识的句法职能，就可以避免检出不符合句法关系的文献。假如规定A为动作对象、B为部分、C为性质、D为操作、E为施动者，那么上述主题可以标引为：中国E、农产品贸易D、欧盟A，这样就可以避免误检。

除了分类标引和主题标引外，标引还可以分为手工标引和自动标引、自由标引和受控标引等类型。随着网络信息资源的发展和标引技术的提高，标引工作正朝着自然语言与人工语言相结合、分类主题一体化、标引工作智能化和自动化方向发展。

三、自动分类与标引

1.自动分类方法

自动分类是指基于内容将对象自动分配给预定义的类别，包括分为基于词表的自动分类和基于训练集的自动分类两种基本类型。

（1）基于词表的自动分类

基于词表的自动分类是指所进行的分类处理是借助于分类词表来完成的。

词表法分类符合现有的文献分类体系，能够达到了解学科全貌的效果。在检索中还可以利用给定的分类号进行扩检或缩检，以提高检索的查全率或查准率。因此，词表法的实际应用较多。

在词表分类法中，具体的实施步骤是：首先，从待分类信息库中取出一条分类记录，并抽出其主题词。其次，在充分考虑主题词长度和主题词间相互关系的基础上，计算出抽出的主题词长度影响因子，然后算出此主题词的类号权值、上位类权值和同位类权值。第三，利用记录主题词查找系统主题词表，获取对应的分类号及相应权值。重复这一过程，当所有主题词的分类号及权值取完之后，进行类号合并与权值求和，得到分类号的总权值。最后，将得到的所有分类号进行分析比较。如果只有惟一的分类号，可将其直接定位；如果有多个分类号，则取出权值最大的类号作为文献信息的类号。

（2）基于训练集的自动分类

基于训练集的自动分类的一般方法是：先将预先分类过的文献作为训练集，从训练集中得出分类模式，然后用导出的分类模式对其他文献加以分类。从训练集中得出分类模式的过程是一个复杂的过程，需要反复验证、不断细化。具体的实现方法很多，如基于文献特征向量相关性的方法，基于神经网络技术的方法，基于遗传算法的方法、基于关联的方法、基于EM算法的方法等。

2.自动标引技术

自动标引是指利用计算机自动给出信息主题词关键词的技术。包括西文自动标引和汉语自动标引。

（1）西文自动标引技术

在西文中，由于每两个词之间都有空格，并且具有可数的在文中不含实义的虚词，因此自动标引比较简便。主要步骤是：通过禁用词表（Stop-list）排除没有实质意义的虚词，从文本中抽取关键词；对抽取出的关键词，根据不同的位置和词频等特征计算权值，综合考虑，从而确定标引词。西文抽词标引算法的具体流程，如图3.3所示。

（2）汉语自动标引技术

与西文标引技术相比，汉语自动标引技术具有很大的独特性和复杂性。主要原因是：汉语词间没有空格，构词方式灵活多变，书写形式也不够统一，对于一个句子可以采用不同的分词方法从而导致完全不同的含义。20世纪80年代以来，汉语自动标引研究，尤其是自动分词技术取得了很大的进展，并提出了许多自动标引方法，如词典标引法、切分标记法、单汉字标引法等。随着神经网络、人工智能等技术的发展，智能标引法也得到了较多的研究。

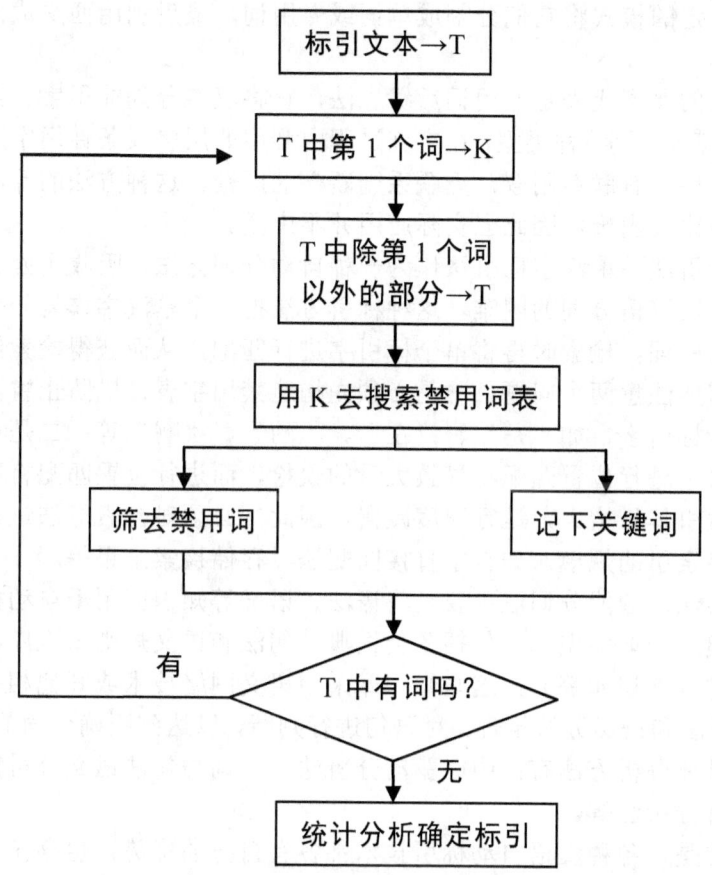

图3.3 西文抽词标引算法的流程

① 词典标引法：通过构造一个词典，并将其与待标引的信息进行比较，找到匹配的词汇时，即把它作为可选标引词记录下来，最后利用西文成熟的标引技术进行处理。词典标引法在国内发展得比较成熟，实用性较强，在目前自动标引算法中所占比重也较大。特别是对于主题相对集中的专业信息库，词典的构造工作是切实可行的，也能保证比较好的标引质量。

运用词典标引法查找可选标引词时，需要对待标引的文本对象进行扫描。扫描方式有正向扫描、逆向扫描和组合扫描等方式。在对文本对象进行扫描的同时，还需要与词典中的标引词进行匹配。根据系统标引的专指度的不同，匹配分为最长匹配、最短匹配、长短结合匹配、词首匹配等类型。

② 切分标引法：将能够断开词和词组或者表示汉字之间的联系的汉字组成切分标记字典，然后根据这个字典对待标引的文本进行切分，将句子分解成词

和词组，再按一定的模式将它们分割成单词或专用词，最后利用西文成熟的标引技术予以处理。

切分标引法的典型代表是非用词后缀表法，它将汉字分为非用字、条件用字、表内用字和表外用字4种类型，在实施过程中利用非用字或条件用字进行分词标引，一般采用"有联系则取，无联系则断"的原则。这种方法的算法比较复杂，词典构造比较困难，因此上实际应用并不广泛。

③单汉字标引法：单汉字标引法作为一种自动分词方法，吸收了西文自动标引的思想来解决汉语分词的困难。这种标引方法把一个单汉字作为一个类似于西文单词的标引词，检索时再将单个标引字进行匹配，从而获得检索结果。在实际应用中需要注意两个问题：一是必须先构造禁用字表，以防止将没有标引意义的字作为标引字，如"是"、"在"、"的"、"啊"等；二是在单汉字标引时，如果不进行位置匹配将导致大量的误检，而进行位置匹配将造成算法比较复杂，索引体积增大，运行速度减慢，因此，必须对检索算法进行一些调整，缩小单字索引的规模，如首字直接匹配法、存储检索结果等。

④智能标引法：智能分词法主要是将语法、语义等知识应用于自动标引，主要思想是：建立分词知识库（包括各类词典、句法和语义规则知识库、专门领域知识库、背景知识库等），这些知识库采用语义网络技术或其他相关技术构建，并进行语法和语义分析推理，对语句进行判断，以达到正确分词的目标。目前所采用的具体分析方法有：中心驱动分析法、分词与句法语义分析同步处理法、分层理解分析法等。

应当指出的是，各种汉语自动标引技术都各有自身的优势，也存在着某些缺点，对这些技术和方法需要进行分析比较，只有相互结合，取长补短，不断创新，才能使汉语自动标引技术更加完善，从而推动信息标引和检索技术的全面发展。

思考题：
1. 什么要对信息进行组织？
2. 信息组织的依据主要包括哪些方面？
3. 信息组织有哪些基本的类型？
4. 分类检索语言与主题检索语言有何区别？
5. 为什么说叙词语言是多种检索语言的原理和技术的综合？
6. 谈谈分类法和主题法在网络信息资源组织的应用。
7. 什么是元数据？DC由哪些描述项目构成？
8. 初步了解《中图法》和《汉表》的基本内容。

第四章 信息检索策略

【内容提要】

本章系统介绍了各种信息检索方法的概念和使用特点；分析了当前信息检索领域中最为基本的检索技术，诸如布尔检索技术、截词检索技术、位置检索技术等；重点描述了信息检索从检索课题分析、选择检索系统，到制订检索式、实施检索的整个过程；对信息检索的评价指标及提高信息检索效率的措施等问题也做了较为全面的说明。

目前，国内外学者虽然对信息检索策略进行了大量的研究，但仍未取得一致的看法。美国兰卡斯特（F.W.Lancaster）认为，检索策略是用逻辑和、逻辑积以及逻辑差来表达的，有关可接受的文献所要求的类的成员关系的说明。武汉大学的陈光祚先生从检索过程的角度提出，信息检索策略是指在分析信息实质的基础上，确定检索途径与检索用词，并明确各词之间的逻辑关系与查找步骤的科学安排。北京大学的赖茂生教授从检索目的的角度指出，信息检索策略是为实现检索目标而制订的全盘计划和方案，它对整个检索过程起着谋划和指导作用，并直接影响检索效率。

通常，按照检索手段的不同可以把检索策略分为手检策略和机检策略两类。手检策略是在手工条件下所拟定的，往往只存在于检索者的脑子里，不必写成书面语言，并且可以边查看边考虑，灵活地改变。机检策略是在利用计算机进行检索时拟定的检索策略。由于计算机检索时信息提问与文献标识之间的匹配工作是由机器完成的，所以要事先拟定周密的检索策略，用计算机能够理解和运算的形式加以表达，而后交计算机去执行。机检策略一般用布尔检索式来表达，并全面反映在检索步骤的科学安排上。

在计算机科学领域，检索策略与搜索策略具有某种相关性。搜索策略的主要任务是确定选取规则的方式。通常，搜索方式包括：①"盲目搜索"，即系统根据事先确定好的某种固定排序（依次或随机）调用规则；②"启发式搜索"，是指利用与问题有关的知识（启发信息）来引导搜索，达到减少搜索范围，降低问题复杂度的搜索过程。搜索的关键问题是如何利用知识，尽可能有效地找到问题的解。讨论的问题包括：有哪些常用的搜索算法，问题有解时能否找到解，找到的解是最佳的吗？什么情况下可以找到最佳解？求解的效率如何等。基本的搜索策略有回溯法、爬山法、宽度优先法和深度优先法等。

制定检索策略是信息检索研究的核心内容。其基础是对用户和检索课题的全面分析；前提是明确检索系统的性能；关键是正确选词和配备逻辑符以构造检索表达式；质量则主要取决于检索者的知识经验和能力大小。检索方法、检索技术、检索途径、检索步骤和检索效果评价等是检索策略研究的基本内容。

第一节 信息检索方法

检索方法是为实现检索计划和方案所提出的检索目的而采取的具体查找和筛选信息的手段。检索方法具有对检索工具或检索系统依赖性的特点。在一定条件下，某种方法可行；而在另一种条件下，它却可能行不通。在检索过程中，应当根据检索工具或系统的特点、检索课题的性质并考虑用户的实际需要，灵活采取各种检索方法，以取得满意的检索效果。

信息检索既包括手工检索、计算机检索中常用的一般方法，也包括基于不同的文献类型、不同的信息内容以及不同的文献形式特征等而采取的各种特定的检索方法。

一、手工检索方法

手检方法是指手工条件下的信息检索方法，主要包括以下3种：

1.工具法（常用法、一般查找法）

即利用题录、书目、索引、文摘等各种检索工具进行常规性文献检索的方法。利用工具法的关键在于根据检索条件、检索要求和学科特点选择适当的检索工具，并注意发挥各种检索工具个体功能和整体功能。利用此法可以及时发现大量相关的文献线索。具体细分为：

（1）顺查法：按照从远及近、从旧到新的时间顺序查找文献。利用顺查法首先要分析检索课题提出的时间背景及历史概况；其次要确定查寻的起始年月；最后再从检索起始的时间点上逐年逐卷查寻，直至查到检索课题所要求的文献线索为止。顺查法的特点是系统性强，查全率与查准率较高；但工作量大，所需时间长。顺查法主要用于某些重大课题、各学科发展史以及新兴学科等方面研究的文献检索。

（2）倒查法：按照由近及远、由新到旧的逆时间顺序查寻文献的方法，或称逆查法。重点是获取近期文献或最新信息，查找时只需查到满足基本需要的文献信息即可。这种方法比较节省时间，较易掌握某一专业领域的最新成果文献，适用于检索者对研究对象有较充分的了解，需要进一步知道新的进展情况。例如，"信息高速公路"研究的倒查顺序是：1993年9月克林顿政府制订的《国家信息基础设施：行动计划》→1991年9月美国参议院通过的由阿尔·戈尔（Al Gore, 1948—）起草的《高性能计算机法案》（High Performance Computing Act），其中就提出了"Information Super-highway"→1981年戈尔在美国科学与电视艺术研究院的一次演讲中，首次提出"Information Highway"这一全新的概念，它标志着新时代的麦克卢汉开始登场。实际上，早在1956年，阿尔·戈尔的父亲阿尔伯特·戈尔（Albert Gore）在向美国国会提交的一份议案中，就提出在全美修建总长7万多公里的州际高速公路的计划。

（3）抽查法：从某一课题较密集的时间入手，在获取一定的文献量之后，再逐步扩大检索范围。这一方法往往用于需要快速检索的课题，可以减少检索时间，有较高的检索效率和较好的检索效果。但前提是必须熟悉学科发展的特点，比较适于专业人员检索时采用。

（4）渐进法：按照由浅入深、由表及里的顺序系统检索文献的方法。检索时要了解所查文献的大致内容、一般情况和历史背景，然后逐步深入。从使用工具书的角度来说，应先查常用的综合性工具书，然后再找专科或专题性工具书，这样从一般了解再到深入研究，可以查到有关某一检索课题的一系列文献。

2.引文追溯法（追踪法、引文循环查找法）

利用已知文献的参考文献或引用文献查找相关文献的方法。包括两种情况：

（1）根据已掌握的文献所附的参考引用书目，查出被引文献；然后又从被引文献所附的参考引用书目，再次查出被引文献。即从期刊论文或引用文献（Cite Literature）查找参考文献或被引文献（Cited Literature）……，如此循环，逐步扩大检索结果。这种情况适合于没有检索工具的用户获取有关的文献信息，但缺点是所查的文献越来越旧。

（2）依靠引文索引，从被引文献入手查到引用文献，然后又将已查到的引用文献作为被引文献，再次找到这些文献的引用文献……，如此循环，扩大检索结果。优点是所查的文献越来越新，但局限性是必须有相关学科的引文索引存在。

引文追溯法可以不管学科的分类和词汇控制，在没有检索工具或检索工具不全的情况下容易查找到一批文献；通过引文分析还可以揭示一些重要学科的内在继承与发展联系。但缺点是由于引用文献与被引文献之间的联系角度和相关程度差异很大,因而可能导致较高的误检率。

3.循环法(综合法、分段查找法)

循环法是将工具法和引文追溯法等结合起来交替使用的方法。即先用工具法查出一个时期的文献,再以这些文献为起点,用引文追溯法进一步检索。

分段查找法事实上是根据学科主题检索与根据引文网络检索的结合,是一种多向、立体的文献信息查找方法,获取信息量大,检索效率高,适用于历史悠久、文献信息需求量较大的检索课题。

二、计算机检索方法

机检方法是指在计算机检索条件下使用的方法。这里所说的机检方法主要是根据美国学者查尔斯·鲍恩(Charles Bourne)提出的5种联机检索策略演变而来的。

1.积木法(Building-block)

积木法是指把一个检索课题分成若干组面,先检索各个组面(组面检索),然后再进行组配检索的检索方法。检索时,先把检索课题剖析成若干概念面,在每个概念面中尽可能多的列举出相关词、同义词或近义词,并用布尔逻辑 OR 将代表检索提问中每个概念的词语连成一个个分检索式,然后再用布尔逻辑 AND 将所有概念面的分检索式连接起来,构成一个总检索式,类似于把各种木片拼成图案。表 4.1 给出了"用户需要"的积木法表示。

表 4.1 使用积木法表示用户需要

用户(概念组面Ⅰ)	需要(概念组面Ⅱ)
用户	需要
OR	OR
顾客	要求
OR	OR
消费者	需求
OR	OR
主顾	希望

相应的,总检索式可以表示成:(用户 OR 顾客 OR 消费者 OR 主顾)AND(需要 OR 要求 OR 需求 OR 希望)。

积木法的优点是能够提供比较清晰的检索逻辑式,以便以后回顾和进行检索式的保留与调用。缺点是耗费较多的存储容量和联机时间。在积木法实施过程中，最好将最专指的组面和最少文献登录数的组面优先处理，也可以考虑整个检索式的成批输入，以便缩短计算机的匹配时间。

2. 引文珠串增长法（Citation Pearl-growing）

在机检条件下，逐步扩大检索范围，使被检文献量逐步增长的检索方法。具体而言，就是从最专指的检索词开始检索，查出少量文献（至少1篇文献）；然后检查这些文献中使用的标引词和自由词，选择其中重要的补充到检索式中，再进行检索，从而查出更多的文献，如此重复循环，使被检文献量逐步增长，直到取得满意结果为止。

引文珠串增长法的优点是能够充分地利用联机系统的交互能力，以动态的、实验性的方法去导出合适的检索式，提高检索的网罗度；缺点是检索过程会耗费较长的机时。

3. 逐次蒸馏法（Successive Fractions）

在机检条件下，逐步缩小检索范围，提高专指度的检索方法。即先进行较粗泛的检索，得到一个规模较大的命中文献集合；然后利用各种条件，以文献出版年份、文种、文献类型以及更为专指的概念组配的叙词等，以逻辑的方式对原来的命中文献集合进行缩小，逐次分割，类似剥笋一样，逐步逼近核心部分，从而获得一个可以接受的、数量适宜的命中文献集合。

逐次蒸馏法的优点是漏检较少，可以随时根据文献量的多少而灵活掌握限制条件，检索比较主动；缺点也是耗费较多的机时。

4. 最专指面优先法（Most Specific Facet First）

在检索时，首先选择最专指的概念组面进行检索，如果检索命中的文献相当少，那么其他概念组面就不再加入到检索提问式中去；如果检索命中的文献较多，就需要把其他概念组面加入到检索提问式中，以提高查准率。显然，各概念面在检索式中的关系是逻辑与的关系。

5. 最低登录面优先法（Lowest Postings Facet First）

所谓最低登录量，是指一个索引词在标引中的使用次数。它一般记录在数据库词表中，也可以显示在检索终端设备上。登录量数据在检索中很有价值，它可以帮助检索者根据特定的检索策略估算出他将会查出多少命中文献，或者至少能告诉他可能查出的最大文献量是多少。"最低登录面优先"就是先根据词的登录量值，找出登录量最少的那个概念面，然后以此作为检索入口开始检索。如果命中文献数量相当少，就不必再继续检索其他的面。例如，检索题目为"网络经济学在经济学研究中的地位"，很显然，"网络经济学"的登录量比"经济学"的登录量要低，检索时则应首先从"网络经济学"这一概念着手进行。

以上两种检索策略具有相似性，即都是通过检索最低限度的概念组面，达到减少机时，降低检索费用，并尽可能检出相对多一些的相关文献。

三、信息检索的特殊方法

信息检索的特殊方法是指根据不同的文献类型、不同的信息内容以及不同的形式特征等而采取的各种特定的信息检索方法。具体包括：

1. 根据文献类型划分的信息检索方法

文献类型不同，在信息检索时所使用的方法就会有一定的差异。

（1）图书检索法：包括检索中国古代图书的"古籍检索法"和检索中国近现代图书的检索法。图书检索的关键是要利用各种书目，如史志目录、官修书目、私藏目录、古籍总目、禁书目录等。

（2）报刊检索法：分为报刊种、期检索和报刊论文检索。

（3）特种文献检索法：包括专利文献、科技报告、会议文献、标准文献、政府出版物、产品样本、学位论文以及档案文献等检索方法。这些检索方法主要是分析理解各类文献的特征，选择各自的书目以及特定的检索途径。

2. 根据文献内容划分的信息检索方法

文献内容涉及各个学科和专业领域，相应就有特定的检索方法。

（1）马列主义、毛泽东思想文献检索法：侧重他们的著作、生平事迹、论述、专门词语以及对其研究的文献等。

（2）科技信息检索法：包括各种科技文献类型及相应的检索工具。主要包括综合性的检索工具，如《工程索引》、《科学文摘》、《文摘杂志》、《科学引文索引》等；专业性的检索工具，如美国的《化学文摘》、《生物学文摘》、《数学评论》等。

（3）社科文献检索法：与科技文献相比，社科文献在知识内容、研究和收藏等诸方面都有自己的特点，社科检索工具也多以参考工具书为主，权威性检索工具很少，半衰期较长，比较注重回溯性信息和观点性信息的检索。

（4）其他学科和文献内容检索法：例如，经济信息检索通常包括经济动态信息、企业信息、商业信息、金融信息和市场信息等，对于它们的检索自然也会有一些特定的方法。

3. 其他检索方法

主要有数据公式检索法、文字检索法、词语检索法、诗词文句检索法、人物资料检索法、团体机构检索法、地理资料检索法、时间资料检索法、历史事件检索法、时事资料检索法、地方文献检索法、物品检索法、典章制度检索法、法律法规检索法、统计资料检索法、留学资料检索法、新学科文献检索法、正在研究项目信息检索法等等。

四、综合性检索方法

综合性检索方法是采用多种检索工具、多种检索途径和多种检索方法共同检索一个复杂课题的方法。包括：
- 多种工具配合检索法：同时或先后利用多种检索工具。
- 多种方式结合检索法：同时采取手检与机检方式。
- 多种方法配合检索法：同时或先后利用不同检索方法。

第二节 信息检索技术

信息检索技术（Search Techniques）是指利用现代信息检索系统，如联机检索、光盘检索或网络检索系统，检索有关信息或数据库所采用的相关技术。常用的检索技术一般包括布尔检索、截词检索、限制检索、位置检索、加权检索和多媒体检索等技术。随着计算机技术、数据库技术、网络技术和人工智能等方面的进步，信息检索技术也在发展过程中，并出现了许多新的检索技术和研究热点。

一、布尔检索（Boolean Search）

1.布尔检索的概念

布尔检索是以英国数学家和逻辑学家布尔（George Boole，1815～1864）命名的。这是利用布尔代数（或称逻辑代数）中的逻辑算符，即在信息检索中能够表达概念之间关系的一类运算符，通过检索词语或代码的逻辑组配，以进行检索的一种方法和技术。布尔检索是计算机信息检索中最基本的一种检索技术。

2.布尔算符的类型

（1）逻辑与：是一种具有概念交叉或概念限定关系的组配，用"*"或"AND"等符号表示。例如，要检索"信息污染控制"方面的有关信息，它包含了"信息污染"和"控制"两个主要的独立概念。检索词"信息污染（Information Pollution）"、"控制（Control）"就可以用"逻辑与"进行组配，即用"information pollution AND control"来表示两个概念应同时包含在一条记录中。使用"逻辑与"组配技术，缩小了检索范围，增强了检索的专指性，能够提高查准率。

（2）逻辑或：是一种具有概念并列关系的组配，用"+"或"OR"等来表示。例如，要检索"情报信息"方面的资料，检索词"情报"、"信息"可以用"intelligence"和"information"两个词来表达，采用"逻辑或"组配，即用"intelligence OR information"来表示这两个并列的同义概念同时出现在一条记录中。使用"逻辑或"检索，扩大了检索范围，能提高查全率。

（3）逻辑非：是一种具有概念排除关系的组配，用"-"或"NOT"算符表示。例如，检索"不包括核能的能源"方面的信息，其检索词"Energy"、"Nuclear"采用"逻辑非"组配，即"Energy NOT Nuclear"，这就表示从"Energy"检索出的记录中排除含有"Nuclear energy"的记录。使用"逻辑非"可排除不需要的概念，提高了查准率，但可能会影响查全率。

表 4.2 布尔检索算符一览表

操作符	逻辑关系	一般表达式	表达式的意义
OR/+	逻辑或	A OR B	字段值满足 A 或 B 或同时包括两者。扩大检索范围，增加全面性。
AND/*	逻辑与	A AND B	字段必须同时满足 A 和 B。缩小检索范围，增加专指性。
NOT/-	逻辑非	A NOT B	字段值满足 A 但不满足 B 的值。排除不希望出现的概念，增加准确性。

注：异或逻辑算符 XOR 原本属于数理逻辑，但鉴于其在信息检索中偶尔被使用，所以也被划归布尔逻辑运算中（也可写作 EOR）。检索词 A 和检索词 B 用异或 XOR 组配，可写成 A XOR B，或者 A $\oplus$ B，表示检出含有检索词 A 或 B 的文献，但不包含同时含有 A 和 B 的文献。在著名的三大检索软件 RECON、ORBIT 和 STAIRS 中，仅有 STAIRS 软件支持 XOR 运算。

3.布尔检索的次序

在使用布尔检索之前，检索人员需要了解检索系统对检索次序的规定，避免逻辑运算次序处理不当而造成的错误检索结果。因为，对同一个布尔逻辑提问式，不同的运算次序会有不同的检索结果。

通常情况下，布尔检索的执行顺序是：在有括号的情况下，括号内的逻辑运算先执行，括号有多层时，最内层的括号中的运算符优先执行；在无括号的情况下，按照检索系统规定的运算顺序执行。一般的检索系统都规定优先执行 NOT 和 AND 算符，而 OR 算符最后执行，这样可以增加检索的专指性。例如，检索式"(计算机 OR 自动化) AND 办公室"表示命中文献中一定有两个检索词，即"计算机"和"自动化"两者之一或两者都有，另一个是"办公室"；而检索式"计算机 OR 自动化 AND 办公室"则表示命中的文献中含有"计算机"，或者同时含有"自动化"和"办公室"两个检索词。

4. 布尔检索的评价

布尔检索简单、明确，易于理解和实现。1957 年，希勒尔（Y. Bar-Hillel）最早讨论了布尔逻辑用于计算机信息检索的可能性。10 年后，布尔检索技术正式被大型的目录型检索系统所采用，并逐渐成为商业性联机检索系统的标准检索模式。直到现在，许多大型的检索系统或搜索引擎都仍采用这一检索技术，如 DIALOG 系统，Alta Vista、Excite 等搜索引擎。需要指出的是，Yahoo!只支持 AND、OR 两种运算；Lycos 通过 All the words 和 Any of the words 等菜单方式来代表 AND 和 OR 运算。

布尔检索主要是基于二元判定标准（Binary Decision Criterion），即针对用户来说，一篇文档只有相关和不相关两种状态，缺乏文档分级（Rank）的概念，从而限制了检索的准确性，因此导致布尔检索存在一定的缺陷。

（1）布尔检索式的非友善性，即构造一个好的检索式是不容易的，尤其是对于一个复杂的检索课题，不易套用布尔检索模式。

（2）布尔逻辑式的构造不能全面深刻地反映用户的信息需求。用标引词 T 的简单组配不能完全反映用户的实际需求。用户需要哪方面内容的文本，需要到多大程度，这是布尔算式无法表达清楚的。例如，在检索式"$Q_i = t_1$ AND t_2"中，究竟用户是希望得到更多地反映 t_1 内容的文本，还是希望得到更多反映 t_2 内容的文本，传统的布尔检索无法予以清晰的说明和解决。

（3）匹配标准存在某些不合理的地方。例如，使用 AND 算符进行检索时，检索系统把只含有其中一个或数个但不是全部检索词的文本，与那些根本不含一个检索词的文本一视同仁，加以排除。另一方面，在使用 OR 算符进行检索时，检索系统也不能分辨出含有所有这些检索词的文本要比只含有其中一个检索词的文本要更好。

（4）检索结果不能按照用户定义的重要性排序输出。系统检索出的文本中，排在第一位的文本并不一定是文本集中用户最需要的文本，用户只有从头到尾全部浏览才能确切地知道哪个文本是自己最需要的。如果检索结果数量庞大，用户要做到这一点是非常困难的。

（5）布尔检索易造成零输出或输出过量，还常常出现漏检和误检现象。一般来说，当检索词表达的是一个整体概念时，就要针对具体情况分别列出每一个表达部分概念的检索词，否则就会出现漏检。例如，要检索关于欧洲能源问题的文献，如果采用 Europe 和 Energy 两个主题词，并据此构造"Europe AND Energy"这样的检索式，显然会出现相关文献的大量漏检。因为在地理上当我们提及欧洲时，它包括英国、法国、意大利、西班牙等具体国家，然而在这一检索式中，"Europe"是作为一个检索词，只代表一个整体而无法代表上述诸国。

因此，在采用布尔检索技术时，就需要选择适当的逻辑算符，并全面掌握检索课题的相关因素。针对这一问题，较为合理的检索式应当是："(Europe OR Britain OR France OR Italy OR Spain OR …) AND (Energy OR Coal OR Petroleum OR …)"。

还应注意的是，在检索逻辑中使用 NOT，能够排除由 NOT 指定的文献，从而检索出更为准确的文献。但是，当两个关系紧密的检索词同在一个检索式中时，对其中的一个使用 NOT 逻辑就会排除同时包括这两个检索词的文献。例如，在检索式"(Computer AND Software) NOT Hardware"中，检索计算机软件方面的文献是检索的主要目的，但由于使用了 NOT 逻辑，将会把同时包含计算机软件和硬件的相关文献排除在外。

二、截词检索（Truncation Search）

1.截词检索的概念

截词检索是指利用检索词的词干或不完整词形进行信息查找的一种检索技巧，或称截断检索、词干检索或部分一致检索。由于截词检索实际上是使用通配符或截词符来进行的，所以有人将其归入模糊检索的范畴。狭义的截词检索对象为单词、词组，广义的截词检索对象已经发展到文献题名、文摘，甚至全文。

截词检索的具体做法是：对检索式中的检索词附加一个截词符，指出该检索词与文献库中的标引词进行比较时，是作为一个完整词还是作为检索词的一部分。通常的截词符为*、?或$，但各个检索系统有不同的规定，如 DIALOG 系统用?，ORBIT 系统用#，而 BRS 系统则用$；许多检索系统也多采用窗口下拉菜单选项的方式来实现截词检索。通常，下拉菜单中的模糊检索选项就是各种截词检索技术的实际应用。

2.截词检索的类型

首先，根据截词符所处的截断部位，截词检索可以细分为 4 种方式：

（1）前截断：将截词符号置放在一个字符串的左方，表示其左面的有限或无限个字符不影响该字符串的检索。从检索性质上讲，前截断是后方一致检索。前截断可用于一个学科的不同应用领域的信息检索，对汉语中的复合词组的检索非常方便。

（2）中截断：或称"通用字符法"、"内嵌字符截断"（Embedded Character Truncation）。这种截断是把截断符号放在一个检索词的中间，表示这个位置的有限个字符的异同不影响该字符串的检索。从检索性质上讲，它是前后方一致的检索。英语中有些单词的拼写方式有英、美之分，有些词在某个元音位置出现单复数的不同，用这种方式检索就比较简便，并可以保证较高的查全率。

（3）后截断：将截词符号置放在一个字符串的右方，表示其右面的有限或无限个字符不影响该字符串的检索，这种方式称为后截断。从检索性质上讲，后截断是前方一致检索，这种检索技术的使用场合是：西方语言的单复数，如 book?、gear?；年代，如"199?"可以代表 90 年代；同根词，如"biolog*"可检索出 biological、biologist、biology 等同根词；作者，如用"Lancaster*"可检索出所有姓 Lancaster 的作者。在截词检索中，后截断是最常用的一种检索技术，一般的检索系统都提供有此项功能。

（4）前后截断：将截词符号置于一个字符串的前方和后方，从而使所检信息的范围更广。例如，"?考试?"可以检索出"英语考试"、"考试试题"、"计算机等级考试指南"等。

表 4.3　截词检索的部位及其检索结果

截词位置	前截断	中截断	后截断	前后截断
检索式	?magnetic	organi?ation	market?	?ea?
检索结果	magnetic electro-magnetic thero-magnetic ……	organisation organization ……	market marketable marketing ……	bread wealth beauty ……

其次，根据截断的字符数量，把截词检索分为以下有限截断和无限截断两种。下面以 DIALOG 系统为例加以说明：

（1）有限截断（Limited Truncation）：在检索词干后加一个?，表示该词后带任意字母的词汇都可以检索出来。

（2）无限截断（Unlimited Truncation）：在检索词干后加上"? ?"（中间空一格）表示截断至多 1 个字符。例如，输入"computer? ?"就表示在"?"处可以有 0~1 个字母的变化，系统可检出带有 computer 和 computers 的文献。"??"表示截断至多 2 个字符。例如，检索式"acid??"表示截断两个词，可检索出含有 acid、acidic 和 acids 等记录。"???"则表示截断至多 3 个字符。例如，输入"stud???"表示截断 0~3 个字符，可检出带有 study、studies、studied 等词汇的文献。

从理论上看，各种截词检索，都隐含着逻辑或运算，因而可以提高查全率，扩大检索范围；同时，使用通配符也减少了检索词的输入量，节省了机时，降低了费用。王云、魏思玲等人曾以《中文科技期刊光盘数据库》（1989—1996）等，对截词检索效果进行了统计研究，结果发现：使用截词检索比不使用截词检索检出的文献量增加 1 倍；而且一个词越短，检索结果就越多。如表 4.4 和 4.5 所示。

表 4.4 截词检索的效果（王云，1999）

一般检索	检出数量	截词检索	检出数量	增加数量	增加率
信息系统	1 154	信息系统？	1 170	16	1.3%
情报检索	1 458	情报检索？	1 650	192	13.1%
汇率	371	汇率？	588	217	58.4%
电视	1 626	电视？	4 498	2 872	176.6%
决策	587	决策？	1 842	1 255	213.8%
网络	1 080	网络？	3 600	2 520	233.3%
检索	237	检索？	971	734	309.7%
系统	537	系统？	5 936	5 399	1 005.4%
情报	369	情报？	7 718	7 349	1 991.6%
平均值	1 637.3		3 283.5	1 645.8	100.4%

表 4.5 截词检索的效果（魏思玲，2001）

序号	检索项目	检索年代	检中文献（篇）
1	A 主题词：园林	1989—1999	331
2	B 主题词：建筑	1989—1999	2 362
3	C 复合式：A*B	1989—1999	9
4	D 主题词：园林？	1989—1999	699
5	E 主题词：建筑？	1989—1999	11 595
6	F 复合式：D*E	1989—1999	54
7	G 主题词：虚拟资本	1989—1999	2
8	H 主题词：虚拟资本？	1989—1999	6

三、位置检索（Position Search）

1.位置检索的概念

位置检索是指以原始记录中的检索词以及检索词之间的特定位置关系为对象而进行的一种检索技术，或称相邻度检索（Proximity Search）。由于位置检索主要用于全文数据库中，因此也称全文检索（Full Text Searching）。位置检索最早出现在 1959 年美国 Pittsburgh 大学建立的法律信息检索系统中。此后，一些著名的信息检索软件，如 RECON、ORBIT 和 STAIRS 等，都先后借鉴了这一系统的经验，采用并发展了位置检索技术。

运用位置检索技术，可以增强选词的灵活性，部分地解决布尔逻辑解决不了的问题，使检索式更为科学合理，从而提高了信息检索的水平和筛选能力。在一定意义上讲，位置检索是一种可以不依赖于词表而直接使用自由词的检索技术，所以也称自由文本检索（Free text searching）。

2.位置检索的运算类型

不同的检索系统对位置检索的运算符和使用方法都有不同的规定，从 RECON、ORBIT 和 STAIRS 三大软件对位置检索的规定来看，位置检索的运算类型可归纳为 4 个级别：

（1）记录级检索：要求检索词出现在同一记录中。记录级检索用到的位置算符在 DIALOG 中为(C)，检索式是 "A (C) B"，其检索结果与使用布尔检索式 "A AND B" 得到的等价。

（2）字段级检索：要求检索词出现在同一字段中，可以用算符（F）、（L）进行同字段检索。(F)（Field）是 DIALOG 系统中同字段检索的位置算符，它表示位于此算符两侧的检索词必须同时出现在数据库记录的同一个字段中，词的前后次序可变，字段类型可用后缀符限定。例如，"? Select market? (F) information/DE, TI" 表示，"market?" 和 "information" 两个词必须同时出现在叙词或题名字段中。

（3）自然句级检索：要求参加检索运算的两个词必须出现在同一个自然句或子字段中，其先后次序不受限制。其位置算符主要是(S)（Sentence/Subfield）。例如，"(Business OR Trade OR Market) (S) (Information OR Intelligence)" 这个检索式，就相当于下面 6 个检索式："Business (S) Information"、"Business (S) Intelligence"、"Trade (S) Information"、"Trade (S) Intelligence"、"Market (S) Information"、"Market (S) Intelligence"。凡是满足上述 6 种情况之一者，即为命中文献。

（4）邻位检索：即要求检索词之间的相互位置满足某些条件而进行的检索。常用的邻位算符（Positional Operator）包括(W)与(nW)、(N)与(nN)和(X)与(nX)3 类。

①(W)与(nW)算符：(W)是 Word 或 With 的缩写，表示此算符两边的检索词词序不变，两个词之间可以有一个空格或一个标点符号，n=1 时，即 A ( ) B；(nW)表示两个检索词之间最多可以嵌入 n 个词。例如，检索 "CD-ROM" 就可以用 "? S CD (W) ROM" 作为检索式；而用 "price (2W) inflation"，则可以检索出 price levels and inflation。

②(N)与(nN)算符：(N)算符是 Near 的缩写，表示此算符两边的检索词必须

紧密相连，中间不允许插入其他单词或字母，但词序不限；(nN)算符表示两个检索词之间最多可以插入 n 个单词，词序可以颠倒，n＝1 时即 A (N) B。例如，检索式"econom?? (2N) recovery"，可以检出 economic recovery、recovery of the economy、recovery from economic troubles 等。

③(X)与(nX)算符：(X)算符要求两边的检索词完全一致，并以指定的顺序相邻，中间不允许插入任何单词或字母；而(nX)算符则表示两边的检索词之间最多可以插入 n 个单词，但两边的检索词必须一致。

词位置检索是一种非常有用的检索技术，它可以规定词组中各词的前后次序，替代词组中的禁用词，防止错误的搭配和输出。在 DIALOG 系统有 9 个禁用词：AND、FOR、THE、AN、FROM、TO、BY、OF、WITH。在使用一些含有禁用词的词构造检索式时，就需要用词位置算符来代替，以便检索程序扫描时的自动处理。例如，在检索"cost of living"时，就需要用以下方式表达："? S Cost (1W) Living"。再比如，在检索"管理信息系统"方面的文献时，可以在各检索词间用位置算符()，构造如下检索式："? S Management () Information () System"，以免输出不相关的文献。

上述 4 个级别的原文检索，都起着缩小检索范围的作用，是隐含的布尔逻辑 AND 运算。从(C)→(F)→(S)→(N)→(W)顺序看，信息的专指度和准确性在增加，而信息的网罗度和全面性在减少。

四、限制检索（Limitation Search）

1.限制检索的概念

使用截词检索，简化了布尔检索中的逻辑或功能，但并没有改变布尔检索的性质。使用位置检索，只能限制检索词之间的相对位置，不能完全确定检索词在数据库记录中出现的字段位置，特别是在使用自由词进行全文检索时，需要用字段限制查找的范围。这就需要另一种检索技术，即限制检索技术。限制检索是指在检索系统中，采用缩小或约束检索结果的一种检索技术。

2.限制检索的方法

限制检索的方式很多，如利用前、后缀符进行的字段检索；利用系统规定的限制符或限制命令进行的限制检索等。

（1）字段限制。字段检索是限定检索词在数据库记录中出现的字段范围的一种检索方法。在检索系统中，数据库提供的可检字段通常分为表示文献内容特征的主题字段和表示文献外部特征的非主题字段两大类。主题字段又称基本检索字段，如题名（TI）、叙词或受控词（DE 或 CT）、标识词或自由词（ID 或 UT）、文摘（AB）等；非主题字段也叫辅助检索字段，如作者（AU）、文献类型（DT）、语种（LA）、出版年代（PY）、刊名（JN）、专利号（PN）等字段。每个字段都有一个用两个字母表示的字段代码。

字段检索时，可以利用后缀符对主题字段进行限制，利用前缀符对非主题字段加以限制。例如，检索式"AU=Salton? AND PY=199?"，表示查找 Salton 所写的并且是在 1990 年之后发表的所有文献。同样的，"(business information/DE, TI OR business intelligence/ID, TI) AND PY=2007 AND LA=English"这一检索式，它所表达的检索要求是查找 2007 年出版的关于商业信息或商业情报的英文文献，并要求"商业信息"一词在命中文献的叙词和题名字段出现，"商业情报"一词在命中文献的标识词和题名字段出现。这里，/DE、/ID 是后缀符的用法；PY=是前缀符的用法，且 PY=2000、LA=English 是作为一个检索词写入检索式的。

目前主要的联机检索系统都能满足限定字段的检索。不过，不同的检索系统对限制符会有不同的表达形式和使用规则，在进行字段限制检索时，应参阅检索系统及有关数据库的使用说明，避免出现检索误差。

（2）字符限制。在一些联机检索系统中，还提供有一类限制符。使用这类符号进行检索，可从文献的外部特征，如命中文献的文种、文献类型和出版时间等对检索结果进行限制。限制符的用法与后缀符相同，而它的作用与前缀符一样。例如，检索式"Chess/PAT"即表示检索结果只要 Chess 这一主题的专利文献；而检索式"Hotel（W）Management/DE, Sales"表示检索结果只要在叙词字段出现 Hotel management 的并且在记录中可提供销售数据的公司信息。

（3）比较条件限制。比较条件检索实际上也是一种字段检索，检索条件一般有大于、小于、等于和不等于 4 种。在字符型字段中一般只有等于和不等于两种情况，即命中和不命中。对于数值性字段来说，可以使用这 4 种比较条件进行检索。这种检索技术可以使检索结果更为准确、更加具体。其运算符为 GT（Greater Than）、LT（Less Than）、EQ（Equal）、LE（Less Than or Equal）、NE（Not Equal）、BT（Between）。如检索式"GT2010"就是指检索 2010 年以后的信息；"2000BT2010"是指检索从 2000 年到 2010 年之间的信息。在数据库检查询中，经常使用比较操作符>、<、>=、<=、=、Between…and。例如，"S BE>50"（要求雇员数多于 50）；"S SA=50M: 100M"（要求销售额在 5 000 万～1 亿之间）等。

五、加权检索（Weighting Search）

检索词之间的组配关系，不仅可以从定性的方面加以表示，如前面所说的布尔检索、原文检索等，还可以从定量的方面加以限制和表示，这就是加权检索。加权检索的侧重点不在于判定检索词或字符串是否在数据库中存在、与别的检索词或字符串是什么关系,而在于判定检索词或字符串在满足检索逻辑后对文献命中的影响程度。

1.加权检索的概念

简言之,加权检索就是指结合检索词的权值大小来查找文献的一种检索技术。权值是表示检索词重要性程度的值,加权则是指在每个检索词后面加一个数值,以表示该检索词的重要程度。检索时看一篇文献是否被命中,不仅要看它是否包含有特定的检索词,而且还必须在几个检索词的权数总和达到或超过一个预定阀值时,才能被检索出来。

例如,检索词 A、B、C,权值分别为 6、3、2,阀值 $T=5$。根据这一检索要求,含有下列检索词的文献将作为命中文献输出:A、B、C 权和 $=11 \geq 5$,A、B 权和 $=9 \geq 5$,A、C 权和 $=8 \geq 5$,A 权值 $=6 \geq 5$,B、C 权和 $=5 \geq 5$;而 B、C 两篇单独的文献则不会作为命中文献。由此看来,加权检索的结果尽管等价于布尔检索式"A OR (B AND C),但它将定性化的布尔检索定量化,并能使命中文献能够按切题程度分等输出。

2.加权检索的类型

加权检索分为词加权检索(Term Weighting System)、词频加权检索(Term Frequency Weighting System)、词频与逆文献频率结合法、平均词频与逆文献频率结合法等类型。加权检索有利于剔除那些内容相关但未做详细论述的文献,提高查准率。

六、聚类检索(Clustering Search)

1.聚类检索的概念

在对文献进行自动标引的基础上,构造文献的形式化表示——文献向量,然后通过一定的聚类方法,如计算出文献与文献之间的相似度,并把相似度较高的文献集中在一起,形成一个个的文献类。根据不同的聚类水平的要求,可以形成不同聚类层次的类目体系。在这样的类目体系中,主题相近、内容相关的文献便聚在了一起,而主题或内容相异的则被区分开来。我们可以定义,聚类检索就是对集中在一起的内容相近的一类文献进行检索的一种检索技术。比较早地研究和建立实验性聚类检索系统的是 SMART 系统。

2.文献聚类的方式

一般来说,在某一主题领域的文献中词语同现的频率越高,这些词语的含义相关的可能性就越大。从显示每一个词对(从文献正文中抽取)同现强度的词语/词语矩阵中,可以生成各种类型的聚类(Salton,1975)。

（1）词团（Clique）：每个成员均与其他成员一起出现的一组词。

（2）词串（String）：每个链环系由一对密切相关的词组成的词链。如 A→D→G→C→P→Y。

（3）词星（Star Orientation）：所有的词都与某一特定的词同现的一组词。如图 4.1 所示：

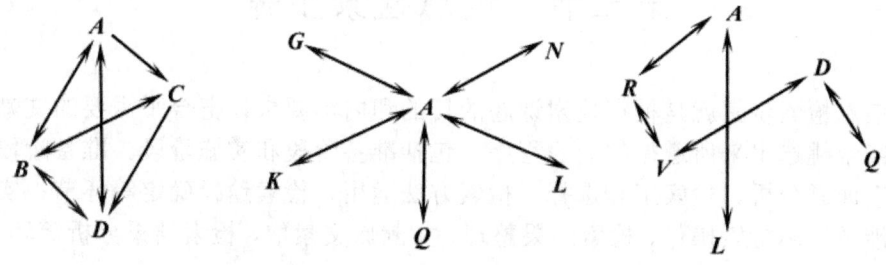

图 4.1　文献聚类方式：词星形状

（4）词束（Clump）：一组往往相互关联的词。词束的边界可以用多种标准定义，一般来说，超过一定的阈值时，各词都彼此相关，形成一个词组。如果两词同现的频率超过了人们期望它们随机同现的频率，那么它们就被认为是相关的。例如，在公式 $R = \dfrac{a \text{ and } b}{a \text{ or } b}$ 中，假设用 R 表示词 a 与词 b 的相关值，"a and b" 是指 a 和 b 共现的文献数，"a or b" 是指 a 和 b 单独出现或同现的文献数，那么，当 R 超出某些预定的数值，即认为此两词相关。

例如，当"信息经济"这个词出现在文献的标引词记录中时，那里也常常会出现"知识经济"这个词，而在出现"信息经济"的文献标引词中还频繁出现"情报产业化"这个词，那么可以推断，在"知识经济"和"情报产业化"之间存在着密切的联系，从而在检索时，这两个词可以相互补充，以此扩大查全率。

3. 聚类检索的特点

到目前为止，计算机信息检索基本上是以主题检索为主，但是，只采用字顺排列的主题检索系统并不能很好地控制整个学科领域文献及全面显示主题之间的关系，因而信息检索的查全率较难提高。在这一点上，分类检索途径所具有的体系性和良好的族性检索能力远远超过了主题途径。有鉴于此，聚类检索就吸收或借鉴了分类检索的思想。聚类检索也因此被公认为是在主题、分类一体化道路上迈出的重要一步。聚类检索按类的思想组织文献，按主题标引方式对文献进行标引，加上聚类处理由计算机完成，形式化程度较高，因而可使文献的分类属性和主题属性得到有机融合,分类与主题之间的差别被缩小了。因此,文献自动聚类检索系统能够兼有主题检索系统和分类检索系统的优点,同时具备族性检索和特性检索两方面的功能。

第三节 信息检索步骤

信息检索步骤就是根据检索课题的目的和内容要求,把合乎需要的文献或文献线索挑选出来所遵循的一般程序,包括准备阶段和实施阶段。准备阶段涉及检索课题分析、检索工具选择、检索方法运用、检索途径确定等环节;实施阶段涉及实际检索操作、检索结果整理、文献原文索取、检索结果分析等环节。

一、分析课题,明确检索范围

课题分析的目的是弄清检索课题所要涉及的实质问题,即它所包含的概念和具体要求以及概念之间的关系,充分掌握检索用户的信息需要。这是信息检索的根本出发点,也是影响检索效率高低或成败的关键。

通过对检索课题的分析,可以初步明确检索范围、检索重点和基本要求。诸如:
- 学科专业范围:确定检索课题的主题及其涉及的学科专业范围;
- 时间范围:确定检索课题需要检索资料的年代、阶段或时期;
- 语种范围:确定检索课题需要检索资料的语言文种;
- 文献类型:确定检索课题所涉及的文献媒体、出版类型等;
- 地理范围:确定检索课题需要哪些国家或地区的资料;
- 检索课题对查新率、查准率和查全率等指标要求。

譬如,若要了解某学科、理论、工艺过程等最新进展和动态,需要检索最近的文献信息,时间范围明确,强调一个"新"字;若要解决研究中的某一具体问题,找出技术方案,需要检索有针对性、能解决实际问题的文献信息,强调一个"准"字;若要撰写综述、述评或专著等,了解课题的前因后果、历史与进展,则需要检索详尽、全面和系统的文献信息,用到的文献类型、时间和语种范围都可能会相对多一些,强调一个"全"字。

一般而论,检索目的越明确,检索范围越具体,检索线索越多,检索的效果就越好。在计算机检索中,可以通过填写机检服务提问单来进一步弄清检索课题的实质和范围。机检服务提问单分为简单机检服务提问单(Literature Search Request)和复杂的机检服务提问单(Computer Search Service-User Search

Questionnaire）两种。

二、选择检索系统和检索工具

在分析研究课题的基础上，要根据检索目的和客观条件，选择最能满足检索需求的检索系统和检索工具。信息检索系统（Information Retrieval System）是指利用一定的设备和方法从某种载体（卡片、书本、胶卷、磁带或光盘）上的文献、事实或数值记录集合中查找所需要的信息的系统。它由检索语言、技术手段和信息数据库组成。一个计算机检索系统通常可以提供多个可检索的数据库，而一个手检系统就是一个特定的检索工具。

世界上已建立的检索系统和检索工具数量庞大、类型多样，检索者必须对各类检索系统进行分析，明确各种检索系统的性质、特点和内容等。从目前来看，书本式和卡片式检索系统在信息检索中仍发挥着重要作用；但另一方面，计算机检索系统、光盘检索系统、电视信息查寻系统、多媒体检索系统和数字图书馆检索系统发展迅速，后来居上。与此同时，除了文献检索系统（Document Retrieval System）外，各种数据库管理系统（Data Base Management System）、事实检索系统或自动问答系统（Question-answering System）、管理信息系统（Management Information System）、决策支持系统（Decision Support System）和专家系统（Expert System）等获得蓬勃的发展。就应用领域而言，除了传统的科技信息检索系统之外，经济管理、财政金融、医疗卫生、文化教育等领域的信息检索系统如雨后春笋，蒸蒸日上。

通常，在选择检索系统和检索工具时，应当考虑以下因素：

第一，从内容和时间上，考虑检索系统和数据库对检索课题的覆盖面和一致性。例如，应综合考虑数据库收录的齐全、编制的质量、使用的方便等因素。

第二，从手段和技术上，考虑手检和机检的结合。手检速度慢、费用低，而机检速度快、作用也越来越突出。在检索时，要根据时间要求、设备和经费条件等来选择合适的检索系统和检索工具。例如，有机检条件的一般不要选择手检工具。但如果要检索较久远的文献信息，并且没有相应的高质量的数据库，还是需要手检工具。因为数据库的信息量大多是 20 世纪 60~70 年代之后才收录的。同时，有的学科数据库数量少，有的学科数据库质量低，有的学科甚至没有数据库。因此，手工检索和手检工具仍然具有极其重要的作用。

第三，从价格和可获取性上，选择容易获取的检索系统，权衡价格效益比。

对各种检索系统和检索工具应当做到去粗存精、去伪存真，这种科学的选择方法一般可以通过三次文献来进行。例如，通过我国国家科委主编的《数据库指南》(1992)、《中国数据库大全》(1996)和美国学者 E. P. Shechy 编辑、美国图书馆学会出版的《参考工具书指南》(Guide to the Reference Books)等工具可以指引到二次文献检索系统。

三、确定检索点和检索途径

检索点，或称存取点，是指用以排列与存取文献或记录的数据单元。对书目记录而言，检索点是指用于查寻和识别该书目记录的名称、术语、代码等标目，如题名、主题词、分类号、国际标准书号等。在机检中，由于作为排检线索的记录项目的范围扩大，检索点便成为标目概念的引申与发展。归纳起来，有两类检索点：一类是反映信息内容特征的检索点，如分类和主题；另一类是反映信息外部特征的检索点，如书名、著者、号码等。

检索点是检索的入口，不同的检索入口，有相应的检索路径（Approach），称为检索途径。具体而言，最基本的检索途径有：

第一，分类检索途径。根据文献信息所属的学科专业特征及其在特定知识分类体系中的特定位置查寻文献信息的检索途径。一些百科全书、图书馆的分类目录、多数检索期刊的正文等，都提供有分类检索途径。按分类检索途径检索，关键是掌握相关的分类表，并能够判断自己所研究的课题和所需要的信息的分类归属；然后依据检索工具所采用的分类表逐层逐级查找，直到找到适宜的类目和类号为止。分类检索历史悠久，一直是人们检索文献最基本的检索手段。

第二，主题检索途径。根据所需信息的主题特征和主题词的字顺次序查寻信息的检索途径。一些百科全书和年鉴的辅助索引、图书馆的主题目录、多数检索期刊的辅助索引、计算机检索系统等，都提供有主题检索途径。采用该途径的关键是掌握相关的主题词表和字顺排检法，并将检索课题的概念转换成词表上的主题词。它要求检索者有较好的专业知识和外语知识。

第三，名称检索途径。按文献的题名特征查找文献的检索途径，也称题名检索。它把文献上记载的书名、刊名、篇名、会议名等作为文献存储的标识和信息提问的出发点。例如，书名目录和索引、刊名目录和索引以及篇名索引等，都是按题名字顺组织起来的，均提供有题名检索途径。因为文献题名本身具有客观性与惟一性，所以，无论是文献标引还是检索提问，一般以原文献题名为准，不进行规范处理（但少数冠词 A、An 和 The 等不计入起始名称）。利用题名检索外文文献时，应注意题名缩写、简称、题名翻译方法等。

第四,著者(责任者)检索途径。根据文献的责任者名称特征查寻文献的检索途径。如图书馆的著者目录、检索工具中的著者索引、机构索引、合同户索引、专利权人索引、著者所在单位索引等都是按责任者名称字顺编排的,均提供有责任者检索途径。通过该途径可查寻到同一著者、同一机构发表的所有文献;也可以通过合著者查寻出一批彼此联系在一起的著者及其著作。利用责任者检索途径应注意不同国家姓名的写法和用法。

第五,号码检索途径。根据文献的序号或代码查寻文献的检索途径。如专利号索引、报告号索引、合同号索引、标准号索引、登记号索引、分子式索引等都是按号码自身特有的次序编排的,均提供有号码检索途径。文献号码在识别文献时具有明确、简短、惟一的特点。利用号码检索途径必须借助有关的代码辞典,判断和了解有关序号或代码的含义和规则。一般来说,号码索引大都按缩写字母的字顺加号码的次序由大到小排列。检索时,先按缩写字母,后按号码次序进行。在已知文献编号的前提下,这一途径方便快捷。

第六,引文检索途径。根据文后参考文献或引用文献的特征查找相关文献的途径,由此可以追溯、查寻到一系列彼此有一定引证关系的引用文献或被引文献。

四、检索式的构造

在手工检索时,每次检索只能从一个检索点出发,而且只能选择其中的一个属性值。比如主题检索,只能从某一概念出发(或参照其他一些说明),检索范围比较窄。而机检系统能够适应多点检索、多属性值检索,对课题所涉及的方方面面,对课题所包含的多种概念或多种限定都可以做出相应的处理,检索一次完成,检索结果比较全面。但是,计算机检索需要制订一个可执行的方案,这就是检索式的构造,它是检索策略的具体表现。

1.检索式的基本概念

检索式是表达用户提问要求的逻辑算式(Formula/Profile/Statement),它能够将各个检索单元(其中最多的是能表达主题内容的检索词)之间的逻辑关系、位置关系等用检索系统规定的各种运算符(Operator)连接起来,成为机器可识别和执行的命令形式。检索式可以是单一的,也可以是复合的,但通常都是由检索条件、检索词、逻辑运算符、表示运算优先级的括号、结束号等组成。其中,检索词是标引和检索文献时用以表达一定概念的语词或其他符号,是构成检索式的最基本单元。包括描述文献外表特征的词和文献内容特征的词两个范畴，涉及规范词、规范化的代码和自由词 3 种形式。

检索词应当满足匹配的要求，这里的匹配有两方面的含义：一是内容的匹配，即由主题概念转化成的检索词要能够准确、完整地表达检索课题的内容，这是由用户的信息需求决定的；二是形式的匹配，即用户检索使用的语言要能够与检索系统使用的语言一致，检索词才能被系统识别，这是由检索的本质决定的。

检索词的选择一般应遵循以下基本原则：

（1）主题词优先原则。检索系统中具有叙词表或主题词表的，优先选用叙词或主题词作为最基本的检索用词。

（2）自由词适度原则。在没有规范词表或对数据库进行全文检索时，可以使用自由词。自由词作为检索词时，要注意从专业角度出发，从国际上通用的术语出发，从有关文献信息中找出检索用词的规律，并且要尽可能不用多义词等。例如，使用"马铃薯"这一学名，而不使用"土豆"、"洋芋"等俗称。

（3）基本词组配原则。即在检索时要多选常用的基本词汇进行组配。

总之，检索词应当具有全面性、专指性和一致性，尽可能切合检索课题，并对检索课题的实质做出全面、准确的描述。

2.检索式的构造方法

检索式的构造方法是指对检索课题进行分析，选好检索词之后，使用系统规定的布尔逻辑符号及其他联系符号，按检索词之间的关系构造检索表达式的方法。从课题名称转换成检索式的思维过程，包含了自觉的和不自觉的、经验的和理性的、规律的和偶然的因素，因此，对同一课题不同的检索人员或同一检索人员在不同时间构造出的检索式很可能有很大差异。

一般来说，"聚类组合法"是对构造检索式的思维过程加以总结和规范化的结果，是指对检索课题名称按序实施切分、删除、替换、聚类、补充、增加、组合等 7 种基本操作，从而生成检索式的方法。

①切分：即对检索课题的语句进行切分，也就是以词为单位划分句子或词组。例如，"计算机在企业管理中的应用"这一检索课题，经过切分后应为"｜计算机｜在｜企业｜管理｜中｜的｜应用｜"。前者是字的集合，而后者是词的集合。

词是语义切分的最小单元，也是最基本的检索单元。切分必须"到词为止"，否则就会失去原来的涵义而产生错误。例如，如果将"计算机"切分为"计算｜机"，显然经过这样的切分而得到的两个概念与其原意相距甚远，这就是切分过度引起的错误。

②删除：删除是指对经过切分后的检索课题语句中的不适宜作为检索词的词进行删除。主要包括：一是删除不具有检索意义的介词、连词、助词、副词等虚词及其他非关键词。二是剔除不直接触及问题的实质，专指性不强，过分宽泛或过分具体的限定词。过分宽泛的词，如"应用"、"研究"、"历史"等，会导致大量与课题不相关的记录被检出，影响检索结果的查准率；而过分具体的词又太狭义，导致查全率太低。三是删除存在蕴含关系的可合并词。在一个课题名称中，如果两个词之间具有蕴含关系，可以酌情去掉一个而保留另一个。例如，在"我国家电产品中海尔空调的市场份额调查"这一检索课题中，"我国家电产品"涵盖了"海尔空调"，前者过于宽泛，后者则较为专指，针对实际研究的需要，可以删除"我国家电产品"这一检索词。

③替换：用户在提交检索课题时，可能会用一些表达欠佳的词汇来表达其检索需求，用词或太宽泛，或太模糊，或太狭窄，或根本不能作为检索词。在这些情况下，应当视具体情况用概念替换法，引入更明确、更具体、更本质的概念作为替换词或补充词。例如，"大气中细菌浓度的计算方法"（替换）→"大气污染的计算方法"。

④聚类：聚类是对切分出来的单元按语义进行同类合并，将彼此高度相关的词归入一组。"彼此高度相关的词"是指同义词或彼此有依附关系的词等，也就是说在检索式中可以相互替换、相互补充以及相互等效的词。聚类的实质是进行组面分析，经过聚类，语句由词的集合转换为概念（组面）的集合。例如，"｜计算机｜在｜企业｜管理｜中｜的｜应用｜"（删除）→"｜计算机｜企业｜管理｜应用｜"（聚类）→"｜计算机应用｜企业管理｜"。

⑤补充：尽可能在检索提问式中补充与原来的检索词相关、相似或相同的各种词汇，以提高检索结果的查全率。具体方法：一是补充还原词组。例如，"经济成分→合营经济＋合作经济＋混合经济＋集体经济＋私有经济＋国营经济＋国家资本主义"等；"模拟计算机→模拟系统＋计算机"。二是补充同义词和相关词。例如，检索"国内外跨国公司研究"的文献，就要充分考虑到与"跨国公司"意义相同或相近的词语，如"跨国企业"、"跨国经营"、"多国企业"、"国际化经营"等。

检索式的补充需要头脑风暴法、语言学方法、逻辑方法和内容分析法以及相关的学科知识，要善于望文生义，举一反三，充分发掘与待检索课题相近、相同、相反的概念，充分发掘与检索词同构、同性、同属、同种的词等等。例如，看到"知识结构"一词要联想到素质、专业知识、技能、能力等；看到"下意识"，要联想到意识、无意识、潜意识等。

⑥增加限义词：即对一词多义的情况进行限定，以提高查准率。一词多义常常导致误检。例如，要检索"金"（贵重金属），如果只输入"金"作为检索词，就会检出：金矿、金黄、金本位、金条、金笔、金子、金刚石、金库、黄金、金牌、金钱、金属、金星、金鱼等，其中与检索目的相符的（粗体显示的）不足 1/3。为此，可以通过增加"限义词"的手段来对检索词进行限定和说明。通常，增加限义词的方法有两种，一是逻辑与，一是逻辑非。例如，为了把"杜鹃（花）"与"杜鹃（鸟）"相区别，可以增加与树木有关的词作为限义词，以逻辑与的方式加入到检索式中；也可增加与鸟类有关的词作为限义词，以逻辑非的方式加入检索式。具体增加哪些相关词，应当根据具体的检索课题而定。如"杜鹃→杜鹃＊（花朵＋叶子＋土壤＋…）"或者"杜鹃→杜鹃-（羽毛＋鸣叫＋飞翔＋…）"等。

⑦组合：将检索用词按照检索课题的需要进行组合，以形成检索式。组合是基本元素相同，只是位置和顺序不同，而通过词的组合来组成词和句子，正是表达概念的基本方法。组合的多样性造成了表达用词的多样性。例如，"企业信息系统设计"，可以有"企业信息系统－设计"、"企业－信息系统设计"、"设计企业信息系统"等多种组合方法。检索时自然就要使用组合法来构造检索式，而检索词的组合是通过布尔逻辑符来进行连接的。在基本元素相同的情况下，改变结合关系、改变顺序是最基本的组合操作，为了充分发挥组合法的作用，组合的规范性操作可依照下述模型进行。从同样的元素出发，取出某一数量的元素并且按一定顺序排列，便产生了一个组合。对一个有 3 个元素的集合$\{a, b, c\}$来说，可以产生出如下组合类型：$\{a, b, c\}$→a, b, c；ab, ac, bc, ba, ca, cb；abc, acb, bac, bca, cab, cba。

综上所述，聚类组合法实际上是对构造检索式的思维和人工处理过程做了一个形式化的描述。其过程用数学模型可表示为：

原始材料：$a_1 b_1 e d_1 b_2 f$

① 切分： $|a_1|b_1|e|d_1|b_2|f|$

② 删除： $|a_1|b_1|d_1|b_2|$

③ 替换： $|a_1|b_1|c_1|b_2|$

④ 聚类： $|a_1|b_1/b_2|c_1|$

⑤ 补充： $|a_1/a_2|b_1/b_2/b_3|c_1/c_2|$

⑥ 增加： $|a_1/a_2|b_1/b_2/b_3|c_1/c_2|g_1/g_2|$

⑦ 组合： $(a_1+a_2) * (b_1+b_2+b_3) * (c_1+c_2) * (g_1+g_2) * (c_1+c_2) + \cdots$

需要说明的是，利用聚类组合法构造检索式时，要特别注意理论联系实际，不可生搬硬套。在检索提问式的实际构造过程中,并不是每个课题都需要"替换"、"补充"或"增加";也不是每个组合都切合实际,一定要具体情况具体分析。

3.检索式构造技巧

检索式的构造是一项技术性较强的活动,需要长期的经验积累和相应的学科知识。通常把构造检索式过程中所使用的技巧称为检索技术。

在联机检索和网络检索中,常用的检索技术包括布尔检索、截词检索、限制检索、原文检索、比较条件检索、加权检索、聚类检索、概念检索、模糊检索等。在网络检索中,通常使用搜索引擎规定的检索技术和检索命令进行检索,如 Alta vista 中的 Domain、Host、URL、Link 等命令或特定的字段进行检索。也可以根据搜索引擎的智能化水平,采用直接的自然语言词汇或语句进行查询。

五、查找文档,分析检索结果

1.查找文档,索取原文

通过手工检索或计算机检索等具体的操作,对文档进行全面的查找,检出相关文献。在此基础上,充分了解检出文献的刊名全称、文献类型、论文著者的单位地址或网络地址等信息,为原文的获取做好准备。一般来说,获取原文的方法有:

(1) 选择全文数据库进行查询;
(2) 查寻含有全文的电子期刊网;
(3) 通过单位馆藏、馆际互借、复印方式获取原文;
(4) 直接到学位论文档案馆查阅或复制;
(5) 通过电子邮件向作者或索引编制单位索取;
(6) 利用各种课程或研讨会的资源网页;
(7) 通过付费的文献数据库来获取;
(8) 通过检索刊物出版机构获取原文。

需要说明的是,由于全文数据库、电子报刊的急剧增加,"检"和"索"的传统界限在网络环境下逐渐消失。

2.检索结果的分析

对文档进行查找、检出或索取原文是一种实施行为,对检索结果的分析则是检索者的一种信息评价行为,包括答案的正确性、数据完整性、来源的可靠性等方面的鉴别和筛选。检索结果的分析对整个科学研究都有非常重要的意义。

(1) 信息鉴别：对信息的真实性、准确性、科学性、安全性等进行识别核对。由于信息提供者和检索者主客观因素的影响，使得检索出的文献信息产生各种各样的失真。具体表现为添枝加叶、夸大其词、耸人听闻、无中生有、凭空捏造、牵强附会、以偏概全、避实就虚、捕风捉影、东拼西凑等等。这些都使得信息不能够正确反映真实的情况，直接影响到信息利用的效果。

一般说来，社会信息的鉴别可以通过文献信息的核对、多种信息的比较、逻辑上的推理、重复的实验或人证、物证的佐证、信息反馈方法等对获取的信息进行分析和鉴别。例如，对于不确定的信息，要尽量寻找第一手资料或现场信息来核实，利用各种材料进行比照检查，也可以利用书面的或物证材料，形成一个有效的证据链条；对于缺乏材料的，还可以利用直接的实验或演算或逻辑推理来验证信息的真假等。

(2) 信息筛选：在信息鉴别的基础上，经过归类和比较，把那些有价值的信息挑选出来，而把那些不真实的、不需要或不相关的信息挑选出来并加以剔除的活动和过程。显然，信息筛选包括一个统一过程中两个不同阶段的工作："筛"是"去粗"，"选"是"取精"，"筛选"的实质就是去伪存真、去粗存精，减少冗余度，增加清晰度。

信息筛选是一个价值判断的过程，必须有明确的目的性和价值观，要体现这种目的性和价值观，就应当首先确立筛选的原则。信息筛选的一般原则是：信息适用，重点突出，数量精炼，内容先进等。在这些原则的指导下，通过对信息内容的价值分析、文献老化的时限分析，采用调查、比较、咨询、评估等方法，将那些不适用的信息、没有实际内容的信息、重复雷同的信息、陈旧过时的信息以及内容失真的信息等加以剔除，从而减少信息的冗余度，为信息产品的开发和利用提供便利。

六、调整检索方案，直到满足检索需要

检索过程涉及多方面的因素，任何一个方面都会对检索结果产生影响。因此，信息检索，尤其是重要的研究课题的检索，并不会一帆风顺，而是需要检索用户与检索系统之间不断的交互，发现检索过程中存在的问题，并随时调整检索方案，直到满足检索需要。

整个检索过程和步骤如图 4.2 所示：

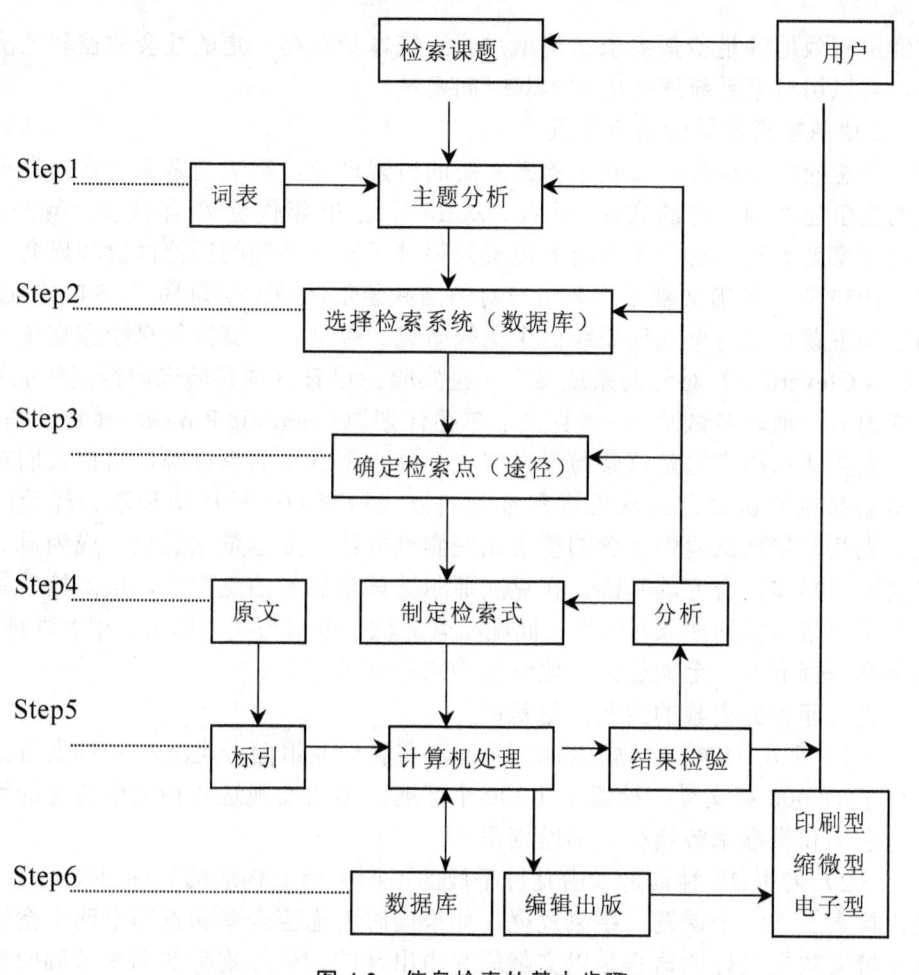

图 4.2 信息检索的基本步骤

第四节 信息检索效果

一、信息检索效果的研究状况

1.信息检索效果的概念

信息检索效果是利用检索系统或检索工具进行检索所产生的有效结果,包括两个方面:一是技术效果,主要是指检索系统的性能和服务质量,系统在满足用户的检索要求时所达到的程度;二是社会经济效果,主要是指检索系统怎样经济有效地满足检索要求，使用户或系统本身获得一定的社会效益和经济效益，可以用检索系统服务的成本和时间衡量。

2. 信息检索效果的研究状况

信息检索效果直接反映了检索系统的检索性能，影响检索系统在信息市场上的竞争能力和用户的利益。因此，从 20 世纪 50 年代至 70 年代初，英、美等一些国家就曾对信息检索系统的检索效果进行了一系列的评价试验和研究。例如，1953 年，美国文献工作公司曾对美国武装部队技术信息局（ASTIA）编制的字顺主题目录与单元词系统做了比较研究。1954 年，英国信息学家克莱弗登（C.W.Cleverdon）对元词系统做了小型实验。尽管这项实验未取得具体成果，但却为另一项著名试验——"克兰菲尔德计划"（Cranfield Project）奠定了基础。

克兰菲尔德实验是信息检索发展史上的一个真正的里程碑，它把人们对信息检索系统的认知方式从思辨和推测的方式转变为一种试验和基于经验的方式。克兰菲尔德试验中包含的检索系统测试方法、数学量化思想，成为日后众多实验和操作性研究的基础。在克兰菲尔德试验思想的支配下，信息检索领域取得了一些积极的成果，如最佳匹配检索算法、查询与文献匹配、相关性理论、查全率与查准率、全文检索、化学结构式检索等方面。

克兰菲尔德实验的主要结论是：

（1）采用 UDC、标题语言、元词语言和专业组面分类法等 4 种索引方法标引了 18 000 篇文献，检索了 1 200 个课题，结果发现这 4 种索引语言的性能（查全率和查准率等指标）的差别很小。

（2）采用 29 种语言（由几种手段的不同组合而构成的）标引文献 1 400 篇，检索了 221 个课题，结果发现，如果同时考虑查全率和查准率两个指标，那么检索效果最好的语言是以文献原文中出现的、未经规范的词为基础的自然语言。

（3）评价系统性能的指标有 6 项，即收录范围、查全率、查准率、响应时间、用户负担和输出形式等。其中收录范围是指检索工具或数据库所涉及的学科领域和所摘录的出版物类型和数量；响应时间是指检索系统对某一命令或检索提问做出响应所需要的时间。

（4）初步发现并研究了查全率与查准率的互逆相关关系。

此外，著名的评价试验还有美国医学文献分析检索系统 MEDLARS（Medical Literature Analysis and Retrieval System，1962—1971；1971 年 8 月扩建成 MEDLINE）试验，萨尔顿（G. Salton）的 SMART（System for Mechanical Analysis & Retrieval of Texts）试验等。

二、检索效率指标

检索效果研究的重点是检索效率。所谓检索效率是指评价检索系统性能和检索质量的各种比率。具体包括查全率（全）、查准率（准）、新颖率（新）、检索速度（快）、检索方便性（便）、检索成本效益比（省）等指标。决定检索效率的因素主要有检索语言质量、标引质量、检索质量及其他方面的因素。在各种指标中，查全率与查准率是评价的最重要的指标。

为了说明查全率与查准率，1979年，兰卡斯特（F. W. Lancaster）在《信息检索系统——特性、试验与评价》一书中最先引进2×2表，如表4.6所示。这是概括描述文献检索结果的一种表格。兰卡斯特认为，在检索过程中，检索系统中参与检索的全部文献 n 可以分成4部分：从系统相关性角度来说有：（1）检出文献（$a+b$），（2）未检出文献（$c+d$）；从用户相关性角度来说有：（1）相关文献（$a+c$），（2）不相关文献（$b+d$）。

表 4.6 信息检索评价中的 2×2 表

系统相关性 \ 用户相关性	相关文献（与用户需求相符）	不相关文献	总计
检出文献	a（命中的）	b（误检的或噪音的）	$a+b$
未检出文献	c（漏检的）	d（应拒的）	$c+d$
总计	$a+c$	$b+d$	$a+b+c+d=n$

1. 查全率（Recall Ratio）

查全率，或称检全率、命中率，是指检出的相关文献（广义指文档，包括文本、图形、图像、动画、视频或音频等）数与系统内的相关文献总数之比。这一指标最初是由 J.W.佩里和 A.肯特等人于 1956 年提出的，它是衡量一个检索系统从特定文献集合中检出相关文献成功度的一项指标。

公式及其值的确定：R＝检出的相关文献/系统内的相关文献总数之比×100%，换言之，R＝符合需求且被检出的文献数/系统内符合需求的文献总数×100%。从 2×2 表中可以得出 $R = a/a+c \times 100\%$。与此相反，我们把未检出的相关文献数与系统内的相关文献总数之比称为漏检率（Omission Ratio），其值为 $c/a+c \times 100\%$，它是查全率的补数。

在公式中，a 值经过一次检索即可确定，而 c 值，即漏检文献数一般可以用下列 4 种方法测定出来：（1）若 n 值不大，逐篇鉴别各篇文献，从而确定出 c 值；（2）若 n 值很大，可对检出的文献随机抽样，如抽样为 1/100，其中有 r

篇文献是相关的,则估计 $c=100r$;(3)由有经验的用户去鉴别检出的文献,若他认为这次检出了 2/3 的全部相关文献,则 $c=1-2/3$;(4)通过不同途径去检索同一课题的文献,把各次检出的文献加在一起,剔除重复,形成一份较完整的相关文献清单,以此对比每次检出的相关文献,即可知道相应的 c 值。有了 a 值和 c 值就可以求出查全率和漏检率。

影响查全率的因素（漏检原因）主要有：

（1）标引方面：标引深度不够、标引前后不一致、标引词不当、组配不当、越级标引（即不遵守专指性规则）等；

（2）词表方面：词表结构不完善、词间关系含糊、专指词数量不足、同义词和多义词缺乏控制等；

（3）检索程序的功能方面：不具备截词功能、所提供的可检索途径不足等；

（4）系统与用户的交互方面：未进行反馈检索、用户的信息需求反映不充分、未进行充分的交互式对话等；

（5）检索策略方面：检索途径选择不当、选词与词表不符、相关词数量不足、检索用词太专、检索式网罗度不当、检索式用"逻辑积"太多、不恰当地用"逻辑非"等；

（6）数据库选择方面：未能选择相关的数据库或文档等。

2. 查准率（Precision Ratio）

查准率是指检出的相关文献数与检出的文献总数之比,或称检准率、相关率。它是衡量一个检索系统的信号噪声比,测度检索系统拒绝非相关文献能力大小的一项指标（佩里和肯特,1956）。

公式表示：$P=$ 检出的相关文献数/检出的文献总数 $\times 100\%$,换言之,$P=$ 检出的符合需求的文献数/检出的文献总数 $\times 100\%$。在 2×2 表中,$P=a/a+b\times 100\%$。与此相反,我们把系统检出的非相关文献数与检出的文献总数的比率称为误检率（Noise Ratio）,其值为 $b/a+b\times 100\%$,它是查准率的补数。

影响查准率的因素（误检原因）主要有：

（1）标引方面：过量标引、标引不对题、标引前后不一致、标引词不当、组配不当等；

（2）词表方面：词间关系不正确、索引词缺乏专指性、索引词缺乏控制等；

（3）检索程序的功能方面：不具备"逻辑非"等功能、一个检索式中允许用词的数量有限等；

（4）系统与用户的交互方面：未进行反馈检索、检索提问宽于或偏离信息需求、检索范围不明确等；

（5）检索策略方面：检索途径与检索词选择不当、截词部位不当、使用字面组配、检索式的网罗度不足、检索式中用"逻辑和"连接了不相关的词等；

（6）数据库选择方面：未能选择相关数据库等。

3.查全率和查准率的关系

查全率与查准率之间存在着互逆相关性，即查全率和查准率彼此之间表现出相互的制约关系。在评价检索质量时，对这一对指标必须综合考虑，不能偏废。如果只考虑查准率，那么只检出 1 篇最有把握的文档的查准率就是 100%，但这样的话，符合需求的文档被检出的太少，不能满足全面了解相关信息内容的需要。同样，如果只追求查全率，则可以把所有的信息全端出来，查全率固然可以达到 100%，但真正有用的内容就可能完全淹没在无用的内容当中了，不能快速而有针对性地满足用户的信息需要。据统计，在物理、技术科学领域中，P 提高 1% 将导致 R 降低 3%；而且不同学科专业检索特征曲线也会有所不同。在具体概念明确的化学等领域，特征曲线右移，误检较少；而在抽象概念较多的心理学等领域，特征曲线左移，误检增大。因此，任何检索系统的设计和检索策略的制订都要在查准率和查全率之间进行权衡。

克莱弗登通过克兰菲尔德实验证明，在同一个信息检索中，当查全率和查准率达到一定阈值，即查全率为 60%～70%，查准率为 40%～50% 后，二者呈互逆相关，即查全率提高，查准率就会降低；反之亦然。其关系如图 4.3 所示（纵坐标为查全率，横坐标为查准率；左图是检索结果的回归分析，右图是检索结果的实际分布）。

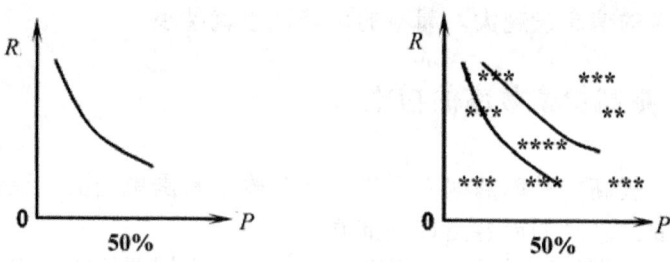

图 4.3 查全率 R 与查准率 P 的关系

注：*为查全率与查准率的一对性能指数点。左上角的点表示 R 值高而 P 值低，右下角则相反；左下角和右上角表示 R 和 P 同时高或低；中间区内各点表示 R、P 双双居中。

假定文献集合中共有相关文献 250 篇，检出文献 500 篇，其中相关文献 200 篇，那么 $R = 200/250 \times 100\% = 80\%$，$P = 200/500 \times 100\% = 40\%$。为了提高查全率 R，就需要扩大检索范围，增加检出相关文献数量，但这样却会导致查准率 P 相应降低,误检率增高。例如,假定文献集合中的相关文献还是 250 篇,检出文献 750 篇,相关文献全部检出,那么 $R=250/250\times100\%=100\%$, $P=250/750\times100\%=33.3\%$。同样的,为了提高查准率 P,就需要缩小检索范围,减少非相关文献的输出量,用专指度很高的方式来查找,但这就必然会造成查全率 R 相应降低。假定文献集合中共有相关文献 250 篇,检出的 100 篇都是相关文献,那么 $R=100/250\times100\%=40\%$, $P=100/100\times100\%=100\%$。

4.其他评价指标

(1)新颖率:从检索系统中检出来的对用户而言含有新颖信息的文献件数与文档中总相关文献数、检出的总文献数或检出的总相关文献数之比。这一指标特别适合于评价 SDI 服务的质量。

计算新颖率通常有 3 种方法:①新颖率=检出的对用户新颖的文献数/文献库中与用户需求相关的文献数×100%;②新颖率=检出的对用户新颖的文献数/检出的所有文献数×100%;③新颖率=检出的对用户新颖的文献数/检出的与用户需求相关的文献数×100%。

(2)错检率:从检索系统中检出来的无关文献量与系统中无关文献总量之比,它与专指度存在互补关系。错检率=检出的无关文献件数/系统中无关文献总件数×100%。

(3)覆盖率:在某一特定时间里,从某一检索系统中检索到的涉及特定主题领域的所有文献数与该主题领域相关的实有文献总数之比。覆盖率=检索到的涉及特定主题领域的所有文献数/与该主题领域相关的实有文献总数×100%。这一指标反映某一文献库提供专门主题文献的范围大小,覆盖率越高,文献库包含的信息量越大,漏检的可能性也就越小。

三、提高检索效率的措施

第一,提高文献库的编辑质量,使其收录范围更全面、更切合相应学科或专业的需要,著录的内容更详细准确。

第二,提高标引质量,标引前后要一致,用词要恰当,组配要合理,努力做到正确揭示主题——不错标;全面反映主题——不漏标;简练地使用标识——不滥标。

第三,提高索引语言的专指性和词表质量。加强对索引词汇的控制,完善词表的结构及其参照关系,使索引语言既有利于族性检索,又有利于特性检索。词表结构要合理,词与词之间的关系要正确,正确控制同义词和多义词,及时反映新学科和新技术的术语等。

第四,提高检索人员的工作水平和能力,了解数据库收集的内容,加深对词表结构的理解，正确做出主题分析，选择合适的检索文档，选择适当的检索词表表达查找主题内容，进行恰当的逻辑组配，找出最佳检索途径，从而制定出最优的检索策略。

第五，根据实际需求，调整查全率和查准率方案。具体调整方式如表 4.7 所示。

表 4.7 调整查全率和查准率的主要方法

检索目的	调整检索策略的方式		影响对象及效果	
			查全率	查准率
用于提高查全率的措施	（1）去掉用 AND 连接的非主题限定词		+	-
	（2）增加用 OR 连接的相关检索词		+	+
	（3）减少用 NOT 限定的检索式		+	-
	（4）删除检索式的某个组面		+	
	（5）利用词的等级	①族性（词）检索	+	-
		②同位类检索	+	
		③上组配检索（上位词检索）		
		④同义词控制方法（同义词检索）	+	+
	（6）聚类检索法		+	
	（7）截词检索法		+	-
用于提高查准率的措施	（1）下组配检索法（下位词检索）			+
	（2）提高检索词的专指度		-	+
	（3）利用逻辑非 NOT 进行限制		-	+
	（4）利用文献外表特征限制		-	+
	（5）联号法		-	+
	（6）职号法		-	+
	（7）加权检索法		-	+

思考题：

1. 工具法与引文法有什么区别？
2. 如何评价布尔检索技术？
3. 利用某一特定的数据库对截词检索效果进行研究。
4. 在位置检索技术中，检索式 "computer (2W) management"、"computer (3N) design" 分别代表什么含义？可以检出什么样的结果？
5. 举例说明使用聚类组合法构造检索式的步骤和方法。
6. 获取文献原文有哪些主要的方式？
7. 如何理解查全率和查准率的关系？
8. 假定在某个数据库中检索到了 50 篇文献，查准率和查全率分别为 40%、80%，那么全部相关文献有多少篇？
9. 提高检索效率有哪些重要措施？

第五章 信息检索工具

【内容提要】

"工欲善其事,必先利其器"。本章系统介绍了信息检索工具的基本类型,即题录与书目、文摘与索引以及国际著名的检索刊物、中西文参考工具书等。本章的重点是各种综合性和专业性的检索工具的产生与发展、结构和特点及其使用方法,尤其是对国家书目、《工程索引》、《科学引文索引》、世界上著名的综合性百科全书等做了较为详尽的描述。

信息检索工具泛指查找信息所使用的一切工具和设备,它以各类型原始文献为素材,在广泛收集并进行严格筛选后,通过特定的信息工作手段,分析和揭示其外部特征和内容特征,并用选定的检索语言进行描述和标引,形成文献信息单元款目,再将这些款目按特定规则组织编排而成。

通常,检索工具都具揭示文献信息地址、通报科技成果、进行学术评价和加强信息交流等基本功能。一个完整的检索工具一般包括:(1)说明部分,为使用者提供必要的指导材料,如编制目的、查找方法等;(2)著录部分,系统揭示文献外部特征和内容特征,是检索工具的主体;(3)索引部分,是指提供多途径文献查找的条目集合体;(4)附录部分,是补充性资料和查询等辅助材料,如各种缩写、文献入藏单位等。

检索工具的类型很多:既有手工检索工具,也有计算机检索工具;既有综合性的检索工具,也有专科性和专题性的检索工具;既有全面性的检索工具,也有单一性的检索工具;既有预告性的检索工具,也有现时性的检索工具,还有回溯性的检索工具等。通常,人们把检索工具划分两种基本类型,即查找文献或文献线索的检索工具和查找事实或数据的参考工具;前者包括题录、书目、索引、文摘等,后者包括字典、词典、手册、年鉴、百科全书等。

为了解决文献信息数量激剧增加和人们有限利用文献能力之间的矛盾,人们进一步开发了定期或不定期连续出版的检索工具,或称检索刊物。目前全世界约有4 000多种检索刊物,其中常用的有2 000多种。检索刊物正朝着增加报道量、缩短报道时差、加速编制作业自动化、辅助索引多样化、呈现方式多媒体化等方面发展。

第一节 题录与书目

一、题录的概念与结构

1.题录的概念与特点

题录，或称篇目索引，篇名索引，某些被称为信息、简介、资料、集萃之类的，实际上也是一些题录性的工具。

作为一种检索工具，题录主要是针对各种报刊、丛刊、论丛、会议录等文献中所刊载的各种论文，以"篇"为单位、以文献题名为标目，并以文献外表特征为描述对象，按一定方法组织条目的检索工具。利用它可以相当准确地检索出一种出版物或其中的一部分内容。

题录的特点主要表现在：以"篇"为单位描述文献的外部特征，不涉及实质性的内容介绍；编制简单，报道迅速，能够反映最新的科研动态；著录项目简明扼要，便于用户浏览查检；取材系统广泛，信息准确可靠。

2.题录的主要类型

题录的类型较多，既有期刊、报纸的篇目索引，也有图书篇目和会议文献索引；既有定期出版的题录，也有不定期出版的题录。其中，最为重要的是期刊篇目索引、报纸篇目索引和报刊篇目索引。

期刊篇目索引，是以期刊记载的文献为收录对象，可细分为多种期刊篇目索引和单一期刊篇目索引。我国最早的期刊篇目索引是清华大学政治学会编印的《政治书报指南》，1923年第1期和1929年第2期中收录了政治学方面的期刊论文。近年来各单位编制的期刊篇目索引也很多，如兰州大学图书馆编制的《全国高等院校自然科学学报总目录》(1950—1980)、三联书店编制的《东方杂志总目》等。

报纸篇目索引主要收录某种报纸一段时间内的报道文章。杜定友在1925年主编的《时报索引》是我国编制报纸篇目索引的开端。在当代，一些重要的报纸基本上都编有索引，其中影响较大的有《人民日报索引》、《光明日报索引》、《文汇报索引》等。

报刊篇目索引收录篇目的范围包括期刊和报纸。根据收录文献学科的不同，可细分为综合性报刊篇目索引和专题性报刊篇目索引。其中比较著名的有：《全国报刊索引》、《中国社会科学文献题录》、中国人民大学的《复印报刊资料索引、《中国哲学论文索引》等。

3.题录的结构

题录的结构包括题录的款目结构和题录的工具结构。题录的款目结构一般由题名、责任者、出版项等描述文献外部特征的著录项目及标识符号组成。各著录项目通过各种标识符号连接成一个完整的款目。关于题录的著录格式及著录过程中就遵守的各种规则，我国国家标准《检索期刊条目著录规则》（GB3793-83）进行了详尽的描述。

期刊类题录的款目基本著录格式如下：

（顺序号）题名/第一责任者,第二责任者；其他责任方式说明//期刊名（国名或地名）.—年,卷（期）：起始页—终止页

其中各标识符号及其含义如表 5.1 所示。

表 5.1 期刊类题录的标识符号及其含义

标识符	含义及说明
.—	各大段（段落起首可省略）
=	并列题名
:	副题名及说明题名的文字，文献出处页码
/	第一责任者说明
;	不同著作方式的其他责任说明，来源期刊的卷（期）
//	文献的出处

一部完整的题录工具通常由前言、目次、正文和辅助索引 4 部分构成。前言主要是简要说明题录的编制目的、性质、结构特点、收录范围及编排方法等，帮助读者了解和利用题录，减少检索过程中的盲目性。目次是题录的大纲，能够使读者对题录的内容结构一目了然。正文则是按一定的科学方法编排在一起的各条文献款目，它是题录工具的主体和核心。为了便于读者从不同角度查找资料，缩短检索时间，题录还应当建立辅助索引。辅助索引中，最常见的是著者索引、来源期刊和题中人名索引等。

二、书目的概念与功能

1.书目的概念

书目产生的历史非常悠久，它是在文献大量积累的基础上产生和发展起来的。书目工作就是解决不断增长着的文献与人们对它的特定需要之间的矛盾的

活动。

　　书目（Bibliography），或称目录，是指著录一批相关文献，并按照一定次序编排而成的揭示与报道文献信息的工具。凡按一定次序编排的篇名或书名，均可视为书目，而不在于它是否用了"书目"这一名称。与书目相关的概念是题录，它也是对文献外部特征的著录，但揭示的是单篇文章的外部特征，揭示的信息比较简单。

　　（1）我国书目的演变

　　在古代汉语文献中，"目"为一书的篇名或群书的书名，"录"是指对一篇诗文或一部书的内容所做出的提要。两者合在一起就成了"目录"。目录作为专有名词最早见于汉代。刘歆在《七略》中有"《尚书》有青丝编目录"的说法，这里的"目录"是指一书之目录；班固在《汉书·叙传》中说："刘向司籍，九流以别，爰著目录，略序洪烈"，这里的目录则是作为群书的目录。汉武帝时（前140—前88年）杨仆纪奏的《兵录》，是现有文献记载中我国最早的群书目录。

　　我国早在殷代就出现了原始的目录工作，比如殷人对大量的甲骨文就采用了按时间顺序收藏的方法。到了周代则发展为按学术分类来收藏典籍了。汉代之后，各种目录和书目工作蓬勃兴起，连绵不绝。书目也因此出现过许多不同的称谓。这些书目主要有：以《别录》、《七略》为代表的图书分类目录，以《汉书·艺文志》、《隋书·经籍志》为代表的史志目录，以《四库全书总目》为代表的官修目录，以南朝宋王俭编撰的《七志》、南宋晁公武编修的《群斋读书志》等为代表的私家藏书目录，以钱曾撰修的《读书敏求记》为代表的版本目录，以及以张之洞的《书目答问》和梁启超的《西学书目表》为代表的推荐目录，等等。

　　（2）西方书目的发展

　　在西方，Bibliography 一词最早出现于公元前 5 世纪的古希腊，由 Biblion（图书）和 Graphein（抄写）两个单词融合而成，其含义是"图书的抄写"（The Writing of Books）。后演变为关于图书著录或描述（Writing About Books），多指各种不限收藏范围的书本式目录。与 Bibliography 相关的还有 Catalogue、Index、Guide、Record、Bibliotheca 等。

　　在西方书目的发展史上，古希腊书目学家、诗人卡利马科斯（Callimachus，约前 305—前 240）编撰的《皮纳克斯》（又名《各科著名学者及其著作书目》），是世界上最早的书目。该书目长达 120 卷，不仅记录了卡利马科斯领导的亚历山大图书馆的藏书状况，还包括当时所有的希腊文献。

　　1545 年，瑞士博物学家、文献学家格斯纳（Conrad von Gesner）编制了《世界书目：拉丁文、希腊文和希伯来文全部书籍的目录》（Bibliotheca Universalis），几乎收录了当时能收集到的 3 000 名作家的各科著作约 12 000 种，占当时欧洲出版物的 20%～25%。《世界书目》包括著者字顺目录、分类目录和主题字顺索引，其中分类部分设有 21 个大类，250 个细目，是西方第 1 部检索系统较为完备、著录详尽的综合性大型书目。格斯纳也因此被誉为西方的"目录学之父"。

1564 年，在德国法兰克福出版的《法兰克福图书市场书目》成为出版发行书目的开端。这一年也被认为是现代图书书目的开端。随着文献工作的发展，各种卡片式书目、定期出版的国家书目以及现代的机读书目，都纷纷进入文献信息世界，成为书目信息系统的重要组成部分。

2.书目的功能

书目是一种最早出现并且比较常用的检索工具，具有重要的社会作用和功能。

（1）书目具有导读的功能。我国唐代目录学家毋煚在《古今书录·序》中认为："夫经籍者，开物成务，垂教作程，……览录而知旨，观目而悉词，经坟之精术尽探，贤哲之睿思咸识"。清代学者王鸣盛在《十七史商榷》中指出："目录之学，学中第一紧要事，必从此问途，方能得门而入。""凡读书最切要者，目录之学。目录明，方可读书，不明终是乱读。"书目能够开阔视野，使我们看到自己需要阅读哪些书，并告诉我们在这些书中，哪些是基本的，应当先读、精读；哪些是次要的，可以后读、粗读，还有哪些书只可供参考。另一方面，目录也是治学的前提，是继承和发展前人思想成果的基础。清代学者张之洞在《书目答问》中就曾说到："泛滥无归，终身无得。得门而入，事半功倍。……此事宜有师承，然师岂易得？书即师也。今为诸生指一良师，将《四库全书总目提要》读一遍，即略知学问门径矣。"

（2）书目具有通报的功能。古今中外，书籍浩如烟海，这么多的文献如何才能让社会广为知晓，并充分地得到开发利用？书目就是通报文献的理想工具。书目报道的文献信息不限于一个空间或时间范围，通过目录可以了解各国科研的历史、现状和基本动向；通过书目也可以了解各个历史时期文献的著述、收藏、流传、存佚的状况，从而可以窥见各个时代文化学术的盛衰。著名史学家范文澜曾对《七略》给予了极高的评价：《七略》综合了西周以来主要是战国的文化遗产，……是一部完整的巨著。它不只是目录学、校勘学的开端，更重要的还在于它是一部极可珍贵的古代文化史。书目的情报价值就在于，它能够迅速地为读者报道有关某一学科或某一科研课题最新出版的文献信息和最新的科研动态。

（3）书目具有检索功能。人们在生产活动和科研实践中需要继承和利用前人积累的知识，就必须通过一定形式的文献目录来查阅所需文献，从一定的文献库中查明所需文献的情况、线索或出处。无论是目录工作者进行书目情报服务和咨询服务，还是读者在求学、治学过程中，都需要利用各种文献目录检索有关文献信息。书目的检索功能是其最基本的社会功能。早在公元前 7 世纪在美索不达米亚出现的亚述巴尼拔图书馆的藏书目录，就既带有财产登记的性质，又体现了原始目录的检索作用。目录能起到"纲纪群籍，部次甲乙"的作用，为人们掌握浩如烟海的图书状况提供了检索便利。

三、书目的类型划分

由于文献数量激增，内容不断扩展，形式更加多样，读者利用文献的角度及需要亦各不相同，报道文献信息的书目类型也越来越多。认识各种类型书目的特点和作用及它们相互间的区别和联系，有助于建立完整的书目体系。

1.按书目编制的目的和社会功能划分：登记书目、推荐书目、通报书目、专题和专科书目、书目之书目

（1）登记书目：全面记录一切文献，以反映一个时期、一定范围、某一类型文献的出版或收藏情况。如国家书目、馆藏书目等都是登记书目。其中，国家书目是建立在对全国所有出版物统计、登记的基础之上，全面准确地揭示与报道一个国家出版的全部文献的总目。国家书目可细分为报道新出版图书文献的现行国家书目和反映历史上某一特定时期内图书情况的回溯性国家书目。

《全国新书目》是我国现行国家书目，由中国版本图书馆《全国新书目》编辑部编辑出版，1949 创刊，月刊。主要收录全国各出版社和机关、团体、学校公开出版或重印的图书。其主要职能是报道新出版的图书，按《中图法》分类编排。

《民国时期总书目》是由北京图书馆编辑的一部回溯性的国家书目，收录了民国时期（1911—1949）我国境内出版的中文图书近 10 万种。该书目分 20 卷出版，按哲学、宗教、社会、法律、军事、经济、理、工、农、医等学科大类检索，后附书名索引。著录项目包括流水号、书名、著者、出版地与出版者、出版形态、丛书、提要附注项以及馆藏标记等。

（2）推荐书目：或称导读书目，是针对一定的读者对象，为了配合专业学习或思想教育等而选择优秀图书编成的书目。推荐书目是书目类型中最活跃、最有生气的一种类型，具有选题的时代性、读者对象的针对性、文献信息的选择性、读书方法的引导性以及文献内容的评介性等特点。

1896 年，康有为撰写的《日本书目志》，介绍日本明治维新后出版的书刊；同年，梁启超在《时务报》上发表《西学书目表》，积极宣传西方思想，为当时的维新变法服务。而张之洞编写的《书目答问》则是防止儿童接触新书新说，引导他们参加科举考试，为巩固封建统治培养人才。中国共产党早期领导的报刊也很重视登载推荐书目，以宣传马列主义书刊。1920 年《共产党》杂志第 1

号上就载有《列宁的著作一览表》；1924年《中国青年》第24期上登载了《一个马克思学说的书目》，选择介绍了23种马列著作和进步刊物。

（3）通报书目：及时、准确地向读者通报所出版或新入藏的书刊，从而起到尽快传送文献信息的作用。图书馆编写的新书、新刊通报，出版发行机构编写的出版发行书目等，都属于这一类型。

《新华书目报》创办于1963年，系国家新闻出版总署主管、新华书店总店主办的中央级专业图书出版信息类报纸，包含《社科新书目》、《科技新书目》、《读者新书目》三大子报，报道中央一级和北京以及全国其他地区出版社的各类图书、多媒体制品等最新出版信息。收录图书品种丰富，介绍详细，以新书为主，每月预告初版、重版图书信息逾5 000种。

《中国报刊总目》、《中国报刊大全》，创刊于1985年，由中国报刊月刊社编辑，人民邮电出版社出版，收录全国每年公开发行的报刊，是检索报刊种期的重要工具。

《外国报刊书目》（Directory of Foreign Newspapers and Periodicals），由中国图书进出口公司编辑出版，报道内容覆盖社会科学、自然科学、工程技术等领域。该书目反映国外报刊的出版动态，是供国内各单位选订国外报刊的一部大型书目。

（4）专题书目与专科书目：专题书目是全面收录某一研究专题范围内的书刊资料而编制的书目，专科书目则是指报道有关某一学科文献的书目。专题书目的报道范围，可以小于某一学科，也有横跨几个学科。

专题和专科书目的选书标准重在"专"、"精"、"深"，尽量提供有关本专题或学科的最新科研成果和权威性文献，要供给读者广泛、全面、完整的文献资料，而且这些资料又必须是经过选择而确有参考价值的。专题和专科书目对配合科学研究、经济建设的作用很大。比如，1956年党中央发出了向科学进军的号召。为了配合并推动科研工作，文化部要求各省图书馆和专业图书馆加强书目参考工作，许多图书馆为此纷纷编制了一些专题书目。

（5）书目之书目：将书目、文摘、索引等二次文献汇编而成的书目，可供读者查找书目之用。在书目情报大量生产的今天，书目之书目的功用显得非常重要。我国第1部书目之书目专书是1920年由周贞亮、李之鼎编印的《书目举要》。该书收录了我国汉代到清代的重要书目著作273种。

2. 按书目反映文献的收藏范围划分：馆藏书目和联合书目

（1）馆藏书目：报道某一图书馆所藏图书资料的书目，或称图书馆书目。它可以是反映该馆全部藏书的综合书目，也可以是反映其中一部分藏书的专题书目。馆藏书目主要包括书名书目、著者书目、分类书目和主题书目。供读者查找的馆藏书目叫读者书目，专供图书馆工作人员业务上使用的叫公务书目。

《中文科技资料馆藏书目》，中国科技信息所编辑，科技文献出版社出版，1961年创刊，1978年改为现名，不定期出版。该书目收录中国科技信息所馆藏中文科技资料，包括内部资料、学术报告、科研成果、会议文献、科学考察报告、出国考察报告、来华技术座谈资料、国外参考资料及译文等。正文题录按《中图法》统一分类编排，每条题录的著录项目有中文题目、编辑出版单位、出版时间、页数等。

（2）联合书目：揭示和报道两个以上文献信息机构所藏文献的书目。它是实现文献资源共享的重要工具。通过联合书目，读者可以知道图书的收藏地点，以便借到所需要的资料。

联合目录的概念出现于20世纪初。一般认为，世界上最早的联合目录是13世纪编制的《英格兰图书馆登记册》（Registrum Librorum Augliae）。我国第1部联合书目是1929年出版的《北平各图书馆所藏中文期刊联合书目》。1957年，国务院批准颁布了《全国图书协调方案》，接着建立了全国性和地区性的中心图书馆委员会，成立了全国图书联合目录编辑组，在短短的两年时间内就编写了70多种联合书目。如《1833—1949全国中文期刊联合书目》就是其中质量较好的联合书目。

3. 按书目收录文献的内容划分：综合书目、地方文献书目和个人著述书目

（1）综合书目：指书目收录文献的范围包括社会科学、自然科学、技术科学等各方面内容。国家书目、馆藏书目、地方文献书目等都是综合性书目。

（2）地方文献书目：为报道某地有关自然和社会等方面的文献而编制的书目。地方文献书目收录的内容包括3个方面：一是关于某个地区的历史、地理、政治、经济、文化等各方面的资料；二是地方人士的著述；三是该地区的出版物。1935年，朱士嘉编辑的《中国地方志综录》，资料丰富，著录完备，是地方文献书目的佼佼者。

（3）个人著述书目：是报道和反映某一作者的全部著作、译作，以及经他编辑、校阅的书刊和有关该作者生平事迹、别人对他的评论和研究等资料的书目。个人著述书目广泛收录特定作者的有关文献信息，有助于理解作者的思想发展变化和学术成就，有助于了解作者的生平事迹及地位影响，也有利于检索和利用个人著述的文献。如顾颉刚编的《郑樵著述考》、王重民编的《老子考》、书目文献出版社出版的《马克思恩格斯著作中译文综录》等。

4. 按书目反映文献的类型划分：图书书目、期刊书目、专利书目、丛书目、地方志书目、档案书目、古籍书目

《中文核心期刊要目总览》，庄守经主编，1992年9月北京大学出版社出版。由专业人士根据载文量、文摘量等指标，经过引文分析、综合筛选和学科专家鉴定等步骤，确定每个学科的核心期刊，收录的期刊包括正式刊物和有内部准印号的刊物。

上海图书馆编辑,中华书局 1959—1962 年出版的《中国丛书综录》;《中国古籍善本书目》编辑委员会编辑,上海古籍出版社 1986 年出版的《中国古籍善本书目》等。

5. 按书目的载体形式划分:书本式书目、卡片式书目、缩微型书目和机读书目

机读书目(Machine-readable Catalogue, MARC),是指利用计算机识读和处理的书目,它是文献编目内容(数据)经过计算机处理,以代码形式记载在一定载体上而形成的一种书目。1963—1969 年美国逐步完成了 MARC 的理论研究、试验计划和最终发行。我国的机读书目(China MARC)是 1990 年由北京图书馆试验发行,1991 年 1 月正式出版发行。

从总体上来说,书目检索首先要分析检索课题,确定书目的类型,因为书目不同,对检索课题的覆盖性和专指性就会有所不同,检索途径和检索方法也会有一定的差别。其次要注意鉴别书目的年限及各书目之间的衔接,注意书目内容的交叉重复。既要利用累积性书目,如《全国总书目》和《中国国家书目》,也要利用快报式书目和征订书目,如《全国新书目》、《社科新书目》等,从而使检索结果准确全面。此外,在利用书目进行检索时,还要学会利用书评刊物,如《中国图书评论》、《读书》、《书林》、《博览群书》、《读书与出版》等。书评是为指导阅读而写的图书评论,除了报刊上发表的书评文章以及对图书做出评论的提要外,还有附在书中并对图书做出评论的序跋等形式。通过书评刊物可以深入了解图书的主要内容及其社会影响,为利用图书提供一个重要的参考坐标。

四、中外文综合性书目举要

1.《别录》与《七略》

中国汉代官府藏书目录。由西汉经学家、文学家和目录学家刘向(公元前 77—前 6)和刘歆(约公元前 53—公元 23)父子撰修。西汉成帝时,官府藏书散乱,河平三年(公元前 26)光禄大夫刘向等领校秘书。在校书过程中,刘向首先把一书的不同抄本集中,仔细校对,相互参酌,汰除重复,进而校正错字、衍文,然后将一书篇章进行排序,写定目次。每校完一书,都摘要叙述要点,"论其旨归,辨其讹谬",写成"叙录",送给皇帝阅览。刘向汇集各书的叙录,编成群书提要目录,即《别录》。

刘向死后,其子刘歆以《别录》为基础,删除各书的内容提要部分,分门别类,编成《七略》。其中的《辑略》是写在 6 略之前的一篇概括性的学术简史。

所以，《七略》实际上共分6大类。"略"下又分为若干"家"，每一"家"下，按作者时代先后著录图书。

《七略》所收文献是按当时的学术体系分类的。6大类的第1类为"六艺略"，包括易、书、诗、礼、乐、春秋、论语、孝经、小学等，它们是当时学术上和政治上的经典著作。第2类为"诸子略"，刘歆按战国时代百家争鸣的旧规，把诸子之学区别为"九流十家"，包括儒、道、阴阳、法、名、墨、纵横、杂、农、小说等诸家，涉及哲学、政治、军事、经济以及自然科学方面的多个学派。第3类为"诗赋略"，收录文学作品，如屈原赋之属、陆贾赋之属、荀卿赋之属、杂赋、歌诗等。第4类为"兵书略"，即军事方面的书籍，包括兵权谋、兵形势、兵阴阳、兵技巧等。第5类为"术数略"，包括数学、天文、历法、五行、占卜、星象等。第6类为"方技略"，涉及医经、经方、房中、神仙、巫术等方面的书籍。

《别录》、《七略》是记载汉代官府藏书的总目录，也是我国第1部具有学术水平的大型图书分类目录，并由此奠定了中国书目学的基础。它反映了先秦至西汉图书财富的积累，也是对中国先秦至汉代文化遗产的总结。《别录》、《七略》早佚，其概貌主要是从《汉书·艺文志》中反映出来的。

2.《汉书·艺文志》

中国现存最早的史志目录，《汉书》十志之一，由东汉史学家和目录学家班固（公元32—92）编撰。班固在撰《汉书》时，为纪西汉一代藏书之盛，根据《七略》改编而成。分为六艺、诗赋、兵书、数术、方技6略。共收书38种，596家，13 269卷。

班固自称对《七略》"今删其要，以备篇籍"而成《汉书·艺文志》。所谓"艺"，以《诗》、《书》、《礼》、《乐》、《易》、《春秋》六者为六艺；所谓"文"，是就文学百家之说而言。具体做法是：①保留《七略》的6略38种的分类体系。②新增入《七略》完成以后刘向、扬雄、杜林3家在西汉末年所完成的著作。③对《七略》所著录的图书基本上按照原来的情况保存下来，但对著录重复和分类不妥的地方加以适当的合并或改移。例如，凡从某类提出的图书在总数下注明"出"若干家、若干篇；凡由于重复而省去的图书都注明"省"若干家、若干篇；凡增入或移入的图书都注明"入"若干家、若干篇。④将《七略》中"辑略"的内容散附在6略和"诗赋略"除外的各种之后。⑤删简《七略》中各书的提要，必要时节取为注释。

《汉书·艺文志》开创了史志目录的先例，汉以后史书多仿其例而编有艺文志或经籍志。由于《七略》已佚，《汉书·艺文志》还是我国现存最早的图书目录。它是今人研究先秦、秦汉文化学术史的重要参考资料。

3.《四库全书总目》

中国清代官修书目，亦称《四库全书总目提要》。乾隆三十八年（1773）清朝设立《四库全书》馆，纂修《四库全书》。凡收入《四库全书》的书籍和"无碍"未毁（存目）的书籍，都由馆臣撰写提要，后由总纂修官纪昀、陆锡熊根据乾隆的旨意加以修改，于乾隆四十六年（1781）汇集成《四库全书总目》，乾隆五十八年（1793）由武英殿刊行。

《四库全书总目》200 卷，共收录书籍 10 254 种，172 860 卷。其中收入《四库全书》的 3 461 种，79 309 卷；"存目" 6 793 种，93 551 卷。基本上包括了先秦至清初尚传世的重要书籍，尤其是对元代以前的书籍收录齐全。该书除著录书名、卷数和著者外，还注明书籍来源，如采进本、内府本、敕撰本、进献本、《永乐大典》本、通行本等。提要部分通常简介著者，论述著作内容得失，说明文字增删，卷帙分合，版本异同。所收书籍按四部分类法编排，共分 4 部 44 类。其中，经部 10 类、史部 15 类、子部 14 类、集部 5 类，有些类下再分若干小类，同一小类图书以时代为序，经、史、子、集每部之前有总序，每类之前有类序，小类后间有按语，旨在说明某类图书的学术源流及立类依据。

《四库全书总目》卷首有乾隆皇帝的"圣谕"，四库全书馆臣的"表文"及"职名"、"凡例"等，记载了《四库全书》和《四库全书总目》的编纂经过、人员分工和编写体例等。

《四库全书总目》在目录编纂体例、文献分类、提要撰写和文献考订等方面都有独特的成就，是中国古典书目的集大成之作。

4.《全国总书目》

中国现行国家书目，年刊，中国版本图书馆《全国总书目》编辑组编辑，中华书局出版。收录当年中国出版的公开发行和只限国内发行的各种文字的初版和改版图书（不包括重印本），是《全国新书目》的累积本。

《全国总书目》由分类书目、专题书目和附录 3 部分组成。分类书目是主要部分，收录汉文出版的图书；专题书目主要收录技术标准、盲文书籍、翻译图书、丛书等；附录包括当年国内报纸、杂志书目，出版家一览表，书名索引，各类图书分类统计表等。编辑方法依据的是《中图法》，资料来源则以中国版本图书馆征集的样本为依据。《全国总书目》的沿革情况，如表 5.2 所示。

20 世纪 90 年代以来，《全国总书目》的编辑更加趋于科学化、标准化、规范化，并建立了《全国总书目》资料数据库，增加了多种出版形式，为广大读者提供更加便利的条件。

5.《中国国家书目》

《中国国家书目》（Chinese National Bibliography）是全面、系统地揭示与报道中国出版物的大型书目。由北京图书馆《中国国家书目》编委会主编，《中国国家书目》编辑组编辑。1985 年起，先以手工方式编印年度累积本，1987年正式开始编辑出版。1988 年采用计算机编制，提高了编辑的速度与质量。20世纪 90 年代以来，还陆续推出《中国国家书目》电子版、光盘数据库和回溯性数据库等产品。

表 5.2 《全国总书目》的沿革情况

1949—1955	1956—1965	1966—1971	1972—1984	1987—1988	1988—
新华书店总店编辑，1949—1954 年合订为 1 本；1955 年 1 本	由中国版本图书馆编辑，1955 年后每年 1 本。	1966 至 1970 年中断；1971 年恢复出版 1970 年度书目	出版各年度总书目	出版 1966—1969 以及 1971 年度总书目	出版各年度总书目，并增加了出版形式

《中国国家书目》的收录范围依据的是"领土—语言"原则。"领土"原则的概念包括 3 个方面，一是中国领土内（包括台湾、香港和澳门）出版的各种语言、各种文献类型和各种载体的著作；二是中国与其他国家共同出版的各种著作；三是中国公民或出版机构在其他国家出版的各种著作。"语言"原则的概念是指国内外出版的汉语言著作。

《中国国家书目》收录普通图书（包括重印古籍）、连续出版物、地图、乐谱、博士论文、技术标准、非书资料、书目索引、少数民族文字图书、盲文读物，以及中国出版的外文文献。年报道量约 3 万多种。著录和标引的依据是中国文献著录国家标准、《中图法》和《汉表》；款目按《中图法》分类顺序排列，并提供分类、题名、著者、主题等检索途径。

《中国国家书目》收录全面，著录标准，检索途径完备，较《全国总书目》有了改进，为国内外文献信息资源共享创造了有利条件，极大地推动了中国书目事业的发展。

6.《英国国家书目》

《英国国家书目》（British National Bibliography, BNB），是英国现行国家书目，周刊，不列颠图书馆书目部编辑出版，1950 年创刊，报道英国新出版的各类文献（包括部分政府出版物）以及在英国发行的图书和新增期刊（包括变换刊名者）的第 1 期。该目录的款目按 DDC 分类编排，各类再按著者姓名排列，著录格式采用《英美编目条例》第 2 版和《国际标准书目著录》的格式。著录项目包括：著者、书名、出版地、出版者、出版日期、页数、插图、书型、丛书项、书价、DDC 分类号和 ISBN 等。每期附有著者和书名索引，每月的最后 1 期有全月的著者、书名和主题索引。1977 年起各期刊登新书在版编目资料。

每年有 1 月～4 月、5 月～8 月和全年度的累积本，累积本均包括分类排列的正文、著者与书名索引、主题索引等 3 个部分。1958 年起陆续出版了 3 年度和 5 年度的累积本。1989 年起，BNB 同时发行印刷版、缩微版、磁带版和光盘版。BNB 由于著录准确，载体形式多样，报道及时，索引体系完备，是查检、利用和了解英国出版物的重要检索工具。

7.《乌利希国际期刊指南》

《乌利希国际期刊指南》(Ulrich's International Periodicals Directory) 由美国鲍克出版公司 (R. R. Bowker Company) 1932 创办，原名《期刊指南》(Periodicals Directory)，1943 年以期刊部主任乌利希命名，称《乌利希期刊指南》。1965—1966 年第 11 版起始用现名，季刊。这是一部权威的、反映世界各国期刊和报纸出版信息的综合性指南，2000 年版收录 200 个国家 80 000 家期刊出版社的 15 万种期刊，涉及 600 多个学科专题，其中包括 7 000 种美国日报和周报，4 000 余种其他国家的报纸。可以通过 DIALOG 的 480 号文档进行检索。

8.《美国在版书目》

《美国在版书目》(Books in Print，BIP)，由美国鲍克出版公司 1948 年出版，它是美国《出版商年鉴》(Publisher's Trade Annual) 的索引本。它将该年鉴中各出版商的出版物按著者和书名字顺分别编排，是美国最重要的在版书目之一。可以通过鲍克公司网站（http://www.bowker.com/）进行注册和查阅。

第二节 文摘与索引

一、文摘的概念与发展

1.文摘的含义

通常认为，文摘（Abstract）是比书目式检索刊物更为系统、深入和有用的检索工具。在信息工作中，文摘的含义主要有两个方面：

（1）文摘条目：指检索刊物中描述文献内容特征的条目，即单篇文献的摘要（包括必要的著录项目）。根据国际标准 ISO214-1979 的规定，文摘是"一份文献内容的缩短的精确表达而无须补充解释或评论"；中国国家标准 GB3793-83 规定，文摘是"对文献内容作实质性描述的文献条目"。由此可以看出，文摘是指简明、确切地记述原文献重要内容的语义连贯的短文。忠于原文、语义连贯、简明确切是文摘的 3 个显著特征。

（2）文摘刊物：指一系列文摘条目有序排列而形成的文摘类检索刊物，是文摘杂志的简称。如《社会科学文摘》、《经济学文摘》等。

文摘的相关概念主要有：摘录（Extract），它是指从原文中选出的一个或若干个代替原文的片断；节录（Excerpt），它是指从原文中逐字节选的段落，比摘录具有更好的连贯性；摘要（Synopsis），指作者对其论文摘出的要点（习惯上称之为作者文摘），一般置于题名与正文之间、随同论文一起发表；提要（Summary），是提要编写人以自己的语言对一篇文献的突出研究成果和重要结论所做的扼要说明。提要通常放在文献的末尾，目的是为已读过该文献的读者归纳出方向性的思路。

2.文摘的产生与发展

在我国古代，文摘开始时称为"录"、"略"，后又称为"志"、"书目"、"解题"、"题识"或"提要"等，它是对图书内容及学术渊源、作者生平的介绍和述评。以公元前1世纪西汉刘向、刘歆父子编撰的《别录》和《七略》为滥觞。"每一书已，向辄条其篇目，撮其旨意，录而奏之"，这种"撮其旨意"，即近似于文摘的含义。在明代天启元年出现的"贴黄"（写有奏章要点的纸条）、民国年间出现的"摘由"（写有公文要点的传阅单），与现代文摘的作用更为相近。我国的现代文摘，尤其是反映科技发展的现代文摘，发展很晚。1897年，我国创办了第1种综合性文摘期刊《集成报》。1934年，我国的《化学》期刊开辟"中国化学撮要"专栏，这是我国的第1个科技文摘专栏；同年，我国出版第1种社会科学文摘期刊《史地社会论文摘要月刊》。

从1956年起，我国开始组织力量翻译前苏联的《文摘杂志》，科技类文摘逐步发展起来。如《机械制造文摘》（1956）、《冶金文摘》（1957）、《国外农业文摘》、《电工文摘》（1958）等。1958年，上海社会科学院情报所创办的《现代外国哲学社会科学文摘》，是我国第1种哲学社会科学文摘期刊。1961年，我国决定由翻译文摘逐步过渡到自编文摘。此后的5年内，我国自编的文摘期刊就达30种83个分册，年报道量35万条。1977年的全国科技情报检索刊物协作会议强调，要有领导、有组织地尽早建立我国的科技检索刊物体系。从此，我国的文摘工作进入了一个新的发展时期。

随着我国改革开放的进行，文摘工作和文摘理论研究也迅速发展起来。1983年有80多种文摘刊物，1988年公开发行的文摘报刊有216种，1998年文摘期刊达到830种。在理论研究上，1984年，方玲等人提出建立"文摘学"的观点；1985年，王熹撰写的《怎样编写科技文摘》，是我国文摘学的第1本专著。各种研究文摘的论文、专著和译著也不断出现。

在西方，文摘最早的理论渊源可推到古希腊的"戏剧梗概"，正式产生则在中世纪，通常认为有两种来源：一是僧侣、将军或使节在向教皇、主教或君主呈抄宗教报告和政治军事报告时，每页都有简单摘写该页报告内容的边注，这种形式在当时中西欧各国通用的礼拜仪式语言拉丁文中称为 Abstractus，原意为"抽取"，可以认为这是"文摘"一词的直接来源。二是介绍哲学家和自然科学家著作的主要内容，以福蒂编辑的于 9 世纪在拜占庭出版的第 1 部文摘汇编《图书》为代表。

不过，作为一种独立的文献形式，文摘是人类文明发展到较高阶段，文献数量达到一定程度后的产物。据统计，每创办 24 种原刊就会相应出现 1 种文摘期刊。一般认为，西方近代最早的文摘专栏是 1665 年 1 月由法国科学院创办的《学者杂志》；最早的社会科学专业文摘是 1727 年在美国创刊的《心理学文摘》；1830 年在德国问世的《药学总览》（Pharmaceutisches Ientralblatt）则是世界上第 1 本科技文摘杂志。进入 20 世纪后，文摘刊物和文摘服务迅速增长。20 世纪初全世界仅有 20 种文摘杂志，目前达到了 2 000 余种，并正向着国际化、自动化、标准化方向发展。

世界上著名的科技文摘很多。其中最重要的有俄罗斯的《文摘杂志》（PЖ）、法国的《文摘通报》（Bulletin Signaletique，BS）、日本的《科学技术文献速报》（"速报"）、英国的《科学文摘》（Science Abstracts，SA）、美国的《化学文摘》（Chemical Abstracts，CA）、《生物学文摘》（Biological Abstracts，BA）、《工程索引》（Engineering Index，Ei）、《科学引文索引》（Science Citation Index，SCI）、荷兰的《医学文摘》（Excerpta Medica，EM）等。

二、文摘的主要类型

1. 按文摘的内容或信息量划分

（1）报道性文摘（Informative Abstract）：概括叙述原文献中的重要事实信息，包括研究对象、工作目的、主要结果以及与研究性质、方法、条件、手段等有关的各种资料，是原文内容的浓缩，在一定程度上可代替原文献。适用于那些学术价值高、内容丰富新颖、主题集中专一的文献，如学术论文、专利说明书、科技报告等。字数多为 500 字～800 字。

（2）指示性文摘（Indicative Abstract）：概括地指明原文主题与内容梗概，为读者查检和选择文献提供线索，或称"简介"。它并不提供原文中的具体信息，也不能代替读者阅读原文，字数一般在 200 字以内。

（3）指示－报道性文摘：介于指示性文摘和报道性文摘之间的文摘，兼具两者特点，或称"半报道文摘"。它以报道性文摘的方式对原文献中的重要内容和信息予以详细摘录和描述，而以指示性文摘的方式对原文献中的次要内容简略介绍。适合于对那些篇幅过长的原文献进行文摘报道，一般为 300 字～500

字。

2.按文摘的编写格式或表现形式划分

（1）短文式文摘：是一篇短小而完整的文章，字数约 500 字～1 500 字，或称为文章型文摘。如标准化的指示性文摘、报道性文摘等，都属于文章型文摘。

（2）电报式文摘：用一连串语义上不连贯的词语或代码表示文献主要内容的文摘形式。因其形式与电报相像而得名，亦称"梗概文摘"。这一类文摘中常使用一些引导词，如范围、条件、性能、过程、讨论等，使文摘内容具有段落层次，文意跳跃性大，便于读者理解文摘的涵义，提高文摘的可读性。电报式文摘中的词语和代码可转换成机器代码，便于计算机检索，字数多为 200 字～300 字。

（3）逻辑式文摘：按照因果关系组织被摘录文献内容的文摘形式，又称"关键词因果文摘"。具体做法是将从文献中分析出来的全部关键词分为三组：凡是描述研究对象本身及其属性的关键词归入内因组，凡是描述设备、条件、方法或添加剂的关键词归入外因组，而将描述实验结果或结论的关键词归入结果组。三组关键词的有机组合形成一条完整的文摘。这种文摘主要适用于穿孔卡片检索系统，并只在科技文摘范围内使用。

（4）统计式文摘：主要以统计表格形式摘录原文的内容和数据的文摘形式，或称"表格式文摘"。具有简明、易读、信息量大等特点，适用于报道某些以数据见长的学科的文献，如统计学、热物理学等。美国的《统计学文摘》基本上都是采用此形式。

（5）模块式文摘：文摘员针对一篇文献写出各种文摘类型以供选用的文摘形式。该法对同一篇文献分别用报道性文摘、指示性文摘、评论性文摘及注释等进行揭示，从而构成多种不同类型的一组文摘，可供各文摘刊物或个人用户选择某一种文摘予以刊载或阅读。由于该法对文摘著录的工作量太大，在实际工作中难以应用。

3.按文摘的编写人员划分

（1）作者文摘：由文献作者本人撰写的文摘。特点是可以与原始文献同时产生和报道，节省文摘员的时间，并可以避免文摘员对文献内容理解、把握上可能产生的误差。它具有内容准确、时间及时、重点突出、节约人力等优点。许多国家都倡导此形式。检索工具中如采用做者文摘一般予以注明。

（2）文摘员文摘：由专职或兼职的文摘员编写的文摘。因为文摘员一般都具有相当的专业知识水平和语言水平，并熟悉文摘的编写规则和方法，所以编写的文摘一般能客观描述文献的主要内容，文摘格式较易统一，但费用较高，时差较长。

4.按文摘刊登的处所划分

（1）同址文摘：与文献原文同时刊登的文摘。在学术论文的完整结构中，文摘是不可或缺的一部分，位置一般在文献标题与正文之间，常常以"摘要"、"内容提要"等形式出现。同址文摘有助于读者在阅读文献前根据文摘内容决定取舍，加深读者对正文内容和主要观点的理解，也可供编制二次文献时参考或直接使用。

（2）异址文摘：与原文分开刊载的文摘，如检索工具中的文摘。

此外，按文摘的载体形式，把文摘分为图书式的书摘、期刊式的文摘（即文摘刊物）、光盘式文摘等。按文摘的检索性与阅读性的特点，把文摘分为检索类文摘和非检索类文摘。前者以提供文献信息线索为主旨，后者以推荐优秀文章，提供文献阅读为目的，并具有发行量大、影响面广等特点。在非检索类文摘中比较著名的有：美国华莱士（Dwight Wallance）夫妇在1922年创办的《读者文摘》（Reader's Digest），我国人民出版社1979年主办的《新华文摘》、《解放日报》社1980年创办《报刊文摘》以及甘肃人民出版社1981年创办的《读者》等。

三、文摘的结构与编写

1.文摘的结构

文摘结构既可以指文摘刊物的结构（文摘群体的宏观结构），也可以指文摘款目的结构（文摘单体的微观结构）。前者一般由编辑说明、前言、凡例、文摘实体系列和各类辅助索引等部分组成。文摘款目结构的要素是：

（1）文摘号：对文摘进行分类编排后，给每篇文摘一个标记符号，它是一个文摘代码，可以作为编制各种辅助索引和读者检索的依据之一。编码方法一般采用自然顺序数，有的与学科、专题或类目代码结合（混合号码）。

（2）文摘题录：对所摘文献的外部特征，如题名、责任者、期刊名称、出处年月、卷期、页码、语种、出处等进行描述，用以提供有关该文献的全部书目信息。需要说明的是，对篇名不能反映文献内容的，文摘员可另拟篇名或加注副标题等。

（3）文摘正文：指文摘中定性或定量地传递一次文献主题内容的短文，是文摘的主体、核心部分。国际上科技文摘正文的内部组织正走向模型化，主要包括文摘要素规范和文摘结构形式。

（4）补充著录项目：它是在原生文献著录项目之外由文摘员补充的著录项目，或者是文摘加工的记录和管理代码，可以为使用者提供更多的原生文献信息。一般包括参考文献和图表的数目、文摘员的姓名（署名或代号）等。

下面是《科学文摘》中的一个文摘款目：

2541[1] Demands and options of computer networking in India[2]

V. K: Misra[3](Electronics Comm. ,New Delhi, India)[4]

J. Inst. Electron & Telecommun. Eng.(India)[5]

vol.24, no.3-4, $P_{182\sim 191}$[6]

(March-April, 1978)[7]

[received: Aug. 1978][8]

A definition is given of computer networks, …[9]

(no refs.)[10]

说明：[1]文摘号 [2]题名 [3]著者 [4]作者所在单位出处 [5]刊名（国别）[6]卷期页码 [7]出版日期 [8]收文日期 [9]文摘正文 [10]参考文献条数

2.文摘的编写

文摘是一种创造性的信息产品，文摘编制涉及文摘编写理论、规则和方法以及编写步骤等许多方面。要编制出好的文摘产品，必须做到以下几个方面。

（1）熟悉文摘工作的有关标准、规则和原则。

早在1961年，ISO就颁布了国标标准《文摘与提要》（ISO/R214）。之后，ISO和我国国家标准局都制定了有关文摘编写的标准和规则，对文摘编写都做了明确规定。这些都是编写文摘时需要熟悉的标准和规则。同时，文摘编写应当贯彻文献信息的完备性原则、准确性原则、客观转述原则、简明扼要原则等。

（2）掌握文摘编写的基本要求以及主要的编制方法。

通常，文摘编写有两个基本要求：一是语义相符性，即使原文所具有的信息内容在文摘中尽可能多地保留下来；二是结构相符性，即在文摘编写过程中要尽可能地使原文所具有的结构要素保持不变。换言之，文摘与原文的区别应当只在于"信息密度"和篇幅大小。在图5.1中，文摘的语义场 A_1 或 A_2 必须在被摘文献语义场 D 之内；文摘的语义场距 D 的中心愈远，其信息密度愈低（$A_1 >A_2$）。因为 D 的边缘部分具有较多的次要甚至冗余的信息。

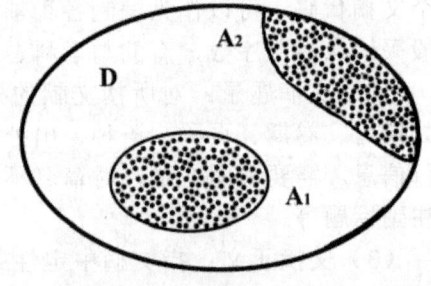

图 5.1 文摘的语义场

文摘编写还需要掌握一些基本的方法：浓缩法，即把一次文献中所包含的信息按其重要性进行不同程度的浓缩；移植法，把一次文献正文中信息密度最高的部分适当压缩后移入文摘内；熔铸法，打乱原文献中的结构与层次，提取其主要观点，按文摘要素编写而成。此外，文摘编写还有列举法、部分截取法和节录法等。

（3）认真浏览一次文献，进行内容分析

通常浏览一次文献，初步了解其主题内容，判断中心题材的现实意义，所含资料的新颖性、有益性和相关性，从而决定是否适宜编写文摘以及编写何种文摘等。一般来说，不同文献机构和文摘工作人员，都会有侧重地选择需要编写的文摘。但总体上看都要以用户需求作为基本原则，并着重考虑学术水平较高、内容比较新颖、有实用价值的研究报告、专利文献、期刊论文等。

确立了被摘文献后，就可以采用组面分析等各种分析方法，将文献内容中的有用知识分解成若干要素，理清主次；在此基础上选择和确定内容要素，从而系统地、逻辑地把握主要内容，压缩次要内容，摒弃与主题无关的内容。从文献传递信息的角度分析，一是核心信息，即文献要向读者着重传递的信息，包括新思想、新假说、新发现、新工艺、新材料、新设备等；二是相关信息，即与文献传递的新信息直接相关的信息，包括论证新思想和新观点的论据、说明新工艺和新材料的实际参数等；三是相邻信息，它是指与原文传递的新信息间接相关的信息。

（4）精心构思并书写成文

包括文摘标题必须准确、精练、恰如其分，一般与原文相一致。要注意写外文文摘时的措词和用语；在科技文摘中用词要规范，标点符号、人名地名、数字表达、人称等都要符合要求。此外，还要注意文摘的字数，最好控制在200字～500字之间。在对文摘内容进行复核审读和文字的推敲润色基础上，就可以最后定稿。

3.自动文摘的基本方法

自动文摘（Automatic Abstracting）是指用计算机析取文献内容摘要的过程。早在1958年，卢恩就发表《文摘的自动编写》(The Automatic Creation of Literature)一文，首次提出了基于词频统计的文摘自动抽取技术和理论。之后，巴克森德尔（P. B. Baxendale）、埃德蒙森（H. P. Edmundson）、斯科罗季夫、波洛克（J. J. Pollock）等许多学者都先后进行了大量的研究。1993年12月在德国Wadern召开了历史上第1次以自动文摘为主题的国际研讨会，极大地促进了自动文摘理论与技术的发展。

经过众多专家学者近半个世纪的努力，自动文摘技术已经日趋成熟。目前，自动文摘主要的方法包括自动摘录、基于理解的方法、信息抽取和基于结构的方法等。

（1）自动摘录

自动摘录是将文档看做是若干个句子的有序组合，而句子又可以看做是若干个词的有序组合。自动摘录的基础是文本形式上的规律，而任何一篇文章都不同程度地符合这些规律。

自动摘录方法通常有4个基本步骤：第一步，录入原文，使之转化为机读形式；第二步，根据词在文献中的频率及位置等给词赋权；第三步是根据句子的组成成分、结构特点及其位置等因素，决定句子的权值；最后，再根据句子的权值大小及语境推断和句法聚集等辅助手段，决定应抽取哪些句子并排列、打印组成文摘。

在自动摘录中，词和句子权值的计算以及文摘句选择的依据是文本的各种形式特征。这些特征主要有：词频、线索词、指示性短语、句法结构、句子的位置、标题，或者它们的有机组合。

在某种意义上讲，自动摘录可以看成是信息粒度的问题。不同的句子，对文本主题有不同的贡献。要想粗粒度地表示文本的主题，少量的关键句子就可以做到近似的覆盖。换言之，自动摘录的关键是做"减法"，也就是说，要从文章句子中不断剔除一些句子，并保证剔除以后的剩余部分仍然基本上覆盖文章的主题。做到这一点的基础就是对各个句子覆盖主题的能力进行评价，这就是句子的加权模型。这正是目前大多数成熟的自动文摘技术得以成立的基本原理。

（2）基于理解的自动摘要

基于理解的自动摘要方法是以人工智能，特别是自然语言理解技术为基础发展起来的。这种方法不仅利用语言学知识获取文本结构，更重要的是利用领域知识进行判断、推理、得到文档的语义表示，最后从语义表示中生成摘要。

基于理解的自动摘要方法，一般分为4个步骤：首先是语法分析，即利用预先构造好的语言学词典对文档中的句子进行语法分析，获得语法结构树；其次是语义分析，即利用预先构造好的知识库中的语义知识将语法结构描述转换成以逻辑和意义为基础的语义表示；第三是语用分析和信息提取，即根据知识库中预先存放的领域知识进行推理，并将提取出来的关键内容存入一张临时信息表中；最后是摘要生成，把临时信息表中的内容转换为一段完整连贯的文字输出，作为文档的摘要。

（3）信息抽取

基于理解的自动摘要方法需要对文档进行全面的分析以生成语义表示，当文本数量较少时，能达到较好的效果；但对于大规模的真实文本来说就很难实现，而且代价也会很大。而信息抽取只对有用的文本片段进行有限深度的分析，与基于理解的自动摘要相比，其效率和灵活性都较高。

信息抽取是以摘要框架为中枢的。所谓的摘要框架实质上是一张预先定义好的申请单，通过申请单中的空槽界定应从原文中获取的各项内容。例如，针对管理信息系统类的文章,可以提出如下的框架:管理信息系统﹛系统名称;系统目标;实现方法;系统功能;数据组织;数据流;系统开发策略;关键技术;主要难点及解决办法;系统运行情况……﹜

信息抽取可以分为两个阶段:在选择阶段,利用特征词从文本中抽取相关的短语或句子填充摘要框架。例如,在文本中发现"……系统的设计目标为对门户网站上的新闻自动分类",则可以将特征词"设计目标"后面的短语"对门户网站上的新闻自动分类"作为系统目标填入摘要框架。在生成阶段,主要是利用摘要模板将摘要框架中的内容进行转换,以得到文档的摘要并输出。摘要模板是一个带有待填信息的现成的文档,其待填信息部分与摘要框架中的空槽相对应。例如,模板中的一个句子为"该系统的设计目标是(系统目标)",因为在摘要框架中填写的系统目标为"对门户网站上的新闻自动分类",因此在最后生成的摘要中将包含以下句子:"该系统的设计目标是对门户网站上的新闻自动分类"。

(4)基于结构的自动摘要

在一篇文档中,篇章的不同部分承担着不同的功能,且存在着简单或者复杂的关系,这些关系形成了文档的篇章结构。只要能够分析出文档的篇章结构,就可以据此找到文档的核心部分,从而生成文档的摘要。

目前,基于结构的自动摘要方法主要包括关联网络、修辞结构和语用功能3种类型。①关联网络是将一个语言单元的各个子单元视为节点,并在两个有语义联系的子单元之间引一条边,所得到的网络就是关联网络。其中,与一个节点相连的边数定义为该节点的度,节点的度越大,该节点在网络中的重要性也就越大。将若干个重要的子单元抽取出来,即可以构成摘要。②修辞结构是根据预先指定的连接词推导出修辞结构树,然后对修辞结构树进行修剪,最后将保留下来的内容根据它们之间的修辞关系组织成一篇连贯的摘要。修辞关系包括举例、原因、总结等许多类型。③语用功能主要应用于科技文献的自动摘要。科技文献的写作规范比较严格,文献的不同部分承担着不同的语用功能,根据语用功能就可以将文献的主体部分识别出来构成文摘。

四、索引的概念与发展

1.索引概念与索引款目

书目和索引是最早形成的检索工具,其后有了文摘。这三者后来共同成为"书目学"的研究内容。书目、索引和文摘都是揭示文献的工具,都是以"目"与"录"作为款目的结构形式;但三者又各有所异:书目是揭示文献的外表特征,文摘是揭示文献内容的精义,而索引则是揭示文献中资料单元的线索。这些差异点就是三者各自的本质属性。

具体而言,索引是查找文献中的词语、概念、篇目或其他事项的检索工具。通常由一系列按字顺或其他逻辑次序排列的索引款目组成。索引款目是指构成索引的最小逻辑单位,是描述索引对象及出处等内容的一条完整记录。索引把需要揭示的文献中的资料单元称为"标目";对标目的限定、说明等称为索引注释;对显示标目在文献内容中的"地址",如页码、章节号码、正文编码等,称为"出处"。索引标目、索引注释和文献地址共同组成一个索引款目,并被称为索引款目3要素。对各种索引款目的整序,就形成了索引系统。

2.索引的演变与发展

(1) 中国索引的发展

中国古代的索引旧称通检、备检、韵编、串珠、针线等,它是在字书、韵书、类书、书目等基础上发展起来的。公元32—92年间,班固在《汉书·艺文志》二十卷编了个《古今人表》,可以看做是我国最早的主题索引。在三国魏建安年间,刘劭等编纂的类书《皇览》也具有索引功能,并被认为是中国古代索引的起源之一。

在早期的索引中,唐代林宝编纂的《元和姓纂》是我国最早的姓氏索引,宋代陈思编纂的《小字录》是我国最早的一部别名索引,宋代文胜编纂的《大藏经随函索引》则最早出现"索引"一词。宋代徐锴的《说文韵谱》、明代张士佩的《洪武正韵玉键》、明末傅山的《两汉书姓名韵》、清代学者章学诚的《明史列传人名韵编》及蔡烈先的《本草万方针线》等是专书索引。

在编纂检索工具的长期实践中,中国逐渐形成了自己的索引方法。例如,三国魏曹丕的"以类相从"的类序法,唐代颜真卿的"事系于字,字统于韵"和宋代阴时夫的"采摘事中紧切字为母,详载于平仄韵之下"的音韵法等。章学诚在《校雠通义》等书中更是明确提出了索引的概念和编制方法,成为世界上提出比较完整的索引理论的第一人。"宜尽取四库之藏、中外之籍,择其中之人名地号、官阶书目,凡一切有名可治,有数可稽者,略仿《佩文韵府》之例,悉编为韵。乃于本韵之下,注明原书出处及先后篇第,自一见再见以至数千百,皆详注之。藏之馆中,以为群书之总类。至校书之时,遇有疑似之处,即名求其编韵,因韵而检其本书,参互错综,即可得其至是。"这段话指出了索引是揭示文献中的一切资料单元的工具;说明了以音序法对这些资料单元进行整序的方法;并提出了建立参照系统以及检索的方法。

20世纪初,西方现代索引技术传入中国,出现了一批外国传教士编辑的圣经索引。如1902年美国范约翰编的《圣经典林》、1911年美国芳泰瑞编的《经文汇编》等。1917年林语堂在《创设汉字索引制议》一文中,首先从日本引进了"索引"这一术语。林语堂在文中写道:"百年以还,欧洲学术可云浩博,然部勒区分一检即得者，则索引之制之所赐也。""近世学术演进，索引之用愈多，西人治事，几于无时无处不用索引以省时而便事。""索引宗旨原在便检索。"他不但引进了"索引"这个词，而且也是第 1 个向国人宣传现代索引作用的人。

为了整理和光大国学，胡适、梁启超等学者都在 20 世纪 20 年代极力强调了索引编纂的重要性。20 世纪三四十年代，中国兴起了一个编纂索引的高潮。例如，1930 年 9 月成立的哈佛－燕京学社引得编纂处（Harvard-Yenching Institute Sinological Index Series）在洪业主持下先后编纂了 64 种 81 册引得，该引得编纂处还是我国近现代惟一的一个索引编纂的专业机构。与此同时，叶圣陶编纂了《十三经索引》，王重民等编纂了《国学论文索引》、《清代文集篇目分类索引》，章锡琛编纂了《二十五史人名索引》，顾颉刚编纂了《尚书通检》等。1930 年 4 月商印书馆出版钱亚新的《索引与索引法》，这是我国第 1 部关于索引与索引法专著；1932 年 12 月，哈佛－燕京学社引得编纂处出版了洪业的《引得说》。中法汉学研究所自 1942—1952 年也以"通检"为书名编写了 13 种专书索引。

新中国成立后，特别是 1956 年，党中央发出"向科学进军"的号召，书目索引工作也得到迅速的发展，并先后出版了《中国科技文献索引》、《中国丛书综录》等大批索引及索引研究著作。但在"文革"中，索引工作主要是配合政治形势和思想教育编纂了一些专门索引，如中国人民大学编纂的《马克思恩格斯全集主题索引》等。改革开放后，我国的索引编纂和索引研究工作发展很快。1991 年 12 月，中国索引学会成立，各种机编索引也开展起来，并逐步形成以《全国报刊索引》、《内部资料索引》、《报刊资料索引》、《中国科学引文索引》、《中国社会科学引文索引》为代表的索引体系。

（2）西方索引的发展

在西方，"索引"（Index）一词源于拉丁文 Indecare，具有"指示位置"的意思。而较早出现的索引是中世纪的《圣经》词语索引。比较著名的索引有：15 世纪 60 年代德国奥古斯丁纳斯（A. Augustinas）的《布道的艺术》一书的主题索引，1830 年德国文摘刊物《药学总览》的索引，1848 年美国著名的图书馆学家普尔（W. F. Poole）的《期刊文献索引》（An Index to Periodical Literature），1851 年美国的《纽约时报索引》等。在索引工作的基础上，还出现了一些关于书目索引编制理论与方法的著作，如 1856 年英国克里斯塔多尔的《图书馆编目技术》等。1877 年，英国成立了世界上第 1 个索引学会（Index Society），拟定了条例，探索了索引法并编制了一些索引。

"二战"后，随着计算机在索引工作中的应用，索引的载体、形式和编制技术方法等都发生了重大的变化。除书本式和卡片式索引外，20 世纪 50 年代还出现了穿孔卡片索引系统和缩微胶卷索引系统。20 世纪 60 年代之后，又出现了计算机辅助编制的索引。目前已经初步形成了以《工程索引》（Ei）、《科学引文索引》(SCI)、《科技会议录索引》(ISTP)和《科学评论索引》(ISR)为代表的索引工具体系。

五、索引的基本类型

索引是一种附属性检索工具,种类繁多。按照索引收录文献的类型,可分为书后索引、期刊索引、报纸索引、专利索引、标准索引等;按照索引的载体形式,可分为卡片式索引、附录式索引、单卷式索引和期刊式索引等;按照索引收录的内容,可分为综合性索引和专题性索引等。通常是按照索引款目的标目,把索引分为以下几种类型:

1.人名索引

以文献中出现的姓名或文献著者的姓名为标目的索引,又可细分为姓名索引和著者索引两种。我国早期的索引一般是以揭示文献中的人名为主,外国早期的索引则以揭示文献作者为主。著者索引可以使读者了解某一著者有哪些著作及其研究领域。由于著者名称简短、稳定和易记,其索引编制简单,应用相当广泛。

需要注意的是,由于各国姓氏情况不一,不同语种的姓名书写方法不同,在检索时应掌握姓名的取舍和排列顺序以及不同语种的字母对译规则等严格规定。此外还要注意一人多名、一名多人等情况。

2.题名索引

以文献的题名(书名或篇名)为标目的索引。书名索引是以图书的名称为标目制作的索引;篇名索引则是将各类文献中包含的单篇文章进行分析著录后,按一定的规则排列起来形成的索引,篇名索引又称"题录"。

需要指出的是,由于题名较长,难以记忆,而且只能从首字查起,没有其他检索入口,因此题名索引在检索刊物中正逐步为关键词索引所取代。

3.语词索引

以文献正文中有检索意义的字词、短语、句子为标目而编制的索引。或称"字句索引"、"勘靠灯"(Concordance)。用于标目的词语一般是文献中的主要词,介词、连词、冠词等不予标引。

语词索引是最早出现的一种索引类型。语词索引标引深度高,检索线索多,不仅是查考诗词文句出处的有效工具,而且还可为词义辨析、词频统计及语言定量化研究提供依据。在辞书编纂、语言学研究、版本鉴别、古籍校勘诸方面都有很大价值。

4.分类索引

是以分类号为标目,按照某种分类表或分类体系编排的索引。其作用是供某一学科、专业或课题的检索。分类索引按照学科体系排列，编制方式与图书馆的分类目录相似。如上海图书馆编制的《全国报刊索引》，中国科技信息研究所编制的《中文科技资料书目》等。分类索引因分类体系不易掌握，一般不易编制，也难于查检。

5. 主题索引

以文献内容主题为标目的索引。主题索引的特点是一词一义，专指性强。主题索引的类型多种多样，重要的有：

（1）链式索引（Chain Indexing）：根据文献主题及其在文献分类表中所对应的类链（具有从属关系的一系列类目）编制的一种主题索引。由阮冈纳赞在《图书馆书目理论》一书中最早提出。链式索引的编制首先需要根据分类表查出文献主题所对应的分类号及相应的类链，并进行逐级分析；然后把组成类链的每一个链环（即类目）转换成相应的索引款目。其索引款目一般包括直接有关的类名和类号、相关的类名和类号以及适当的修饰词和标记。链式索引通常用于编制分类表索引、分类书目主题索引及主题书目。

（2）挂接主题索引（Articulated Subject Index）：20世纪60年代，由英格兰谢菲尔德大学图书馆学与信息科学学院研究生院林切（M. F. Lynce）研制成功。基本原理是：根据文献的内容或篇名，标引员自行标引一个包括虚词在内的类似篇名的主题释义短语，然后对这个短语的主题词加上标识符号并将其通过预定程序输入到计算机，从而自动生成相应的索引。

（3）保留上下文索引（Preserved Context Index System，PRECIS）：英国国家书目研究小组的奥斯汀（J. Austin）于20世纪70年代初研制成功的一种人编机助的书目索引。基本原理是：首先由标引人员对文献进行主题概念分析，再选择适当的标引词，然后根据PRECIS的程序，将它们输入计算机便能生成相应的索引款目。

6. 关键词索引

指以出现在文献题名、文摘或正文中的描述文献主题内容的关键词为标目的字顺索引。它将每个关键词轮排于索引款目中的标目位置，以提供多个检索入口。20世纪50年代以来，机编关键词索引得到了快速的发展，并出现了题内关键词索引、题外关键词索引等许多类型。

此外还有地名索引、相关索引等类型。地名索引是以特定的地名作为标目而形成的；相关索引是1885年美国文献学家M·杜威为了打破分类表检索的困难而发明的从字顺类目表入手检索相关类号的方法。

六、索引编制方法

编制索引事先要进行总体设计，决定索引类型、收录范围、标目结构以及标引深度等性能指标。索引编制的一般工序如下：

第一，选取标目：索引标目是表示文献内容或其他特征的语词或符号，它是决定索引款目的性质及其在索引中具体排检位置的人工标识。其位置多在索引款目的第一项（作为检索入口）。

索引标目可由人名、地名、机构名、物品名、文献题名、主题名、号码、语词或引文等组成。标目用语一般从被标引的文献中选取，或者按事先编定的词表或分类表来选取，如果标目意义含糊，除了增加副标目或说明语外，还可以用括号添加必要的索引注释，以说明标目的准确涵义及范围。标目选取应遵循一定的规则，以减少误差，提高检索效率。

第二，编制参照：为加强款目之间的联系，扩大用户的检索范围，索引需编制参照。索引中的参照通常为单纯参照（"见"或 see）和相关参照（"参见"或 see also）。在书本式索引中，相关参照紧接在标目或副标目之后。必要时可以编制一般参照，说明使用方法。参照法如表 5.3 所示。

表 5.3 索引款目的参照类型

单纯参照（直接参照）	相关参照（相互参照）	一般参照（普通参照）
金玉缘 见 红楼梦 《红楼梦》又名《金玉缘》	经济特区　自由贸易区 参见　　　参见 自由贸易区　经济特区	凡中华人民共和国国务院所属各部委著作，均依各部委名称查找。例如，中华人民共和国文化部所属的著作从"文"字查起。

第三，制作款目：即从实际需要，制作相应的索引标目、索引注释和出处。

第四，排列款目：索引款目的排列一般以标目为依据。排列方法主要有：形式排列法（包括字顺法、数序法、编年法等）、分类排列法（按学科体系排列）、混合排列法（包括先分类后形式排列和先形式后分类排）。一般索引以形式排列法为主，即按逐词、逐字母、逐音节的字顺排列法，必要时以分类排列法为辅助。款目排列方法应在索引前言中有所说明。

第五，编辑加工：索引出版前的编辑加工包括版面设计、款目审核、撰写前言（编辑说明）等项工作。排版格式一般用表格式、坐标式、分行式、段落式或混合式等。版面设计通常运用空格、缩格以及字号字体的变化，做到既醒目易读，又节省篇幅。

用计算机编制索引大致经历了机辅索引和自动标引两个阶段。机辅索引，即以计算机辅助编制索引，一般由索引员完成标目的选取及其他组成款目的数据，计算机则按格式进行款目编辑排序、校验、输入、生成参照、打印排版等事务性工作。机辅索引采取人机合作的形式把索引员从繁重的手工劳动中解放出来，不仅具有质量高、速度快的优点，而且成本低于自动标引。20世纪六七十年代，机辅索引技术迅速发展，出现了一批包括挂接主题索引、保留上下文索引等新型索引。自动标引是用计算机自动识别文献中表达主题内容的语词，从而实现标引工作以及索引编制工作的自动化。目前，自动标引分为词频统计标引法、句法分析法和语义分析法3种。其中，词频统计标引法已经应用于关键词索引的自动编制。

第三节 国际著名的检索刊物

世界上重要的检索刊物很多，既有综合性的，也有专业性的。综合性的检索工具是指那些覆盖专业范围较宽、学科门类比较齐全的检索工具。如俄罗斯的《文摘杂志》、法国的《文摘通报》、日本的《科学技术文献速报》、美国的《工程索引》和《科学引文索引》、英国的《科学文摘》等。专业性的检索工具侧重报道某一学科领域的文献内容。如美国的《化学文摘》、《生物学文摘》、《数学评论》等。这里着重介绍几部著名的综合性检索工具。

一、《文摘杂志》

1.《文摘杂志》的特点

俄罗斯《文摘杂志》(РЖ)创刊于1953年，由全俄科学技术情报研究所编辑出版。它是目前世界上引用出版物最多、报道量最大的一套检索工具。

《文摘杂志》引用了世界上130个国家、用66种文字出版的22 000多种期刊，6 000多种连续出版物，10 000多种图书，15万件发明证书和专利以及会议录、科技报告、标准等等。收录内容遍及自然科学、应用科学和工业经济等，年报道量10多万条。文摘内容一般比较详细，篇幅较长，有的文摘还附有实验数据和图表，综合性文摘还附有期刊主题索引和专利号索引，是一套完整的综合性检索系统。

创刊初期，《文摘杂志》只有《数学》、《力学》、《天文学》和《化学》等少数几种文摘，随着其不断发展，到目前为止，《文摘杂志》已有30余种"综合本"、近200个"分册本"和约70种"单卷本",形成了一套庞大的检索工具体系。其中,"分册本"是以"综合本"的大类按分册形式出版的,例如,其《化学文摘》除有综合本文摘以外,还按大类出版十几个分册。而"单卷本"和"综合本"的报道内容则互不重复。

《文摘杂志》的文摘内容一般都非常详细,篇幅较长,有的文摘还附有试验数据和图表,在某些情况下,读者只利用文摘就能满足要求,不需要再去查找原文,大大方便了读者的使用。其文摘质量也比较高,有一个具有较高学术水平的约2万人的文摘员队伍专门为其撰写文摘和对文摘质量进行把关。《文摘杂志》缺点表现在:一是出版不够及时,报道时差比世界其他著名检索工具长;二是缺乏一个比较好的总体规划,在发展过程中刊物时分时合、变化不定,且刊名更改频繁,比较难以掌握。

2.《文摘杂志》的结构

《文摘杂志》各"综合本"、"分册本"和"单卷本"的结构基本上是一致的,都包括文摘正文、辅助索引两大部分。

(1)文摘正文

文摘是《文摘杂志》的主体。俄文《文摘杂志》的各种版本文摘著录格式基本相同。每条文摘款目著录项目包括:国际十进分类号、文摘号、文献题目、原文题目、著者姓名、文献出处、文种缩写、文摘正文、附图、表格、参考文献和文摘员姓名12项。

(2)辅助索引

在某种程度上,《文摘杂志》的辅助索引有其统一性,体现为各综合本和单卷本都编有年度主题索引和著者索引。但由于其体系比较庞大,在内容上几乎涵盖了科学技术的所有方面。在形式上又有"综合本"、"分册本"和"单卷本"之分,所以其辅助索引的差异性也是比较明显的。

根据学科特点,有些文摘编有专用索引,如《化学文摘》有分子式索引、环系索引;《地理文摘》有地理地名索引;其他文摘还有专利号索引、动植物拉丁文名称索引,等等。

此外,从1915年起,其《化学文摘》还编有期主题索引和著者索引,其《物理学文摘》有期著者索引,某些分册和单卷本每期还附有期刊和连续出版物索引或来源索引。

总之,《文摘杂志》的辅助索引可以概括为4类,即:主题索引、著者索引、学科专检性索引和其他索引。

3.《文摘杂志》的检索途径

《文摘杂志》的体系庞大,其索引体系也比较复杂,提供了许多检索途径。归纳起来,主要有如下一些检索途径:

(1) 分类途径

《文摘杂志》的文摘正文都是按分类进行排序的，所以分类途径是其最基本、最直接检索途径。无论是"综合本"、"分册本"还是"单卷本"，都可以利用该途径进行检索。

利用该途径检索文献，要注意充分利用每期前所附的"分类目次表"，以提高检索效率。由于《文摘杂志》累积索引的出版不够及时，而且其期索引又很少，所以，分类途径在《文摘杂志》的检索就具有格外重要的意义，需要重点进行掌握。

(2) 主题途径

《文摘杂志》的主题索引既有期索引又有年度累积索引，所以，利用主题途径进行检索是比较方便的。但其主题索引的风格不够统一，存在多种形式，所以，利用主题途径进行检索时，必须掌握其这一特点，注意检索所用的具体某一种工具采用的到底是哪一种形式的主题索引，这样才能有的放矢，从而提高检索效率。

(3) 著者途径

著者途径是共性最强的一种检索途径，世界上无论何种检索工具，利用著者途径进行检索都大同小异。《文摘杂志》的著者途径所要注意的，是其著者索引的排列区分为俄文著者和拉丁文著者，并分别进行排序，对中文、日文等东方语系的著者则译成俄文或拉丁文直接排在其俄文著者部分或拉丁文著者部分。掌握住这一特点，利用著者途径检索《文摘杂志》就简单了。

(4) 专用途径

应该讲，这是《文摘杂志》最具特色的检索途径。虽然其专用索引显得比较杂乱，但如果真正掌握了，在检索中就可以起到事半功倍的效果，甚至有些检索需求不通过专用途径就根本无法进行检索。所以说，专用途径和分类途径一样，是《文摘杂志》最重要的检索途径，也必须下大力气掌握。从本质上讲，《文摘杂志》的专用索引实际上是一种特殊形式的主题索引。其"主题词"是专利号、分子式、地名等这些具有特殊意义的专用符号或词汇。利用这些特殊索引，就可以完成相对应的特殊要求的检索。例如，专利途径主要用于在已知专利号的情况下检索专利文献。地理途径提供了按地理名称检索文献的方法。分子式途径则提供了从各种角度检索化学物质的方法。

二、《文摘通报》

1.产生与发展

《文摘通报》由法国国立科学研究中心的文献中心编辑出版，创刊于1939

年，其前身为《分析通报》，是世界上著名的综合性检索刊物之一。自 1947 年起它分 3 个分册出版：第 1 分册包括数学、物理、化学和工程技术；第 2 分册包括生物科学、医学、农业及食品工业等学科；第 3 分册包括哲学、社会科学和人文科学。到 1982 年，共分为 51 个分册出版，它全部或部分地收录了世界各国出版的 9 000 多种期刊（占收录文献总量的 90% 以上），以及会议文献、科技报告、学位论文、专利和图书等，其中英文文献占 63%，法文文献占 12%，俄文文献占 10%，德文文献占 8%，其他文种 7%，并且报道量逐年增加。

《文摘通报》收录的文献比较齐全，涉及自然科学、工程技术和社会科学等多个学科和领域。各分册的内容均按分类编排，其辅助索引体系比较完善，每期文摘都有法、英两种文字的分类表，且绝大多数分册都附有法、英两种文字的主题索引和著者索引，不少分册还附有专检性索引，每年各分册还出版单独的年度累积索引。

2.《文摘通报》的结构

（1）正文：各个分册按分类排列，每条文摘一般使用原文著录，后附法文译文。如果原文是俄文或日文时，题目只著录法文译文，在译文前注明原文种。

（2）各种文献的著录格式：《文摘通报》中涉及期刊论文、专利说明书、会议文献、科技报告、图书等各种文献类型。著录款目主要是根据相应的文献类型来确定。例如，期刊论文的著录款目包括：文摘号；文献原文题目（文献题目的法文译名）；著者姓名（著者工作单位）；期刊名称；国际标准期刊号；出版国家；（出版年）；卷期号；起讫页码；（参考页码）文摘正文。图书的著录款目是：文摘号；书名；法文译名；国别；地点；编辑出版单位；（出版年）；页数；国际标准书号；版次；文摘提供单位；文摘正文。

3.检索途径

包括分类检索和各种辅助索引。辅助索引主要有：主题索引、著者索引、公司索引、轮排索引、酶索引、植物索引、地理索引、矿物索引、大气污染物索引、古生物学索引、地层学索引、农药索引、林业索引、材料索引、化学产品索引、专利申请人索引、系统分类学索引、英文主题索引、化学物质索引、聚合物商品名称索引等。

三、《科学技术文献速报》

1.《科学技术文献速报》的概况

《科学技术文献速报》(Current Bibliography on Science and Technology，《速

报》)由日本科学技术情报中心（Japan Information Center Science and Technology，JICST）编辑出版，与俄罗斯《文摘杂志》、法国《文摘快报》并列为世界 3 大综合性文献检索工具。1958 年创刊。最初只有 5 个分册，1985 年起出齐全部 12 个分册，即土木与建筑工程编；化学与化学工业编；电气工程编；金属工程、矿山工程与地球科学编；机械工程编；物理与应用物理编；原子能工程编；管理与系统技术编；环境公害编；能源编；生命科学编。每年摘录世界科技期刊约 1.3 万多种，还有研究报告和会议文献等，报道文摘 65 万多篇。

《速报》同时以印刷本、卡片、缩微胶片和计算机磁带等形式出版。各分册文摘按分类编排，配有每期关键词索引和年度性的主题索引、著者索引和收录资料一览表。

《速报》采用题录、简介、摘要 3 种方式，以计算机编制，速度快，报道时差约 1.5 个月。其文献摘要较短，一般不超过 300 字。

2.《速报》的结构

《速报》各分册每期编排均包含 4 部分：分类项目、使用说明、文摘正文及关键词索引。"使用说明"又由 4 部分组成，即《速报》的作用及适用专业范围；收录文献来源、标准及类型；著录格式及说明，有关服务项目介绍。每年的《年度索引》包括年度主题索引、作者索引和引用资料一览表。

为了便于读者掌握和使用，从 1981 年起，在每分册的每年第 1 期附有该分册《编制类目表》的大小类号与类名、细目类代号及相应的国际十进分类法类号。JICST 类号由一个大写英文字母和 4 位数字组成。各分册每期首页则列出大小类目名称及页码。而大小类目名称的 JICST 分类号则出现在文摘正文。文摘正文按分类号大小顺序排列。

（1）文摘正文著录格式

《速报》各分册采用统一的格式著录。著录又可分为详细著录和参照著录两种。大部分文摘的著录都是详细著录，依次包括如下内容：国际十进分类法类号；文摘号；日文标题；文献区分符号；文种代号；原文题目作者姓名；作者所在机构；JICST 馆藏号；文献来源；文摘正文。

当一篇文献的内容涉及同一个分册的几个类时，仅在主类号下详细著录，其他类号下则只作参照著录。参照著录的著录项目比较简单，包括：分类号；日文标题；文种代号；参照文摘号等。其中最重要的一项是参照文摘号，它提供了一个指向"主"文摘款目的指针。

（2）辅助索引

主要包括：①关键词索引，《速报》各分册每期均附有关键词索引，这是《速报》惟一1种期索引；②主题索引，这是一种卷索引，该索引按主题词字顺排列；③著者索引，该索引分为拉丁文著者、俄文著者和日文著者3个相对独立的部分，依次排列。各部分均按著者姓名字顺排列；④收录资料一览表，这是一种查找文献来源的辅助工具，由于编在年度（卷）索引中，所以也可以视为《速报》索引体系的一个组成部分。

（3）附表

为了更好地利用《速报》，JICST还编辑出版了一系列重要的辅助工具。例如《科学技术文献速报编别分类表》、《JICST 理工学统一分类表》、《JICST 科学技术用语主题词表》等。

3.检索途径

由于《速报》按内容不同分成若干个分册出版，所以利用《速报》进行检索时首先要根据检索需要选择合适的分册。《速报》的索引体系比较简明，使用也比较简单。综合起来看，《速报》主要有如下3种检索途径：

（1）分类途径

《速报》的文摘是按分类进行编排的，所以，分类途径是《速报》最基本的检索途径。通过分类途径进行检索，可以直接按其结构到文摘正文中检索，但最好先查每期《速报》前的"分类目次表"，这样可以提高检索效率。

（2）主题途径

或称关键词途径。《速报》有两种主题索引，即每期都有的关键词索引和年度累积性的每卷主题索引。这两种索引从本质上是一致的，其使用方法也基本相同。

关键词索引比较简单，由于每期都有，其使用也非常方便。如果只想利用主题途径检索某一期《速报》，就可以直接利用关键词索引进行检索。主题索引则比较完善，由于是累积性的，如果所检索文献的时间跨度比较长，则应该利用该索引进行检索。

利用该途径进行检索最重要的是要掌握《JICST 科学技术用语主题词表》。无论是关键词索引还是主题索引，都是利用该词表对关键词或主题词进行规范。如果对该词表不熟悉，就会影响检索效果。

（3）著者途径

《速报》的著者索引也比较简单，其使用与一般检索工具基本相同，只是要注意《速报》的著者索引排序稍微特殊一点，其著者姓名是按数字—英文—日文的顺序排列的。

4.检索流程

《速报》的检索流程，如图5.2所示。

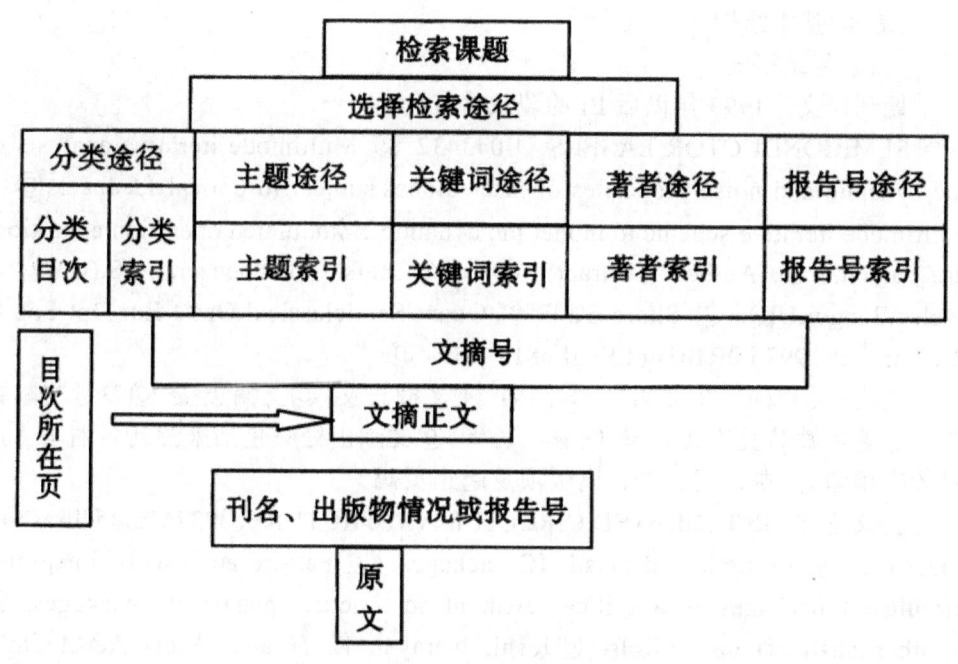

图5.2 《科学技术文献速报》的检索流程

四、工程索引（Ei）

1.Ei 的出版形式与特点

《工程索引》（Engineering Index，Ei）创刊于1884年，是美国工程信息公司（Engineering Information Inc.）出版的著名工程技术类综合性检索工具。Ei 每月出版1期，文摘1.3万条至1.4万条；每期附有主题索引与作者索引；每年还另外出版年卷本和年度索引。

Ei 的出版形式有：Ei 印刷本，1884年至今，月刊和年刊；20世纪70年代，编辑出版电子版数据库（Ei Compendex），并通过 DIALOG 等大型联机系统提供检索服务；20世纪80年代，开发出 Ei 光盘版数据库；20世纪90年代，开始提供网络版数据库（CPX Web），并推出 Engineering Village 网络平台；2000年8月，Ei 进一步推出 Engineering Village 2 新版本，于 2000 年底提供服务。

Ei 的基本特点表现在：Ei 名为索引，实际上是工程技术方面以指示性文摘为主的刊物；设有主题检索途径，主要有主题词或标题词检索；所收文献类型多，涉及面广，综合性强；报道时差小，仅为4周～6周；检索语言上采用自己开发的独立的标题词语言或叙词语言。

2.Ei 的基本结构

（1）著录格式

期刊论文：1993 年以后 Ei 的著录格式为：

SEMICONDUCTOR LASERS ①043432 ② Multimode iterative analysis of the dynamic and noise properties of laser diodes subject to optical feedback.③ A multimode iterative scheme to model the dynamic…modulated operation conditions are given. ④ (Author abstract) ⑤ 46 Refs. ⑥ Spencer, P.S.(Univ of Wales,Bangor,UK); ⑦ Shore, K.A. ⑧ Quant Semiclassical Opt J Eur Opt Soc Pt 2 v9 n5 Oct 1997 IOP,Bristol,Engl,p819~830. ⑨

说明：①叙词 ②文摘号 ③篇名 ④文摘正文 ⑤文摘类型 ⑥参考文献数 ⑦第一著者姓名及所在单位 ⑧第二著者 ⑨文献出处（包括来源刊名缩写（用斜体字排印），卷、期、年、出版项及起止页码）

会议论文：INTEGRATED CIRCUIT MANUFACTURE①037675②Ultrasonic spectroscopy for simulated plastic IC packages. ③ Failure analysis of integrated circuit(IC) packages is a critical element for…actual plastic IC packages. ④ (Author abstract) ⑤ 4 Refs. ⑥Joshi, Narayan R. (Prairie View A&M Univ, Prairie View, TX, USA). ⑦ Am Soc Mech Eng Pap 1997 Proceedings of the 1997 ASME ASIA Congress & Exhibition, Singapore, Sep30-Oct2 1997. ASME, New York, NY, USA, 97-AA-64, 6p. ⑧

说明：①～⑦的著录含义同上⑧文献出处（包括来源会议录名称缩写（用斜体字排印）、会议名称、召开会议的地点、时间、主办单位、主办单位地址、会议文献的资料编号、总页码）

（2）编排方式

Ei 包括版权页、使用指南（A Guide for Using）、机构名称缩写（Acronyms, Initials and Abbreviations of Organizational Names）、Ei 文摘正文、作者索引（Author Index）和主题词索引（Subject Index）等内容构成。

3.Ei 的检索途径

Ei 的检索途径包括主题途径和著者途径两种。采用主题途径检索的步骤是：分析课题，选择主题词；用自拟主题词核对 EIT 词表，从词表上选择检索词；用核对过的主题词检索 EI；用 PL 将刊名缩写还原成全称查阅馆藏目录，联系收藏单位，找到原刊后，按文中指示的起止页码即可获原文。

采用著者途径进行检索的步骤，可以用下面的例子来加以说明。检索课题：查找兰州大学刘小溪老师被 Ei 收录的论文；检索工具：EI Monthly v38 n1 2000。检索步骤包括：

（1）分析课题：从课题条件分析，可以用著者途径；

（2）利用 Ei 著者途径：这是一位中国人姓名，用汉语拼音表示，Liu XiaoXi；

（3）按字顺检索：Liu，Xiaoxi，008329

（4）利用上述文摘号检索文摘，得出如下款目信息：

008329 Study of sputtered barium ferrite thin films. Barium ferrite thin films were successfully prepared by...

......

Liu, Xiaoxi (Lanzhou Univ., Lanzhou, China); ① Bai, Jianmin; Wei, Fulin; Zheng, Yang; Morisako, A.; Matsumoto, M. ② Phys. Status Solid A v174 n2 1999 ③ Wiley-VCH Verlag Berlin GmbH, Weinheim, Ger., p389-394. ④

注：①作者及工作单位；②合作者；③原文出处、刊名缩写及其卷、期、年；④出版地及页码。

根据 Ei 提供的辅助索引，用 PL 将刊名缩写还原成全称，Physica Status Solidi (A) Applied Research；然后就可以查阅馆藏目录或联合目录，联系收藏单位，找到原刊后，按文中指示的起止页码即可获取原文。

五、科学引文索引（SCI）

1.SCI 的产生与发展

（1）ISI 引文索引体系

1957 年，加菲尔德（Eugene Garfield）创办了美国费城科学信息研究所（Institute for Scientific Information，ISI）。50 年来，ISI 一直致力于科技文献信息领域，将最准确、最可靠的信息带给全球的研究人员。ISI 多元化的数据库收录 16 000 多种国际期刊、书籍和会议录，横跨自然科学、社会科学和艺术及人文科学各领域，内容包括文献编目信息、参考文献、作者摘要等一系列关键性的参考信息，从而构成了研究信息领域内最全面的多学科文献资料数据库。

《科学引文索引》（Science Citation Index，SCI）是美国科学信息研究所出版的世界著名的综合性科技引文检索刊物。该刊于 1963 年创刊，原为年刊，1966 年改为季刊，1979 年改为双月刊。多年来，SCI 数据库不断发展，已经成为当代世界最重要的大型数据库，被列在国际著名检索系统之首。成为目前国际上最具权威性的、基础研究和应用基础研究成果评价的重要工具。许多国家的科研机构或高等院校，乃至一种期刊或研究人员都经常使用被 SCI 收录的数量及被引用次数来反映其相应的学术水平，尤其是基础研究的水平。

《社会科学引文索引》(Social Sciences Citation Index，SSCI) 为 SCI 的姊妹篇，亦由美国科学信息研究所创建，是目前世界上可以用来对不同国家和地区的社会科学论文的数量进行统计分析的大型检索工具。1999 年 SSCI 全文收录 1 809 种世界最重要的社会科学期刊，内容覆盖包括人类学、法律、经济、历史、地理、心理学等 55 个领域。收录文献类型包括研究论文、书评、专题讨论、社论、人物自传、书信等。选择收录期刊为 1 300 多种。

SSCI 对其收录期刊范围的说明中明确告知该数据库中有一部分内容与 SCI 重复，这是因为学科之间本身有交叉，是社会科学与自然科学相结合的跨学科的研究在文献中的自然反映。另外，SSCI 从 3 400 余种自然科学期刊中，通过计算机检索文章主题和引文后，生成一个与社会科学有关的文献目录，此目录再经 ISI 编委会审核，选择与社会科学密切相关的文献加入 SSCI。因此 SSCI 也收录了相当数量的自然科学文献，二者的交叉关系更为明显。

《艺术与人文科学索引》(Arts & Humanities Citation Index，A&HCI) 完整地收录了艺术与人文科学 25 个学科的 1 100 多种期刊，还包括 ISI 各个数据库中有关艺术与人文科学方面的其他 7 000 种期刊中的内容，其内容涉及各个艺术领域，如视觉、音乐、表演、文学、工艺、历史、宗教等等，还有人文科学的各个方面，其主题范围包括考古、建筑、艺术、亚洲研究、古典著作、舞蹈、电影、历史、人文、语言学、文学、音乐、哲学、诗歌、广播、宗教、电视和戏剧等。每年增加 10 万条新记录。

(2) SCI 的出版形式

SCI 来源期刊有两个方面：SCI 是 SCI 的核心库，产品代码 K（内圈）；SCI-Expanded 是 SCI 的扩展库，产品代码 D（外圈）。内圈与外圈都是精选的，同等重要。其区别在于：影响因子、地区因素、学科平衡等有所不同。

SCI 产品有 6 种版本：①SCI Print 印刷版。1961 年创刊至今。双月刊，现拥有 3 700 余种期刊。②SCI-CDE 光盘版。季度更新，现拥有 3 700 余种期刊。③SCI-CDE with Abstracts，带有摘要的光盘版。逐月更新，现拥有 3 700 余种期刊。④Magnetic Tape 磁带数据库。每周更新，现拥有 5 700 余种期刊。⑤SCI Search Online 联机数据库。每周更新，现拥有 5 700 余种期刊。⑥The Web of Science SCI 的网络版。每周更新，现拥有 5 700 余种期刊。

2.SCI 的结构

SCI 有三种类型：引文索引、来源索引和轮排主题索引。引文索引又分作者引文索引、匿名作者引文索引、机构原文索引和专利引文索引 4 种。

(1) 作者引文索引（Citation Index Arranged by Author）：主要职能是揭示被引作者及其著述的影响程度。它以第一作者为标目，以作者著述的论文出处为限定词，以引用的作者及其论文出处为文献地址。索引按被引作者的姓名音序排列。

(2) 来源索引（Source Index）：作者引文索引揭示了作者的论文被引用的情况，但没有对被引论文本身做出应有的描述，来源索引就是为揭示被引论文的来源而编制的。它以被引论文的第一作者为标目，其合作者、论文标题、语种等为限定词，论文的出版项为出处，并按标目的音序排列。

(3) 轮排主题索引（Permuterm Subject Index）：或称词对式关键词索引，它是为了帮助那些只了解检索课题内容的用户掌握与该课题有关的文献而编制的。制作时，先将来源索引中的论文标题进行加工，凡是标题中能表征论文内容特征的词都按字母轮排。这种词被称为主要词（Primary Term）。在轮排主题索引中不仅采用逐词轮排，还采用配对轮排。当其中一个关键词作为主要词时，其他的关键词作为配合词（Co-term）按字母顺排列在主要词之下。同时，在它们之后列出著者姓名。根据著者姓名去查来源索引便可获得包含该主题的论文的完整款目。其格式如下：

| 第一关键词 | 第二关键词 | 文献地址 |

这种索引的性能与单纯关键词索引相同，可用计算机自动编制，检索亦方便，但查全率和查准率都比较低。

3.SCI 的检索模式和实例

SCI 的检索模式，如图 5.3 所示

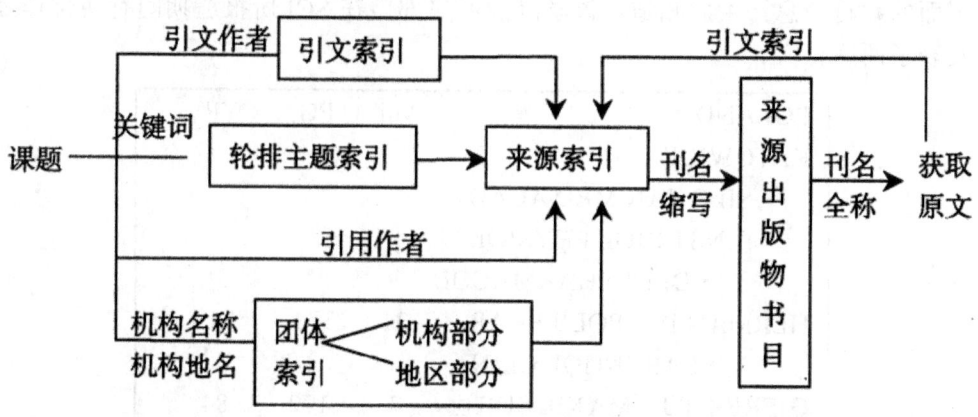

图 5.3　SCI 的检索模式

假如某人对"细胞生理学"中的 D. W. Fawcett 在 1966 年发表的经典著作《细胞：细胞器及包涵物》(The Cell: its Organelles and Inclusions)一书很熟悉，但想了解目前这一领域的研究进展，则可以通过"引文索引"查到引用做者及引文出处。

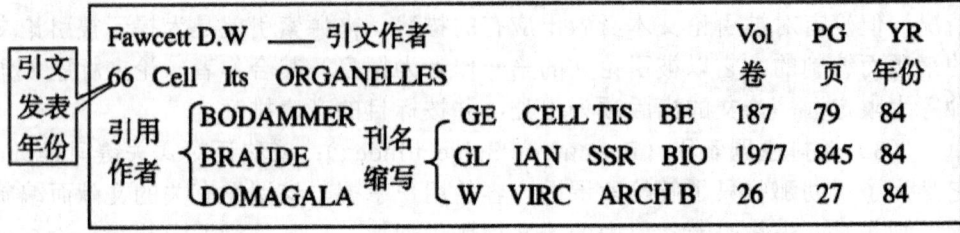

由此知道，该文曾被 3 位作者引用过。然后再根据"来源索引"就能了解这 3 位作者的论文标题及原文出处等完整的著录项目。亦可以引用做者作为新的引文作者，从而扩大检索结果。

假如要了解"SILESIAN 医学院"(SILESIAN MED ACAD)最近发表了什么文章，首先，根据机构名称查阅"团体索引的机构部分"，即从 SIESIAN MED ACAD 名称可以查到该机构的所在地如下（该机构在波兰的 KATOWICE 市）：

```
         SILESIAN MED ACAD
           POLAND KATOWICE
```

其次，根据机构所在地及机构名称，查阅"团体索引：地区部分"，可得下面的款目信息：由此知道，该学院的所属部门在 SCI 所报道期间有两位作者发表了两篇论文。

```
POLAND              Vol    PG    YR
KATOWICE
   • SILESIAN MED ACAD
       • INST BIOL PHYSIOL
           • DEPT PHARMACOL
HERMAN IS    POL J PHAR   31   373   84
       • LARYNGOL CLIN
GIEREK T J   MAXIL SUR     7   172   84
```

再次，根据著者姓名 HERMAN IS 和 GIE-REK T 查阅"来源索引"，就能够知道他们的论文标题及原文出处等完整的著录项目。

最后，可根据需要从有关机构获取原文或由有关机构提供原文服务。

第四节 参考工具书

参考工具书历史悠久，巴比伦人制作的泥板地图，古埃及记载尼罗河泛滥及有关的天文、气象的年历等都是古代参考工具书的萌芽。我国历代修纂的参考工具书更是数量庞大、类型繁多。通常，根据参考工具书的编制特点和功能，将它们归纳为字典和词典、年鉴与手册、名录和表谱、百科全书、类书与政书等类型。随着信息技术的发展，各种电子媒体和网络版的参考工具书、工具书指南正不断涌现，并逐步形成了相对完整的工具书书目体系。

一、字典和词典

1.字典和词典的概念

字典和词典（Dictionary）是汇集各种语言中的字词及短语，分别给予拼写、发音和词义解释等项信息，并按字顺组织起来，方便读者随时查检特定词语信息的工具书。在汉语中，字和词是不同的概念，因此有字典和词典之分。一般来说，字典是汇集单字，注明其字形、读音、意义和用法；词典主要是解释词语的概念、意义和用法。不过一般语文性的字典、词典往往没有明确的界限。

我国最早的字典是春秋战国时期出现的《史籀篇》，第 1 部有系统的字典是东汉许慎的《说文解字》（成书于公元 100 年）；最早的词典是西汉初年成书的《尔雅》。

表5.4 我国主要字典及收字情况

年（朝）代	著者	记录（壁画或字典）	字数
前 280 万年	不详	岩壁画	0～160
前 1 万至前 5000 年	仓颉	鸟兽蹄远之迹	约 10～100
前 1400 年	不详	甲骨	约 3 000
前 202 至前 8 年	不详	仓颉篇	3 300
东汉	许慎	《说文解字》	9 353
晋代	吕忱	《字林》	12 824
南北朝	顾野王	《玉篇》	16 917
宋朝	陈彭年	《广韵》	26 194

续表 5.4

年（朝）代	著者	记录（壁画或字典）	字数
明朝	梅膺祚	《字汇》	33 179
清朝	陈廷敬	《康熙字典》	47 043
1971 年	张其昀	《中文大辞典》	49 888
1985 年	徐中舒	《汉语大字典》	56 000
1994 年	冷玉龙	《中华字海》	85 000

2.字典与词典的类型

现代字典、词典种类很多。一般可分为语文性的和知识性的两大类：语文性的字典、词典主要供学习语言文字之用，对字、词的读音、形体结构、意义和用法加以全面解释，同时还提供派生词、同义词、反义词或方言俚语等相关知识。知识性的词典主要提供某些学科和多个学科领域的概念、术语、历史事件等相关知识。具体包括百科词典如《辞源》、《辞海》，专科词典如《政治经济学辞典》、《经济大辞典》，另有专名词典等。

(1)《辞源》

我国现代第 1 部较大规模的语文辞书。陆尔奎等编纂，商务印书馆 1915 年出版正编，1931 年出版续编，1939 年出版正、续编合订本。1958 年重印。正、续编合订本"计单词万余，复词十余万"。1958 年春，文化部组织专家对该书进行修订。根据与《辞海》、《现代汉语词典》分工的原则，要求将《辞源》修订为专门阅读古籍的常用工具书和古典文史研究工作者的参考书。1979 年至 1983 年由商务印书馆陆续出版。1989 年，商务印书馆出版修订本《辞源》的缩印本。

(2)《辞海》

国内出版规模最大的一部综合性辞典。陆费逵、舒新城等编，中华书局 1936—1937 年出版，上、下二册。1947 年修改后出版合订本，收词 10 万多条。1958 年中华书局《辞海》编辑所成立，开始《辞海》的修订工作。1961 年至 1962 年初，出版《辞海》试行本；1979 年 10 月，《辞海》修订本正式出版。根据形势的需要，1989 年出版了《辞海》1989 年版。根据《辞海》编委会每 10 年修订一次的要求，从 1994 年起，开始对 1989 年版《辞海》进行修订，并于 1999 年出版《辞海》1999 年版。

(3)《汉语大字典》

《汉语大字典》由徐中舒主编，四川辞书出版社、湖北辞书出版社于 1986

—1990年出版,共8卷,收字条54 678个,总字数超过2 000万。该字典对每个汉字的形、音、义均予以了历史、全面的解释。字型方面,楷书单字条头下面列有能反映形体演变关系的、有代表性的甲骨文、金文、小篆和隶书形体,并简要说明其结构和演变;字音方面,对所收单字尽可能注出现代读音,并反映中古和上古的字音情况;字义方面,义项完备,释义准确,能够反映字义的演变。

(4)《汉语大词典》

这是一部大型历史性汉语语言词典,汉语大词典出版社出版。全书12卷,收词目37万余条,单字2.2万多个。该词典最突出的特点是收录一般词语数量多,在词语的解释上力求义项完备、释义准确、层次清楚、资料翔实可靠,注重对词语的历史演变源流全面阐述。

(5)《牛津大词典》(The Oxford English Dictionary)

第1版自1884年开始,1933年全书出齐,共12卷(另加补编1卷)。1972年至1986年又出版了4卷补编。它收词丰富,解释详尽准确,考证、鉴别词语严格,对于英语研究具有很高的权威,号称"词典之王"。该词典于1989年出版了第2版,共收词50多万,引用了250多万个例句,收录了12世纪中叶以来见于文献记载的全部英语词语,通过定义和例证来追溯英语发展的历史。

二、年鉴和手册

1.年鉴

年鉴,或称年刊、年报,是指汇辑一年内事物进展新情况和统计资料,按年度连续出版的资料性工具书。年鉴具有资料翔实、反映及时、连续出版等特点,主要作用是向人们提供一年内全面、系统的事实资料,便于了解事物现状和研究发展趋势。

年鉴的编纂始于欧洲,在13世纪中叶,欧洲就已经有类似年鉴的出版物。在西文各类年鉴中,冠以Yearbook的为数较多,一般既有文字叙述,又有统计资料,如《联合国年鉴》;冠以Almanac的以统计资料见长,如《读者文摘年鉴》;冠以Annual的则一般以文字叙述为主。

我国现代形式的年鉴出现于辛亥革命之后,1913年上海神州编译社出版的《世界年鉴》是最早的中文年鉴,1924年由商务印书馆和申报印书馆分别出版的《中国年鉴》和《申报年鉴》则是最早由中国人编纂的年鉴。

2.手册

手册是指汇集某一或若干学科或专业领域的基本知识,参考资料或数据,供随时查检的便捷性工具书。一般具有主题明确、信息密集、资料可靠、携带方便、实用性强等特点。一些实用性的参考工具书，如"指南"、"便览"、"顾问"、"大全"、"概况"、"要览"、"一览"、"全书"、"小百科"、"必读"、"必备"等，虽未标明"手册"字样，但其性质多属于手册。

在西方，手册的发展与近代产业革命对技艺和知识的需要有关。在英语中，Handbook 意为可拿在手里随时参考的小书；Manual 意为指导人们如何做某件事的操作型工具书。在我国敦煌石室发现的 9 世纪至 10 世纪的《随身宝》，15 世纪至 16 世纪的《万事不求人》等，都是我国古人使用的手册。

一般来说，年鉴所提供的通常是动态性资料，而手册提供的事实和数据相对成熟和确定。手册种类很多，既有数据性的手册，也有基本知识手册，还有设计手册和产品手册等。在现代的经济管理工作和日常生活中都离不开手册这种重要的参考工具书。

3. 常用的年鉴与手册

（1）《中国统计年鉴》

国家统计局编，中国统计出版社 1982 年起陆续出版。该年鉴通过收录全国和各省、市、自治区经济和社会发展各方面的统计数据，全面反映一年来我国经济和社会发展的情况，涉及行政区划和自然资源、经济生活、科技文化综合、人口、固定资产投资、能源生产和消费、财政、物价指数、人民生活、城市概况、农业、工业、运输和邮电、金融和保险、教育、科技和文化、体育、卫生等各方面内容。另附台湾、香港、澳门主要社会经济指标，以及我国经济、社会统计指标同世界主要国家的比较。该年鉴每年出版，数据由全国各地的统计机构提供，从而保证了资料的连续性和权威性。

（2）《中国年鉴》

新华通讯社《中国年鉴》编辑部编，1981 年创刊。北京中国年鉴社、香港新中国新闻有限公司分别出版中、英文版。《中国年鉴》是向海内外全面介绍中国各方面情况的综合性年鉴。分中国概况、特载、彩图专辑、大事纪要、分类条目、附录等部分。"分类条目"是全书的主要部分，分类介绍政治、法制、军事、外交、财政金融、科学技术、文教卫生、社会生活等内容。

（3）《中国百科年鉴》

1980 年开始由中国大百科全书出版社出版，是中国第 1 部综合性大型百科年鉴，为《中国大百科全书》补充资料和提供资料而编。它通过"概况"、"百科"和"附录"3 个部分，系统地记载和反映了上年度我国经济、政治、文化和科学等领域取得的成就。该书卷首有详细目次，书末附录有汉语拼音字母顺序排列的分析索引。

（4）《世界年鉴》

《世界年鉴》（The World Almanac and Book of Facts）创刊于 1868 年，由

Newspaper Enterprise Association 出版，是美国出版历史上最长、最有代表性的年鉴。该书提供关于人物、事件、统计及其他各学科资料，内容涉及世界各国的历史和现状，但以美国为主。

（5）《中华人民共和国资料手册（1949—1999）》。

这是一部跨年度的权威性综合性资料工具书。蒋建华等主编，社会科学文献出版社 1999 年出版。本书分中国概况、政治、经济、社会、科技、教育、文化、人物、大事记、港澳台等部分，各部分通过概述、事件、统计数字、表格、单位简介、名录、索引等形式突出资料的特点，力求全面系统、简洁精练。该书资料主要依据《人民日报》、《新华每日电讯》、《中国统计年鉴》、《中国年鉴》等权威报刊和书籍，以及人民日报社、新华社、中央人民广播电台常年积累的政治、经济、社会、文化教育、人物、地区等方面的资料。个别篇章由有关专家撰写而成。资料一般始于 1949 年 10 月，止于 1998 年 12 月。书后附有"中华人民共和国行政区划地名索引"，供查找各地方的资料。

三、名录与表谱

1. 名录

名录（Directory），是汇集机构名、人名、地名等专名的基本情况资料的一种便捷性工具书，或称便览、指南。通常按字顺或分类排列，提供机构的地址、负责人、职能及其他有关信息。

按内容的不同，名录大体可分为机构名录、人名录、报刊名录、研究项目名录、地名录、网址大全等类型。比较重要的名录有：

（1）《世界名人录》（Who's Who in the World）

由 Marquis 公司出版，1970 年开始隔年出版。该名录收录当前国际事务和各重要领域中的著名人物，主要是各国政府首脑、外交官员和教育界知名人士的生平、国籍、简历、荣誉称号、业余爱好和通信地址等。此名录可与 Europa 公司 1935 创刊的《国际名人录》（The International Who's Who）配合，互为补充。

（2）《名录指南》（Directory of Directories）

美国 Detroit Gale 公司出版，1988 年第 5 版共收录 10 000 多种名录，按 16 个类别编排，包括一般的商业贸易名录、特种工商企业名录及法律、政府、农业、科学、工程、艺术、娱乐等方面的名录。每个名录介绍得都比较详细，包括名录名称、书目内容、条目内容和编排方式、出版者地址和电话、页码、索引、售价、编辑姓名等。书后有名录书名、关键词和主题索引。

（3）《国际便览书目》（International Bibliography of Special Directories）

由德国绍尔公司于 1982 出版,是有关国际性机构便览的较完备的名录。共收录 100 多个国家 7 000 多种便览,其中大部分为非营业性出版物,即民间协会或政府机构出版物。全书按类编排,分 50 个大类,300 多个专题。每个条目都详细著录了书刊、出版者、出版周期以及所收机构的其他资料。

(4)《学术世界》(The World of Learning)

由英国 London Europa 出版,1947 年创刊,现为年刊。这是一本著名的查找全世界教育、文化、科学等方面学术团体的常用工具书。全书包括两部分:第一部分介绍了 400 多个教育、科学、文化及其他各类的国际学术团体,如联合国教科文组织;第二部分分别介绍各个国家的学术团体、研究机构、高等院校、图书馆、博物馆、画廊等,这一部分共收条目 25 000 多条,有关人物 150 000 个,包括教授、图书馆馆长、图书馆员、院士、校长、副校长、学院院长等。每个条目都注明地址、电话、成立日期、负责人等。对于高等院校还介绍了在校师生人数、各系主任和各专业著名教授等;对著名的图书馆还特别列出其藏书册数。该书每年都进行全面修订,书后有字顺索引。

(5)《世界跨国公司名录》(The World Directory of Multinational Enterprises)

由美国 Macmillan 出版,1980 年出第 1 版。1982—1983 年第 2 版收录了 500 家跨国公司,每个公司的营业额都在 10 亿美元以上,雇员总数超过 1 000 万人。条目内容有公司的组织机构、背景、活动、成绩、产品、利润、近 5 年来的资产与业务情况以及主要的股东、主要的子公司与分公司等。书前有公司及所属国家的索引,书后有各类统计表格的附录。

此外,《中国政府机构名录》、《中华人民共和国地名录》、《中国科学家辞典》、《中国工商企业名录大全》、《世界科技与研究机构指南》、《中国国家级企业总览》、《中国企业集团要览》、《世界名公司指南》等都是重要的名录。

2.表谱

表谱(Table)是指按事物类别或系统编制的反映时间和历史概念的表册工具书,是年表、历表和其他历史表谱的总称。表谱简明扼要,提纲挈领,以简驭繁,将纷繁复杂的历史人物、事件、年代用简明的表格、谱系等形式表现出来,具有精要、便览、易查等特点。汉代司马迁在《史记》中编制的《十二诸侯年表》、《六国年表》等,创立了历史年表体制。一般来说,年表分为历史纪元年表、大事年表和专科年表等类型。

四、百科全书

1.百科全书的概念

百科全书（Encyclopedia）是概述一切门类或某一门类全部知识的工具书。百科全书把人类积累的科学文化知识荟萃在一起，系统、简要地加以阐述；对每一学科提供定义、原理、方法、历史及现状、统计数字和参考书等多方面的资料，着重反映当代学术上的最新成就；条目用词典的形式编排，附有完善的索引。

通常，百科全书都具有知识的系统性、权威性、客观性、简明性和检索性等特点。百科全书能够不同程度地回答"何物"、"何人"、"何地"、"何时"、"为何"和"如何"之类问题，具有各种类型工具书的功能，被称为"工具书之王"。

百科全书的类型很多，按规模分有大百科全书（一般在 20 卷以上）、小百科全书（20 卷以下）和百科词典（多为单卷本）等；按知识内容和范围划分，有综合性百科全书和专业性百科全书等。西方比较著名的专业性百科全书主要有：《国际社会科学百科全书》（International Encyclopedia of the Social Science, ed. By David L. Sills. New York: Macmillan, 1968 17v.）、《世界艺术百科全书》（Encyclopedia of World Art. New York: McGraw-Hill, 1959-68. 15v. suppl. v.16, 1983）等。

2.百科全书的演化

中国古代百科全书性质的典籍称为类书，"百科全书"这个名称在 20 世纪初才在中国出现，它是由日文的"百科事典"和中国传统的大型丛书的名称"全书"融合而成的。

西方百科全书已经有 2 000 多年的历史，可分为古代百科全书、中世纪百科全书和近现代百科全书 3 个发展阶段。人们把亚里斯多德看做是"百科全书之父"，但现代百科全书的真正创始人是法国的狄德罗。西方百科全书的发展历程如表 5.5 所示。

3.世界上著名的综合性百科全书

（1）《百科全书，或科学、艺术与手工艺大词典》（Encyclopèdie; ou, Dictionnaire raisonnè des sciences, des arts et des mètiers）

以狄德罗（Denis Diderot，1713—1784）为代表的法国百科全书派，在 1751—1780 年编纂出版。正篇 17 卷，图篇 11 卷。这部巨著在结束中世纪神学统治、发展近代唯物论和为法国资产阶级革命提供思想准备方面发挥了重大作用。从编纂角度看，这部巨著不仅包括艺术、自然、科学内容，而且把工业、贸易等非学院知识也纳入其范围，成为一部真正的人类知识大全，并完成了从教科书向工具书的转变。

表 5.5 西方百科全书的发展阶段及其特征

分期	古代 （公元前 5 世纪）	中世纪 （东罗马帝国至 18 世纪）	近现代 （18 世纪之后）
作用	教育为主，工具书作用不明显	大部分作为神学教科书	工具书作用为主，兼具教育作用
编排方式	原始分类（三学四术）	从学科分类过渡到按字顺编排	多数按字顺派，以分类目录、索引提供分类检索途径
编辑方式	个人编者	个人作者/汇编者到多作者	多个作者或专业集团
主要代表	亚里斯多德、老普林尼、瓦洛	文岑、培根	狄德罗
书名使用	自然史、花集、欢乐的花园	Dictionary, Etymology 等；后期开始用 Encyclopedia	多用 Encyclopedia

（2）《美国百科全书》（Encyclopedia Americana）

由美国 Grolier 公司出版，是世界上三大著名百科全书之一。初版时间为 1829—1833 年，当时只有 13 卷。1997 年版已扩充至 30 卷，近 3 万页，共收录 6 万个条目。

EA 在地域上偏重美国和加拿大，内容上偏重历史、地理和传记，特别是 19 世纪以来的美国人物资料较其他百科全书要全面。目前 EA 还有光盘版和网络版（Encyclopedia Americana Online, http://ea.grolier.com/）。

（3）《不列颠百科全书》（Encyclopedia Britannica）

或称《大英百科全书》，1768—1771 年在苏格兰的爱丁堡出版，初版只有 3 卷。现由美国不列颠百科全书公司出版，并被认为是现代最有权威的大型综合性百科全书。第 15 版于 1974 年出版，书名改为《新不列颠百科全书》（New Encyclopedia Britannica）。1988 年出第 15 版修订版，有 32 卷，9.1 万个条目。在编纂方式上，全书由《百科详编》（Macropaedia）、《百科简编》（Micropaedia）和《百科类目》（Propadia）3 部分组成。1989 年和 1994 年，EB 还推出了多媒体电子版和网络版（Encyclopedia Britannica Online）。

《不列颠百科全书》（国际中文版）是 1980 年中国大百科全书出版社与美国不列颠百科全书公司合作出版的大型现代综合性百科全书。1994 年版共 20 卷，收入条目 81 600 条，图片 15 300 幅，共约 4 350 多万字。该书具有极高的学术价值。

（4）《科里尔百科全书》(Collier's Encyclopedia)

由纽约 Macmillan Education Corp.出版，初版时间是 1949—1951 年，它是一部新编的大型英语综合性百科全书，也是世界上三大著名百科全书之一。1996 年版共 24 卷，约 2 100 万个词，共收录约 2.5 万个条目。

EC 的内容配合美国大学和中学全部课程，编辑方针是使 EC 成为一部适合于非专业人员、青年学生、家庭使用和阅读的百科全书。

（5）《中国大百科全书》

由《中国大百科全书》编辑部编辑出版，从 1978 年到 1993 年，中国大百科全书总编辑委员会和中国大百科全书出版社（http://www.ecph.com.cn/）先后组织 2 万余名专家学者，取精用宏，终于编纂成这部辉煌巨制。全书包括 66 个学科，分为 73 卷，另有索引 1 卷，收录词条 8～10 万条，总字数逾 1.25 亿。它是我国第 1 部大型综合性百科全书，也是世界上规模较大的百科全书之一。全书是中华文化史上的一座丰碑，对人类文化事业的影响巨大。

与《中国大百科全书》配套的还有 12 卷本的《中国大百科全书（简明版）》和《中国大百科全书》光盘版和网络版。

五、类书和政书

1.类书

类书是摘录、汇辑多种文献中的原文，按类或韵编排组织，以供查检和征引的工具书。与百科全书不同，类书按类编排，侧重于辑录原始资料，尤其是文史资料，也很少修订。

一般认为，我国的类书起源于三国魏文帝曹丕时（220—222）刘劭、王象等编撰的《皇览》（已失传）。此后，历代都曾编写过类书。现存最早的类书是隋末唐初虞世南编撰的《北堂书钞》。古代著名的类书主要有：唐代的《艺文类聚》和《初学记》，宋代的《太平御览》、《文苑英华》、《册府元龟》；明代的《永乐大典》；清代的《古今图书集成》、《佩文韵府》、《骈字类编》和《格致镜原》等。当代的类书主要有：门岿主编的《中国历代文献精粹大典》和《中华民族优秀传统汇典》，吴枫主编的《中华思想宝库》，中国思想宝库编委会编的《中国思想宝库》、《东方思想宝库》、《西方思想宝库》、《二十世纪思想宝库》等。

（1）《艺文类聚》

唐高祖李渊命欧阳询等人编纂。中华书局 1965 年出版点校本，上海古籍出版社 1982 年重印。该书是我国现存最早的一部官修类书。全书 100 卷，分成天、地、州、郡、山、水等 46 部，每部下再分细目。全书征引古籍 1 430 多种，对校勘古籍、辑录佚文具有较大的价值。同时，该书改变了以往类书偏重于类事、不重视采文，以及随意摘句、不录片段的缺陷，对后世类书编纂产生了重要影响。

(2)《永乐大典》

初名《文献大成》，明成祖朱棣永乐元年即1403年7月，由解缙、姚广孝等147人奉敕修纂，约3 000人参加了编辑、校勘和录写工作，永乐六年即1408年12月告成。修成后没有刊刻，仅誊录一部，称为永乐正本。正文22 877卷，凡例和书目60卷，装成11 095册，总字数约3.7亿字。修成后朱棣赐名《永乐大典》，并称赞这部书"上自古初，迄于当世，旁搜博采，汇聚群书，着为奥典"。

《永乐大典》收录古代重要典籍至七八千种之多，上至先秦，下达明初，在当时真可谓"包括宇宙之广大，统会古今之异同"。宋元以前的佚文秘典，多得藉以保存流传。经、史、子、集、道经、戏剧、工技、农艺、医卜、文学等，无所不包。所辑录书籍，一字不易，悉照原著整部、整篇或整段分别编入，这就更加提高了保存资料的文献价值。全书体例"用韵以统字，用字以系事"，检索非常方便。

明嘉靖、隆庆年间，即1562—1567年，又誊录了一部，称嘉靖副本。正本约毁于明亡之际；副本至清代也逐渐散失。至清末移交京师图书馆收藏时，仅存64册。《永乐大典》今存800多卷，不足400册，散藏于世界10多个国家及地区的图书馆中。《永乐大典》被国外称为"世界最大的百科全书"。

(3)《古今图书集成》

清康熙年间陈梦雷等纂修，后经蒋廷锡校订，是现存规模最大、资料最丰富的一部类书，内容涵盖我国15 000多卷经史子集的典籍，共50万页，约1.44亿字。中华书局1934年影印，1986年中华书局又与巴蜀书社再次影印。全书按内容分成六个汇编：历象、方舆、明伦、博物、理学、经济。各汇编下分典，典下再分部。每部设汇考、总论、图、表、列传、艺文、选句、纪事、杂事、外编等项。该书所收资料涉及政治、经济、文化、教育、历史、地理、天文等各个方面，是查找清康熙以前资料的重要工具。

2.政书

政书是中国古代记述典章制度的史书。它搜集我国历代或某一朝代政治、经济、文化、军事等史料，分门别类，按时代先后顺序编排，并详述各种典章制度的沿革和发展。政书和类书最显著的差别是：类书只是辑录原始资料，不加改动，按类堆砌；而政书却要将采撷来的原始史料加以组织熔炼，使之成为一体。

政书一般分为两大类：一是记述历代典章制度的具有通史性质的政书，以"十通"为代表。"十通"即唐代杜佑撰的《通典》、宋代郑樵撰的《通志》、元代马端临撰的《文献通考》、清乾隆年间官修的《续通典》、《续通志》、《续文献通考》、《清朝通典》、《清朝通志》、《清朝文献通考》以及近人刘锦藻编的《清朝续文献通考》，共 10 部。"十通"可以说是贯通历代典章制度专史的资料汇编，有很高的学术价值和资料价值。二是记述某一朝代典章制度的具有断代性质的政书，称为会要、会典。宋王溥编撰的《唐会要》是现存最早的专门记述一个朝代典章制度的断代政书。

六、参考工具书的排检方法

中文参考工具书的排检方法主要有内容排检法、形式排检法和汉字排检法3种类型。

1. 内容排检方法

将知识单元或文献资料按学科体系、主题特征或事物性质分门别类予以组织编排的方法，包括学科体系排检法和主题特征排检法。

（1）学科体系排检法：在我国古代，文献的收集、整理以及参考工具书的编制主要使用六分法和四分法对文献内容加以排检。六分法约始于前7—前5年，由刘向、刘歆父子编撰的《别录》、《七略》为发端，以东汉班固的《汉书·艺文志》为代表。六分法是把文献内容按照六艺、诸子、诗赋、兵书、数术和方技6个范畴加以归类。四分法约始于晋代荀勖的《中经新簿》（已失传）中的甲、乙、丙、丁四部，唐初魏征编写的《隋书·经籍志》正式以经、史、子、集为四部。其代表是《四库全书总目》。现代参考工具书多以《中图法》作为内容排检的依据。

（2）主题特征排检法：按照事物的性质或涉及的主题，把代表事物或概念的名词术语，按字顺进行排列的方法。在实际的排检中，既可以采用未经规范化的自然语言作为主题词，也可以采用《汉表》或其他叙词表中经过规范化的自然语言作为主题词，对参考工具书进行编排，古代的类书、政书，现代的年鉴、手册以及某些辞书多采用此法编排。

2. 形式排检方法

形式排检法侧重反映的是参考工具书中知识条目的时间顺序或空间分布特征。它一般不能作为一种独立的排检方法，而是作为其他排检法的辅助方法使用。

（1）时序排检法：按时间特征区分文献或知识单元次第的方法，简称时序法，或称"年代排检法"、"编年排检法"。年表、历表、大事记、年谱、年鉴、史书、传记等文献中常用此法。采用这一方法能够反映文献产生的年代，揭示文献的历史发展情况。时序法又可细分为纪年排检和反纪年排检。前者按照时间先后顺序，由远及近对文献内容加以编排；后者则正好相反。

（2）地序排检法：按地理特征区分文献次第的方法，主要用于排检地理文献、地方文献、农业文献等地区性强的文献。这种方法有利于突出文献的出版地或内容所涉及的地理区划。

3. 汉字排检法

汉字排检法是指以汉字为检索单位，按字顺进行排列的方法。各种字典、词典、百科全书等都常常使用这种方法。汉字是音、形、义综合的方块字，因此，汉字排检法也相应分为分义序、形序和音序3种排检法。

（1）义序排检法：按字义特征排检汉字的方法，简称义序法。中国汉代以前的字书均将汉字按字义归类排列。例如，"人"、"匕"、"从"、"比"、"北"、"身"、"尸"等都归入到"人"一类。《史籀》、《尔雅》、《小尔雅》、《方言》、《释名》和《广雅》等书皆用此法。由于汉字存在一字多义的现象，义序法一般不用做正规的排检法。

（2）形序排检法：根据汉字形体结构排检汉字的方法，简称形序法。它以汉字形体结构为出发点，以某种结构特征为标志或转换成代码进行排列。此法适用于以形求音、求义的排检习惯。

由于汉字形体结构复杂，对汉字形体结构的归类不同，这一方法又可细分为部首法、笔画笔形法、号码法等。东汉许慎编著的《说文解字》首创部首检字法，他将小篆9 353个字分为540个部首。例如，在《说文解字》中，"甥"归入"男"部，这被称为严格的"文字学部首"；而在其他字典中，"甥"被归入"生"部，这被称为"检字法部首"。后来的《康熙字典》、《辞源》、《辞海》等都以部首法作为主要的检字法。在部首法盛行之时，又出现了一种作为辅助部首检字法的笔画法，并在此基础上产生了依汉字起笔分类，以及将笔画、笔形相结合的检字法。20世纪二三十年代，还相继出现了四角号码法、三角号码法、中国字庋擷法等检字法。

（3）音序排检法：按汉字字音的特征排检汉字的方法，简称音序法。它从音查字，位置固定，能满足以音求形、求义的要求。由于取音方法、音序符号的不同，又形成声部排检法、韵部排检法、注音字母排检法和汉语拼音排检法等类型。

汉字基本上是一字一个音节，每个音节都由声、韵、调组成，把同声的字集中排列在一起就构成一个声部。唐末僧人守温根据唇牙齿舌喉发声部位的不同发音方法，定出了30个声，宋人又增至36个声。按照字词的不同声部编排的工具书较少，主要有《经传释词》、《古书虚字集释》等。把同韵的字集中排列在一起就构成一个韵部。各个朝代采用的韵部不等，其中以平水韵（106韵）最为流行。每一韵部下再按同音字分类排列。《佩文韵府》、《辞通》等工具书采用了此排检法。

从 20 世纪 30 年代到 1958 年《汉语拼音方案》公布之前，音序排检法大都按注音字母排列。一些旧的工具书如《国语辞典》、《同音字典》等，都曾使用这种方法编排。《汉语拼音方案》公布后，汉字排检就采用了汉语拼音排检法，它符合国际上文字排检的规则。《汉语主题词表》和《现代汉语词典》，均采用这一排列法。

20 世纪 80 年代以来，汉字排检法研究与电子计算机技术相结合，已研制出各种汉字信息处理方法及汉字编码技术。汉字排检法已经有数百种，但多数因使用不便而被淘汰，即使较为通用的几种也优劣并存，需要在实践中不断完善。

思考题：
1. 怎样看待书目在研究治学中的作用？
2. 掌握自己学科和专业的一些推荐书目。
3. 报道性文摘和指示性文摘有哪些区别？
4. 怎样才能够写好文摘？试着编写一篇文摘。
5. 索引都有哪些基本的类型？
6. 利用 SCI 查阅某一著者或机构的论文被引情况。
7. 比较《中国大百科全书》和《不列颠百科全书》中关于"管理"的解释。

第六章 数据库与网络信息检索

【内容提要】

计算机、数据库、信息网络和光盘介质等为现代信息检索提供了不同于传统文献检索的理念和架构。本章全面介绍了数据库的概念、类型和结构，重点分析了联机检索、光盘检索和网络检索的基本方法，特别是对网络信息资源的特征、各种搜索引擎的利用以及基于 DIALOG 系统的联机检索和基于数字图书馆平台的新型检索技术进行了探讨。

传统信息检索的主要对象是文献库，检索过程靠的是人脑；而现代信息检索的主要对象则是数据库，更多的是依赖于电脑。数据库和电脑是继语言、文字、电报等之后出现的第 4 次信息革命的代表，学习数据库和电脑、网络知识是掌握现代信息检索的基础和前提。

从 1946 年美国莫尔电子工程学校和宾夕法尼亚大学的电子计算机设计组成功研制世界上第一台大型电子计算机 ENIAC 之后，计算机逐渐由单纯的数据运算开始向众多领域渗透。20 世纪 60 年代，美国国立医学图书馆用电子计算机出版了 MEDLARS 数据库，并用于医学文献的检索。随后，美国其他一些机构也相继使用电子计算机编辑文摘期刊，从而在客观上编辑成了机器可读的书目文档，或称文献目录型数据库。通常把机编文献目录数据库的研制看做是传统文献检索向现代电子信息检索发展的开端和标志。20 世纪 60 年代至 80 年代，由于数据库技术的发展，联机信息检索和光盘检索逐步发展起来；20 世纪 90 年代，随着 Internet 的兴起，网络资源如潮水般涌来，网络已经成为人们重要的数字化生存方式，网络信息检索一经产生即显现出巨大的发展潜力。

第一节 信息检索数据库

利用计算机进行信息检索，从客观条件来说，必须具备 3 种东西：硬件、软件和数据库。硬件是指计算机主机及各种外围设备，包括输入、输出设备等。

不同系统的硬件设备可能会有所不同,因此有大型机、中型机和微型机的区别。软件是指计算机的各种程序,包括系统软件和应用软件。系统软件指挥着计算机各部分协调工作,一般可以随购机解决;应用软件则千变万化,随着文档的更替和用户的检索问题而不断发展。数据库是计算机检索的对象,是计算机技术和信息检索技术相结合的产物,熟悉各种常用的信息检索数据库是掌握现代信息检索的基础。

一、数据库的概念和类型

1.数据库的概念

狭义的数据库(Database)是指在计算机存储的装置(磁带或磁盘等)上合理存放的有一定结构的相互关联的信息集合体。为了方便而充分地利用这些数据,还必须有一个专门的系统软件来对这些数据进行存取和加工等,使数据尽可能不重复(最小冗余性)、尽可能独立于使用它们的用户或应用程序(数据独立性),并能合理地为一个或多个用户或应用程序服务(数据共享性)。这些系统软件称为数据库管理系统(DBMS),而对数据库的任何访问都必须通过 DBMS 进行。由于 DBMS 与狭义的数据库实质上是不可分割的,所以人们将两者的有机结合称为数据库系统,这就是广义数据库的概念。

2.数据库的类型

按照国际上通用的划分方法,数据库可以分为:

(1)参考数据库(Reference Databases),即指引用户到另一个信息源以获得原文或其他细节的一类数据库。包括书目数据库(Bibliographic Databases)、指南数据库(Referral Databases)。

书目数据库是存储某个领域原始文献的书目,即二次文献数据库,记录内容包括文献的题目、著者、原文出处、文摘、主题词等。大多数是印刷本检索工具的机读版,如美国工程索引数据库(Ei Compendex)、英国科学文摘数据库(INSPEC)、美国化学文摘数据库(CA Search)等。1964 年美国国立医学图书馆的 MEDLARS 是世界上第 1 个书目数据库,美国联机图书馆中心(OCLC)的联机联合书目数据库是目前世界上最大的书目数据库。

信息指南数据库主要是记录一些机构、人物、产品、项目简述等事实数据,通过该类数据库可以查到公司、机构的地址、电话、产品目录、研究项目或名人简历等信息。这数据库也称为事实数据库。

(2)源数据库(Source Databases),指直接提供原始资料或具体数据的自足性数据库,用户不必查阅其他信息源。它又可细分为数值数据库(Numeric Databases)、文本—数值数据库(Textual-numeric Databases)、全文数据库

（Full-text Databases）、图像数据库（Graphics Databases）和术语数据库（Terminological Bank）。

数值数据库是专门提供以数据形式表示信息的一种源数据库，主要记录科学研究中试验、测量、计算、工程设计、经济分析和工业规划等方面的数据。这类数据库主要包含数值数据，有的也包含文字，文字是用来定义数据所需的最小量的文字，因此也称为文本－数值数据库（Textual-numeric Databases）。1951年美国人口调查局（U.S Bureau of the Census）建立了世界上第1个数值数据库。

全文数据库是存储文献内容全文或其中主要部分的数据库，简称全文库。它是将经典著作、学术期刊、重要的会议录、法律法规、新闻报道以及百科全书、手册、年鉴等的全部文字和非文字内容转换成计算机可读形式。全文数据库可以解决用户获取一次文献所遇到的困难，能向用户提供一步到位的查找原始文献的信息服务。1961年美国匹兹堡系统（Pittsburgh System）中的法律全文数据库，是第1个建成并投入使用的文献数据库。

（3）混合型数据库（Mixed Databases），指同时存储多种不同类型数据的数据库。如"数值－全文型"数据库，"书目－数值－全文型"数据库等。特别是随着多媒体技术的迅速发展和广泛应用，将图形、图像、文字、动画、声音等多媒体数据结构结合为一体，并统一进行存取、管理和应用的多媒体数据库已经问世，并受到人们的普遍欢迎。

此外，根据数据库的地理分布是集中在一处还是分散在不同地域，将其分为集中式数据库和分布式数据库；按照数据库采用的数据模型将其分为关系型、层次型和网络型数据库；根据数据存取的介质可划分为磁带、磁盘、光盘、联机和多媒体数据库等。在我国，一般根据数据所反映的信息性质及使用目的对数据库进行划分，把数据库分为文献数据库、事实数据库、数值数据库和知识库等类型。

二、数据库的文档、记录和索引

1.数据库的文档

数据库是由文档（File）构成的。按照数据库的编排结构，即数据库中每条记录数据项的编排方式，数据库有顺排文档和倒排文档两种。

（1）顺排文档：顺排文档存入了数据库的全部记录，文献记录按照存取号的大小顺序排列，类似于检索刊物中按文摘号排列文摘款目。每一篇文献为一条记录单元，一个存取号对应一条记录，存取号越大，对应的记录就越新。由于它存储记录的最完整的信息，所以，又把它称之为主文档。如果在顺排文档中进行检索，计算机就要对每个检索提问式逐一扫描数据库中的每一条记录，存储的记录越多,扫描的时间越长,这样检索效率就会很低。

(2)倒排文档:倒排文档是将主文档中的可检字段(如主题词、著者)抽出,按某种顺序重新排列起来所形成的一种文档。不同的字段组织成不同的倒排文档(如主题词倒排文档、著者倒排文档等)。倒排文档可以按主题词的字顺排,也可以按分类号的大小排。按表达文献内容特征的主题词排列的文档称为基本索引文档;按表达文献外部特征排列的文档称为辅助索引文档。倒排文档只有文献的标识、文献篇数及文献存取号。因此,在实施检索时,必须和顺排文档配合使用,先在数据库的倒排文档中查得文献篇数及其记录存取号,再根据存取号从顺排文档中调出文献记录。倒排文档类似于检索工具中的辅助索引。

2. 数据库的记录

数据库中的文档是由许多记录(Record)组成,主文档中的每个记录都有一个存取号;而记录又是由许多著录项目即字段(Field)组成,一个字段下可以由多个子字段(Subfield)等组成。每个字段都有一个供计算机识别的字段标识符,用于检索和显示。

下面是 DIALOG 系统中第 1 号文档 ERIC(《教育文摘》)中的一条记录:

DIALOG (R) File 1:ERIC (c) format only 1999 The Dialog Corporation. All rts. reserv.

　　AA=, CH=　01009428 ERIC NO.: ED430060 CLEARINGHOUSE NO.: UD032901

　　/TI　　Development of an Adolescent Neighborhood Affiliation Measure.

　　AU=　　Perez-Febles, Alina; Albus, Kathleen; Weist, Mark

　　PY=, PD=　April 16, 1999 (19990416)

　　　　　　15pp.

　　/NT　　NOTES: Poster presented at the Biennial Meeting of the Society for Research on Child Development (Albuquerque, NM, April 15-18, 1999).

　　LA=　　LANGUAGE: English

　　DT=　　DOCUMENT TYPE: 143 (Reports—Research); 150 (Speeches/meeting papers)

　　CP=　　GEOGRAPHIC SOURCE: U.S.; Rhode Island

　　JA=　　JOURNAL ANNOUNCEMENT: RIESEP1999

　　AB=　　A study was conducted to develop a theoretically and statistically sound measure of neighborhood affiliation for use with low-income urban youth. The aim was to develop a measure that can be used in future studies to predict community violence exposure among adolescents from inner-city neighborhoods. Participants were 167 adolescents from a public high school in Baltimore（Maryland）. They completed a self-report scale, a measure of exposure to violence, a risk behavior survey, a demographic questionnaire, and the newly developed measure, "Me and My Neighborhood," which was based on other measures in the adult literature assessing neighborhood cohesion and reports from focus groups and clinical work in the community of interest. Findings support the reliability of this new measure of neighborhood affiliation. Future studies are planned to replicate reliability findings, demonstrate convergent and discriminate validity, and examine the association of neighborhood affiliation and exposure to violence among inner-city youth. (Contains 4 tables and 27 references) (SLD)

/DE, /DF　DESCRIPTORS: *Adolescents; Inner City; Low Income Groups; *Neighborhoods; Psychological Characteristics; *Test Construction; *Urban Youth; *Violence

/ID, /IF　IDENTIFIERS: *Affiliative Behavior

需要说明的是，在同一类型的数据库中，文档的记录项目和格式基本上大同小异。

3.数据库的索引

为便于使用数据库，需要建立数据库索引。每个数据库中通常都有两种索引，即基本索引（Basic Index）和辅助索引（Additional Index）。

（1）基本索引。基本索引是一种主题性质的索引，它含有所有与主题内容相关的词，如书目型数据库中的题目、文摘和规范词字段中的词等，如表6.1。

表 6.1　数据库基本索引字段代码表

搜索后缀/简称 (Search Suffix)	代码全称 （Field Name）	索引方式 （Indexing）	举例说明 （Select Examples）
None	All Basic	Word	S
/AB	Abstract	Word	S NEIGHBORHOOD (W) AFFILIATION?/AB
/DE or /DF	Descriptor	Word & Phrase	S MATHEMATICS ACTIVITIES/DE
/ID or /IF	Identifier	Word & Phrase	S AFFILIATIVE (W) BEHAVIOR/ID
/NT	Note	Word	S CHILD (W) DEVELOPMENT/NT
/TI	Title	Word	S GEOMETRIC (W) THINKING/TI
/TX	Text	Word	S INFORMATION/TX
/CO	Company Name	Word	S INFORMATION/CO

（2）辅助索引。辅助索引是一种非主题性质的索引，它含有记录中除基本索引字段之外的那部分信息，如作者、语种、出版年等。辅助索引用前缀代

码（Prefix Code）来表示，种类繁多，并且这些字段和代码随数据库的不同而有所不同（见表 6.2）。

表 6.2 数据库辅助索引主要字段代码表

搜索前缀/简称 （Search Prefix）	代码全称 （Field Name）	索引方式 （Indexing）	举例说明 （Select Examples）
AN=	Accession Numer	Phrase	S AN=XXX
AA=	ERIC Document Number	Phrase	S AA=ED430060
AU=	Author	Phrase	S AU=VAN HIELE, PIERRE M.
AV=	Availability	Word	S AV=FAX
BN=	International Standard Book Number (ISBN)	Phrase	S BN=0-7246-1346-3
CC=	Classification Code	Phrase	S CC=741.3
CN=	Contract/Grant Number	Word & Phrase	S CN=ED-99-CO-0013
CO=	Company Name	Word & Phrase	S CO=HYVEE INC
CP=	Country of Publication	Phrase	S CP=U.S.
CS=	Corporate Source	Word & Phrase	S CS=(JOHNS(W)HOPKINS)
DT=	Document Type	Word & Phrase	S DT=(GUIDES(W)CLASSROOM(W)TEACHER)
GL=	Government Level	Phrase	S GL=STATE
JN=	Journal Name	Word & Phrase	S JN=TEACHING CHILDREN MATHEMATICS
LA=	Language	Phrase	S LA=ENGLISH
PD=	Publication Date	Phrase	S PD=19990200
PN=	Patent Number	Phrase	S PN=XXX
PU=	Publisher	Phrase	S PU=XXX
PY=	Publication Year	Phrase	S PY=1999
RN=	Report Number	Word & Phrase	S RN=USDL-99-110
RT=	Record Type	Phrase	S RT=ABSTRACT
SN=	International Standard Serial Number (ISSN)	Phrase	S SN=0002-9769
SP=	Sponsoring Agency	Word	S SP=(OFFICE (1W) EDUCATIONAL (W) RESEARCH)
UD=	Update	Phrase	S UD=9999

三、数据库的查找和选择

1.数据库的查找

数据库的查找可以分为上机前查找和上机后查找。

（1）上机前查找。上机前查找主要使用印刷版数据库指南、目录或手册。这些指南、目录或手册有一些是大型联机系统自己编制出版的。例如，《DIALOG系统检索指南概要》（DIALOG 信息服务部出版社）、《ESA/IRS 用户手册》（ESA/IRS 出版社）、《INFOLINE 用户指南》（Pergamon Infoline 出版社）和《ORBIT用户手册》（系统发展公司 SDC 信息服务部）等。还有一些是著名的数据公司公开出版的。例如，Information Today 公司编制的 Fulltext Sources Online（10 个大型数据库零售商出售的全文数据库目录，侧重于美国）、Cuadra/Elseviev 公司出版的《联机数据库索引》（Directory of Online Database，可通过 Data-Star 或 ORBIT 进行检索）、Williams-Gale 出版的《机读数据库》（Computer-Readable Database，可通过 DIALOG 的 230 文档检索）等。我国国家计委、科技部和国家信息中心合编的《中国数据库大全》汇集了截至 1995 年 11 月我国自建的并且用于对外服务的数据库 1 038 个，对每个数据库的内容、文种、数据总量、数据来源、更新周期、建库时间和单位以及联系方式都做了详细的介绍。还可以通过"中国数据库"（http://www.chinadatabase.com.cn/）等网站查找我国最新开发的各类数据库。

（2）上机后查找。上机后查找主要使用机读版指南。这些是检索系统所提供的专门文档，基本上相当于数据库索引。例如，DIALOG 系统的 411 文档（DIALINDEX）和 415 文档（DIALOG Bluesheet），ORBIT 系统的 DBI（Data Base Index）文档，BRS 系统的 GROS 文档等。此外，一些数据库自动选择的工具软件也可以用于数据库的查找。这些工具软件既包括驻留于主机系统上的软件，如 Dialog's Business Connection（DBC）和 Easynet System，也包括驻留于用户微机上的工具软件以及正在研制过程中的数据库选择专家系统，如英国 Loughborough 科技大学研制的公司信息数据库咨询系统 CIDA（Company Information Database Adviser）、加拿大的 Online-Expert 样机系统等。

2.数据库的选择

现代的数据库多种多样，有的检索系统就有上百个数据库，因此在检索之前，应当全面掌握数据库的类型、收录范围、文档结构、记录内容、更新周期和检索费用等情况。

（1）数据库类型。明确要查找的是文献线索还是数据、事实和原文。对于文献线索可以使用文献参考型数据库或二次文献数据库。这类数据库包括各种机读版的文摘、索引、书目等。如 DIALOG 中的 90、101、102 号文档。对于数据、事实和文本等可以使用源数据库，如全文库（机读文献全文、法律全文或新闻报道等）、文本—数值库（各种名录型数据库）和数值数据库（调查统计、财务金融类数据库等）。

（2）收录范围。包括学科范围、数据类型、收录重点、时间范围和行业范围以及数据完备程度。例如，DIALOG 系统中的 D&B-DUN'S MARKET IDENTIFIERS 的收录范围是雇员 10 人以上或年销售额 100 万美元以上的公司，而 TRINET U. S. BUSINESSES 收录范围是 20 人以上的公司，重点是其分公司和子公司。

（3）文档结构。说明数据库中有哪些字段，哪些是可检字段等。例如，同样是美国 DIALOG 系统中的美国公司名录，D&B-DUN'S ELECTRONIC YELLOW PAGES 可以从商标号来检索，而 D&B-MILLION DOLLAR DIRECTORY 却没有提供这一检索字段。

（4）记录内容。各个数据库在信息的记录详略上也有程度的不同。例如，DIALOG 系统的专利数据库、国际专利文献中心编制的 INPADOC/FAMILY AND LEGAL STATUS，其记录内容包含某项基本专利的同族专利的详细介绍，以及有关这项专利的法律信息，而英国德温特出版公司编制的 WORLD PATENTS INDEX LATEST 就没有这部分信息。

（5）更新周期。数据库中信息的准确性与其更新周期密切相关，尤其是商情动态类和统计类数据库。

（6）检索费用。各个数据库的使用费和打印费是不一样的，在检索之前最好要了解订购或租用的费用、不同载体的费用差异、数据库的版权费、每次检索费用、CPU 时间费用、联机或脱机打印费用、连接时间费用等情况。

数据库选择的基本原则是：先国内后国外、先免费后收费、先文摘后全文、先镜像后正式。例如，在 DIALOG 系统中有许多训练文档，供用户训练使用。此外，DIALOG 还提供有一定时间或范围内的免费文档，用户可以通过 CHRONOLOG 和 410 号文档来了解免费文档的情况。如果能在训练文档或免费文档里形成检索式进行试检，然后再转到正式文档中进行检索，这样就可以减少输入检索式的时间，节省检索费用。

据统计，我国使用频率较高的中文数据库主要是：《中国科技期刊篇名数据库》、《中国专利数据库》、《中国企业公司及产品数据库》、《中国科技成果数据库》、《中国科技经济新闻数据库》、《中国科技文献数据库》、《全国科技成果交易数据库》、《中国科技论文引文分析数据库》、《中国学术会议论文数据库》和《中国化工文摘数据库》等。

四、数据库的产生与发展

1.国外数据库的发展

在美国等一些发达国家,数据库从 20 世纪 60 年代初发展起来之后,大致经历了 3 个发展阶段:

(1) 20 世纪六七十年代,数据库内容多与科技有关,以科技文献目录为主,用户多为大学、研究机构的科技人员。

(2) 20 世纪七八十年代,数据库进入以商业、金融为主的发展阶段,各种联机数据库如雨后春笋,并很快就形成了数据库产业。

(3) 20 世纪 90 年代以后,数据库进入到生产商业化、内容大众化、类型多元化的发展时期。

从生产上看,1977 年以前的商业及工业生产的数据库只占 22%,到 1997 年发展到 78%,上升了 50%,而政府和学术性的非盈利机构的数据库生产却下降到 20%。从内容上看,数据库的内容从早期的科技和学术研究为主体,逐步扩展到商情、法律、人文、保健和娱乐等为大众所需要的更广大的信息领域。这些信息量在 1997 年已经占到 46%,而学术研究和技术方面的内容相对下降,已经不足 30%。从类型上看,从 1985 年第 1 个商品化 CD-ROM 光盘的诞生,到多媒体网络通信的实现,数据库进入声、图、文一体化的新阶段。光盘数据库和网络数据库不断涌现。到 1997 年,光盘数据库产品增长了 20%,占数据库总量的 30%,而传统的联机信息检索数据库已经相对降至不到 50%。与此同时,全文数据库也得到巨大的发展。

近年来,数据库产业在继续保持高速发展的同时,出现了大型化、专业化、社会化、联机化、标准化等特点和趋势。

2.我国数据库的建设

我国数据库建设从 20 世纪 70 年代中后期开始,比外国晚了 10 年~15 年,但发展迅猛。1975 年,北京文献服务处引进了美国《政府研究报告》(GRA)磁带,并进行了开发服务。

1980 年,中国建筑技术发展中心中文文献部等 10 多个单位联合在香港设立了国际联机信息检索终端,开发了我国国内第一个国际联机信息检索服务点。到 1985 年,我国共引进 60 多种机读数据库磁带。1985 年以后,一些文献情报单位相继根据本专业系统的实际需要和可能开始建立中文文献数据库。1988 年,我国的数据库总数为 260 个,国际联机信息检索终端数量已近 70 个,分布在 30 多个城市,可检索的数据库超过 500 个,文献量超过 2 亿篇,检索课题已经超过 2 万个。

1992年，列入国家科委出版的《数据库指南》一书的各种数据库为137个，其中文献型数据库37个，数值型数据库43个，事实型数据库38个，综合型数据库19个。1992年，国家科委科技信息司和国家信息中心等单位对我国数据库进行了第一次调查，共上报数据库806个，投入约5亿~10亿人民币。806个数据库记录约5 000万条，数据库容量在10MB以下的占55.3%，约有218个文献数据库。我国台湾在数据库建设上，据《1992年台湾数据库指南》统计，有题录、全文、数值型数据库229个（不包括通过电信网络或光盘形式的数据库）。其中中文数据库175个，英文数据库54个。台湾省还开发了一批全文数据库，如特大型的《汉籍全文光碟资料》，以及《中国诗乐之旅》等多媒体数据库等。

1995年3月~10月，国家计委、国家科委和国家信息中心在全国范围内进行了数据库和电子信息网络资源调查。调查显示，1995年，我国拥有具有一定容量、能对外提供服务的、国内单位自建的并收入《中国数据库大全》的数据库1 038个。与1992年相比，可用数据库从不到10%上升到50%；就容量来说，10MB~100MB的占42%，10MB以下的占33%，100MB以上的占25%，总容量大大提高；就主题分布而言，自然科学数据库（不包括图书情报、环境与管理等）有458个，占总数的48%；经济类数据库有297个，占总数的29%；就地区来说，地方数据库占总数的60%以上，而国务院各部委的数据库不足40%。

1998年，根据中国科技信息研究所等五家单位进行的抽样调查，结果发现，在29家单位开发的142个数据库中，记录数在10万条以下的数据库占72.32%，其中，大型数据库仅占5.6%，还没有超过1 000万条记录的数据库。数据库数据覆盖年限在30年以上的数据库占12%，20年~30年的占7.1%，10年~20年的占31.3%，在10年以下的占49.4%；按年度更新的数据库占60.9%，按季度更新的占4.7%，按月更新的占7%，按周（日）更新的占6.3%，不定期更新的占21.1%。与国际上著名的数据库相比，我国数据库标引深度低，一般只标引题目、文摘、主题词、作者等，而自由词等极少标引。

进入21世纪之后，我国数据库建设除了在文摘数据库、索引数据库、书目数据库建设方面进一步投入资金和人力之外，大力发展全文数据库、多媒体数据库、光盘数据库和联机网络数据库建设，构建了一系列综合性的数据库服务平台，并取得了许多可喜的成就。

第二节 联机与光盘信息检索

一、联机信息检索系统的概念与构成

1. 联机信息检索的概念

联机信息检索（Online Information Retrieval）是指建立在计算机联机处理方式上的信息检索，即检索者通过检索终端和通信线路直接查寻检索系统数据库的计算机检索方式。用户采用终端并通过通信线路，以与检索系统对话方式直接访问数据库，进行存储、检索、打印、修改数据等处理。所谓对话方式，就是用户利用系统提供的检索命令，每次输入一个检索表达式查看结果，系统方面则每次显示出可能的信息，帮助用户选择下次该用的命令或表达式，用户通过与系统的双向对话，不断改变或完善检索策略，直到获得满意的检索结果为止。

早期的信息检索采用脱机批处理方式，用户在计算机处理成批检索课题之后才知道检索结果，不能直接、及时修改检索策略，查全率和查准率受到一定限制。联机信息检索不仅可边检索边修改检索策略，而且检索速度快，多用户可同时检索，检索不受地理位置限制，检索功能多样化，打印输出灵活，检索结果可进行多种分析处理等，大大方便检索用户和提高检索质量。20世纪80年代以来出现的独立型微机信息检索系统，虽然不采用分时方式和通信线路，但用户采用对话方式访问数据库，仍然属于联机信息检索。从实用化角度看，计算机信息检索只有到了联机信息检索阶段，才能普及和发展，并对文献信息工作的现代化产生了重大影响。可以说，联机信息检索的出现，是图书馆学和信息管理划时代意义的新发展。

2. 联机信息检索系统的构成

联机信息检索系统一般由联机信息检索中心、通讯设施和检索终端3个部分组成。其基本结构所图6.1所示：

（1）联机信息检索中心。联机信息检索中心是联机信息检索系统的中枢，主要包括中央计算机、联机数据库、数据库检索软件等部分。

中央计算机又称"主机"，是联机系统硬件的核心部分。具体包括中央处理机、中央存储器、通讯部件、控制部件和连接外围设备通道的输入输出子系统。中央计算机的主要功能是在系统软件和检索软件的支持下完成信息的存储、处理和检索等操作，对整个系统的运行进行管理和控制；当用户通过检索终端

将信息需求按一定的查询语言和检索命令经通讯网传到系统的主机时,主机将其与数据库中存储的数据进行匹配运算,并把检索结果按用户需求通过网络返回给用户。

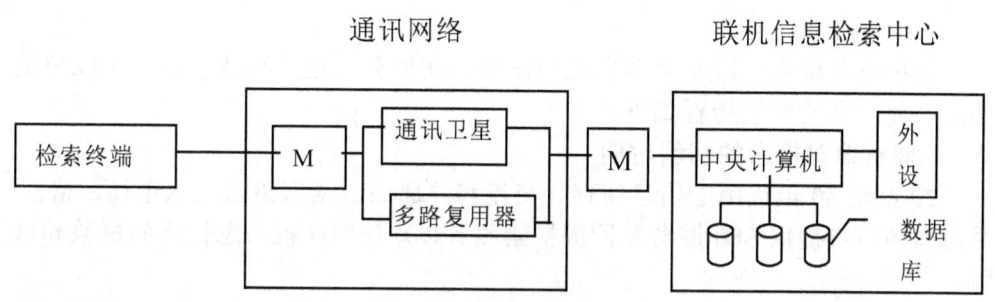

图 6.1　联机信息检索系统的基本构成

联机数据库是联机信息检索中心最重要的信息资源和检索对象;联机信息检索中心还需要配备一些必要的外部设备,如磁盘、磁带机、光盘机、高速打印机等。这些统称为外设。

(2)通讯设施。通讯设施是联机信息检索服务发展的基础。一般包括通讯网络、调制解调器、自动呼叫器、通讯控制器等其他设备。

通讯网络一般有公用电话网、专用数据通讯网和公用数据网等类型。联机信息检索中心通过公用电话网与用户终端连接可以采用拨号、租用专线等方式。在数据通讯发展初期,多数国家主要发展专用数据网;20 世纪 70 年代以后,公用数据网得到飞速发展,尤其是分组交换技术得到了广泛应用。著名的分组交换网有美国的 TYMNET 和 TELENET。我国第 1 个公用分组交换网 CNPAC,于 1989 年 11 月正式对外服务。

调制解调器(Modulator Demodulator)是远程通信系统中不可缺少的数据转换设备,主要功能是将数据传送来的数字信号转变成并行的音频信号;同时将线路接收的音频信号转变成并行的数字信号,并传递给数据接收器。调制解调器由发送装置、接收装置、接口部件和控制设备以及电源等主要部件组成。由于调制信号的速率不同,它又有多种类型。

此外,自动呼叫器、通讯控制器、网关等也是重要的通讯设备。

(3)检索终端。检索终端是用户向联机信息检索中心发送或接收信息的设备。常用的终端可以分为非智能终端和智能终端两类。前者没有处理信息的能力,只能发送或接收信息,也称哑终端(Dumb Terminals),可细分为标准终端、便携式终端、微机终端和电传终端等类型。智能终端(Intelligent Terminals)内装有处理器,具有一定的智能,可用来处理已经套录下来的数据,生成自己的数据库或按某种格式打印输出。智能终端还具有对待发送的原始数据进行处理，以节省联机时间和避免输入错误等功能。

二、联机信息检索的产生与发展

联机信息检索经过半个多世纪的发展，在世界上逐步形成了有一定规模的信息产业。它的发展历程如下：

1.联机信息检索的初创时期

20世纪60年代用于信息储存、交流和传递的数据库磁带进入市场，检索系统面向用户提供SDI服务和回溯检索服务，并开始联机信息检索的试验和试用。

（1）1962年，美国麻省理工学院的M.M.凯塞利用IBM709电子计算机和IBM2741多通道控制台进行了世界上首次联机信息检索试验。数据库包括3.5万篇物理论文。

（2）1964年，美国LOCKHEED公司首次研制Converse联机信息检索系统，对内部图书馆馆藏文献进行联机信息检索试验；随后进一步研制成功为NASA全系统提供正规服务的联机信息检索系统，并改名为RECON系统，这一系统以后为欧洲航天局和美国能源部采用。在这些经验和基础上，1966年，洛克希德公司创建了用户遍及全球的DIALOG系统。

（3）1965年，SDC为美国空军研制取名ORBIT的国外技术文献检索系统，导致举世闻名的ORBIT/SDC系统的产生。

（4）美国国立医学图书馆的MEDLINE系统以及斯坦福大学的SPIRES系统等。

2.联机信息检索商用化时期

20世纪70年代大型国际联机信息检索系统迅速发展，数据库大量增加，内容与类型逐步多样化，联机信息检索数据库从二次文献为主发展到全文型、百科全书型、词库型、事实型和数值型等多样品种，应用领域从科学技术扩展到经济、市场、金融、产业、保险、出版等社会生活各领域。联机信息检索成为当时最先进的一种电子检索手段。

3.联机信息检索全面成熟时期

20世纪80年代数据库和联机服务持续发展，联机信息资源极大丰富，联机信息检索服务逐步趋向多元化，并影响到社会生活的各个领域，成为人们获取信息不可或缺的工作。据德国对1986年世界联机数据库检索市场规模的统计数据，美国为27.18亿美元，其中经济信息25.4亿美元，科技信息1.7亿美元；欧洲为6.82亿美元，其中经济信息6.27亿美元，科技信息5 500万美元；

日本为 9 300 万美元，其中经济信息 8 350 万美元，科技信息 950 万美元。

4.综合一体化发展时期

20 世纪 90 年代，借助于 Internet 网络的强大功能，联机信息检索系统的规模和服务模式都发生了重大的变革。在文摘与索引数据库领域有 DIALOG 信息服务社、系统开发公司（SDC）的 ORBIT 检索服务社、文献检索公司 BRS 信息技术部、美国国家医学图书馆 MEDLINE 等科技信息联机信息检索系统；在全文数据库领域，主要有米德（MEAD）数据中心、新闻网（News Net）、数据时代公司（Data Times Corporation）；在数值商业数据库领域有 DRI/McGraw-Hill；在面向消费者的数据库服务领域有 CompuServe 信息服务部。此外还有 Information Bank、CIS 等各种联机信息检索系统。到 1998 年，美国有大型联机信息检索服务系统 13 个。

5.全球数字图书馆时期

进入 21 世纪后，联机信息检索正在顺应全球数字图书馆的潮流，更广泛地联合协同起来，以满足市场用户信息需求为宗旨，提供更多信息、更多媒体、更多链接，以更简捷和友好的方式实现全文的、全方位的、一步到位的检索服务。例如，美国出现的超级市场型数据库联机服务系统。Telebase 数据库服务公司将欧美各国的 DIALOG、BRS、SDC、QUESTEL、VU/TEXT、News Net、Pergaman、Infoline 等系统约 600 种数据库纳入自己的检索网，采用 EASYNET 检索系统提供接口，用户可以选择和检索每个数据库。UNIS 信息服务公司，也将 DIALOG、DELPHI、COMTEX 提供的 120 多种数据库纳入系统，专门提供经济、企业和市场信息的信息服务。SOURCE 系统提供职业、航空路线和时刻表、电影评论等信息服务。COMPUSERVE 系统提供电子菜谱、购物、影视、音乐信息等数据库服务。

除美国外，德、法、英、日等国都是联机信息检索的大国，俄国和东欧国家也已经建立跨国联机信息检索系统，埃及、韩国等发展中国家的联机信息检索也有声有色。据统计，西欧国家共有 100 多个联机信息检索系统。这些系统通过分组数据交换网组成了著名的大型信息资源网络——欧洲科技信息联机网络 EURONET DIANET。它联结了德国的 DATEX-P、法国的 TRANSPAC 和 NTI、英国的 PSS 和 IPSS、瑞士的 TELTPAC、意大利的 ITAPAC、西班牙的 RETR、比利时的 DSC、瑞典的 TELEPAC、挪威的 NORPAC 等分组交换网，拥有 1 000 个数据库。

中国的联机信息检索系统基本上经历了从引进磁带数据库到自建文献数据库、从引进检索软件到自编检索软件、从亦步亦趋到初步壮大的发展过程。

20 世纪 70 年代末，我国开始引进国外机读数据库磁带并进行联机信息检索试验；1981 年，北京文献服务处建立起国内第一个联机信息检索系统，联机文献容量为 500 万篇，并在全国 20 个城市设置检索终端；1991 年，中国科学技术信息研究所在全国设有 120 余个远程检索终端。通过卫星通讯和 10 多个国际大型信息检索系统开通联机检索业务，如 DIALOG、ORBIT、ESA-IRS、STN 等；通过 Internet 网络或专线连接，我国一些信息服务机构开始使用国际联机检索系统开发的 Web 服务器的数据库，如 OCLC、Elsevier、DialogWeb 等。

三、国内外主要的联机信息检索系统

目前，国内联机信息检索系统已经初具规模，其中最重要的联机信息检索系统包括：中国科技信息研究所的 ISTIC（Institute of Science & Technology Information of China）系统、中国国防科技信息中心文献服务系统（China Defence Science & Technology Information Center）、化工信息研究所的 CHOICE（Chemical Online Information Center）系统、机电部的 MEIRS（Ministry of Machinery & Electronic Industry Information Retrieval System）系统，以及近年来发展迅速的万方数据资源系统、中文资讯行、中国知网、维普中文科技期刊等检索系统。

1. **中国科技信息研究所的 ISTIC 系统**（http://www.istic.ac.cn/）

ISTIC 是中国科技信息研究所的缩写，该所成立于 1956 年 10 月，是国家科学技术部直属的国家级综合性科技信息机构，也是全国最早建立国际联机信息检索终端的机构。1990 年，ISTIC 中文检索系统向全国正式提供服务。

ISTIC 系统数据库的内容侧重于综合技术、特种文献及联合目录信息等方面，早期开发的主要数据库包括：《中国学术会议论文库》、《美国工程索引》、《英国科学文摘库》、《中国专利库》、《中国学位论文库》、《中国企业与产品库》、《中国重大科技成果库》、《中国适用技术成果库》、《"星火计划"•适用信息库》、《中文科技期刊联合目录》等。

目前，ISTIC 开发应用的联机数据库主要有：《中国学术会议论文数据库》、《中国科技信息机构数据库》、《西文文献目录数据库》、《科技动态数据库》和《科技声像资料联合目录数据库》等。

2. **中国国防科技信息中心 CDSTIC 文献服务系统**（http://home.cetin.net.cn/）

中国国防科技信息中心文献服务系统的前身是北京文献服务处的 BDSIRS（Beijing Document Service Information Retrieval System）系统。1978 年由中国国防科技信息中心和北京市科协共同策划联合组建，以联机信息检索服务为主，同时进行信息技术应用研究开发的综合性机构。国防科学技术工业委员会和中国国防科技信息中心是 BDS 最重要和最直接的用户，而且给予了 BDS 最大的财政支持。

北京文献服务处成立初期，引进了美国 SPERRY-UNI-VAC1100/10 型计算机及其配套检索软件 UNIDAS。经过消化与改进，于 1981 年建起了我国最早的实用型联机信息检索系统，并陆续在西安、上海、成都设立了远程终端，实施联机信息检索。后来又在引进软件的基础上，自行设计和研制出一套新的信息检索软件，在引进的 UNISYS/1100-72 型大型计算机（双机，内存 28MB，外存 12 000MB）上实现了中西文兼容检索。1992 年，BDSIRS 系统已经有联机终端近百台，遍及我国 20 多个省市。目前该系统有 40 多个数据库，其中 20 多个为全文库，文献量逾 2 500 万篇，联机终端 200 多个，遍及全国 60 多个城市，成为国内系统配置最大、信息量最多的联机信息服务中心。除提供信息检索服务外，还向用户提供方便可靠的网络信息服务和 INTERNET 互联服务。

国内信息库包括：《中国国防科技信息》、《中国军工报》、《网上新闻库》、《世界国防科技工业数据库》、《国防科技成果综合推广库》、《武器装备多媒体信息库》、《现代军事》、《世界军事技术和武器装备数据库》、《中国工程院院士学术报告》、《国际人物》、《国际专题》、《国防科技简讯》、《中国组织机构》、《中国专题》、《国内成果交流库》、《国防科技报告中文馆藏库》、《国防科技中文期刊文摘库》、《中国经济信息库》、《中国科技期刊题录库》、《参考消息》、《国防科技会议论文库》、《中国专利文摘库》等。

国外信息库有：《电子书库》、《国防科技信息中心馆藏西文库》、《国外期刊论文文摘库》、《国外专利文摘库》、《Internet 付费信息库》、《美国军用标准库》、《美国政府科技报告文摘库》等。

3.万方数据资源系统（http://www.wanfangdata.com.cn/）

万方数据资源系统是由中国科技信息研究所和万方数据库（集团）公司共同开发，是基于 Web 的数据库资源检索服务系统。1997 年 8 月正式在 Internet 上提供服务。

万方数据资源系统包括科技信息子系统、商务信息子系统和数字化期刊子系统。科技信息子系统是中国惟一完整的科技信息群。它汇集学位论文、会议文库、科技文献、成果专利、科技名人、政策法规、中外标准和科教机构 8 大类近百种数据库资源，能够为广大科研单位、公共图书馆、科技工作者、高校师生提供最丰富和最权威的科技信息。商务信息子系统，面向用户推出企业/产品信息、商务动态、政策法规、中外标准、成果专利等项服务内容。数字化期刊子系统，内容涉及基础科学、农业科学、人文科学、医药卫生、工业技术 5 大类 70 多个类目的 2 000 多种期刊全文。其中人文科学包括大学学报（人文科学）、经济、管理科学、教育、图书情报、心理学等。

万方数据资源系统汇集中外上百个知名的、使用频率较高的科技、经济、金融、文献、生活与法律法规等 9 大类、100 多个数据库，记录总数达 1 500

多万条。万方数据资源系统的主要数据库有:《中国学位论文数据库》、《中国学术会议论文库》、《中国科技成果库》、《中国国家标准库》、《百万商务数据库》等。

4. 中国资讯行 China Infobank 系统(http://www.bjinfobank.com)

中国资讯行成立于1995年10月,数据主要来源于中国与香港的内容供应商,是目前中文商业数据库最多、内容最广泛的一个电子资讯网站。中国资讯行拥有一个庞大的中国商业资讯库,载有超过500万篇商业报告和文章,合计超过50亿中文字;透过北京的数据库中心,汇编和处理大量的数据,资料库不断更新,每日增加500万个中文字。

中国资讯行为世界各地的各行各业的公司和研究机构提供三大类内容:商业资料库为用户提供一系列广博的中国商业和研究资讯,包括经济新闻、商业报告、统计数据、科研资料等,资讯储存在20多个资料库内;财经资讯网罗两大范围,包括中国和香港股市详细资料,并提供世界市场金融数据;新闻频道载有不同种类的最新新闻,包括国际要闻、中国要闻、台湾新闻、港澳快讯、金融要闻等多个不同频道。

中国资讯行主要的在线数据库包括:《中国经济新闻库》、《中国商业报告库》、《中国法律法规库》、《中国统计数据库》、《中国上市公司文献库》、《香港上市公司资料库》、《中国企业产品库》、《中国中央及地方政府机构库》、《名词解释库》、《中国人物库》等。

5. 中国知网(http://www.cnki.net)

中国知网是中国知识基础设施工程(CNKI:China National Knowledge Infrastructure)的重要组成部分。CNKI是采用现代信息技术,建设适合于我国的可以进行知识整合、生产、网络化传播扩散和互动式交流合作的一种社会化知识基础设施的国家级大规模信息化工程,由清华同方光盘股份有限公司、清华大学光盘国家工程研究中心、中国学术期刊(光盘版)电子杂志社、清华同方光盘电子出版社、清华同方知识网络集团、清华同方教育技术研究院联合承担。1996年6月开始实施。CNKI工程的主要内容包括:知识信息资源数字化建设及挖掘、网络数据存储与知识网络传播体系、知识信息组织整合平台、知识仓库建库管理和发布系统、知识信息计量评价和数据库生产基地建设等方面。

中国知网包括《中文期刊全文数据库》、《中国基础教育知识库》和《中国期刊题录数据库》等。其中《中文期刊全文数据库》(CJFD)共收录论文670多万篇,包括《中国优秀博硕士学位论文全文数据库》(CDMD)、《中国重要报纸全文数据库》(CCND)、《中国医院知识仓库》(CHKD)、《中国专利数据库》、《中国城市规划建设知识仓库》(CCPD)、《中国期刊信息与知识数据库》、《中国核心期刊要目数据库》等。

国内联机信息检索系统的建立与发展，给国内广大用户带来许多益处，与国际联机信息检索系统相比，有以下优势：首先是节省费用。检索费用一直是影响我国用户使用国际联机系统的重要因素，国内联机系统检索费用一般不到国际联机系统的一半，且这些系统也提供了一些国际联机中常用的大型联机数据库，如《化学文摘》、《工程索引》和《美国政府报告通报》等。其次是直接利用中文检索。解决了联机信息检索与阅读中的语言障碍，且有些中文资料在国际联机系统中根本检索不到。最后是易索取原始文献。凡是国内系统提供的自建数据库，均可在国内找到相应的一次文献，而利用国际联机系统会常常因为查找不到原文而苦恼。

但是，目前国内联机信息检索系统存在的问题是：一是提供的数据库少。国内各联机系统提供的数据库，包括英文在内，一般在 10 个左右，远远满足不了用户的信息需求。二是更新周期较长，给实时检索带来许多困难，使国内用户无法及时获得最新信息。三是检索功能不强。国内联机系统提供的检索点非常有限，不能像 DIALOG 系统等国际联机信息检索系统那样提供灵活多样的检索运算功能，基本不能进行全文查找。这些都给检索带来诸多不便，也影响了国内联机系统的普及和应用。

表 6.3 世界著名联机信息检索系统（据 1985 年前后资料汇集而成）

序号	系统名称	原文全称	运营机构	建立时间	数据库个数	文献量
1	联机对话型信息检索系统	DIALOG system	美国洛克希德导弹与空间公司的分公司	1970	320	1.75 亿篇
2	联机医学文献分析和检索系统	MEDLINE （Medical literature analysis and retrieval on-line system）	美国国立医学图书馆	1971	27	923 万篇
3	书目信息分时联机信息检索系统	ORBIT （On-line retrieval of bibliographic information timeshared）	美国系统发展公司	1973	106	5 500 万篇
4	欧洲空间组织信息检索系统	ESA-IRS （European space agency-information retrieval service）	欧洲局信息检索服务处	1973	87	3 000 万篇
5	加拿大联机咨询系统	CAN/OLE （Canada/on-line）	加拿大科技信息所	1974	22	

续表 6.3

序号	系统名称	原文全称	运营机构	建立时间	数据库个数	数据库文献量
6	书目检索服务系统	BRS （Bibliographic retrieval services）	美国书目检索服务处信息技术公司	1976	150	8 000万篇
7	不列颠图书馆自动信息服务系统	BLAISE （British library automated information service）	不列颠图书馆自动化服务部	1977	14	400万篇
8	"远程系统"	Telesystems-Questel	法国电信与信息系统公司的科技信息计算机检索中心	1980	60	6 000万篇
9	欧洲直通信息检索网络系统	EURONET-DIANE （Direct information access network in Europe）	欧洲共同体	1980	600	
10	日本科技情报中心联机情报检索系统	JOIS-Ⅱ （JICST on-line information system）	日本科技情报中心	1981	8	2 000万篇
11	能源、物理、数学信息检索系统	INKA （Fachinformations zentrum energie, physik, mathematik）	联邦德国第4信息中心		20	

四、基于 DIALOG 的联机信息检索程序

联机信息检索之前,需要明确检索目的,充分了解联机信息检索系统的发展情况和主要特征。包括建库时间、数据库的容量、时间范围、检索功能、打印格式、价格、响应时间和联机订购等。联机信息检索的基本操作程序从与联机系统相连接开始,到与联机系统脱离而结束。

基于 DIALOG 的联机信息检索主要有以下步骤:

1.接通 DIALOG 联机系统

首先,检索终端进入中国分级交换网 CNPAC。专线用户在准备好必要的参数,设置合适的通信软件后,可以打开终端设备直接登录上网;拨号用户需要先拨 CNPAC 在公众电话网上的终端口号,进入 CNPAC,然后输入自己的 CNPAC 网络识别码及网络口令,系统自动验证后,就可以通过该网与国外的计

算机网络连通。

其次，检索终端与 DIALOG 主机连通。用户需要输入 DIALOG 主机在 SPRINTNET 网或 TYMNET 的网络地址号，地址号前加上美国计算机地区号 0311（SPRINTNET）或 0310（TYMNET），CNPAC 通过卫星通信将终端与 DIALOG 主机连通。

最后，用户登录 DIALOG 系统。用户需要输入 DIALOG 的用户标识及号令，经系统验证确认后，终端将显示"Welcome to DIALOG"，表示用户终端与系统主机正式连通，此时用户就可以开始自己的正式检索。DIALOG HOMEBASE 菜单内容如图 6.2 所示：

Welcome to DIALOG
Dialog level 34. 05.01D
Last logoff: 17 may 94 20: 01: 29
Logon file 405 31 may 94 21: 58: 36
*** DIALOG HOMEBASE (SM) Main Menu **
Information:
　1.　Announcements (new files, free connect time, price changes, etc.)
　2.　Database, Rates, & Command Descriptions
　3.　Help in Choosing Databases for Your Topic
　4.　Customer Services (telephone assistance, training, seminars, etc.)
Connections:
　5.　DIALOG Menus (SM)
　6.　DIALOG Business Connection (R), Headlines (SM), Medical Connection (SM)
　7.　DIALOG Source One (SM) Document Delivery
　8.　Data-Star
　9.　Other Online Menu Services & Files (Money center (R), OAG, TNT, etc.)
/H=Help　　　/L=Logoff　　　/NOMENU=Command Mode
Enter an option number to view information or to connect to an online service.
Enter a BEGIN command plus a file number to search a database (e. g. B1 for ERIC)

图 6.2　DIALOG HOMEBASE 的菜单内容

2.选择数据库或文档

连通 DIALOG 系统之后，就可以选择需要检索的数据库或文档。如果用户对 DIALOG 系统数据库或检索主题比较熟悉，就可以直接进库检索。但是，如果用户对 DIALOG 系统数据库或检索主题不太熟悉，就需要选择数据库或文档。

首先，通过《数据库目录》(Complete Database Catalog) 和《数据库蓝页》(Database Bluesheets) 等工具，来了解 DIALOG 数据库的类型、收录范围、文档结构、记录内容、更新周期和检索费用等情况。《数据库蓝页》是 DIALOG 系统为用户了解每一个数据库的特征、可检字段及字段性质、输出格式等内容提供的一个检索指南，包括文档简介、学科领域、文献来源、数据库生产者、记录格式、可检索字段、基本索引、辅助索引和附加限定等。现在已经成为 DIALOG415 文档，并免费为用户提供。

其次，通过 DIALOG 系统总索引和选库指令，选择检索文档的范围。DIALOG 系统将所有的数据库或文档按主题分类，包括大类和小类，每个类目都有类名和缩写形式，各包括若干个相关文档，组成一个数据库组。用户检索时可以从主题出发，通过 DIALINDEX，即 DIALOG 系统总索引（FILES 411）检索出某一相关类目，从中确定出哪些文档是最适用的，然后再入库检索。用户还可以使用文档选择指令 SELECT FILE（SF）进行检索。例如，检索式"？sf business"、"？sf scitech 24, 25, 27"就表示从分类角度检索商业或科技方面的文献。sf 后面的 business、scitech 是数据库的类目。

3.构造检索式并实施检索

包括选择检索词，使用各种检索技术确定组配方式等内容。在 DIALOG 系统中主要涉及选词指令和逻辑组配指令等。

（1）进库指令 BEGIN（B）

如果用户对数据库或检索主题比较熟悉，就可以使用进库指令 BEGIN（简写为 B）进行检索。其格式为：？BEGIN n 或？B n，其中，？为 DIALOG 系统检索命令提示符，n 代表某一个具体的文档号。例如，检索式"？B 7"，表示开始检索 DIALOG 系统中编号为 7 的数据库或文档，即 Social SciSearch（《社会科学引文索引》）数据库。

需要指出的是，在 BEGIN 指令后可以输入多个文档号，一次打开多个数据库。BEGIN 命令还可以消除以前存储在计算机中的所有检索步骤，同时显示前一文档使用的机时及费用等有关情况，而且显示出新文档的信息，诸如文档名称和存储年限等。

（2）选词指令 SELECT（S）

在 S 指令后输入适当的检索词或代码，系统就会从数据库文档中检出含有这些检索词或代码的文献，并赋予一个集合号（Set No.），或称提问编号。检索词可以是单元词或多元词；可以是前缀码或后缀码，例如，"？PY=2000"或"？S information/TI, DE, ID"；还可以是与词位算符、截词算符或布尔算符等连用的检索式。例如，"? S petroleum and prices and opec and py=2000"、"? S EUROPEAN (W) ECONOMEC (W) COMMUNITY"等。

（3）分步检索指令 SELECT STEPS（SS）

SS 指令与 S 指令的功能相同，区别在于 SS 指令是分步给号查找文献信息的指令，系统给被组配的每个检索项都赋予一个集合号，以供修改检索策略和重新组配时调用。例如：

    ? SS petroleum and prices and opec
    1 2711 PETROLEUM
    2 2683 PRICES
    3 151   OPEC
    4 110   1 AND 2 AND 3

（4）逻辑组配指令 COMBINE（C）

C 指令的功能是对各检索词进行逻辑组配，但在 C 指令后面只能是集合号，而不能直接使用检索词。例如，"? C (1 and 2 and 3)"。集合号与运算符之间可以空格，也可以不空格。

下面通过在 DIALOG 中检索有关"肺癌与吸烟"课题文献的例子，说明如何输入并组配检索词。

? b 34✓	**? s smoking**✓
? s cancer✓	5 375 SMOKING
1 3 655 CANCER	**? s smoker??**✓
? s carcinoma✓	6 81 SMOKER??
2 2 579 CARCINOM	**? c 5 or 6**✓
? s lung??✓	7 450 5 OR 6
3 2 109 LUNG??	**? c 4 and 7**✓
? c (1 or 2) and 3✓	8 17 4 AND 7
4 422 (1 OR 2) AND 3	

注：粗体部分为输入内容，检索结果为 17 篇文献。

此外，DIALOG 系统还提供有限定指令 LIMIT(L)、扩词指令 EXPAND(E)、更换文档指令 File n、排序指令 Sort、执行保留指令 Execute、保留检索指令 Save 和 Save Temp 等。限定指令 L 是对检出的文献进一步加以限定，缩小检索范围，提高查准率。存取号、文献类型、文种、检索字段、时间范围等都可以用来作为限定的项目。例如，L4/Pa 表示对集合号 4 的限定文献类型为专利文献。扩词指令 E 主要是展开检索系统中辅助索引或基本索引的词表，显示检索词在数据库倒排文档词库中的标引方式和词频，从而帮助用户了解与检索词有关的其他词，进一步选择合适的检索词，从而提高查全率和查准率。例如，输入检索式"? EXPAND AU=Milton, A"，就可以在 DIALOG 系统的辅助索引表中得到按字顺排列的相近作者的名字，当查到所需作者及其命中记录后，用户可以再用 S 指令对 E 进行检索。更换文档指令 File n 可以使查找的数据库从原先的文档调至另一文档，它与 BEGIN 指令执行之后不同的地方在于，File n 指令输入之前的所有信息不会被消除。排序指令 Sort 是按某一字段对记录进行排序，其格式为：Sort 检索组号/记录范围/字段代码。检索系统默认的是升序，如果在末尾加上 D，则检索记录将会按降序排列，排列的结果生成一个新的检索。执行保留指令 Execute 与永久保留指令 Save、临时保留指令 Save Temp 配套使用，可以用来执行保存的检索策略。

4.检索结果的处理

（1）联机打印指令 TYPE（T）

TYPE 指令的使用方式有两种：一是以集合号联机打印，其格式为：? TYPE 集合号/输出格式/命中文献记录的序号。例如，"? type 7/4/3"就表示用户要求联机系统以第 4 种打印格式联机打印第 7 种提问编号的命中文献记录的第 3 篇。在打印过程中如果想停止打印，只要键入 RETURN 即可。二是以文献记录索取号联机打印。由于在数据库里每篇文献记录都有一个存取号，因此用户也可使用这个编号联机打印文献记录。例如，在"? type 4723/7"中，4723 是文献记录的存取号，7 为第 7 种打印格式。使用联机打印指令可以在当时就得到检索结果，但所付费用较高。

（2）脱机打印指令 PRINT（PR）

脱机打印是指 DIALOG 系统先将用户的脱机打印指令和要求存储在主机内，再由检索系统中心打印处理后邮寄给用户。打印格式和联机打印相同。脱机打印的费用较低，但需要等待较长的时间。

系统允许用户按自己的需要自定义显示、打印和存储记录的格式。具体做法是：使用由两个字母组成的字段代码来定义显示或打印格式，可以相继输入其相应的字段名称，并用逗号隔开，不过一次最多只能自定义 9 种格式。例如，"TYPE S1/TI, AU, AB/1-5"，意为显示第 1 组检索集合中第 1 个～5 个记录的题名、作者和文摘。

（3）屏幕显示指令 DISPLAY（D）

检索完成后可以使用 DISPLAY 命令，显示符合检索要求的记录。例如，检索式"? DISPLAY S2/5/1"，就表示按格式 5 显示第 1 条记录。DISPLAY 指令的功能和使用方法与 TYPE 指令基本相同，差别在于 TYPE 指令把命中文献连续显示在屏幕上，而 DISPLAY 指令则会按屏显示命中记录。如果记录太长，在一个屏幕上显示不完，系统会给出 MORE 字样，键入 PAGE（P）指令即可继续显示剩余的部分。

表 6.4 DIALOG 系统规定的输出打印格式

格式代码	内容
1	DIALOG 存取号
2	除文摘外的全部记录
3	题录（含存取号、题目、作者、出版时间、语种）
4	全记录、字段名用缩写形式表示
5	全记录
6	DIALOG 存取号及标题
7	题录及文摘
8	标题及文摘
9	全文数据库全记录

5. 完成检索，退出系统

（1）END 指令。当完成一个检索课题之后，用户可以使用"? END"指令，它表示结束查找，开始结账但不停机，可以继续查找其他课题的文献。

（2）LOGOFF HOLD 指令。LOG OFF HOLD 是暂停检索指令，用户可以在 30 分钟之内再次进入上次检索的文档中，并调用上次的全部检索策略。但时间超过 30 分钟，系统将自动断开，并结束检索。

（3）LOGOFF 指令。如果用户在完成一项检索作业后，不准备再检索其他课题的文献，就可以直接使用脱机指令"? LOGOFF"结束检索，退出 DIALOG 系统。当键入 LOGOFF 指令后，系统会自动给出联机时间、用户编号、检索词数量、联机费用或打印费用以及退出系统的时间等信息，使用户回到网络节点。到这个时候，用户既可以连接另一个联机系统，如 ORBIT 系统，重新进行一项新的检索；也可以关闭设备，结束检索。

以 DIALOG 系统为代表的联机信息检索系统的基本指令的用法及系统响应信息如图 6.3 所示（斜线部分需要用户输入）。

```
?  BEGIN 4
31 may 94 21:59:13 User 16521 Session D11.1
         $ 0.15      0.010 Hrs. file HomeBase
$ 0.15 Estimated cost File HomeBase
```

```
    $ 0. 15 Estimated cost this search
    $ 0. 15 Estimated total session cost      0. 010 Hrs.
       File      4: INSPEC 1983-1994/May W4
              ©1994 Institution of Electrical Engineers
           Set    Items    Description
    ? S  INFORMATION () INFRASTRUCTURE
              185667    INFORMATION
                3471    INFRASTRUCTURE
           S1    167    INFORMATION () INFRASTRUCTURE
    ? TYPE S1
    1/2/1
    DIALOG No: 03975868 EI Monthly No: EI P94112405681
    Title: Hitch a ride on the superhighway to manufacturing success
    Author: Barthrope, Francis
    Source: Professional engineering v.7 n.13 July 20 1994. p. 12-13
    Publication Year: 1994
    CODEN: PFLEEN ISSN: 0953-6639
    Language: English
    Document Type: JA; (Journal Article) Treatment Code: G; (General Review)
    Descriptors: * Information services; Computoer networks; ...
    Identifiers: Information superhighway; Internet; ...
    EI Classification Code: 903. 3 (Information Retrieval & Use)
    ? TYPE
       1/2/2
       DIALOG No: 03964212 EI Monthly No: EI P94081375104
       Title: Standards for chromatographic data communications, ...
       Author: Lysakowski, Rich
       Corporate Source: Digital Equipment Corp. Marlboro, MA, USA
       Source: Journal of Chromatographic Science v. 32 n. 6 Jun. 1994 –
    ? LOGOFF
       04 may 94 21: 26:26 User 165421 Session D9. 1
           $ 0. 09      0. 006 Hrs File HomeBase
       $ 0. 09 Estimated cost File HomeBase
       $ 0. 09 Estimated cost this search
       $ 0. 09 Estimated total session cost 0. 006 Hrs.
       Logoff: level 34. 05. 01 D21: 26:26
```

图 6.3　DIALOG 系统检索操作基本指令及其过程

五、光盘信息检索

1.光盘信息检索的发展与特点

光盘产品出现 20 世纪 70 年代，最初只是用于娱乐，稍后才用于图书情报机构存储馆藏书目信息。用于信息服务的第 1 种光盘是 1985 年研制出来的。1985 年，第 1 个推向市场的光盘产品 BiblioFile（LC-MARC）数据库及其编目软件系统，收藏了美国国会图书馆自 1965 年以来的全部英语文献书目，以及 1900—1964 年的部分书目记录。自此，以光盘为载体的数据库产品如雨后春笋一样大量涌现，为信息检索带来了革命性的变化。

1986 年，我国国家海洋局海洋科技情报研究所首次引进光盘数据库《水科学与渔业文摘》（ASFA）。1992 年，中国科技信息研究所重庆分所开发出我国第 1 个 CD-ROM 光盘库，即《中文科技期刊篇名数据库光盘》；1993 年，中国专利局研制出我国第 2 个 CD-ROM 数据库，即《中国专利/文摘（光盘）》。随着光盘制作技术的发展，各种各样的光盘数据库大量出现，如北京图书馆的《中国国家书目光盘》、万方数据公司的《中国科技文献数据库光盘》、中国科技信息研究所重庆分所的《中国科技经济新闻库》、中国医学科学院信息研究所的《中国生物医学文献光盘数据库》等等。光盘信息检索已经成为广大教师、科技人员和学生进行科研选题、掌握研究动态和从事科学研究不可缺少的一种信息获取手段。

光盘信息检索，是以微机、光盘驱动器、光盘数据库为主要组成部分而建立起来的信息检索方式。其中光盘数据库是信息的载体，光盘驱动器是读取光盘中信息的设备，而微机则是整个光盘检索系统的控制中心。与联机信息检索相比，光盘信息检索具有如下特点：不受机时限制，检索费用相对较低；操作简便灵活，允许反复修改检索策略直至检索到满意的结果；能及时打印检索结果，避免了联机信息检索脱机打印造成的时间上的延误。

2.光盘信息检索的方式和步骤

对于中文光盘数据库的检索过程，这里以"人大复印资料全文数据库及其索引光盘"为例加以说明。

（1）了解人大复印资料全文数据库的收录范围和检索途径。人大复印资料全文数据库以国内社会科学、人文科学专题文献资料为主，从 3 500 多种期刊上精选全文，并归入到教育、文史、经济、政治 4 个大类，涵盖面广、信息量大、分类科学。数据库为季度更新。

人大复印资料全文数据库在 Windows 环境下运行，窗口式操作，十分直观。用户可以从自由词、原文出处、原刊地名、原刊期号、分类号、分类名、作者、复印期号、标题词、关键词等10余种检索途径中选择查询；组配检索可以使用布尔逻辑 AND 和 OR 算符。

（2）安装光盘，进入检索窗口。检索时既可以通过下拉菜单选取合适的入口，也可以通过键盘输入、词库选择和组配检索确定检索式。输入检索式后按回车键或单击检索图标即可查询，将检中结果用鼠标选中做标记。在"摘录"下拉菜单中可以选择拷贝、剪贴、打印，或单击相应的工具按钮，对检索结果进行相应处理。

（3）与"人大复印资料全文数据库"配合使用的还有"人大复印资料索引"。它是将所选的3 000余种期刊按专题进行设置，以目录索引的形式，并注明原出处，配合全文版光盘及印刷版人大复印资料使用。用户可以从篇名、著者、日期、刊名、刊期、分类名称、分类编号等途径进行查询，查询方法分简易查询和高级查询。

目前，我国引进有多种国外高质量的光盘数据库及其检索系统。主要包括美国大学缩微品公司（University Microfilms, Inc., UMI）出版的光盘数据库及其检索软件 ProQuest Searchware、银盘公司（SilverPlatter Information, Inc.）数据库及其检索软件 SPIRS（SilverPlatter Information Retrieval System）、DIALOG 系统出版的系列光盘及其检索软件 DIALOG Ondisc 等。这里以大学缩微品公司出版的国际学位论文文摘数据库（Dissertation Abstracts Ondisc，简称DAO）为例，对英文光盘的使用方法加以简单说明。

DAO 的收录范围涉及欧美1 000余所具有代表性的高校及科研院所的160多万篇博士论文和部分硕士论文的文摘，是目前世界上最大和使用最广泛的学位论文数据库。内容涵盖各个学科领域，既有人文科学，也有自然科学与应用科学。该数据库每周更新，每年新增4万条记录。DAO 采用 UMI（现名为 Bell & Howell Information and Learning）公司出版的 ProQuest Searchware 光盘检索软件，提供自由检索和索引检索两种方式，以及简单检索、字段检索和复合检索等多种方法。

自由检索法可以直接输入检索词，在所有字段进行查找；也可以用字段限制符进行检索，以便缩小查询范围；还可以使用逻辑组配、位置算符和截词算符等进行检索。其输入方式为：字段代码（检索式）。例如，"TI(Information industry)"就表示在标题字段中查找含有 information industry 字样的记录。初始的检索屏（Search Screen）分为上、下两部分：上半部用于输入检索项，下半部则用于显示检索结果。初始检索界面如图6.4所示：

第六章 数据库与网络信息检索

```
┌─────────────────────────────────────────────────────────────┐
│          ProQuest (R)              CD-ROM Retrieval         │
│                         Version                             │
│     DISSERTATION ABSTRACTS ONDISC 1993-MAR 1996   F1=Help   │
│                       F2=Commands                           │
├─────────────────────────────────────────────────────────────┤
│                       Search   Entry                        │
│                    （此处输入检索项）                       │
├─────────────────────────────────────────────────────────────┤
│                         Results                             │
│   New    Search                                       Hits  │
│                    （此处显示检中条数）                     │
├─────────────────────────────────────────────────────────────┤
│              Type your search and press ENTER               │
└─────────────────────────────────────────────────────────────┘
```

图 6.4　ProQuest 光盘检索初始界面

索引检索法是直接进入检索屏，在数据库所列的几项索引中选词。这样可以省却自己输入检索词的步骤，保证词的拼写完全正确，而且能在相应的字段中找到合适的词。《硕博士论文文摘》数据库有以下 6 种索引可以使用：Author Index、Subject Index、Keyword Index、Subject Terms/Codes、Schools Index、Advisor Index 等。如图 6.5 所示：

```
         ProQuest (R)            CD-ROM Retrieval         Version
    ┌──────────────────────────────────────────────────────────┐
    │ DISSERTATION ABSTRACTS ONDISC JAN1993-MAR1996 F1=Help    │
    │                      F2=Commands                         │
    └──────────────────────────────────────────────────────────┘
                         Search    Entry
    ┌──────────────────────────────┬───────────────────────┬───┐
    │          INDEXES             │         TERMS         │ H │
    │   AUTHORS              AU    │   GAA, SANDRA JEAM    │ITS│
    │   SUBJECT AREAS-BROAD  SB    │   GAAFAR, LOTFI KAMAL │ 1 │
    │   SUBJECT TERMS/CODES  SU    │   GABAM, BONI THADIUS │ 1 │
    │   SCHOOLS              SC    │   GABAY, CEM          │ 1 │
    │   ADVISORS             AD    │   GABB, ANTHONY A     │ 1 │
    │   KEY WORDS/BASIC INDEX BI   │   GABEL, AMY DILUORTH │ 1 │
    │                              │                       │ 1 │
    ├──────────────────────────────┴───────────────────────┴───┤
    │   Authors of doctoral dissertations and master's theses  │
    ├──────────────────────────────────────────────────────────┤
    │ Use  ↑ ↓ ← →  to move                       ESC=Go back  │
    └──────────────────────────────────────────────────────────┘
```

图 6.5　ProQuest 光盘检索的主要索引

无论用自由检索法还是索引检索法，检出的记录都可用功能键进行处理。该数据库设置了诸多功能键，使用起来非常方便。

第三节　网络信息检索

一、网络、网络信息检索及其特征

1. 网络与 Internet 的含义

网络是利用通信线路将多台计算机连接起来，进行计算机与计算机之间的通信。按规模大小和分布范围，计算机网络可分为局域网（LAN：Local Area Network）、都市网（MAN：Metropolitan Area Network）、广域网（WAN：Wide Area Network）和互联网（Internet）。局域网就是局部区域的计算机网络，在局域网中连在一起的计算机分布范围一般在 10 米以上和几公里之内。因此它只是在小范围内实现资源共享的计算机网络，具有结构简单、投资少、数据传输速度快、可靠性好、保密性强等优点。广域网是在较大范围内实现计算机之间通信和数据交换，典型代表是美国的 ARPAnet 和 NSFnet、我国的 CHINANnet、CERnet、ChinaGBN 和 CSTnet 等。这些都是 Internet 的基础设施。

Internet 的出现是由于计算机网络的广泛应用，网络用户需要在更大范围内实现相互通信和资源共享的结果。其实质就是将若干个 LAN 和 WAN 联结成一个庞大而统一的全球计算机网络。具体而言，Internet 至少有 5 个方面的含义：

（1）从网络互联的角度看，Internet 是由成千上万个具有特殊功能的专用计算机通过各种通信线路，把分散在各地的网络在物理上连接起来而形成的一个互联网。

（2）从网络通信的角度看，Internet 是一个用 TCP/IP 协议把各个国家、各个地区、各种机构的内部网络连接起来而形成的数据通信网。

（3）从提供信息资源的角度看，Internet 是将各个国家、各个部门、各个领域的不同信息资源联为一个整体的超级信息资源网。凡是接入 Internet 的用户，都可以通过各种信息查询工具访问所有的信息资源，查询各种数据库，获取自己所需的各种信息资料。

（4）从网络管理的角度看，Internet 是一个不受任何政府或某一个管理机构管理和约束，而是由用户互相协作的组织和集合体。从某种程度上讲，Internet 是处于无政府状态之中，每一个接入 Internet 的用户都自愿承担网络的管理和控制，自愿遵守网络道德标准，并且共同遵守 TCP/IP 协议的一切规定。

（5）从信息服务的提供上看，现代的 Internet 能够提供广泛、多层次的、从文本信息到多媒体信息的综合性网络，为现代社会的信息交流提供了一个全新的空间（Cyberspace）。Internet 已经对信息传播、教育方式、经济发展乃至文化传统、思维方式等等都产生了不可估量的影响。

2. 网络信息检索及其特征

网络信息检索是指利用 E-mail、FTP、Telnet、Archie、WAIS、Gopher、WWW 等检索工具或协议，在 Internet 等全球性网络上进行信息存取的行为。网络信息检索是网络革命和信息检索发展的结果，是现代通信、计算机和信息资源各自网络化并相互连接、渗透而形成的全球性、综合性、全方位网络发展的结果。

网络信息检索与传统的联机信息检索相比，有以下几个方面的不同：

（1）两种不同的系统结构：集中式与分布式

传统的联机信息检索系统绝大多数是集中式管理的，即整个系统有专人负责维护，系统中的信息定期更新；当用户希望获得其中的信息时，用户知道向谁去申请注册、向谁索取有关资料、向谁缴付费用。通常，用户和系统的管理者都比较清楚系统中的信息资源及其查询方法等。在联机信息检索系统中，绝大部分的工作都是在主机上完成的。这样，对主机的性能要求就相当高，要求其容量大，处理速度快，功能强等。一般的信息检索系统都采用昂贵的大型主机及大容量的外存介质。这种集中式系统的主要优点是集中的安全性以及在存储设备上处理大量数据的功能。但缺点是过分依赖主机，主机一旦出现故障，则整个网络都将处于瘫痪状态；网络的扩展性和灵活性都较差。

Internet 是一个由许多类型、结构不同的分组交换网通过路由器连接而成的一种庞大的、能整体运行的网络。这一网络以模块性、并行性为主要特点，信息传输的路径并不像集中式系统中是静态的，而是属于动态的，即使某一条路径被破坏了，信息包还能经由别的路径到达目的地，从而极大地提高了网络的安全性、灵活性以及资源共享。

（2）两种不同的服务模式：主仆式与客户/服务器式

在联机信息检索中，用户提交的查询经由通讯网络后交主机进行处理，所有的工作都在主机上进行，这种运作方式称为主仆式。

在 Internet 中，主要采用先进的客户/服务器模式（Client/Server）。应用分前端的客户部分和后端的服务器部分，客户方借助浏览器（Web Browser）运行在微机或工作站上，分析从服务器上返回的数据，并且给用户显示信息；服务器方（Web Server）则运行在从微机到大型机等各种计算机上，处理用户的各种请求并提供服务；客户方和服务器方都遵循着相同的通信协议（通过它将服务器和浏览器连上 Internet）。这种查询模式极大地提高了网络的利用率以及系统数据的独立性和完整性，同时，由于许多机器和操作系统都能互连起来，用户可以选择最适宜的硬件和软件环境，无论数据在哪里，用户都可以不用学习服务器环境而予以访问。

(3) 两种不同的信息组织方式：普通文本和超文本

在传统的联机信息检索系统中，其数据库主要存储有关主题领域各类文献资料的书目信息，并以线性的方式来安排文档结构及其记录和字段等。这就是普通文本的组织方式。

在 Internet 上，信息组织则采用了超文本的方式，信息单元不是按线性序列来组织，因此它的数据库与普通文本数据库不同，其数据库不是由字符而是由节点和链路组成，节点表示知识单元、片段或其组合，链路表示这些节点间的网状关系。换言之，超文本数据库有两个部分：信息集合和连接集合中信息的链路网。超文本信息组织和检索的最大优点是人们可以沿着信息内容之间的相关关系，借助于各种有效手段任意发展延伸其思想，不受计算机一般组织文献信息的思路的限制，随心所欲地浏览与其思想有关的各种信息；同时，超文本信息的组织与检索，使得信息的形式不仅仅局限于字符，而且还可以是其他多媒体形式，信息更为丰富。但是，由于超文本技术的出发点是知识组织的非线性化，这就导致用户检索信息时注意力分散、检索结果失去整体性和全局性等缺陷。

(4) 两种不同的检索机制：二次文献和搜索引擎

传统的联机信息检索系统中的文本通常是经过选择、加工和标引之后，能够比较完整地描述一篇文献资料的信息集合，这样的信息集合称为二次文献。每篇这样的二次文献称为一个记录，它充分地反映了文献的内容及特征。每个记录一般都含有存取号、基本索引和辅助索引 3 种类型的字段。

在 Internet 中，检索机制是随着服务器类型的不同而不同，Archie 是用于 FTP 的检索工具，Veronica 是用于查找 Gopher 的工具，Google、百度等搜索引擎则是用于 WWW 检索的。这些检索工具的组织有目录式和索引式。

(5) 两种不同的检索结果：或优或劣，各有所长

传统的联机信息检索与网络信息检索在信息质量、检索空间、检索时效、检索费用以及检索的安全性上都有许多的差异。例如，传统的联机信息检索系统的数据库都经过严格的加工、标引，信息的附加值高，可靠性好，来源可靠，而网络上的信息资源虽然丰富，但由于没有可靠的来源和深度加工，质量参差不齐。传统的联机信息检索通常局限于某一主机的特定数据库上，而网络信息检索可以同时使用多个主机及其资源，用户也不必知道它们的具体地址，检索的空间大大增加。此外，由于联机信息检索服务是以盈利为目的，所以检索费用昂贵；Internet 上则提供有丰富的免费资源。

需要说明的是，传统的联机信息检索正借助于 Internet 这个平台，不断改进自己的信息系统与服务方式，在新的信息环境中寻找新的生长点，增加新的

服务项目与内容。两者在不断的融合中相互促进、共同发展。

二、网络信息资源的类型、特征与评价

1.网络信息资源的类型

网络信息资源是以数字形式记录，以多媒体方式表达，存储在网络计算机磁介质、光介质及通信介质上的信息集合。与传统的文献信息资源一样，网络信息资源涉及人类生产、生活、娱乐以及其他社会活动的各个方面，是随着人类社会实践的发展而不断累积起来的。

网络信息资源类型繁杂，形式多样。从信息检索的角度来说，网络信息资源主要有如下几种划分标准和类型。

（1）按信息的加工形式划分：①网络资源指南和搜索引擎；②联机馆藏目录，如图书馆及信息服务机构提供的 OPAC、地区或行业联合目录等；③网络数据库，这是由传统联机数据库系统发展而来，或者由专业信息服务商开发的数据库资源等；④电子出版物；⑤软件资源；⑥各种网络新闻、广告及实时交流信息等动态信息。

（2）按信息的发布方式划分：①查阅文献线索的检索型数据库，如美国 Bowker-Saur 网站上的 Global Books in Print，能查阅世界各国出版的图书；ISI 网站上的 Web of Science 是著名的 SCI、SSCI、A&HCI 的 Web 版，能查阅各类引文数据。②查阅知识条目的参考型数据库，如美国 Gale 网站上的 Gale Net 专栏，能查阅该出版社编辑出版的各类参考工具书；Encyclopedia Britannica 网站和 Webster's Dictionary 网站分别是《不列颠百科全书》和《韦氏英语词典》的 Web 版。③查阅期刊信息或全文的数据库，如通过德国 Springer 出版社的 LINK 网站，可查阅该社出版的各类期刊 500 多种。④查阅特种文献信息的数据库。如英国的 Derwent 网站提供有 Derwent 专利全文数据库；美国的 UMI 网站提供有学位论文数据库；美国的 NTIS 网站提供有美国四大科技报告的数据库等。

（3）按信息的发布机构划分：①企业站点信息资源，这类站点一般以 com 为域名注册，信息资源通常以初始信息为主，如提供公司总体概况、各类产品信息、商业服务信息等。②科研和教育站点信息资源，这类站点一般以 edu 或 ac 为域名注册，主要提供学术性较强的各种信息，如科研活动介绍、学术动态、远程教育、信息检索知识等。③信息服务机构站点信息资源，这类站点一般以 net、com、gov 或行政区域为域名注册，主要提供各类专题信息，广泛开展信息资源的开发与利用服务、网络功能的开发与应用服务等。

（4）按信息的交流方式划分：①正式信息，即通过网络用户可以检索到

的各种数据库、联机杂志和电子杂志、电子版工具书、报纸、专利信息等。②非正式信息，包括电子邮件、专题讨论小组和论坛、电子会议、电子公告板等。③半正式信息：从各种学术团体和教育机构、国际组织和政府机构、行业协会或商业部门等单位的网址或主页上查询到的、在正式出版物系统无法得到的"灰色"信息。其中，有些是稳定的信息资源，它们主要是非网络环境下的印刷信息传播制度在网络上的延伸。包括各类社会组织所提供的机构信息、对印刷文献进行数字化以后所产生的各种信息资源、研究团体或其他组织运营的网络杂志、各种联机检索系统在网络上提供的数据库等；有些是不稳定的信息资源，比如不断流动的、即时性的和变化的信息，包括研究同行之间的信息交换以及日常生活中人与人之间的信息交流等。

（5）按信息的传输协议划分，这是网络资源最基本的划分方法。

①Web 信息资源。Web 采用超文本、超媒体技术集网上多媒体信息为一体，以直观的图形界面向用户提供网络信息。Web 代表着 Internet 信息资源的主流。利用 Web 浏览器，通过超链接（Hyperlink）和统一资源定位器（Uniform Resource Locator）可以方便地从一个服务器跳转到另一个服务器，从一个文件跳转到另一个文件，从一个网页跳转到另一个网页，方便快捷地浏览、查找或获取遍布世界的 Web 信息资源。通过 Web 浏览器还可以轻松地访问 Usenet、FTP、Gopher、WAIS 等许多其他类型的网络资源。

②FTP 信息资源。FTP（File Transfer Protocol）是 Internet 上历史最为悠久和应用非常广泛的网络资源。两台计算机只要加入 Internet 并支持 FTP 协议，这两台计算机之间就可以相互地下载或上传文件。FTP 用户分为记名和匿名两种，普通的 FTP 要求用户在登录到远程计算机时提供相应的用户名和口令；匿名的 FTP 是以 Anonymous 作为用户名，一般用自己的电子邮箱地址或 guest 作为口令。通过 FTP 可以获取电子书刊、免费软件等许多类型的信息资源。

③论坛类信息资源。网络论坛是一种最丰富、最自由、最具开放性的网络信息资源，也是 Internet 上最受欢迎的信息交流形式。主要包括：新闻组（Usenet Newsgroups）、用户邮件列表（Mailing List）、电子邮件群（LISTSERV）、电子公告（Bulletin Board Services，BBS）、专题讨论组（Discussion Group）、网络博客（Weblog）等。

④Telnet 信息资源。Telnet 是 Internet 上的远程登录协议，允许用户将自己的计算机暂时成为远程计算机仿真终端，从而使用远程计算机上的硬件、软件和信息资源。要在远程计算机上登录，首先应给出远程计算机的域名或 IP 地址，还必须事先成为该远程计算机系统的合法用户并拥有相应的账号和口令。Telnet 是一个强有力的资源共享工具。许多大学图书馆都通过 Telnet 对外提供联机公共目录查寻（OPAC）服务，一些政府部门、研究机构也将它们的数据

库对外开放,便于用户通过 Telnet 进行查询。

⑤Gopher、WAIS、E-mail 等其他的网络信息资源。

2.网络信息资源的特征

网络信息资源是一种新型数字化资源,与传统文献资源相比有较大的差异。了解网络信息资源的特征,有助于网络信息资源的检索与利用。从整体上看,网络信息资源具有如下基本特征:

(1) 数量庞大,种类繁多。Internet 已经成为世界上最大的信息资源库,数量庞大,传递速度快,并且以极快的增长速度在扩张。Internet 的信息资源几乎是无所不包,而且类型丰富多样,既有学术信息,也有商业信息信息;既有机构信息,也有个人信息;既有文本信息,也有多媒体信息。

(2) 分布广泛,相互关联。随着数字化空间和全球网络的发展,网络信息资源呈现出跨国家、跨语种、广泛分散、不断开放的发展态势,同时,由于网络特有的超文本链接方式,使得不同的信息内容、不同的民族文化之间相互关联、相互融合和相互渗透。

(3) 时效性强,共享性好。网络信息的时效性远远超过了其他任何一种信息,网络媒体传播的速度及影响范围使得信息的时效性大大增强。同时,网络信息增长速度快,更新频率高,可以 24 小时不间断进行,这也是其他媒体信息所不能企及的。Internet 信息资源除了具备一般意义上的信息资源的共享性之外,还表现为一个 Internet 网页可供所有的 Internet 用户随时访问,不受国家地域、民族文化、政治思想等的限制,也不存在传统媒体信息由于复本数量的限制而产生的信息不能获取的现象。

(4) 非线性交互,无序性增加。网络信息组织是基于超文本技术的非线性排列,是基于电子平台和数字编码基础上的多媒体互动模式,因此网络信息资源的呈现方式从静态的文本格式发展成动态的多模式的链接,加上友好的用户界面,直观真切的视听方式,信息的大众性和娱乐化等,都进一步强化网络信息资源的可获取性和易用性。另一方面,由于网络缺乏统一的管理,任何机构或个体都可以自由发布信息,而且许多信息都是未经加工整理的,因此就整个网络而言,各种信息鱼龙混杂,泥沙俱下。"如果说 Inernet 有 1 英里宽的话,那么它只有 1 英寸深"。

3.网络信息资源的评价

网络信息资源分布广泛,类型多样,其质量总是存在一定的差别。通过对网络信息资源进行评价以确定其优劣,可以帮助用户在最短的时间内,以最快的速度获取自己满意的、有针对性的信息资源。一般来说,对于不同的检索用户,网络信息资源的"质量"的含义会有所不同。一个被广泛接受的关于"质量"的定义是国际标准化组织提出的:质量是产品或服务满足现实和潜在需求能力所表现出的整体性状与特性。这样一来，相应的评价指标也会有所差异。

（1）国外学者的观点

美国南加州大学教授哈利斯（Robert Harris）在谈到如何评价网络信息资源时认为："人们应该找出所用信息值得相信的证据，弄清楚为什么这些信息是值得引用的，是什么使它值得人们相信？"他具体提出了8条评价标准，包括有无质量控制、读者对象和目的、时间性、合理性、有无令人怀疑的迹象、客观性、世界观以及引证或书目情况等。

斯多克尔（David Stoker）和考克（Alison Cooke）认为，评价网络信息资源应当从以下几个方面来考虑：权威性、信息来源、范围和论述、文本格式、信息组织方式、技术因素、价格和可获取性、用户支持系统等。

美国乔治大学教授威尔金森（G. L. Wilkinson）等人，在研究和分析网络信息资源特点的基础上提出了11条标准，即可检索性和可用性、信息资源的识别与验证、作者的权威性、信息结构和设计、信息内容相关性和范围、内容的正确性、内容的准确性和公正性、导航系统、链接质量、美观与效果等。

（2）国内学者的看法

南开大学的李培和刘淑华将网络信息资源的评价标准归纳为"10C"原则和"CARS"检验体系两种。"10C"原则包括：内容（Content）、置信度（Credibility）、批判性思考（Critical Thinking）、版权（Copyright）、引文（Citation）、连贯性（Continuity）、审查制度（Censorship）、可连接性（Connectivity）、可比性（Comparability）和范围（Context）。"CARS"检验体系是指置信度（Credibility）、准确性（Accuracy）、合理性（Reasonableness）和支持度（Support）等。

中国医科大学图书馆的左艺等人认为，网络信息资源的评价主要涉及6个方面，即范围，包括广度、深度、时效和格式；内容，包括准确性、权威性、时效性、独特性、精练性；可使用性，包括用户友好性、可检索性、可浏览性、组织方式及链接稳定性；图形与多媒体设计；目的及对象；评论等。

南开大学的陆宝益提出了更为详尽的网络信息资源评价指标体系。主要包括：信息内容涉及主题的深度与广度、引用数据或事实的准确性、表达观点的客观性、新颖性、稳定性、安全性、导航系统、责任者、信息来源或提供商、注释或参考文献、创作或创建目的、用户界面的友好性、媒体形式、更新周期、专业信息比例、信息组织层次等16个方面。

三、搜索引擎的概念与发展

网络信息检索工具很多，既有早期的 Archie、WAIS、Gopher、Veronica 等检索工具，也有后来居上的目录浏览型和关键词查寻型搜索引擎；既有 White

Pages Directory、Internet Yellow Pages、Whois、DejaNews、FAQ Archive 等字典型查询工具，也有 Archie、Verronica、Jughead 等索引型查询工具；既有 Alta Vista、Excite、Yahoo!等综合性检索工具，也有 Medical World Search、Social Science Information Gateway、MapBlast、WebSEEK 等专题性和专门性的检索工具等。

在各种检索工具中，WWW 是 Internet 上发展最快、信息最丰富的一种检索服务程序。它基于 HTTP 协议，用 HTML 语言将多媒体信息组织成超文本，并通过这种方式把全世界 Internet 上的不同地点的相关信息有机地结合起来，具有联网简单、格式标准、多媒体信息浏览、界面友好等优点。因此，WWW 检索工具能够在短时间内经历了从无到有、从少到多、从功能单一到功能多元化的过程，其发展的速度和数量是其他检索工具无法比拟的。目前，WWW 检索工具基本上采用搜索引擎的方式对各种信息进行检索，并已成为现代网络信息资源的基本模式。

1.搜索引擎的概念与构成

搜索引擎（Search Engine）通常是指通过网络搜索软件（网络机器人）收集 Internet 上大量 Web 页加以索引并提供给用户查询的专门网站。换言之，搜索引擎是以分散于世界各地的 Internet 文档（包括 html、htm、asp、nsf、shtml、txt、pdf 等格式）为收集对象，并建立索引机制，目的是为用户提供搜索网络资源链接的服务性网站。广义的搜索引擎包括由人工方式收集起来的站点（目录服务）。

搜索引擎一般由以下 4 个部分构成：

（1）搜集器：负责从网络上搜集网页。这部分可由搜索引擎的网络机器人（Net Robots，或称 Search Index、Spiders、Crawlers、Worms），自动在网上进行搜索，也可以通过人工进行收集。其基本机制是：启动蜘蛛或爬虫等程序、扫描 Internet、查找 Web 页并提取数据纳入自己的数据库。

（2）管理器：负责搜索策略的制定及管理、索引的存储组织和增删改等工作。

（3）检索器：提供网络用户检索界面，并根据用户的查询要求，从信息数据库中检索出与之相关的信息资料并反馈给用户。也就是用户在检索时直接输入关键词，搜索引擎根据一定的规则将检索式与其数据库中的文献进行匹配，从而生成结果清单。

（4）扩展服务部分：搜索引擎除前 3 项以外所提供的各项服务，这些服务往往是搜索引擎经济收入的来源。

搜索引擎的前两个部分属后台作业，对用户来说是不可见的，用户在使用搜索引擎时，见到的只是检索界面（扩展服务包含在检索界面内）。

2. 搜索引擎的产生与发展

（1）萌芽和雏形时期（1990—1993）：搜索引擎的起源可以追溯到 1990 年加拿大蒙特利尔大学学生 Alan Emtage 开发的 Archie。当时 Web 还没有正式应用，Archie 用于检索分散在 FTP 服务器上的文件，它的工作原理与搜索引擎很接近，就是依靠脚本程序自动搜索网上的文件，然后对相关信息进行索引，供用户以特定方式查询。

1993 年之前，人们认识到既然所有网页都可能与其他网站进行链接，那么从跟踪一个网站的链接开始，就有可能检索整个 Internet，这一简单想法就是今天搜索引擎的基本原理。不过当时人们采用的查找方法是从一个 WWW 服务器中的某一个 URL 开始，沿着其中的超链接连接到其他 URL，逐一查找。但用这种手工方法进行查寻既费时又费力，用户很难得到满意的信息。从 1993 年开始，一些服务站点为了方便用户浏览阅读，将手工收集到的站点信息编成 HTML 文件，按字母表顺序、网站地址或网站信息类型等方式组织起来，从而使用户能通过这种分类目录找到相关网站信息。这种系统被称为 Catalog 或 Directory。与此同时，另有一批人着手研究用计算机代替人工进行超链接跟踪，并记录下来各站点的 URL 及摘要信息。在 1994 年前后出现了这样的程序，被称为 Net Robot 或 Spider 等，利用它们建立起来的查询系统就是所谓的搜索引擎。这种系统由软件程序自动在网上进行数据收集和索引，收集速度大大提高，覆盖面扩大，并且收集到的网页也更加及时。这两类系统在不断的发展过程中互相借鉴，人工收集的系统增加了关键词检索功能，而基于网络机器人的收集系统也增加了分类目录浏览功能，但当时这两类系统均没有统一的称法。

（2）初建与扩容时期（1994—1996）。1994 年 4 月，Web Crawler 公司的 WebCrawler 搜索引擎在网上正式发布；6 月，Lycos 公司建立的 Lycos 搜索引擎开始服务；年底，Yahoo!公司创办并正式建立了 Yahoo!站点。1995 年，Excite 公司和 Digital 公司先后发布了 Excite 和 Alta Vista 搜索引擎。到了 1996 年，已经有 10 多家较大的搜索引擎投入运行，竞争的焦点是谁家的数据库更大，谁家的索引更新最快。这一时期的搜索引擎收集的网页数量基本都超过了 1 000 万个，并向着 5 000 万个发展，对 Internet 的扩张产生了极大的促进作用。

（3）注重质量建设时期（1997—1999）。从 1997 年开始，搜索引擎从追求容量转向追求质量，力争做出最好的索引。以 HotBot、Google 等为代表的一批搜索引擎，不再追求搜索引擎数据库的大而全，而是追求收录网页和查询的质量。HotBot、Google 等被业界人士称为搜索引擎的规范楷模，并逐渐确立了自己在搜索引擎市场的优势地位。

（4）多向发展时期（2000—）。进入 21 世纪之后，国外搜索引擎进入到多向发展时期。搜索引擎的数量已经达到 3 500 个左右，其中既有大型综合性搜索引擎，也有特定领域的专业搜索引擎，并呈现出下列发展趋势和重要特点：

首先，第二代搜索引擎粉墨登场。第二代搜索引擎在为用户查找网上信息时，特别注重网站的重要性。所谓网站重要性是指在满足用户需求的基础上，侧重于网站内容的权威性、丰富性和准确性，根据网站重要性的等级对检索结果进行排序。第一代搜索引擎是根据关键词在主页中的位置和出现的频率来进行加权和排序，而第二代搜索引擎则根据用户实际访问一个网站并在该网站上所花费的时间来确定网站的重要性，或者根据一个网站被其他网站链接的数量来确定网站的重要性，还有的根据概念、域名等排列。这种根据用户忠诚度的评判方法更具有客观性，因而用户所获得的信息也就更准确。比如，http://www.google.com/ 是以大量广泛使用的链接作为排列网址的主要方法，这些链接取自于搜索服务中排列靠前的网页；http://www.directhit.com/ 是通过用户从所见到的检索结果进行精选来完成监控调整工作，用户所进行精选的网址要多于 Direct Hit 在检索结果中所列出的网址；http://www.infind.com/ 依靠概念和网址来排列检索结果；http://www.metafind.com/ 是通过关键词、字母顺序或域名来排列结果。

其次，专业搜索引擎纷纷出现。近年来，针对性强、目标明确、查准率高的专业搜索引擎发展很快，其作用和功能是综合性搜索引擎所不能替代的。例如，用于查找图书的专业搜索引擎，就能够显示一本图书的书名、作者、版本、出版年月、在不同网上书店中的不同价格等信息，从而引导用户在网上书店订购图书。

第三，智能搜索引擎崭露头角。目前智能搜索引擎还不多，智能化还不高，随着人们对智能特征认识程度的加深和用户需要的逐步扩大，智能搜索引擎将会越来越完善。例如，由世纪联数码科技有限公司开发的互联网智能搜索引擎，运用了世界先进的基于自然语言处理和神经网络的智能互动技术，通过系统内部独特的"智能语义"、"知识引擎"等技术支持，可以实现对网站的内容覆盖。由于这种引擎模拟神经网络，支持基于概念的信息搜索和动态页面检索，同时界面采用独特的"你问我答"式搜索方式，因而具有较高的实用性和准确性。比如，当用户想了解北京市有关的旅游信息，只要键入"北京有什么地方好玩"这样的提问，系统就会自动完成搜索并给出相关的信息地址或答案。这一点与传统搜索引擎使用关键词或分类查询的方式有很大的不同。

第四，多媒体和图像搜索引擎亮丽登场。多媒体搜索引擎可以检索网络上的声音、音乐、图像、电影和电台播音节目等信息。例如，http://www.scour.net/ 可以检索音乐、电影、电台播音节目；http://www.ditto.com/ 可以提供网上图像的搜索，它已经收集了超过 200 万个图像，并且大多经过人工的筛选，因而搜索结果质量较高；http://www.freefoto.com/ 则是最大的图像搜索引擎。

第五，精选网站搜索引擎蓬勃兴起。这类搜索引擎以人工的方式精心挑选高质量的网站，并按类别排列供用户查找信息，有的搜索引擎对所挑选的网站以"星级"来评判。为了确保在众多的网站中进行精选工作的质量，各个搜索引擎采用的方法也都有所不同。例如，http://www.about.com/是一个由各行各业专家参与挑选和推荐最佳网站的搜索引擎；http://www.refdesk.com/index.html/则是提供参考性信息的搜索引擎，受到多家媒体的好评，它精选的网址很实用。

最后，搜索引擎的搜索引擎层出不穷。由于各类搜索引擎的发展速度很快，大多数用户根本无法知道目前有多少种搜索引擎，一些独立的搜索引擎指南或附属性的搜索引擎帮助等应运而生。独立的搜索引擎指南专门收录世界各国的各种搜索引擎，对每个搜索引擎进行简短的文字说明，以便用户使用。用户可以按国家名称或者类别来查找所需要的搜索引擎。这类搜索引擎有：http://www.searchenginecolossus.com/，按国家字母顺序排列，对每个搜索引擎都有文字说明；http://www.searchpower.com/和http://www.searchengineguide.com/，分别收录有2 000多个搜索引擎，并按照分类加以排列；http://www.se-express.com/和http://www.sowang.com/等对中外文搜索引擎都有一定的介绍和评价。

需要说明的是，由于网络信息数量庞大，搜索结果杂乱无章，因此第二代搜索引擎、精选网站搜索引擎和专业搜索引擎基本上都是朝着满足用户查准率的方向发展。此外，一些新的多媒体技术和智能检索技术也将体现在下一代搜索引擎中，使得搜索引擎提供的信息更加精确和直观，实用性更强。总之，搜索引擎正面临着一片广阔的发展天地。

四、搜索引擎的类型与评价

1.搜索引擎的类型划分

（1）根据信息组织的方式进行划分

①目录式分类搜索引擎（网站级）：按传统的信息分类方式来排列信息，用户按类查找。其工作流程是：目录式分类搜索引擎搜索到一个新网站时，将该网站划分到自己数据库中的某个类目之下，记录一些摘要信息，并对该网站进行概述性的简要介绍。这种搜索引擎的特点是查准率高，特别适合于那些希望了解某一范围内的信息但又没有明确搜索目的的用户使用；不过，与全文搜索引擎相比，搜索范围要小得多，一般被称为网站级搜索引擎。世界上最具代表性的目录式分类搜索引擎是Yahoo！

②全文搜索引擎（网页级）：能够对各网站的每个页面中的每个词进行搜索。优点是查全率高，搜索范围较大；但由于缺乏分类式搜索引擎那样清晰的层次结构，有时给人一种多而杂的感觉，而且查询结果集中，重复链接较多，

查准率低。它的工作流程是：当全文搜索引擎搜索到一个新网站时，将该网站上所有的网页全部获取下来，记录到自己的数据库中。世界上典型的全文搜索引擎是 Alta Vista。

③分类全文搜索引擎：这是针对全文搜索引擎和分类搜索引擎的缺点而设计的，通常是在分类的基础上再进一步进行全文检索。这样既可以使用户在分类目录中浏览，保证了一定的查准率；又可以使用户进行全文查询，避免了目录式搜索引擎只有网站级查询的缺陷。现在多数搜索引擎都朝这个方向发展。分类全文搜索引擎的特点是搜索范围小、误检率低。

④智能搜索引擎：传统的搜索引擎误查、漏查现象非常普遍。为了解决这些问题，搜索引擎需要具备符合用户实际需要的知识库。在搜索时，引擎将根据已有的知识库，了解检索词的意义并以此产生联想，运用人工智能方法进行推理，从而找出相关的文章。

目前比较成功的智能搜索引擎有 FSA、Eloise 和 FAQFinder。Arthur Andersen 的 FSA (Financial Statement Analyzer) 和 Eloise (English Language Oriented System for Edgar) 专门用于搜索美国证券交易委员会的 Edgar 商业数据库，这两个系统中内嵌了特定领域中的商业知识，并使用"推断—证明"(Prediction-Substantiation) 式的自然语言理解技术。芝加哥大学人工智能实验室开发的 FAQFinder，是一个具有问答式界面的智能搜索引擎。在获知用户问题后，查询 FAQ 文件再给出比较合适的回答。

（2）根据语种的不同进行划分

①单语种搜索引擎：用户在使用搜索引擎查询信息时只能使用一种语言进行查询，如 HotBot 和中文雅虎等。

②多语种搜索引擎。可以使用多种语言在同一个搜索引擎中搜索信息的搜索引擎。如 Alta Vista 现在可以用 20 多种语言进行查询。

（3）根据搜索的范围进行划分

①独立搜索引擎：这种搜索引擎有自己的数据库，并采用主动或被动搜索方式登录数据库，由数据库反馈出相应的查询信息或是相链接的站点指向。独立搜索引擎一般都会有各自的特色，如全文查询、简单搜索、分级查询等。目前大型的著名搜索引擎基本上都是独立的搜索引擎，如 Yahoo!、Google、搜狐、悠游等。

②集搜索引擎（Meta Search Engine）：将查询词在若干个搜索引擎中同时进行查询，对查询结果做出相关度排序，去除重复（几个搜索引擎同时查询出的重复链接和相同信息源）后，显示出查询结果。集搜索引擎是一种能够调用其他独立搜索引擎的引擎，它可能有也可能没有自己的数据库。当用户向此类搜索引擎提交查询后，它们便调用多个独立的搜索引擎数据库，并将得到的查

询结果加以收集、整理、综合后，将获得的更多、更全面的网址反馈给用户，信息质量可以直观地显现，查询效率也大大改进。其缺点是查询时间长、查询结果的质量依赖于其他独立搜索引擎的收集质量。

③多合一搜索引擎（All-in-One Search Engine）：除以上的两种搜索引擎外，还有一类搜索引擎是将搜索关键字在多个独立搜索引擎中串行查询，并逐个显示查询结果，不进行重复网页的分析和删除，这类搜索引擎被称为"多合一搜索引擎"。

2.搜索引擎的评价指标

（1）常规 6 项指标：收录范围、查全率、查准率、响应时间、用户负担和输出形式

收录范围是指搜索引擎数据库所涉及的学科领域和所索引的出版物类型和数量，以及收集的网站或网页数目；查全率是指一次搜索结果集合中符合用户要求的数目与和用户查询相关的总数之比；准确率是指一次搜索结果集合中符合用户要求的数目与该次搜索结果总数之比；响应时间是指搜索引擎对某一命令或检索提问做出响应所需要的时间。

（2）新型 4 项指标：相关度、满意度、检索功能的延伸以及智能化水平

相关度是用户查询与搜索结果之间相似度的一种度量。相关度排序是指在搜索引擎对检索词在检索字段内容中出现的命中次数的排列顺序，次数越多越靠前。按检索词的出现频次、页面被访问的程度或者基于超链分析都可以计量出相关度的大小。满意度指搜索引擎的受欢迎程度，它体现了用户对搜索引擎的偏好程度，知名度高、性能稳定、运行速度快和搜索质量好的搜索引擎备受青睐。检索功能的延伸是指搜索引擎除了具有字段检索、布尔检索、邻近检索、截词检索等功能外，还可以提供增加检索技术支持和检索条件限制的高级检索、二次检索或进阶检索等功能，以满足用户个性化检索的需要。此外，搜索引擎能否对检索内容进行高效的过滤与去重、能否具有友好的用户界面与交互特性，目录分类是否合理和全面，以及能否对用户提供及时全面的帮助等等也是非常重要的评价指标。

五、搜索引擎的使用技巧

1.明确检索主题，确定检索词

首先，要弄清检索课题的实质，查询越是具体明确，就越能够得到比较准确精练的检索结果。例如，如果用户想找到有关 Yorkshire Terriers（英国约克郡的一种狗）的信息，就不要搜索关键字 dog。其次，要选择描述搜索概念或检索主题的检索词及其他形式，如同义词、近义词等；还要善于利用词形的变

化。例如，如果要查找有关 running 的 Web 页，则可使用 run、runs 和 running 等，也可以同时使用单词 run 和 jog 并用 OR 对每个同义词进行组配。最后，不要使用常用或过于泛指的词，如 program、research 等。

2.善于选择搜索引擎

首先，可以利用搜索引擎的搜索引擎、搜索引擎指南等网站，获取各种搜索引擎的评价数据，给自己使用搜索引擎提供一定的帮助和指导。例如，http://www.search.com/、http://www.searchenginewatch.com/介绍各类搜索引擎，定期提供搜索引擎并给出相关的检索性能评价等。http://www.beaucoup.com/engbig.html/列出了 15 个大类近 2 500 个搜索引擎，包括一般搜索引擎，与商业/公司相关的、与电子邮件/域名相关的、与地域相关的、与政治/政府相关的、与自然科学技术相关的、与社会/环境相关的、与健康/饮食/医药相关的、与艺术/图形相关的、与计算机相关的等各类搜索引擎。

其次，根据实际的检索需要，选择有针对性的搜索引擎。由于网络搜索引擎并不能覆盖 Internet 上所有的站点，并且不同的搜索引擎有不同的侧重点，所以可以在众多的搜索引擎中优先选择适当的专业搜索引擎，这样就可以大幅度地提高信息检索的针对性。例如，如果需要查询商业、公司等方面的信息，可以使用 http://www.bizmove.com/other/search.htm/、http://www.corporate-information.com/、http://world-trade-search.com/、http://www.search.com/等重要的专业性搜索引擎。

3.学会使用多种搜索引擎

平时不要只习惯于使用几个自己所熟知的搜索引擎，在不同场合，根据查询的要求和内容的不同，可以使用不同的搜索引擎。因为任何信息搜索工具都有其局限性，每种搜索引擎在覆盖面、收集内容、收集方法等方面都各有特色，当用户使用某种搜索引擎的搜索效果不好时，可以换一种工具再试。例如，如果想获得完全的相关主题的 URL 列表，最好使用 Alta Vista；如果想知道上个月搜索过哪类站点，HotBot 是最好的选择；如果要查找软件，可用专门查找软件的搜索引擎，如 http://www.filez.com/等。

4.充分利用集成搜索引擎

集成搜索引擎包括集搜索引擎和多合一搜索引擎，它们会自动将关键词提交给多个单搜索引擎进行搜索，然后返回检索结果。目前有很多这种搜索引擎，如 Webferret，它提供 10 个搜索引擎在网上进行搜索，按照默认每个引擎可以搜索 500 个地址，所以 Webferret 最多可以搜索到 5 000 个地址。此外还有：http://www.ProFusion.com/、http://www.all4one.com/、http://www.mamma.com/、http://www.metasearch.com/、http://www.digiway.com/digisearch/、http://www.etacrawler.com/、http://www.dogpile.com/、http://www.askjeeves.com/以及以收

录多个中文搜索引擎的 http://www.chinabusiness.org/search.htm/等。

5. 掌握常用的搜索引擎命令

（1）布尔算符等常规命令。几乎所有的搜索引擎中都采用了布尔逻辑操作符作为最基本的语法规则，即运用 AND、NOT、OR 和括号等。一般以+、-或空格来代替。例如，输入关键字"Interne –Intranet"，表示检索出所有包含 Internet 但不包含 Intranet 的文档。

（2）逗号、双引号、句点和通配符等。逗号的作用类似于 OR，也是查询那些至少包括一个指定关键字的文档；与 OR 不同的是，查询所得的文档中包含关键字越多，文档排列的位置就越是靠前。使用引号组合关键字，搜索引擎会将关键字的组合作为一个字符串在其数据库中进行搜索，从而实现精确匹配。英文句点"."的使用与通配符的作用刚好相反，是用于禁止单词的扩展。例如，关键字"gene."，表示搜索结果中只能包含 gene，而不能包含 genetics、genera 等单词。通配符的使用是指在进行简单查找的时候，可以在单词的末尾加一个符号（通常为"*"或"$"）来代替任意的字母组合。

（3）使用域搜索命令。域是指期望包含关键词的范围，域搜索包括 Site、Title、Url、Link、Domain、Host、Related、Info、Data、Cache 等命令形式。

Site 命令表示在特定的域或站点中搜索，Title 命令表示在网页标题字段中查到带有某个关键词的网页。例如，检索式"allintitle: google search"将检出 Title 中包括 google 和 search 两个关键词的文献。Url 命令用于检索网址中带有某个关键词的网页。例如，"allinurl: google search"将检出 Url 中包括 google 和 search 两个关键词的文献。Link 是链接搜索，结果显示所有指向该网址的网页。例如，"link:www.pku.edu.cn"将找出所有指向北京大学主页的网页；"link:*.cn/"是指到中国大陆域的链接。Domain 命令是指在顶级域名里的网页，例如，在百度搜索中，"domain:cn"是指在中国大陆的所有网页。Host 是指在子域内的网页。例如，"host:www.lzu.edu.cn"表示查询在兰州大学这一局域网中的所有网页。在 altavista 搜索中，"link:*.cn and domain:cn"或"domain:cn and link:*.cn"表示自我链接数；"link:*.cn and not domain:cn"是链接到 cn 域名的外部链接数。Related 命令是指查询与指定 web page 相似的网页，而 Info 命令是提供与检索网页相关的信息。例如，"info:www.sina.com.cn"就是查找和新浪首页相关的资讯。Data 命令限定该网页创建或修改的时期，Cache 用来搜索服务器上某页面的缓存，通常用于查找某些已经被删除的死链接网页，类似"网页快照"功能。

（4）使用 Filetype 和 Near 搜索。

文件类型很多，既有 HTML 文件，又有 PDF、Microsoft Office（doc、ppt、xls、rtf）、Shockwave Flash（swf）、PostScript（ps）、音频（mp3、ra、rm）和

其他类型文件。文件类型搜索就是要求检索词是在指定的文件类型中出现的。例如,"filetype:ppt 管理学"检索出是有关管理学的 PPT 文献。Near 命令用于检索在一定区域范围内同时出现的检索单词的文档,但这些单词可能并不相邻,间隔越小的排列位置就越是靠前。彼此间距可以通过使用 near/n 来控制,表示检索单词的间距最大不超过 n 个单词。例如,"diagital/100 television"就是查找所有 digital 和 television 的间隔不超过 100 个单词的文档。

6. 在使用搜索引擎之前,最好利用搜索引擎上的 Help、Advanced Search、FAQ、Search Tips 等,先研究一下它的用法和特殊之处

大多数人通常根据自己平时的检索经验直接使用搜索引擎,而忽略具体搜索引擎的检索说明,其实每个搜索引擎都具有其独到的检索技术和检索式构造方法。例如,有些搜索引擎,如 Alta Vista、Infoseek 等在查询中是区分大小写的。也就是说,如果用户的查询全部用小写,搜索引擎既匹配大写也匹配小写字符;但如果用户使用大写字符,搜索引擎将会认为用户确实指定了大写,它就会查找那些与用户键入的输入项完全相符的结果。而有些搜索引擎对字母的大小写并不敏感。再比如,Google、百度等搜索引擎除了提供一般的检索外,还提供具有数学计算和单位转换、字词翻译与术语定义、网页快照与手气不错、各种信息查询以及新闻排行榜服务等功能。因此,在正式搜索前,仔细研究搜索引擎的使用特点,能够极大地提高搜索效率,收到事半功倍的效果。

7. 查看并鉴别检索结果

对搜索网站返回的检索结果(网页或网站),用户可以直接浏览或通过超链接查看更具体的信息。对网上获取的信息一定要进行科学的鉴别,区分哪些信息是有用的,哪些信息应当批判性地接受,哪些信息应该彻底加以摒弃。

通常,优先考虑权威性机构提供的专题信息服务。例如,凡带"~"符号的大都是一些个人主页,.com/.org 域名结尾的商业网站和非盈利性组织,其信息内容可能有虚假或倾向性,要有批判地接受;而以.gov/.edu 结尾的多是政府网站和教育类网站,信息内容大多比较权威可靠。还应当多浏览一些不同的服务器以获取广泛的信息,同时要使用专题信息查询服务提供的检索结果,多向有经验的用户请教等。

8. 调整检索策略直到获得满意的结果

如果有必要,修正一下搜索策略,重新调整搜索需要,找出更合适的检索词。例如,如果查询返回太多的结果,就要使它更具体。例如,可以使用更具有针对性的词汇,如用"西服"而不用"服装";用 AND 或 NOT 增加限制性词;使用固定词组或者在词组前后加引号;在检索结果中再进行更为精确的二次检索(Search in Result);采用"精确匹配"等,这些都是缩检的有效途径。相反,如果查询没有产生足够多的结果,就要使它更一般。如增加一些同义词和近义词,多用 OR 检索,采用"模糊匹配"等。有时候,虽然搜索结果并不理想,但可能会在这些页面中发现一些更合适的检索词,以此进行深入检索。

第四节 数字图书馆检索

一、数字图书馆的概念及发展

1.数字图书馆的基本概念

伴随着现代高新技术的飞速发展,以计算机技术、网络通信技术为代表的 Internet 迅速崛起,推动人类社会在经历了农业社会和工业社会后,开始进入信息社会。与此相适应,图书馆在走过传统图书馆阶段、自动化图书馆阶段后,也开始步入数字图书馆阶段。这将是图书馆历史上的一次革命。

目前,数字图书馆正处于发展之中,国内外对数字图书馆还没有一个明确、完整的定义。但一般认为,数字图书馆是采用现代高新技术所支持的数字信息资源系统,是下一代 Internet 信息资源的管理模式,它将从根本上改变目前 Internet 上信息分散不便使用的现状。通俗地说,数字图书馆是没有时空限制的、便于使用的、超大规模的知识中心。

数字图书馆建设是以统一的标准和规范为基础,以数字化的各种信息为底层,以分布式海量资源库群为支撑,以智能检索技术为手段,以电子商务为管理方式,以宽带高速网络为传输通道,将丰富多彩的多媒体信息传递到千家万户。它涉及数字信息资源的生产、加工、存储、检索、传递、保护、利用、归档、剔除等全过程。

表 6.5 数字图书馆与传统图书馆、自动化图书馆的比较

比较对象	传统图书馆	自动化图书馆	数字图书馆
工作中心	馆藏	馆藏	用户
馆藏形式	印刷型	印刷型及少量电子出版物	数字信息资源
工作方式	手工作业	对书目数据及专题数据库进行自动化加工	对文献内容进行自动化加工
检索手段	手工检索卡片	对书目数据及专题数据库进行自动化检索	对文献内容进行智能检索
服务对象	到馆读者	以到馆读者为主,在一定范围内提供文献传递服务	面向全球读者提供网上服务
馆藏加工	不加工	基本不加工	系统加工,并使馆藏具有增值效应

2.国外数字图书馆的发展概况

数字图书馆的研制起始于 20 世纪 80 年代末的西方发达国家,随后向全球

扩展。国际上数字图书馆的主要项目有:

(1) 美国数字图书馆建设走在世界各国的前列。美国政府"国家计算、信息、通信指导办公室"(NCO for CIC),自 1994 年以来每年发表一本"蓝皮书",这是一种正式的重要研究与发展的官方报告,近年来,报告对数字图书馆战略意义的描述越来越重视。现在,美国数字图书馆项目中的"美国 NSF/DARPA/NASA 数字图书馆倡议"已全部完成,该项目共六个子项目,涵盖大规模文献库,空间影像库、地理图像库、声像资源库;另一个项目"美国国家数字图书馆项目"包括美国历史及文化科技成就,有 15 个研究图书馆与档案馆参加。其他项目也进展较快。

(2) G8 全球信息社会电子图书馆项目:由法、日、美、英、加、德、意、俄八个国家的国家图书馆组成,其内含各国文化历史精华。

此外,法国国家图书馆数字化工程、英国国家图书馆存储创新倡议以及日本小规模试验型数字图书馆项目,都有声有色,各具特点。

3.我国数字图书馆的研发情况

相比之下,我国数字图书馆研究虽然起步较晚,但随着近两年图书馆界国际交流与合作的增加与扩大,已有不少图书馆和科研机构着手进行相关试验和提出相关计划。

1996年初,国家图书馆在文化部申请立项"数字式图书馆试验项目"。该计划的目标是构建一个从内容上和技术上都具有一定典型意义的数字图书馆原型,集中国家图书馆和地方图书馆中有一定特色或典型示范性的馆藏资源,通过遍布全国的数字通信网,依托将建成的"金图工程",向全国乃至全球提供示范性的中国国家数字化图书馆服务,并为我国大规模建设数字图书馆工程提供样板。

我国其他已经完成和正在实施的国家级数字图书馆计划或者项目有:中国高等文献教育保障系统,由CALLS管理中心组织实施;中国数字图书馆工程项目;国家教育部数字图书馆攻关计划;中关村科技园区数字图书馆软课题研究项目以及高校图书馆、公共图书馆开展的数字图书馆研究和建设等。

尽管国内外已经提出并实施了多项数字图书馆计划或者工程,并取得了相当大的成绩,但目前这一领域的研发工作处于探索阶段,数字图书馆建设任务仍然很艰巨,还有许多问题值得探讨。不论是在我国还是在国外,数字图书馆都是一个不断发展的新领域,不断会有新的课题和新的研究热点出现。在未来的几年甚至更长的时间里,数字图书馆仍然是世界各国信息科学研究的重点。

二、数字图书馆的系统结构

通常,可用数字对象、统一资源名称和数据存储系统作为基本构件,构建数字图书馆系统。

第一,数字对象:组织管理数字化信息的方式,构成计算机存储与处理数字化信息及功能实现所需的完整的数据结构。包含惟一的标识名称、元数据和数字化内容。

第二,统一资源名称(URN):在网络环境下,URL不能永久地标识数字对象和存储系统,而URN惟一并永久地通过名字标识网络环境下数字化信息。

第三,数据存储系统:数据存储系统是基于网络的存储与管理数字对象及相关信息的计算机系统,即数字图书馆"书架"。一个数据存储系统可以向多个数字图书馆提供资源。

使用以上3个基本构件,可以构建任何数字图书馆体系结构。数字图书馆是基于Internet的分布式信息系统,在进行结构设计时,需要基于用户使用不同计算机与不同系统软件,任何一个数字图书馆均是面向某一内容领域的基本要求,因此数字图书馆系统结构需具有扩展性、分布性与系统互操作性。数字图书馆基本系统结构如图6.6所示。

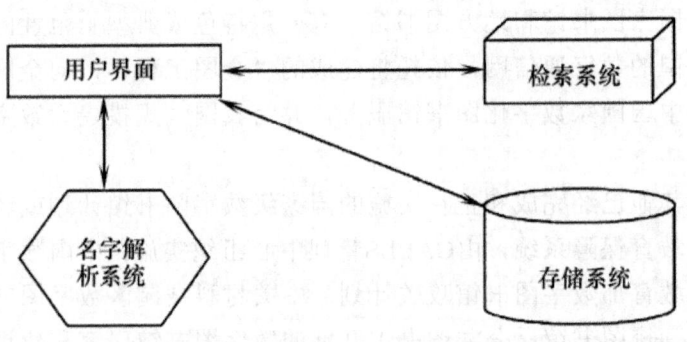

图6.6　数字图书馆基本系统结构

上述系统结构中,将数字图书馆分为用户界面、检索系统、名字解析系统和数据存储系统4个部分。用户界面一般定义面向用户和图书馆馆员与系统管理员使用的两类界面。用户端采用Internet浏览器。浏览器与客户服务交互,执行各种请求与服务。检索系统是数字图书馆系统的核心功能。在Internet环境下,可以采用分布式检索与并行检索系统结构,提高检索系统的性能与可靠性。名字解析系统将URN转换为存储数字对象的网络物理地址，同时具有URN注册管理功能，保证URN在Internet环境下的惟一性。数据存储系统存储与管理数字对象以及其他信息，并具有访问控制与安全管理功能。一个数字图书馆系统可能包含多个不同类型的数据存储系统。一般地，通过数据存储系统存取协议（RAP），实现对数据存储系统中数字对象的管理，检索系统、名字解析系统和数据存储系统均可设计为分布式计算机系统，可采用不同的策略设计数据图书馆系统结构。

三、数字图书馆的资源特色

数字图书馆提供的信息资源与目前互联网上信息资源的不同，具体表现为：

1.资源内容的组织方式不同

数字图书馆的资源内容是按照用户需求挑选出来的具有高度价值的知识信息，经过分类、编辑、整理、加工，以受教育者易于接受的形式提供给用户。它是一种有很大增值的有序的知识库，会出现新的知识产权关系。而目前Internet上的资源内容是无序的，许多信息内容鱼龙混杂，良莠不齐。

2.资源内容标引方法不同

目前Internet提供的信息资源有的也经过一定的标引，但其标引深度以文献条目为主，大多数全文文献则是不经标引上网，在有用户请求时由搜索引擎按每种文献的前50字～200字进行关键词抽取，并与查询请求匹配得出结果，其查全率、查准率都有问题。数字图书馆的资源标引则深入到文献内容，对其每一数据对象使用标准通用置标语言/可扩展置标语言（SGML/XML）进行置标，并抽取元数据组织元数据库，在资源加工软件系统中采用这一技术对资源内容进行置标，是实现数字图书馆高效跨库检索的重要基础。

超文本标记语言（HTML），主要用来描述数据集合的外观，给出排版信息和进行某些超文本连接。但由于它不能自定义标识符，因而无法处理超大规模的元数据集合，不适于数字图书馆资源内容的标引。当然，目前Internet浏览器普遍以支持HTML为主，所以数字图书馆的内容数据在信息服务中，要通过WWW传输显示时，使用HTML还是必要的。

3.检索效果不同

数字图书馆由于进行了上述工作，使各资源库之间实现跨库无缝连接成为可能，只要采用合适的查询引擎及中间件，用户就能够方便、迅速地找到所需要的内容。当你进入到数字图书馆的资源库群时，便犹如在知识的海洋中遨游一样。但由于Internet上的信息没有经过上述环节的加工、标引，用户检索时需要对一个个网站进行访问；即使使用引擎检索，查准率和查全率也都不尽如人意。

四、数字图书馆的检索技术

数字图书馆的核心问题是有序的信息组织、分布式的跨库检索，面临的最大挑战是大并发量访问、海量信息检索查询和信息资源共享，要实现信息或知识检索查询的快、准、全，就要提供多种检索方法。

一方面，数字图书馆可以采用常用的网络信息检索方法，如布尔检索、邻近检索、截词检索等。为了提高检索的效率，往往将以上多种检索技术混合使用。另一方面，数字图书馆的发展也推动了信息检索方式、方法的研究和应用，除上述的常用检索方法外，还有一些伴随着资源的丰富与各种检索技术、网络技术的发展而成长起来的其他检索方法，如多字段组合检索、全文检索方法、二次检索、跨库检索或所有的数据库中同时检索。下面着重介绍几种在数字图书馆的检索系统中颇具潜力的检索技术。

1.语义检索

语义检索指使用某一检索提问词进行检索时，能同时对该词的同义词、近义词、广义词、狭义词进行检索，以达到扩大检索，避免漏检的目的。未来的信息系统应当具有概念匹配的功能，即自动抽文档的概念，加以标引，用户在系统的辅助下选用合适的关键词表达自己的要求，然后在两者之间执行概念匹配——匹配在语义上相同、相近、相包含的词语，因此，语义检索也叫概念检索。概念检索还可以解决跨学科的自动词汇转换。完全的语义检索有待人工智能技术和自然语言理解技术的成熟。语义检索只有在相应的信息基础结构上才能实现，特别是在一个由分布异构的信息仓库构成的多媒体网络信息环境中实现语义互操作，将是数字图书馆面临的最大挑战。

2.多语种/跨语言信息检索

在多语种检索系统中，用户可以选择检索的语种，系统可按描写的语种进行检索，并输出相应的检索结果。用户可以在检索结果中限制检索结果的语言。跨语言信息检索是指用户用母语提交查询，搜索引擎在多种语言的数据库中进行信息检索，返回能够回答用户问题的所有语言的文档。如果再加上机器翻译，返回结果可以用母语显示。该技术目前还处于初步研究阶段，主要的困难在于语言之间在表达方式和语义对应上的不确定性。

跨语言信息检索主要包括两种方法：受控词表跨语言信息检索和自由文本跨语言信息检索。前者需要使用预先确定的词表对文献进行人工标引，用户使用该词表中的词来表达他们的检索提问。与受控词表检索不同，自由文本检索方法使用出现在文献中的词,因此成为常用的跨语言检索方法。按照使用的翻译资源不同,自由文本检索方法能进一步划分为:基于机读词典、基于机器翻译系统、基于本体或基于语料库的方法。无论是哪种跨语言信息检索方法,其跨越语言障碍的方式不会脱离以下4种:同源匹配、提问式翻译、文献翻译或者提问式和文献都翻译为统一、独立于语言表示的语间转换技术。

3.智能检索

智能检索是基于自然语言的检索形式,机器根据用户所提供的以自然语言表述的检索要求进行分析,而后形成检索策略进行搜索。它采用诸如语义网络等智能技术,通过汉语分词、句法分析以及统计学习理论有效地理解用户的请求;根据用户对检索结果的评价调整自己的行为,对搜索结果进行命题的解释。

未来智能化检索应该更加注重文本挖掘技术的运用,使其具备如下一些功能:(1)具有大规模实例描述的汉语分词排歧知识库;(2)具有主题词典、广义同义词检索、拼音检索、同音词检索等功能;(3)具有基于内容的相似性检索功能,具有自动分类和自动摘要功能,具有知识压缩和去重功能;(4)具有文本挖掘功能,比如对数字的理解,新词学习等;(5)智能代理,自动和自助式检索。

4.基于内容的多媒体信息检索

数字图书馆的信息资源可分为结构化数据和非结构化数据。结构化数据能用数据或统一的结构加以表示,如数字、符号等。非结构化数据则不能,如图像、声音、视频等。这类数据的特征,如图像中的颜色、纹理,视频中的镜头、场景,声音中的音调、音色等虽可赋予名字、文件格式、采样率等属性,但其中没有可确认的词或可比较的实体,不能像文本那样搜索其内容,因此要求在资源检索方面,用基于内容的检索取代传统基于关键字的检索。基于内容的检索(Content-Based Retrieval,CBR)是根据媒体和媒体对象的内容语义及上下文联系进行检索。它具有如下特点:第一,直接对图像、视频、音频等媒体内容进行分析,抽取特征和语义建立索引,进行检索;第二,放弃常规数据库检索中的精确匹配方法,而采用相似性匹配的方法逐步精益求精获得检索结果;第三,能对大型多媒体数据库进行快速检索;第四,采用多种检索手段,除提取多媒体内容特征进行检索外,还提供了其他检索手段,如通过提供样本图像进行相似性检索,或通过人机交互进行浏览检索。当前,基于内容的多媒体信息检索研究热点主要集中在以下4个方面:

(1)基于内容的文本检索

基于内容的文本信息检索是涉及文档内容查寻的检索技术。其检索模型的构造是基于内容文本信息检索的核心技术,包含3个方面的内容:文档与用户查寻的表示、查询匹配策略和匹配结果的相关度表示。常用的检索模型有布尔模型、向量空间模型和概率模型。文本检索中能标识出相关文本的方法大致有：通过全文扫描寻找关键索引词，使用索引文件和文献簇等。

（2）基于内容的图像检索

基于内容的图像检索将图像可视性特征，如颜色、纹理结构、形状以及位置关系等信息作为图像的内容进行匹配，建立图像的特征矢量作为其索引。常用的检索方法有如下几种：

第一，基于颜色特征的检索。颜色特征（包括颜色的分布、相互关系、组成等）非常稳定，对于旋转、尺度变化，甚至各种形变都不敏感，且易于计算。基于颜色特征的图像检索主要解决三个问题：颜色的表示、颜色特征的提取和基于颜色的相似度量。颜色特征的提取和检索主要利用颜色空间直方图进行匹配。颜色直方图即是通过度量图像间颜色直方图的距离来衡量图像的相似性。常用的基于颜色特征的检索方法有：互补颜色空间直方图、直方图交叉法、直方图距离比较法、二次型距离算法等。

第二，基于纹理特征的检索。图像可以看成是不同纹理区域的组合，纹理通常定义为图像的某种局部性质，或是对局部区域中像素之间关系的一种度量。纹理特征可用来对图像中的空间信息进行一定程度的定量描述。纹理特征主要包括粗糙度、方向度、对比度、规则性、线像相似度、规整度等，其中前三者是最重要的特征。由于难以描述，对纹理的检索一般采用示例查询方法 QBE（Query by Example），也就是从样本集（即一套预先存储的纹理图像）中选择所要查询的纹理。

第三，基于轮廓特征的检索。形状是图像的一个显著特征，对形状的描述涉及对轮廓边界的描述及对这个边界所包围区域的描述。常用的形状检索方法主要是针对图像边缘轮廓特征和检索的图形矢量特征（如形状的无关矩、区域的面积、形状的纵横比等）建立图像索引。对形状轮廓特征的描述主要有：直线段描述、样条拟合曲线、傅立叶描述以及高斯参数曲线等。

（3）基于内容的视频检索

视频检索相当于动态图像检索，因为视频除了具有一般静态图像的特征外，还具有动态性，如镜头运动的变化、运动目标的大小变化、视频目标的运动轨迹等。视频数据可用幕、场景、镜头、帧等进行描述。视频序列主要是由镜头组成；镜头由一系列连续的帧组成，帧是一幅静态的图像，是组成视频的最小单位；场景含有多个镜头；幕是由一系列相关的场景组成，并表达一个完整的事件。一个基于内容的视频检索流程为：首先构造视频结构，将视频序列分割为镜头，并在镜头内选择关键帧；然后提取镜头的特征以及关键帧的视觉特征，作为一种检索机制存入视频数据库；最后，根据用户提交的查询按照一定的特征进行视频检索，将检索结果按相似度提交给用户。

（4）基于内容的音频检索

音频是对声音进行数字化处理得到的结果。音频数据一般用音量、音强、带宽、音长和音色等属性来描述，其中音量、音强、带宽和音长属性易于通过技术手段进行信息化建模，而对音色的处理较为复杂。在检索前，首先对音频数据建立索引，索引可以基于韵律、和音、旋律以及其他的感知或声学特征。

音频检索的基础是建立数据库。对音频数据进行特征提取，将音频数据装入数据库的原始音频库部分，通过特征对音频数据聚类，将聚类信息装入聚类参数数据库部分。数据库建立后就可以进行音频信息检索。常用的音频检索方法有：①基本属性检索。这种检索方式通过查找文件名、文件大小、生成时间等一般属性以及取样率等音频属性来检索音频信息。②赋值查询。通过用户指定某些声学特征的值或范围如声强、能量、带宽等特征值进行音频信息检索。③示例检索。用户提交一个示例声音，针对一个或多个特征，查出所有与示例相似的声音。目前，有代表性的音频检索系统有美国 Muscle Fish 公司开发的基于内容的音频检索系统。

作为一个新兴的研究领域，基于内容的检索仍然存在许多问题，主要包括多媒体内容的描述、特征的自动提取、多媒体的同步技术、匹配和结构的选择，以及以相似性特征为基础的索引、查询和检索等。

思考题：
1. 数据库有哪些常用的检索字段？
2. 联机检索与网络检索有何区别？
3. WWW 与 Internet 是一样的吗？
4. 利用 CNKI 等联机检索数据库测定某一主题领域的核心期刊或核心作者。
5. 使用 CNKI 等联机检索数据库分析某一学科或主题领域论文作者的合著。
6. 以某一主题（如信息检索、广告）为分析对象，调查该主题的文献研究状况。
7. 网络信息资源都有哪些类型？如何对这些资源进行评价？
8. 练习搜索引擎的常用检索命令。
9. 比较数字图书馆与传统图书馆在检索方面的异同。

第七章 特种文献检索

【内容提要】
　　特种文献是除图书、期刊之外的一种似书非书、似刊非刊的特定文献类型，主要包括科技报告、会议文献、专利文献、标准文献、学位论文、科技档案、产品样本以及政府出版物等。特种文献在内容和形式上都有自己的一些特征，在整个信息资源和信息检索中有着重要的作用和地位。本章主要介绍科技报告、会议文献、专利文献和标准文献等4种特种文献及其检索方法。

第一节 科技报告检索

一、科技报告的概念与特征

1.科技报告的概念

　　科技报告（Scientific & Technical Report）是指对科学、技术研究成果或研究进展的记录，或称研究报告、报告文献。
　　科技报告的出现早于科技期刊。在科学交流制度化之前很久，科学家们就已经在交换报告。但是，作为一种传递科技信息的特定类型的文献，其历史只能追溯到20世纪初。当时，只是研究或设计单位向经费机构提交的关于研究或设计任务完成情况以及财物消费情况的报告。"二战"期间，西方的科研活动，尤其是与战争关系密切的领域的研究活动加强，由于保密的需要和纸张短缺的现实，大量的研究成果以内部报告的形式出现。当时美国的许多大学实验室和工业公司也与政府机构签订合同进行科学研究，并向主办机构提供科研进展报告。"二战"结束以后，美、英等国派往德、日等国的专家获取了大量科技资料，然后整理成科技报告。战后，由于冷战以及经济、科技保密性的要求和迅速发展，科技报告的数量迅速增长。据统计，1945—1950年，科技报告的年产量在7 500万件～10万件之间；20世纪70年代增至每年5万件～50万件；80

年代每年约为 70 万件。20 世纪 90 年代以来，科技报告的增长速度更为迅猛。

2.科技报告的特征

（1）内容特征：首先是迅速反映新的科研成果。以科技报告形式反映科研成果比这些成果在期刊上发表，一般要早一年左右，有的则不在期刊上发表。其次是内容多样化。科技报告几乎涉及整个科学、技术领域和社会科学以及部分人文科学领域。再次是保密性。大量科技报告都与政府的研究活动、高新技术有关，使用范围控制较严。它一般只在同类性质的机构内部交流，公众难以获取。只有一些解密报告，公众才能使用。最后是真实性和专业性。科技报告反映的内容直接来自实际工作和研究，有大量的事实、数据、结论、建议等，阅读对象也主要是专业对口的科技人员，审查也多是专业人员和机构。但由于时间和撰写人员等因素，各个报告之间的质量参差不齐。

（2）形式特征：①每份报告都有统一编排的报告号，报告号通常是以研究的执行机构或主管部门的缩写字母加上顺序号组成，一般不会变更。报告号既是每份科技报告的入藏、排架号，又是提供使用、复制和订购时的索取号。②具有统一的格式和比较完整的著录项目。科技报告的篇幅不受限制，可长可短。少的几页，多的数千页。但不管内容多少，都有统一的编写规格，主要包括报告封面、目次、文摘、序言、报告主体和附录等。同时，报告标题、入藏号、团体著者、报告号、个人著者、任务号、合同号等均加以标引和编目。③具有冗长的篇名。这是科技报告不同于其他文献的最突出的特点。图书、期刊、专利、标准等文献的篇名，一般只有 2 个～5 个单词，而科技报告由于专业技术性强、内容具体，所以篇名特别长，一般在 5 个～15 个单词之间，有的长达 20 多个单词。科技人员只需看篇名即可了解其大致内容。最后是每份报告为一项专题材料，自成一册，印刷装帧比较简单。

二、科技报告的类型与编码

1.科技报告的类型划分

（1）按科技报告反映的研究阶段划分：①初期报告（Primary Report），是研究机构对研究项目的一个计划性报告；②研究过程中的报告，如现状报告（Status Report）、预备报告（Preliminary Report）、中期报告（Interim report）、进展报告（Progress Report）、非正式报告（Informal Report）；③研究工作结束时的报告，如总结报告（Final Report）、终结报告（Definitive Report）、试验结果报告（Test Results Report）、竣工报告（Completion Report）、正式报告（Formal Report）和公开报告（Public Report）等。

（2）按报告的文献形式划分：①技术报告书（Technical Report），是一种公开出版发行、内容完整的比较正式的技术文件，多是技术总结报告；②技术札记（Technical Note），是研究过程中的临时性记录或小结，往往是写报告书的素材；③技术论文（Technical Paper），指准备在学术会议上或期刊上发表的报告；④技术备忘录（Technical Memorandum），是供同一专业或同一机构中的少数人员沟通和交流信息用的资料；⑤技术通报（Technical Bulletin），对外公布的、内容较为成熟的摘要性文件；⑥技术译文（Technical Translation）；⑦特种出版物（Special Publication）等。

（3）按报告的使用范围划分：①秘密报告（Classified Report），有绝密报告（Top Secret Report）、机密报告（Secret Report）、秘密报告（Confidential Report）之分，供少数人员查阅；②非密/限制发行报告（Unclassified/Limited or Restricted Report），只在规定范围内发行，数量也有限定；③解密报告（Declassified Report），即曾经是保密的科技报告，但经过一段时间后失去保密意义，解密为公开发行的报告；④非密/解除限制发行报告（Unclassified/Delimited Report）等。

（4）按报告的内容性质划分：有科学报告（Science Report）、技术报告（Technical Report）、工程报告（Engineering Report）、调查报告（Investigation Report）、研究报告（Research Report）、专门报告（Special Report）、分析报告（Analysis Report）、会议报告（Conference Report）、评估报告（Evaluation Report）、专题报告（Topical Report）、交流报告（Circular Report）、生产报告（Production Report）、经济报告（Economic Report）等许多类型。

2.科技报告的编码

科技报告都有一个编号，但各个系统和单位的编号方法并不一致，代码的结构形式也比较复杂。常见的科技报告的代号一般有以下几种类型：

（1）机构代号：机构代号是科技报告的主要部分，一般以编辑、出版、发行机构名称的首字母标在报告代号的首位。

（2）类型代号：主要代表科技报告的类型。有的用缩写字母表示，如 PR-进展报告；有的用数字表示，如 DOE 报告的"TID-5000"代表研究发展报告等。

（3）密级代号：代表科技报告的保密情况。如 ARR-绝密报告、S-机密报告、C-秘密报告、R-控制发行报告、U-非保密报告等。

（4）分类代号：用字母或数字表示报告的主题分类，如 P-物理学（Physics）等。

（5）日期代号和序号：用数字表示报告出版发行年份或报告的顺序号，如 STAN-CS（机构）-92（年份）-920（序号）等。

三、美国科技报告的检索

世界上许多国家都有科技报告的生产和收藏。比较重要的有：英国原子能管理局的 UKAEA 报告、科学与工业研究部的 DSTR 报告、航空研究委员会的 BARC 报告；日本东京大学原子核研究所报告、三菱技术通报、科学技术厅航空宇宙技术研究所的 NAL-TM 报告；法国原子能委员会的 CEA 报告；加拿大原子能有限公司的 AECL 报告；德国航空研究所的 DVR 报告以及前苏联的科学技术总结等。

1.美国四大科技报告

在世界各国数量庞大的各类科技报告中，美国拥有的约占世界上出版的所有科技报告的半数以上，而且比较系统。其中，历史悠久、报告量多、参考和利用价值大的主要有 PB、AD、NASA 和 DOE 报告。这四大报告的累积量都在几十万篇以上。

（1）PB 报告：1945 年 6 月，美国成立商务部出版局（U. S Department of Commerce Office of the Publication Board），负责整理公布从"二战"战败国获取的科技资料，并编号出版，号码前统一冠以 PB 字样。20 世纪 40 年代的 PB 报告（10 万号以前）主要为战败国的科技资料；50 年代起主要是美国政府科研机构及其有关合同机构的科技报告。PB 报告的内容绝大部分属科技领域，包括基础理论、生产技术、工艺、材料等。20 世纪 80 年代后，PB 报告统一采用"PB ＋年代＋顺序号"的形式，如 PB97-127864。

（2）AD 报告：1951 年 5 月，美国成立武装部队技术情报局（Armed Service Technical Information Agency，ASTIA），负责收集、整理、编辑、出版国防部所属海陆空三军军事系统科研机构及其与国防部订有合同的工业、企业、高等院校提出的军事科研报告。AD 报告即是该情报局出版的文献。ASTIA 几经改组易名，但报告仍沿用 AD 名称。

AD 报告有密级，并用不同的字母表示。自 1975 年起它的主要形式如下：AD-A000001～，A 表示公开报告，占 45%；AD-B000001～，B 表示非密限制报告，占 39%；AD-D000001～，D 表示美国专利文献；另外还有 AD-E 是临时使用的试验号；AD-P 是丛书或会议论文集的单行本；AD-R 是国防部和能源部能源学科的保密文献。

（3）NASA 报告：美国国家航空与航天局（National Aeronautics and Space Administration，NASA）拥有的研究机构产生的技术报告。该局成立于 1958 年，其前身是美国国家航空咨询委员会（National Advisory Committee for Aeronautics，NACA）。NACA 报告创刊于 1915 年，主要内容为空气动力学、

发动机及飞行器结构、试验设备、飞行器的制导及测量仪器等。

NASA 报告是一种综合性科技报告，除航空航天技术外，还涉及电子、机械、化工、冶金、天体物理等相关学科。NASA 报告中还包括专利文献、学位论文和专著及一些外国文献、译文等。NASA 报告号采用"NASA＋出版类型＋顺序号"的形式，如 NASA-TP-107279。报告类型主要有 NASA-TR-R-（技术报告）、NASA-TN-D-（技术札记）、NASA-TT-F-（技术译文）、NASA-SP-（特种出版物）等 10 余种类型。在 NASA 数据库中，NASA 文献一律冠以字母 N，其编号形式为："N＋年代号＋顺序号"。

（4）AEC/ERDA/DOE 报告：1946 年美国建立原子能委员会（Atomic Energy Commission，AEC），AEC 报告即为该委员会所属单位及其合同户编写的报告。1975 年，该委员会更名为能源研究与发展署（Energy Research and Department Administration，ERDA），AEC 报告相应改称为 ERDA 报告。1977 年，该署又扩大为美国能源部（US Department of Energy，DOE），1978 年 7 月起逐渐冠以 DOE 报告，内容仍以原子能和其他能源为重点，其文献主要来自能源部所属的技术中心、实验室、信息中心和一些国外研究机构。

DOE 报告没有统一的编号，绝大多数是所属单位或合同户自行标志的编号。报告号较少采用来源单位名称的首字母缩写加上顺序号，有的还表示编写报告的年份或报告的类型等，可以通过一些工具书来识别它们。凡与能源有关的会议论文发行时冠以 CONF 字头，由能源部发行的报告采用"DE＋年代＋顺序号"的形式，如 DE97000630。

此外，美国政府机构发行的研究报告还有其他许多系列，其中较重要的有：美国商务部的入藏报告（COM 报告）、地球资源计划调查报告（E 报告）、美国教育资源信息中心入藏报告（ED 报告）、环境影响陈述报告（EIS 报告）、健康资源规划报告（HRP 报告）以及兰德公司的研究报告（RAND 报告）等。

2.美国科技报告的检索

美国政府科技报告的检索工具种类较多。既可以通过印刷文本，也可以通过光盘和网络数据库的方式进行检索和查寻。

（1）《政府报告通报及索引》

美国《政府报告通报及索引》（Government Report Announcements & Index，GRA&I）由美国商务部国家技术情报服务处（National Techenical Information Service，NTIS）编辑出版。GRA&I 创刊于 1946 年，原名《科学与工业报告目录》（Bibliography of Scientific and Industrial Reports）。之后，曾改名为《技术报告目录》（Bibliography of Technical Reports）、《美国政府研究报告》（US Government Research Reports）、《美国政府研究与发展报告》（US Government Research and Development Reports）、《政府报告通报》（Government Reports

Announcements)。1975 年与《政府报告索引》(GRI) 合并，改为 GRA&I。现有半月刊。

GRA&I 主要以文摘形式报道美国政府机构及其合同户提供的研究报告，同时也报道政府主管机构出版的科技译文和其他国家的科技文献。报道的内容包括全部的 PB 报告、公开发行和解密的 AD 报告、部分 NASA 报告、部分 DOE 报告和其他类型的报告，还包括一些美国专利申请说明书的摘要等。

GRA&I 的文摘通报部分按照 NTIS 的主题分类表编排，提供关键词、个人著者与团体著者、合同号/资助号、NTIS 订购号/报告号等 5 种索引。

(2)《宇航科技报告》

《宇航科技报告》(Scientific and Technical Aerospace Reports, STAR) 由 NASA 编辑出版，创刊于 1963 年。STAR 是系统报道 NASA 报告及其他有关的航天科技文献（不包括期刊）的文摘刊物，月刊。

STAR 报道范围包括 NASA 及其合同户编写的科技报告，美国其他政府机构、研制机构、大学和私营公司发表的科技报告，NASA 所拥有的专利、学科论文和专著，外国公开发表的科技报告等。STAR 也转载一定数量的 AD、PB、DOE 报告。STAR 的文摘部分按类编排，并提供多种索引。检索方法与 GRA&I 相似。

此外，由美国航空和宇航研究所（American Institute of Aeronautics and Astronautics, AIAA）在 1961 年编辑出版的《国际宇航文摘》(Internationl Aerospace Abstracts, IAA)，侧重报道与 STAR 所报道的专业相同的有着期刊论文、图书、会议论文、全译本期刊以及某些外国的学位论文的文献摘要。1963 年它与 STAR 结为姊妹刊，两者在分类、结构等方面都有许多共同之处。

(3)《能源研究文摘》

《能源研究文摘》(Energy Research Abstracts, ERA) 由美国能源部科技情报局 (OSTI) 编辑出版，1976 年创刊，半月刊。这是检索 DOE 报告的主要工具。此外，还有 1970 年由国际核子情报系统 (INIS) 编辑出版的《原子索引》(Atomindex) 等。

ERA 报道的文献以美国能源部及其所属单位编写的全部科技报告、期刊论文、会议论文和会议录、图书、专利、学位论文和专著为主，也有其他单位（包括美国以外的单位）编写的与能源有关的文献。报道的内容主要集中在能源的各个方面，也报道安全、环境科学、生物医学、物理学以及法规等领域。

ERA 的文献按照分类编排，并提供有多种索引。检索方法也与 GRA&I 相似。

(4) 美国科技报告的网络检索

可以通过 NTIS(http://www.ntis.gov/)、NASA STI(http://www.sti.nasa.gov/)、

DOE(http://www.doe.gov/)、AIAA(http://www.aiaa.org/)等官方网站或其他相关网站进行网络检索。也可以通过国外的 DIALOG、ESA/IRS、STN 以及国内的北京文献服务处的 BDSIRS、中国科技信息所的 TRIP 等检索系统，对相应的科技报告数据库进行联机检索。如在 DIALOG 系统中，第 6 号文档是"NTIS 美国政府科技报告数据库"(GRA&I)、第 20 号文档是"世界报告数据库"(World Report)、第 103 号文档为"能源科学与技术数据库"(Energy Science & Technology,包含 EAR 的内容)、第 108 号文档是"航空航天数据库"(Aerospace Database,包含 STAR 和 IAA 中的内容)、第 109 号文档是"核科学数据库"(Nuclear Science Abstracts)等。还可以通过 NTIS 光盘数据库、万方数据库系列光盘中的"国外科技调研报告全文数据库"等查寻相关的科技报告。

3.美国科技报告原文的获取

通过数据库与免费网站检索到的科技报告绝大多数只有文摘，如果需要原文，可以通过以下几种途径获取。

（1）向国内的收藏单位索取。我国从 20 世纪 70 年代初开始成套引入美国的四大报告，并逐步从书本型改为缩微片。中国科技信息研究所是我国引进科技报告最主要的单位，上海科技信息研究所有四大报告的原文馆藏，中国国防科技信息中心收藏有大量的公开和解密的 AD 和 NASA 报告，中国科学院文献情报中心则是收藏 PB 报告最多的单位，核工业部情报所收藏有较多的 DOE 报告。

（2）通过相关网站获取。如果是通过"国家科技图书文献中心"(http://www.nstl.gov.cn/)网站检索到的科技报告，可以直接通过该系统的原文提供服务获取。不过，使用该项服务时需预先向系统交付一定的预付金，系统将给用户一个用户名和密码,用户就可以登录"原文提供服务"页面索取原文，用户索取原文的费用将从预交金中扣除，直至扣完为止。如果想检索有关等离子体方面的科技报告，可以查询"中国科学院等离子体物理研究所"网站(http://www.ipp.ac.cn/)，了解收藏情况和索取方法。

（3）直接从美国邮购。美国有两个科技报告收集发行中心：一是美国商务部所属的 NTIS，主要搜集公开的美国科技报告；二是国防技术情报中心，负责搜集有关军事方面的科技报告。如果国内没有，就可以根据 NTIS 订购号向 NTIS 直接订购报告复印件或微缩品。NTIS 订购号是获取美国科技报告原文的主要依据。

四、中国科技报告的检索

我国研究成果的统一登记和报道工作是从 1963 年正式开始的。凡是有科研成果的单位都要按照规定程序上报、登记，1971 年起统一定名为"科学技术研究成果报告"。目前，我国正式公开发行的科技报告还包括中国国防科技报告、国研报告、商业报告等。

1.科学技术研究成果报告的检索

检索我国科学技术研究成果报告可以通过《科学技术研究成果公报》、《中国技术成果大全》、《中国科学技术成果数据库》、万方数据资源系统等途径。以万方数据资源系统（http://www.fanfangdata.com.cn/）为例，在该系统的科技信息子系统中有 37 万多条科技成果记录，包括高新技术和实用技术成果、可转让的实用技术成果以及获得国家科技奖励的成果项目，专业范围涉及化工、生物、医药、机械、电子、农林、能源、轻纺、建筑、交通、矿冶等，这些记录分成 4 个部分：实用技术、重大成果、中国科技成果、科技奖励项目。通过一定的付费方式，就可以检索和获取相关的科技报告。

2.中国国防科技报告的检索

国防科工委系统的中国国防科技报告是我国科技报告的重要组成部分，其中的航空科技报告已建成了《航空科技报告文摘数据库》，收录国内航空企事业单位具有很高专业技术水平的中国航空科技报告的文摘。检索工具主要是国防科工委情报研究所编写的《中国国防科技报告通报及索引》。

中国航空科技报告是全面系统地反映航空工业科学技术发展水平的系列报告，其内容以航空科技应用和发展研究中取得的成果为主，也反映航空基础科学的理论研究成果。涉及的专业包括空气动力学与飞行力学、飞机结构强度、发动机技术、航空电子仪表、电气设备、导航与控制系统、航空武器、航空材料与工艺、试验与测试技术、产业政策与管理等。可以通过中国航空信息网（http://www.aeroinfo.com.cn/）免费检索特定年度的《航空科技报告文摘数据库》。

3.国研报告的检索

国研报告，即国务院发展研究中心调查研究报告，是国务院发展研究中心专门从事综合性政策研究和决策咨询的专家发布的有关中国经济和社会诸多领域的调查研究报告，内容丰富，具有很高的权威性和预见性。该报告每年 200 期，不定期出版，网络版每天在线更新。

具体检索方法：（1）进入国研网主页（http://www.drcnet.com.cn/），在检索输入框中输入关键词，如果有多个关键词，关键词间可以使用逻辑算符连接。

在该检索系统中,用空格、"+"或"&"表示逻辑和,用字符"|"表示逻辑或,用字符"-"表示逻辑非,使用"( )"表示检索式是一个整体单元。(2)点击"检索"按钮,系统显示题名与摘要。(3)选择需要查看全文的报告,点击标题名称就可以看到报告的全文。

4.商业报告的检索

中国商业报告库是中国资讯行(http://www.chinainfobank.com)的子库之一,收录经济专家及学者关于中国宏观经济、金融、市场、行业等的分析研究文献及政府部门颁布的各项年度报告全文,主要为用户的商业研究提供专家意见的资讯,数据库每日更新。

通过网站检索商业报告只能得到报告的标题,如果要查看全文,需预先交费,申请成为中国资讯行的会员。如果用户所在单位设有中国商业报告库的镜像站,可以通过镜像站免费浏览商业报告的全文。

此外,中国科技信息研究所编辑的《台湾科技文献通报》、《科学技术译文通报》、《对外科技交流通报》,机械工业部科技信息研究所主办的《中国机械工业科技成果通报》,湖南省科委成果处编辑的《湖南省科学技术研究成果公报》(内部资料)等都是较为重要的科技报告检索工具。

第二节 会议文献检索

一、会议与会议文献的概念

1.会议的类型

随着科学技术的发展,世界各国的学会、协会、研究机构及国际性学术组织举办的各种学术会议日益增多。20世纪80年代,世界上每年举办的科学会议约1万个,其中的科技会议就有5 000次左右。

(1)按组织形式和内容把会议分为8类:Congress(专业会议)、Convention(代表大会)、Conference(大会)、General Assembly(全体会议)、Seminar(学术讨论会)、Colloquium、Symposium(座谈会或学术报告会)、Workshop(业务讨论会)、Working Group、Discussion Group or Expert Group Meeting(工作小组、讨论小组或专家小组会议)、Committee(委员会)。

(2)按级别和范围把会议分为4类:国际性会议(包括世界各大洲都有代表参加的"世界会议"即World Conference和某个国际性组织或两个以上国家联合召开的"国际会议"即International Conference)、全国会议、地区会议

（一个国家的地区性学术机构单独或联合召开的）和基层会议等。

  2.会议文献的概念

  会议文献（Conference Literature）就是指在学术会议上宣读和交流的论文、报告及其他有关资料，并且多数以会议录的形式出现。世界上每年产生的会议论文约 10 多万篇，每年出现的各种会议录就达 3 000 余种。

二、会议文献的特点与类型

  1.会议文献的类型

  会议文献种类繁多，出版形式多样，通常按时间把会议文献分为以下 3 类：

  （1）会前文献（Pre-conference Literature）：指在会议之前预先印发或出版的会议资料。包括会议预告（Forthcoming Conference）、征文启事和会议通知书，会议日程表（Program），会前论文摘要（Advanced Abstracts）和预印本（Preprints）等。其中预印本是在会前 5 周～7 周内发给与会者或公开出售的会议资料，比会后正式出版的会议录要早 1 年～2 年，但内容的完备性和准确性不及会议录。据 UNESCO 报道，约有 50%的会议只有会前文献，而不出版会议录，因此预印本显得更加重要。

  （2）会中文献：包括开幕词、讲话或报告（Reports）、讨论记录、会议决议和闭幕词等。许多内容价值并不大。

  （3）会后文献（Post-conference Literature）：是指会议结束后，经会议主办单位等机构正式出版的会议论文集。包括会议录（Proceedings）、论文汇编（Transactions）、会议摘要（Digest）、会议出版物（Publications）等。其中，会议录是会后将论文、报告及讨论记录整理汇编而公开出版或发表的系统化文献，价值较大。

  2.会议文献的特点

  （1）内容新颖，传递及时。作者根据亲身的研究成果所做的创造，大多先在会议上首次公布，经过一段时间才陆续在期刊或其他文献上发表，有的则根本不发表。因此，会议文献传递的是新颖的但尚未成熟的科研中的情报，远比科技期刊迅速和直接。

  （2）专业性和针对性强。科技会议都有一定的专业性，讨论的主题大都是当前人们共同关注的问题，一般要邀请有关的专家学者参加，而且会议论文在会前要经过专家的评审。因此，会议文献能够反映某一学科或专业的当前水平和发展动向，是一种重要的信息源。

  （3）出版和发行方式灵活多样。通常，以期刊出版的会议录约占会议文献的 2/5；其他的会议文献或汇编成专题论文集，或出版会议丛刊、丛书，或以科技报告形式出版。有的会议文献还以录音、录像带或缩微品形式出版。

三、国外会议文献的检索

1.《世界会议》

《世界会议》（World Meetings，WM）由美国世界会议信息中心（World Meetings Information Center Inc.）编辑，Macmilan Publishing Company 出版。WM 是专门预报未来两年内将要召开的世界各国学术会议信息的工具，包括国际会议、全国性会议和地区性会议，收录世界上 100 多个国家和地区的 2 000 多个科技方面的专业会议情况。报道范围包括自然科学、工程技术、社会科学和医学等学科领域，由以下 4 个分册构成：

（1）World Meetings: United States & Canada：1963 年创刊，预报美、加两国近两年内将要召开的各种学术会议；

（2）World Meetings: Outside United States & Canada：1968 年创刊，专门预报美、加两国以外当年和次年将要召开的各种学术会议；

（3）World Meetings: Medicine：1978 年创刊，报道全球两年内将要召开的医学方面的学术会议；

（4）World Meetings: Social & Behavioral Science, Education & Management：1971 年创刊，报道全球两年内将要召开的社会学、行为科学、教育学及管理学等方面的学术会议。

WM 的 4 个分册都是季刊，而且编排方法和著录格式基本相同，都由正文和索引两部分组成。WM 的正文部分，即主要款目（Main Entry Section）较详细地著录了即将召开的各种会议消息，包括会议名称、内容、召开日期和地点、主办机构及提交论文期限等。各种会议消息都会在正文部分连续报道 3 次，报道内容每年完全翻新一次，每期删除内容重复 3 次的会议，并补充最新的会议消息，从而动态地构成其报道内容的主体。

WM 的索引主要有 6 个，即关键词索引（Keyword Index）、会议日期索引（Data Index）、会议截稿日期索引（Deadline Index）、会议地点索引（Location Index）、出版物索引（Publicaion Index）、主办单位指南与索引（Sponsor Directory and Index）等。

2.《会议论文索引》

《会议论文索引》（Conference Papers Index，CPI）由美国剑桥科学文摘社（Cambridge Scientific Abstracts Co.）编辑出版，月刊。主要报道世界上已经召开或即将召开的各种学术会议上宣读或递交的学术论文，报道范围涉及自然科学、工程技术和医学等领域，年报道量约 10 万篇。CPI 作为一种题录式报道工具，既有印刷版，也有机读数据库，通过 DIALOG、BRS 或 ESA/IRS 系统都可以进行检索。

CPI 由正文和索引两部分组成。正文部分是会议消息和会议论文的标题，按 17 个学科专业分类排列，每一类目下列出该类的各种会议的名称、召开日期及地点、订购消息等项。紧接着会议消息之后著录了会议上即将宣读或已经宣读的多篇论文、著者及其单位等。例如，要检索计算机结构和操作系统方面的论文，可以通过"数学和计算机科学"（Mathematical and Computer Science）类目及其相应的著录款目，得到由 ACM 和 IEEE 主办的一次会议及其论文集中所有的文章信息。下面是其中的一个款目：

892 0291 ①: 3rd International Conference on Architectural Support for Programming Languages and Operating Systems (ASPLOS III) ② 3-6 Spr 1989 ③
Boston, MA (USA) ④
Association for Computing Machinery (ACM); IEEE Computer Society ⑤
90-007804 ⑥
Architecture and compiler tradeoffs for a long instruction word microprocessor ⑦
R. Cohn, T. Gross, M.Lam, P. S.Tseng (Dep. Comput.Sci., Canegie-Mellon Univ., Pittsburgh, PA). ⑧
no.1, pp.387-397 ⑨

说明：①会议登记号 ②会议名称 ③会议日期 ④会议地点 ⑤主办单位 ⑥论文顺序号 ⑦论文名称 ⑧著者名称及单位 ⑨其他补充信息，如论文页数或参考文献数等。

CPI 的索引体系分期索引和年度累积索引两种。主要包括主题索引（Subject Index）、著者索引（Author Index）、会议日期索引（Index by Date of Conference）、会议地点索引（Index by Conference Location）和会议议题分类索引（Index by Topic of Conference）等。

3.《科技会议录索引》

《科技会议录索引》（Index to Scientific & Technical Proceedings，ISTP），是一种综合性的科技会议文献检索刊物，1978 年创刊，月刊，年报道会议录 4 000 个，论文 14 万篇左右。ISTP 覆盖的学科范围广，收录会议文献齐全，出版速度快，其声誉已超过其他同类刊物而成为检索正式出版的会议文献的权威性工具。就学科范围而言，ISTP 收录的会议录涵盖了农业、环境、生物化学、生物技术、医学、工程、计算机、物理等学科；就会议类型而言，ISTP 涉及一般性会议、座谈会、研究会、讨论会、发表会等；就出版速度而言，ISTP 出版比较及时，时差仅为 6 周~10 周。1998 年，ISI 进一步推出基于 Web of Knowledge

平台的 ISTP 的 Web 版，极大地提升了 ISTP 的更新速度和服务水平。通过 ISTP 不仅可以快速有效地查找某个会议的主要议题和内容，而且还能够根据它所提供的会议论文作者的详细地址，直接写信向作者索取文献资料。

ISTP 有月刊和年度累积本两种形式，全部内容由 7 个部分组成，其中类目索引是正文的编排根据，会议录目录是正文，其他则是各种索引。

（1）类目索引（Category Index）：也叫"范畴索引"，按会议内容的学科主题字顺编排。每期约 200 个类目，每个类目下列出会议名称和会议录顺序号。交叉学科的会议录在相关的学科主题下相互参见。

（2）会议录目录（Contents of Proceedings）：这是 ISTP 的主体部分或正文。正文首先按会议录编号的大小顺序排列，每一种会议录又依次按会议录编号、会议名称、会议地点和日期、会议主办者、会议录书名及副书名、丛书名及卷次（会议录作为丛书出版时）、会议录编者、会议录出版项、LC 分类号和 ISBN、会议录的订购地址和订购号排序。以上关于会议录的信息著录完之后，再接着列出在该会议上发表的每篇论文的标题、著者、第一著者工作单位及地址，以及论文所在的起始页码等。

（3）著者、编者索引（Author/Editor Index）：按编著者姓名字顺编排，给出会议录编号和论文的起始页码。

（4）会议主持者索引（Sponsor Index）：按会议主办者、主持者的缩写名称字顺排列，列出会议地点和会议录编号。可从单位缩写名称表查出其全称。

（5）会议地点索引（Meeting Location Index）：首先按会议召开地点的所在国国名字顺排列（不过美国总是排列在所有其他国家之前），在国名之下再按城市名称排列；如果会议是在美国召开的，则将按美国州名和城市名排列。

（6）轮排主题索引（Permuterm Subject Index）：主题词选自论文篇名或会议录名称，是表达文章主题内容的一些实质性的词语。主题词有主题词和副主题词，它们共同构成一篇会议文章的主题。编排顺序是主题词＋副主题词，即先按主题词，其下再按副主题词顺序。在某些主题下还设置了参照项用以扩检。此索引给出的是论文所属的会议录的编号和起始页码。

（7）团体著者索引（Corporate Index）：该索引分为两部分，一个是地域索引（Geographic Section），另一个机构名称索引（Organization Section）。地域索引部分按论文第一著者单位的地址排列，大地名下再按小地名，小地名后即为著者单位及著者姓名，右边给出会议录编号和论文起始页码。机构索引部分实质上是地域索引的辅助工具，若只知道第一著者的单位而无具体地址，尤其是某些同名不同地区的单位机构，需通过这个索引指引到地域索引部分，以便进一步查找会议文献内容。

需要说明的是，与 ISTP 配套使用的是 ISI 编辑出版的《社会科学及人文科学会议录索引》（Index to Social Science & Humanities Proceedings，ISSHP）。作为 ISI Proceedings 检索工具的有机组成部分，ISSHP 主要报道世界上有关社会学、公共健康、经济、管理、艺术、历史、文学等学科的各种重要会议文献。

此外，比较重要的会议文献检索工具还包括：

（1）《已出版的会议录指南》（Directory of Published Proceeding，DPP）：由美国 InterDok Corp 编辑出版，主要收集各个学科或领域的单行本会议录，同时还收集研究报告、期刊、专论、丛书中的会议论文等。DPP 有 3 个分册，即 Series SSH（Social Science/Humanities）、Series SEMT（Science/Engineering/Medicine/Technology）、Series PCE（Pollution Control and Ecology）等。

（2）《在版会议录》（Proceeding in Print）：由美国 Proceeding in Print Inc. 出版，报道美国国内外举办的科技会议及其出版的会议录，主要报道世界各国宇航会议文献。该刊编有"会议录主编者索引"、"会议主题索引"和"会议举办单位索引"。

（3）DIALOG 系统 77 号文档、ESA/IRS36 号文档、OCLC FirstSearch 中的 PapersFirst 和 Proceedings 数据库，以及大型的专业性检索工具，如 Ei、SA、CA、BA、GeoRef 等。

四、国内会议文献的检索

1.《中国学术会议文献通报》

中国科技信息研究所主办，1982 年创刊，原名《国内学术会议文献通报》，1987 年改为现名，月刊。《中国学术会议文献通报》的报道范围广泛，几乎涵盖了自然科学、工程技术、社会科学、管理科学、农业科学和医学等所有学科，是目前报道在我国召开的国际性和全国性学术会议及会议文献的最具权威性的检索工具。年报道会议 1 000 个左右，年报道量约 2 万条。

《中国学术会议文献通报》是一种综合性的检索工具，由"文献通报"、"会议预报"和"会议动态"等 3 个相互独立的部分组成。

"文献通报"是《中国学术会议文献通报》的主体，也是检索会议文献的主要工具。它按分类进行编排，大类下列出包含该类内容的所有会议；会议下面再列出在该会议上交流的所有论文。其著录内容包括：会议名称、会议时间、地点、会议主办单位、《中图法》分类号、会议论文编号、论文篇名、论文著者及所在单位、论文集名称、编者、出版年月、论文在论文集中的起止页码和馆藏索取号等。其中，会议论文编号由 8 位数字组成，前 2 位代表年代，后 6 位是本年度的流水号，论文篇名用黑体字印刷。

"会议预报"主要预报本年度将要召开的各类学术会议的信息，著录项目比较简单，只有会议名称、预定召开时间、主办单位等。

此外，《中国学术会议文献通报》还有独立的年度累积主题索引。该索引按主题词的汉语拼音字顺排列，在每个主题词的后面给出相关的一个或多个会议论文编号。

2.《中国重要会议论文全文数据库》

《中国重要会议论文全文数据库》(CPCD) 是 CNKI 系列产品之一，收录我国 2000 年以来二级以上政府职能部门、高等院校、科研院所、学术机构等单位召开的重要学术会议、在国内召开的国际会议上发表的文献，年更新约 10 万篇。CPCD 的内容覆盖理工、农业、医药卫生、文史哲、政治军事与法律、教育与社会科学综合、电子技术与信息科学、经济与管理等各个方面。截至 2007 年 3 月，该数据库累积会议论文全文文献达 50 万篇左右。

3.《中国学术会议论文文摘数据库》

《中国学术会议论文文摘数据库》(CACP) 由万方数据股份有限公司提供，收录我国 1985 年以来由国际及国家级学会、协会、研究会组织召开的各种学术会议论文，每年涉及上千个重要的学术会议。CACP 的内容范围覆盖自然科学、工程技术、农林、医学等所有领域。截至 2007 年 3 月，数据总量已达 70 多万篇，是目前国内收集学科最全、数量最多的会议论文数据库。

第三节　专利文献检索

一、专利文献与专利制度

1.专利与专利文献的概念

专利（Patent）一词包含三层含义：一指专利法保护的发明，二指专利权，三指专利说明书等专利文献。其核心是一种法律制度，即专利制度，而专利权和专利文献是专利的具体体现。

专利权是知识产权的一种。作为一种无形财产，专利权具有专有性、地域性和时间性。知识产权是人们利用知识获得成果的专有权，是相对实物产权而言的，所以也叫智力成果权。知识产权受法律保护，任何人未经知识产权所有人的许可，不准使用、制造或销售其成果，否则就构成侵权行为，并受到法律的制裁。知识产权包括工业产权和版权两部分。工业产权是涉及到工业、农业、商业、采掘业和一切制造成品或天然产品的产权。包括专利、商标、服务标记、厂商名称、货源名称或原产地名称和制止不正当竞争等。版权也称著作权，指作者或出版者对其作品享有印刷、出版、复制和销售等权利。

专利文献（Patent Literature）是指记录有关发明创造信息的文献。广义包括专利申请书、专利说明书、专利公报、专利检索工具以及与专利有关的一切资料；狭义仅指各个国家或地区的专利局出版的专利说明书或发明说明书。

2.专利制度及其发展

专利文献是专利制度的产物。专利制度是为推动科技进步和生产力发展，由政府审查和公布发明内容并运用法律和经济手段保护发明创造所有权的制度。其基本内容是制定专利法，授予专利权，公布专利。

世界上最早建立专利制度的是威尼斯城邦。1416年2月20日，它批准了第1件有关有色玻璃制造的专利。此后，专利制度首先在欧洲发展起来。1624年，英国制定了世界上第1部专利法。17世纪末至18世纪初，西方各国相继颁布了专利法，建立了专利机构。19世纪下半叶出现了国际性专利组织，缔结了各种国际条约和协定。专利制度的建立和完善，对欧洲的工业革命起到了积极的推动作用。20世纪80年代以来，全世界已经有160多个国家建立了专利制度（包括发明证书制度），全球范围的专利保护体系也基本形成。

在我国，直到19世纪末和20世纪初，才开始有涉及专利的活动。新中国成立后，我国开始尝试建立自己的专利制度体系，并于1950年8月颁布了《保障发明权与专利权暂行条例》，此后又颁布《发明奖励条例》等。但直到改革开放以后，专利制度在我国才真正得到发展。1980年1月，国务院正式批准建立专利制度，并成立了中华人民共和国专利局。1983年3月，我国正式加入了世界知识产权组织。1984年3月12日，六届人大四次会议通过并颁布了《中华人民共和国专利法》，于1985年4月1日正式实施。1992年9月，全国人大常委会又对该法进行了修订，修订后的专利法于1993年1月1日起实施。至此，我国的专利制度基本确立。

二、专利文献的类型与特征

1.专利文献的主要类型

（1）按专利的实质内容划分：由于各国的专利法不同，专利种类的划分也不尽相同。美国分为发明专利、外观设计专利和植物专利。中国、日本、德国等国分为发明专利、实用新型专利和外观设计专利。

发明专利是国际上公认的应具备新颖性、先进性和实用性的新产品或新方法的发明；实用新型专利是对机器、设备、装置、器具等产品的形状构造或其结合所提出的实用技术方案；外观设计专利是指对产品的外形、图案、色彩或其结合做出的富有美感而又适于工业应用的新设计。

使用新型专利和外观设计专利都涉及产品的形状，两者的区别是：实用新型专利主要涉及产品的功能，外观设计专利只涉及产品的外表。如果一件产品的新形状与功能和外表均有关系，申请人可以申请其中一个，也可分别申请。

（2）按专利刊载的形式划分：专利申请书、专利说明书、专利公报、专利检索工具、专利分类表、与专利有关的法律文件及诉讼资料等。其中尤为重要的是专利说明书和专利公报。

专利说明书是专利文献的主体。它是个人或企业为了获得某项发明的专利权，在申请专利时必须向专利局呈交的有关该发明的详细技术说明，包括经审查批准的审定说明书（公告说明书）、经审查但尚未批准的展出说明书和未经审查的公开说明书（专利申请书）。专利说明书的作用是公开新发明创造的技术内容，限定专利权保护的范围。因此，专利说明书的内容主要涉及的就是发明创造的技术内容和权利内容。

各国的专利说明书都有固定的格式，一般由3部分组成：一是著录项目（标头），包括专利号、专利申请号、申请日期、公布日期、专利分类号、发明题目、专利摘要或专利权范围、法律上有关联的文件、专利申请人、专利发明人、专利权所有者等。每个著录事项前通常有国际通用的数据识别代号（INID）。二是发明说明书（正文），是申请人对发明技术背景、发明内容以及发明实施方式的说明，常常附有插图。三是专利权项（权项或权利要求书），是专利申请人要求专利局对其发明给予法律保护的项目，当专利批准后，权项具有直接的法律作用。

专利公报是专利局定期公布新收到或批准的专利的刊物，一般有发明内容摘要。它是专利检索之一。中国专利局专利文献出版社自1985年9月起发行各种专利公报。

2. 专利文献的主要特征

（1）寓技术、法律和经济信息于一体。专利文献是专利申请人向政府递交的说明新发明创造的书面文件，此文件经政府审查、试验、批准后，成为具有法律效力的文件，由政府印刷发行。从专利文献中可以了解发明技术的实质、专利权的范围和时限，还能根据专利申请活动的情况，觉察正在开拓的新技术市场以及它对经济发展的影响。

（2）内容新颖，出版迅速。各种专利法均规定专利发明必须具有新颖性、创造性和实用性（专利三性），特别是由于大多数国家采用了"先申请原则"，即分别就同样发明内容申请专利的，专利权将授予最先申请者。事实上，一些重大的发明常在专利文献公开10余年后才见诸其他文献。近年来，一些国家又相继采用了"早期公开制"，发明说明书自申请专利之日起满18个月即公布于众，这进一步加快了发明内容公开化的进程。

（3）内容可靠，实用性强。发明说明书等有关专利文献的撰写大多是由专门训练的代理人会同发明人共同完成的，而且还要经过专利局的审查，内容可靠。同时，专利说明书对各种技术、产品和方法说明具体，一般的专业人员据此可制造出产品或掌握某一技术。有人将专利文献称为"物化情报"。

（4）规格统一，分类科学。专利说明书基本上都按照国际统一的格式印刷出版，著录项目都有统一的识别代码，国家名称也有统一的代号，这使得即使不懂原文也能识别该说明书的一些特征；同时，专利分类也趋向国际统一，这给检索利用提供了便利。

（5）数量庞大，重复率高。全世界每年出版的专利文献约 100 万件，近 30 万项新发明。但同时，由于同一专利用多种语言向多个国家申请以及选题重复、专利局重复公布等原因，使专利文献内容重复率很高。

专利文献是一种重要的信息源，能够反映世界技术与发展动向。例如，可从申请新专利的数量、内容和批准情况的数据进行分析、预测最活跃的技术领域的发展趋势，还可根据专利文献所报道的优先权日期、发明人及专利所有者的名称、研究单位的地址，将技术发展与工业结构联系起来，了解国外工业生产的水平。通过专利检索和利用，可以有效利用别人的科研成果，少走弯路，节约投入。日本在"二战"后从美国等发达国家大量收集专利信息，并进行消化吸收和综合利用，从而迅速地提高了自己的科技和经济实力。

三、国际专利分类表

专利文献的检索主要有 3 种途径，即分类检索途径、专利权人检索途径和序号检索途径，其中最常用的是分类检索途径。而分类检索最典型的检索工具是国际专利分类表。

1.国际专利分类表的研制

国际专利分类表（International Patent Classification，IPC）是在美、英、德、法、日等国及国际专利组织的共同努力下，历经 10 余年，于 1968 年 9 月创建并正式实施的一种统一的专利分类制度。IPC 最初由欧洲理事会负责，后根据 1975 年生效的"斯特拉斯堡协定"，由世界知识产权组织（WIPO）接替欧洲理事会对 IPC 进行管理工作。IPC 成了在国际组织管理之下的一套供世界范围使用的专利分类法，并具有了真正的国际性。目前世界上已有 50 多个国家及 2 个国际组织采用 IPC 对专利文献进行分类。

IPC 分别用英、法两种文字出版，每 5 年修订 1 次。目前使用的第 7 版国际专利分类表，其有效期是 2000—2005 年。由于 IPC 采用的是功能分类（面向发明的作用）和行业分类（面向发明的应用）相结合的分类原则，它首先考虑的不是逻辑上的完美,而是使用上的便利,同时兼顾了各个国家对专利分类的要求,因此适用面较广。IPC 按照发明的技术主题设置类目,为专利文献的分类、检索和利用提供了极大的方便,成为世界各国分类和检索专利文献的重要工具。

2.国际专利分类表的体系结构

IPC 包括了与发明专利有关的全部领域,它以等级形式将技术内容按部（Section）、分部（Subsection）、大类（Class）、小类（Subclass）、主组（Group）、分组（Subgroup）等逐级展开,从而形成了一个完整的分类体系,而一个完整的国际专利分类号是由部、大类、小类、主组或分组的类号组成的。

（1）部与分部：IPC 的第 1 个分类等级。在 IPC 中,首先将与发明专利有关的全部技术领域划分为 8 个部,并分别用 A～H 中的一个大写字母进行标记。

另外,在每个部内还有由信息性标题构成的分部。分部只起到将某一大部的内容再进一步细分,以方便用户检索的作用,而不作为分类中的一个等级,也没有任何分类标记。例如,A 部：人类生活必需,又可分为农业；食品和烟草；个人或家庭用品；保健和娱乐等几个分部。

在 IPC 的 8 个部中,除 H 部电技术之下未设分部外,其他部下均设有不同的分部。如表 7.1 所示：

表 7.1 IPC 类目表

部	分部
A 部：生活必需	农业、食品和烟草；个人或家庭用品；保健和娱乐
B 部：作业；运输	分离和混合；成型；印刷；交通运输
C 部：化学；冶金	化工；冶金
D 部：纺织；造纸	纺织和未列入其他类型的柔性材料制造；造纸
E 部：固定建筑物	建筑；钻井和采矿
F 部：机械工程；照明；加热；武器；爆破	发动机和泵；一般工程；照明和加热；武器和爆破
G 部：物理	仪器；核子学
H 部：电技术	无分部

（2）大类：大类是 IPC 的第 2 级类目,是对部的进一步细分。大类类号用一个二位数进行标记,其完整的表示形式为：部号+类号。例如,B64 飞行器、航空、宇宙飞船。

（3）小类：小类是 IPC 的第 3 级类目,是对大类的进一步细分。小类类号用一个大写字母进行标记,其完整的表示形式为:部号＋大类号＋小类号。例如,B64C 飞行、直升飞机。

(4)主组或大组:这是 IPC 的第 4 级类目,是对小类的进一步细分。类号用 1~3 位数再加/00 表示,其完整的表示形式为:部号＋大类号＋小类号＋主组类号。例如,B6425/00 起落装置。

(5)分组或小组:IPC 的第 5 级类目,是在主组的基础上进一步细分出来的类目。其类号标记是将主组类号中"/"后的 00 改为其他数字。

小组之内还可以划分出更低的等级,并在小组文字标题前采用加注"·"的方法来标示小组之内的等级划分,标题前的"·"数目越多其类目等级越低。这种小组内的等级划分在分类号中是表现不出来的。例如:

B 作业;运输
B64 飞行器、航空、宇宙飞船
B64C 飞行、直升飞机
B64C25/00 起落装置
25/02 · 起落架
25/08 · · 非固定的,如:可抛弃的
25/10 · · · 可快放的,可折叠的或其他的

....

其中,从 B64C25/02 到 B64C25/10 等,它们在小组内的等级是依次降低的,但从分类号上是看不出来的,只能根据分类表中小类文字标题前的圆点数目加以判别。IPC 类号的完整书写形式为:Int.Cl5 B64C25/08。其中,Int.Cl5 表示国际专利分类第 5 版。

3.IPC 分类表索引

为了便于查找 IPC 分类号,每一版的 IPC,国际知识产权组织都会配套编制出版一本《IPC 分类表索引》(Official Catchword Index to the IPC),也就是 IPC 关键词及类号对照索引。它是为了帮助用户从主题词入手,确定发明的 IPC 类号而设置的辅助性检索工具。该索引以关键词作为标目,其后给出该关键词所属技术领域的 IPC 类号。该索引共收入 6 000 多个关键词,全部关键词用大写体印刷,按字顺进行排列。有些关键词下又进一步划分出下属关键词,下属关键词用小写体表示,用来限定说明标目的含义。用该索引确定某项技术的分类号时,应注意表中给出的是比较粗的初步分类号,若要找到确切的分类号,还需根据分类表索引给出的初级分类号到 IPC 分类表中进一步进行查找。

需要指出的是,IPC 只用于发明专利和实用新型专利的分类与检索。外观设计专利的分类与检索须使用《国际外观设计专利分类表》(International Industrial Design Classification)。

四、英美诸国的专利检索

英、美、日等国家都是专利文献的生产大国，出版有多种形式的专利检索工具，既有传统的印刷型检索工具，也有大量的联机数据库检索服务。其中，尤其以英国的德温特出版公司（Derwent Publicaionss Ltd.）和美国的专利和商标局（United States Patent and Trademark Office，USPTO）编辑出版的系列专利检索工具为重要。

1.德温特专利检索工具

由德温特出版公司编辑出版的系列专利检索工具，或称德温特出版物。德温特出版公司是专门从事专利文献搜集、摘录、报道、检索和原文提供的私营出版商，1951年创建于伦敦。创刊时为《英国专利文摘》（British Patent Abstracts），随后出版美、俄、法等12种分国专利文摘；1970年开始出版《中心专利索引》（Central Patent Index）；1974年创立了《世界专利索引》（World Patent Index，WPI）系列；1975年和1980年又先后增设了《世界专利文摘》（World Patent Abstracts，WPA）和《电气专利索引》（Electrical Patents Index，EPI）。1957—1987年间，德温特出版物逐步发展到多个系列，60余种检索工具。

从1988年之后，德温特公司对其专利检索工具进行了调整和重新命名，并逐步形成了以 WPI 为代表的专利文献工具体系。目前，德温特公司的专利文献报道和检索系统规模之大、速度之快，居世界首位。据统计，它所报道的专利信息量约占世界专利公布量的85%左右，除了印刷版之外，还以缩微、光盘、联机和网络数据库等多种形式出版发行。

（1）《世界专利索引目录》

《世界专利索引目录》（World Patents Index Gazette，WPIG），以题录和索引形式全面报道30多个国家和2个国际组织（欧洲专利公约和国际专利合作条约）的专利文献。1974年创刊，周刊。WPIG 的特点是报道面广，报道时差短，年报道量约100万件。

WPIG 按德温特的主题分类表（The Derwent Classification）的4大技术门类分4个分册出版。P 分册是一般技术（Section P: General），包括农业、食品、烟草、个人及家用物品、保健、体育用品等内容；Q 分册是机械（Section Q: Mechanical），包括运输、包装、贮存、建筑、采矿、发动机和泵、工程部件等；R 分册是电气（Section R: Electrical），涉及计量与测试、钟表、计算机、控制与调节、信息记录与显示、通讯等方面；CH 分册为化学（Section Ch: Chemical），包括聚合物、药物、农药与化肥、造纸、印刷、冶金等。各分册结构基本相同，都有4种索引，即专利权人索引（Patentee Index）、国际专利分类号索引（IPC

Index)、入藏号索引（Accession Number Index）和专利号索引（Patent Number Index）。

（2）《世界专利文摘》

《世界专利文摘》（World Patents Abstracts，WPA）创刊于 1975 年，周刊。报道内容分为 7 个分册出版，年报道量约 14 万件。WPA 的报道范围不及 WPIG，但著录项目详细，包括有文摘和附图。WPA 的每个分册都由文摘正文和辅助索引两个部分组成。全部文摘款目按分类号顺序排列；WPA 的辅助索引有专利权人索引和入藏号索引两种。

（3）《化学专利索引》

《化学专利索引》（Chemical Patents Index，CPI）创刊于 1970 年，原名《中心专利索引》，1986 年改为现名，周刊。CPI 是德温特公司专门报道世界各国化学、化工专利的文摘刊物。其报道范围略小于 WPIG，但对美、英、德、日等主要国家专利的报道较为详细，而对于其他一些国家的专利报道则通常不包含文摘，甚至不进行报道。CPI 按内容分为 12 个分册出版，各分册的结构与 WPA 基本相同，也是由文摘正文和辅助索引两个部分组成，只是辅助索引除了专利权人索引和入藏号索引之外，还增加了专利号索引。

（4）《电气专利索引》

《电气专利索引》（Electrical Patent Index，EPI）是从 WPA 中独立出来的一套专门报道电气和电子技术方面专利文献的文摘刊物，1988 年创刊，周刊。EPI 有分类本和分国本两种版本，分类版分 6 个分册出版，分国版分 3 个分册出版。EPI 各分册由文摘正文和索引两部分组成。文摘正文分基本专利、日本公开特许和相同专利；辅助索引包括专利权人索引、入藏号索引、专利号索引和检索代码索引。

（5）德温特创新索引

德温特创新索引（Derwent Innovations Index，DII）是德温特系统出版物中的特色数据库之一。它将 WPI 的专利信息与《专利引文索引》（Patents Citation Index，PCI）的专利引证信息加以整合，采用 Web of Knowledge 平台，通过学术论文和技术专利之间的相互引证关系，建立了专利与科技文献之间的链接，为用户提供综合的发明概要、基本专利信息及同族专利的详尽资料，成为世界上国际专利信息收录最全面的数据库之一。

DII 数据库收录始于 1963 年，目前共收录全球 40 多个专利机构的 1 000 万条基本专利，2 000 万项专利。每周有 40 多个国家或地区的专利组织以及 6 个重要专利版权组织的数十万条的专利文献或专利引用信息新增入库。除了在 DIALOG 系统中实施检索外，还可以通过 ISI 的 Web of Knowledge 平台进行检索。其专业领域包括化学、电子与电气、工程技术等。

DII 汇集了工程技术领域内的发明创造，揭示了技术领域内的创新。DII 还包含了全球范围内所有同族专利的详细资料。该数据库提供有常用检索（General Search）、引用专利检索（Cited Patent Search）等检索方式，有主题（Topic）、发明人（Inventor）、专利号（Patent Number）、国际专利分类号（International Patent Classification）、德温特分类号（Derwent Class Code）以及被引专利号（Cited Patent Number）、被引专利权人（Cited Assignee）等多个检索字段。

为了方便使用，德温特公司还出版了一套按国别划分的专利文摘刊物，分别报道比利时、英国、法国、德国、日本、荷兰、俄罗斯、美国、欧洲专利公约和国际专利合作条约的专利文献。此外，德温特公司还出版有内容覆盖全部技术领域的《速报文摘胶卷（片）全系列 P-X》（Alerting Abstracts Microfilm (Microfiche) Complete Series P-X）以及为各系列服务的索引，如《优先权索引周刊》（Priority Index Weekly）和《优先权索引》（Priority Index）、《主—副入藏号索引月刊》（Primary-Secondary Accession Number Index Monthly）和《入藏号索引季刊》（Accession Number Index Quarterly）等等。

2. 美国专利文献检索工具

美国是世界上专利最发达的国家。美国于 1964 年颁发了第 1 份工业专利，1790 年通过了第 1 部正式的专利法，1836 年设立了专利局。目前美国是拥有专利最多的国家，约占世界专利总数的 1/4，其中近 1/3 的专利是其他国家的发明在美国申请的等同专利。因此，从美国专利中可以查出许多其他国家的重要文献。

美国专利分为发明专利、再公告专利、植物专利、外观设计专利、防护性公告和再审查专利等类型。其中，发明专利是主体。美国专利局编制的《美国专利分类手册》（Manual of Classification of U. S. Patents）是美国专利文献分类的依据。该分类手册按大类的类号数字排序，几乎每年修改调整，共分一般和机械、化学、电气等 3 部分 560 多个大类，每个大类下又分二级、三级等小类，而且各级类目都有定义或解释。《美国专利分类索引》（Index to Classification of U. S. Patents）是利用《美国专利分类手册》的重要工具。

（1）《美国专利和商标局公报》（Official Gazette of the United States Patent & Trademark Office）

美国专利局出版的用于公布专利说明书和专利审批情况及各种通告的官方刊物，是检索美国专利文献的主要工具书。原名为《美国专利局公告》，1872 年创刊，1975 年起改为现名，周刊。每期公布专利约 1 600 件。每期专利公报由专利与商标局通告、专利申请案审查情况、各类型专利的文摘和索引等项内容组成。其中，文摘和索引是检索专利的主要工具。

每期专利公报文摘都分为"一般和机械类"、"化学类"、"电气类"等3大部分排列。每一部分的文摘都按美国分类表的大类分类号顺序排列,同一类下再按专利号顺序编排。文摘款目的著录项目包括:专利号、专利标题、发明人、专利权人及其地址、申请日期与申请号、国际专利分类号、美国专利分类号、文摘等。

索引包括专利权人索引和分类索引两种。专利权人索引按专利发明人和专利权所有人的名称字顺混合排列,但两者的著录项目和著录格式有所区别:发明人名称后面列有合作者、发明人所属机构名称、专利标题、专利号和美国专利分类号等项内容;而专利权人后面一般只列有该机构所属发明人姓名、专利号和美国专利分类号。由于文摘正文是按美国专利表分类排列的,因此,分类索引实际上是一种"细分类索引",是对文摘正文编排的一种补充和完善。该索引按美国专利分类号排列,其后给出专利号。

(2)《专利索引》

《专利索引》(Index of Patents)是美国专利与商标局出版的年度索引,实际上是《美国专利与商标局公报》索引部分的年度累积本。该索引分《专利权人索引》(Part I, List of Patents)和《分类索引》(Part II, Index of Subjects of Invention)两个分册出版。两个分册的编排及著录格式与专利公报中的期索引基本一致。但《分类索引》分两部分编排,前半部分为"主分类号索引",列入属于本类的专利号;后半部分为"交叉参见分类号索引",列入跨类的专利号。

(3)美国专利网络资源

Delphion 知识产权网站(http://www.delphion.com/)、美国专利与商标局负责管理维护的美国专利商标数据库(http://www.uspto.gov/)、美国化学专利数据库(http://casweb.cas.org/)、美国能源部专利数据库(http://www.osti.gov/waisgate/gchome2.html/)、MicroPatent 公司专利数据库(http://www.micropat.com/)等。

此外,日本专利局、欧洲专利局、世界知识产权组织以及国际上著名的联机检索系统都编辑出版或研制开发了多种专利文献检索工具、检索数据库等。

五、中国专利文献检索

自 1993 年《中华人民共和国专利法》修订版正式实施之后,我国的专利制度、专利文献以及专利检索工具都得到了迅速而健康的发展。

1.我国专利的审批制度

专利局依照相关的法律规定的程序对专利申请进行审查。目前,世界各国对专利审查主要采取3种形式,即形式审查制,实质审查制,早期公开、延迟审查制等。我国对发明专利申请,实行的是早期公开、延迟审查的制度,对实用新型和外观设计的专利申请,则实行形式审查的制度。

中国发明专利的申请审批程序,如表7.2所示。

表7.2 中国发明专利审批程序及相应的编号、说明书名称

审批步骤	审批内容	编号名称	说明书名称
第1步	受理专利申请,经形式审查合格给予编号	申请号	
第2步	自申请之日起18个月内公开申请内容,出版说明书,给予编号	公开号	发明专利申请公开说明书
第3步	自申请之日起3年内进行实质审查,合格后给予编号	授权公告号	
第4步	授予专利权,给予专利号	专利号	发明专利说明书

2.我国专利的编号系统

(1)申请号:专利局受理某项专利申请时给予该专利申请的编号。1989年1月1日开始,我国实行的专利申请号采用8位编排结构,如90101673·X。2003年10月1日起改用12位编码,如200320001188.5。其中,前4位代表申请的年份,后7位为当年专利申请的流水号,第5位代表的专利类型(1为发明专利,2为实用新型专利,3为外观设计专利),小数点后是计算机校验码。

(2)专利号:指已经获得专利权时的说明书号码,与申请号的数码相同,仅在前面加ZL以示区别。

(3)公开号/授权公告号:从1989年1月1日起,我国的专利申请中的公开号/授权公告号按文献流水号编排,均采用7位数,如CN 3003156S。2004年7月1日开始采用9位数编码,如CN 103058062C。其中,数字前为专利国别代号,第1位数字代表专利类型,使用的数字及其含义与申请号中的第5位一致,后8位数为当年专利文献的流水号,流水号后面的英文字母表示3种专利说明书的类别或该专利的法律状态(A表示发明专利申请公开说明书,C表示发明专利说明书,Y表示实用新型专利说明书,D表示外观设计专利公告等)。

3.我国专利检索工具体系

目前,我国的专利文献检索工具体系正趋于完善,除了有关的专利说明书(《发明专利申请公开说明书》、《发明专利申请审定说明书》和《实用新型专利申请说明书》)之外,还包括系统的专利公报、文摘和索引等基本类型。

(1)《中国专利公报》

由中国专利局编辑出版，1985年创办，周刊，以文摘形式报道专利信息。包括《发明专利公报》、《实用新型专利公报》和《外观设计专利公报》3个分册，分别公布与各类型专利申请、审查和授权有关的内容、事项和决定。3种公报的结构基本相同，正文按国际专利分类号顺序排列。不过，《实用新型专利公报》和《外观设计专利公报》无审定公告的请求实质审查等栏目。出版之日，同时出版该期公报内各项专利的说明书或已批准专利权的专利说明书单行本。

《发明专利公报》是《中国专利公报》中最重要的一种，刊登发明专利申请公开、审定和专利权授予、发明保密专利、发明专利事务、申请公告索引、授权公告索引等内容。

(2)《中国发明和实用新型专利年度分类文摘》

中国专利局出版，相当于《中国专利公报》有关部分的年度累积本。该文摘按IPC分类体系中的8个部（A～H）分别编辑出版，各部又分为若干分册。文摘按IPC分类体系排列，各部都包括文摘正文和索引两部分。文摘正文和索引的格式与《中国专利公报》中的基本相同。

(3)《中国专利索引》

中国专利局出版，1986年创刊，原为年刊，1993年起改为半年刊。《中国专利索引》包括《分类号索引》、《申请人、专利权人索引》和《申请号、专利号索引》3个分册。这3个分册都由发明专利、实用新型专利和外观设计专利组成，报道该年度中国专利局发布在《发明专利公报》、《实用新型专利公报》和《外观设计专利公报》上公布的专利，是《中国专利公报》的年度累积本。

《中国专利索引》的著录项目包括IPC分类号、公开号（或授权公告号、专利号）、申请号、申请人（或专利权人）、发明名称（或实用新型名称、外观设计产品名称）及登载该专利申请的专利公报的卷、期号等项。著录内容如表7.2所示。

表 7.3 中国专利·分类号索引样例

国际专利分类号	授权公告号	专利号 ZL	专利权人	实用新型名称	卷期号
A61M 16/01	CN 2303646Y	97223320.2	张水纯	多功能麻醉管道装置	15-02

此外，还有《中国专利索引—申请号/公开（告）号对照表》、中国专利光盘数据库（CNPAT系列光盘）、中国知识产权网（http://www.cnipr.com/）、中国专利网（http://www.cnpatent.com/）、中华人民共和国国家知识产权局

（http://www.sipo.gov.cn/）、中国发明专利技术信息网（http://www.1st.com.cn/）、中国专利信息网（http://www.patent.com.cn/）等各种专利文献网络数据库和相关的专利信息。

六、专利文献检索的类型及方法

专利文献的检索和使用与其他文献不同，一般都具有明确的目的性和较强的针对性。按照检索的目的和要求划分，专利文献的检索通常有以下几种类型。

1. 技术贸易检索

在技术贸易中，尤其是在引进国外先进技术时，技术贸易检索极为重要。专利技术与一般技术相比，其价值常常有相当大的差距。外商在向我国企业转让技术时，有专利技术，也有非专利技术、甚至失效的技术。有些外商把别人的专利技术当做自己的技术向我国企业转让，还有的外商在转让技术时不说明其中有专利技术，而在我国企业实施引进技术时，以专利来制约我国企业。技术贸易检索主要是针对这些情况而进行的。由于每项技术引进时遇到的具体情况不同，因此没有一种固定的检索模式，只能依具体情况来确定检索策略。

从总体上看，技术贸易检索一方面要查找出是否是专利、专利的有效性、专利的地域效力等法律信息，另一方面，还要了解欲引进的技术的水平及实施的可能性等技术信息。因此技术贸易检索可以被看做是一种法律信息与技术信息的综合检索，是专利有效性、专利地域效力和技术信息多项检索的综合。

2. 专利性检索

专利性检索是为了判断一项发明创造是否具备新颖性、创造性而进行的检索，即通过对发明创造的技术主题进行对比文献的查找来完成的。根据检索要达到的目的，专利性检索分为新颖检索和创造性检索。

（1）新颖性及新颖性检索

从概念上讲，新颖性是指申请日以前没有同样的发明或者实用新型在国内外出版物上公开发表过，在国内公开使用过或者以其他方式为公众所知，也没有同样的发明或者实用新型由他人向专利局提出过申请，并且记载在申请日以后公布的专利申请文件中。

专利申请人、专利审查员、专利代理人及有关人员在申请专利、审批专利及申报国家各类奖项等活动之前，为判断该发明创造是否具有新颖性，对各种公开出版物上刊登的有关现有技术进行的检索，称为新颖性检索，其目的是为判断新颖性提供依据。

（2）创造性及创造性检索

创造性是指同申请日以前的已有技术相比，该发明应当具有突出的实质性特点和显著的进步；该实用新型同已有技术相比，应当具有实质性特点和进步。突出的实质性特点是指发明相对于现有技术，对所属技术领域的技术人员来说，是显而易见的。显著的进步是指发明与最接近的现有技术相比具有长足的进步。这种进步表现在发明克服了现有技术中存在的缺点和不足，或者表现在发明所代表的某种新技术趋势上。通常发明有显著的进步，反映在发明的有益效果之中。

专利申请人、专利审查员、专利代理人及有关人员在申请专利、审批专利及申报国家各类奖项等活动之前，为确定申请专利的发明创造是否具备创造性，对各种公开出版物进行的检索，称为创造性检索。

创造性检索是在新颖性检索的基础上进行的。当新颖性检索未发现破坏新颖性的文献时，应继续进行创造性检索，目的是要找出与创造性相关的文献。在实际检索过程中，新颖性检索与创造性检索通常是一起进行的。

3.侵权检索

侵权检索包括防止侵权检索和被动侵权检索，一般情况下它们是两种不同目的的检索。

（1）防止侵权检索

在一项新的工业生产活动（如准备生产一种新产品，或准备在某一生产过程中采用一种新方法或新工艺）开始之前，为防止该项新的工业生产活动侵犯别人的专利权，以免发生专利纠纷，人们要进行防止侵权检索。由此来看，防止侵权检索是指为避免发生专利纠纷而主动对某一新技术、新产品进行的专利检索，其目的是找出可能受到其侵害的专利。

防止侵权检索的要点包括：

①检索的对象：防止侵权检索的对象为有效专利，因为只有有效专利才会被侵权。

②检索的时间范围：依各国专利保护期限而定。美国专利保护自批准之日起17年；英、德、法专利自申请之日起20年；日本专利自公告之日起15年（但自申请之日起不超过20年）；中国发明专利，1993年1月1日之前为自申请日起15年，之后为20年，实用新型专利，在1993年1月1日之前为5年，之后为10年。

③检索的国家范围：依生产、销售产品的国家或地区而定。

④检索结果的判断依据：主要依据权利要求书。因为目前世界上大多数国家的专利法中都规定，专利保护范围由权利要求确定，专利说明书中的说明书和附图部分可用来解释权利要求。

防止侵权检索的方法与新颖性检索的方法有许多相似之处。从专利信息检索的基本种类上说，它属于主题检索，即从新产品、新工艺入手，根据其技术特征先进行主题分类，然后进行检索，查找相同、相近或同类主题的专利文献。

（2）被动侵权检索

在工业生产活动中侵权的事时有发生。当侵权人不知道其生产的某项新产品或采用的某项新工艺、新方法是有效专利而被别人指控侵权时，为证实自己是否确属侵权，以及为寻求被动侵权的自我保护，人们要进行被动侵权检索。被动侵权检索就是指被别人指控侵权时进行的专利检索，目的是要找出对受到侵害的专利提出无效诉讼的依据。

被动侵权检索与防止侵权检索有些不同。被动侵权检索首先是通过已获得的某一专利信息特征，检索被侵权的专利文献。它近似于著录项目检索。可获得的被动侵权检索的专利特征主要有：被侵权专利的专利权人名称、被侵权专利的申请号、被侵权专利的文献号、被侵权专利的发明创造名称等。

4.专利法律状态检索

专利法律状态检索是指对专利的时间性和地域性进行的检索，因此它又可以分为专利有效性检索和专利地域性检索。

专利有效性检索是指对一项专利或专利申请当前所处的状态进行的检索，即查找一项专利是何时申请的，何时获得专利，何时失效，现在是否仍然为有效专利等。其目的是了解该项专利的有效期限。专利地域性检索是指对一项发明创造都在哪些国家和地区申请了专利进行的检索，其目的是确定该项专利申请的国家范围。

专利法律状态检索属于一种号码检索，即主要从一个号码入手查找有关专利信息。专利有效性检索是从一个号码入手查找专利何时申请、何时公开、何时授权，授权专利是否仍然有效，以及驳回、放弃、撤销、期满、专利权人变更等专利法律状态所包含的各项事务处理的结果。专利地域性检索是从一个号码入手查找发明在哪些国家申请了专利，哪些国家授权。

专利法律状态检索由检索系统、检索依据和专利法律状态的判断方法等因素决定。专利法律状态检索的过程是：首先根据要检索对象的国家来确定检索系统；再根据检索系统来确定检索依据，然后进行检索；最后根据检索结果判断专利的法律状态，即专利的有效性和地域性等状况。

5.专利文献检索实例

假定检索课题是：查找"多画面电视接收机"的发明专利，那么检索步骤和方法如下：

（1）分析研究课题，选择分类号

多画面电视接收机是一种在正常接收某个频道的电视信号时，可以在画面中任意插入某个频道或其他讯源的电视画面,监收其节目的播送情况,也称"画中画"电视机。目前这一新颖的电视接收技术已在新一代的电视接收机中得到了广泛的应用。为了解我国在这一领域的专利技术和世界各国就该技术在我国申请专利的情况,应用中国专利检索工具进行调研。

电视接收机在专利技术的分类中属于电学部分的图像通信和电视类,所以应当优先考虑分类途径。中国专利检索工具均提供有 IPC 分类途径,因此首先从最新一版的 IPC 表的 H 部着手,查得 IPC 五级类号为:H04N5/272,H04N5/45。

(2) 查《发明专利公报》各期的申请公开部分的 IPC 索引,或《年度分类索引》中发明专利申请公开的 IPC 索引,获取文献线索,如表 7.4 和 7.5 所示。

(3) 根据获得的线索查阅文摘、筛选文献

根据从年度分类索引中获得的文献线索,找出该卷、期的《发明专利公报》,依 IPC 号顺序便可找出全部专利文摘。

(4) 索取专利说明书

用申请号(专利号)向中国专利局专利文献馆索取专利说明书。从 1989 年后,对公开(告)的专利申请要有公开(告)号才能提取专利说明书。在本例中使用公开号 CN1066548A 或申请号 92103363.X 便可向专利局索取到专利说明书。

表 7.4 中国专利公报·年度分类索引关于多画面电视的相关信息(1991)

IPC	公开号	申请号	申请人	发明名称	卷期
H04N5/272	CN1054694A	90102807.X	秦方	多画面电视	7-38
H04N5/45	CN1056207A	91102762.9	汤姆森消费电子有限公司	具有画中画处理功能的电视装置	7-46
H04N5/45	CN1057146A	91103508.7	同上	图象的不对称压缩	7-51
H04N5/45	CN1057147A	91103726.8	同上	并列电视画面	7-51
H04N5/45	CN1057148A	91103727.6	同上	电视画面重叠系统	7-51

表 7.5 中国专利公报·发明专利公报关于多画面电视的相关信息（1992，Vol.8 No.48）

IPC	公开号	申请号	申请人	发明名称
H04N5/45	CN1066548A	92103363.X	汤姆森消费电子有限公司	具有画中画和非线性处理的电视接收机

第四节 标准文献检索

一、标准文献的概念与特点

1.标准文献的概念

狭义的标准文献（Standards Literature）是指按规定程序制定，经公认权威机构或主管机关批准的一整套在特定领域内必须执行的规格、规则、技术要求等规范性文献，简称标准。广义指与标准化工作有关的一切文献，包括标准形成过程中的各种档案、宣传推广标准的手册及其出版物、揭示报道标准文献信息的目录、索引等。国外标准文献经常使用的名称有：标准（Standard）、规格（Specification）、公报（Bulletin）、建议（Recommendation）、法规（Code）、手册（Handbook）、规则（Rules Instruction）和工艺（Practice）等。

在公元前 1500 年的古埃及纸草文献中即有关于医药处方计量方法的标准，是现在最早的标准。通常认为，现代标准文献产生于 20 世纪初。1901 年英国成立了第 1 个全国性标准化机构；同年，世界上第 1 批国家标准问世。此后，许多发达国家相继建立全国性标准化机构，出版各自的标准，其中影响较大的有美、英、德、法、日、俄等国家。1906 年成立的国际电工委员会（International Electrotechnical Commission，IEC）和 1947 年 2 月成立的国际标准化组织（International Organization for Standardization，ISO）是两个最重要的国际标准化机构（1947 年 IEC 并入 ISO，但在技术、财政、名称及工作程序上仍保持独立性）。随着标准化事业的发展，标准文献也急骤增长。世界各国的各类标准文献连同相关的会议文件、技术报告等，数量更是高达数千种，100 余万件。

1956 年，我国设立国家标准局，1957 年 8 月加入 IEC，并颁布了第 1 批国家标准。1978 年 5 月成立国家标准总局，并于同年 9 月加入 ISO。1988 年我国组建国家技术监督局。1989 年 4 月 1 日《中华人民共和国标准化法》实施。截至 2006 年底，我国国家标准总数约为 20 000 个，行业（专业、部）标准 35 000 多个，企业标准超过 90 万个。中国标准化综合研究所标准馆是中国标准文献中心，收藏有各种级别的标准文献数十万件。

2. 标准文献的主要特点

（1）法律约束性：标准是从事生产、设计、管理、产品检验、商品流通和科学研究的共同依据，在一定条件下具有某种法律竞争力，有一定的约束力。许多国家的标准就是技术法规。如 BS（英标）是以学会名义（British Standard Institute）进行质量登记及检查使用情况的，一般无法律的约束力，供自愿采用，但若被政府部门引用，就成为法律文件。

（2）时效性强：它只以某一时间阶段的科技发展水平为基础，具有一定的陈旧性，随着经济发展和科技水平的提高，标准也要进行修订、补充、替代或废止。标准一般 3 年～5 年就要修订一次。我国国家标准的有效期一般为 5 年。

（3）内容的针对性：一个标准一般只解决一个问题，文字准确、简练，不同各类和级别的标准在不同范围内贯彻执行。各个标准相互配合，但不会发生矛盾和重复交叉。这是由于标准都有自己的具体对象和适用范围，内容针对性强。

（4）编制的规范性：每个国家对于标准的制定和审批都有专门的规定，并有固定的代号，标准格式整齐划一。一个完整的标准一般应有以下各项标识或陈述：标准级别、分类号、标准编号、标准名称、标准提出单位、审批单位、批准年月、实施日期、具体内容项目等，如 ASTM/A370-77（American Society of Testing & Materials/A〈黑色金属〉类）。我国标准分为国家、行业（部）和企业标准 3 级，标准的编号方法是：代码＋序号＋年代。代号采用两位大写汉语拼音字母表示。国家标准代号是 GB，如 GB/T3859.3-93，表示 1993 年颁布的国家推荐（T）标准。行业标准的代码多用主管部门名称的汉语拼音两个首字母表示，如航空航天工业部是 HB，化工部是 HG。企业标准的代码是 Q，在 Q 前冠以省市的简称汉字，Q 后是企业名称的代码及颁布年份。

标准文献是科学管理的重要组成部分。一个国家的标准文献体系能够反映出该国的技术经济政策、生产发展水平、标准化和现代化程度以及自然条件和资源状况。标准还在一定程度上预示科技和经济发展的前景，对提高经济、科技、文化等综合竞争力都有重大作用。标准文献检索是信息检索中的重要组成部分。

二、标准文献的类型划分

标准的类型多种多样。通常可以按照标准的性质和适应范围对标准进行划分。

1. 按标准的性质划分

（1）技术标准：对工业、农业产品和工程建设的选题、规格、用途及检验方法等方面所做的技术规定。它又可细分为基础标准（如规范有关名词术语、词汇、符号、计量单位等具有广泛指导意义的对象）、产品标准（产品品种、形状、材料、质量、分类、性能、包装、验收等）、方法标准（规范试验、检验、分析、抽样、测算、作业等方法）、安全和环保标准（如室内消防栓、水质标准等）等类型。

（2）管理标准：行政与经济管理机构为合理组织和发展生产，正确处理生产、分配、消费之间的关系以及行使各种管理职能而制定的标准。又可细分为工作标准、管理业务标准、技术管理标准、行政管理标准、经济管理标准、生产组织标准等。如经济管理标准就要对产品价格、生产成本、费用指标、工资待遇、利润提成与分配、资金利用率、投资回收期、经济核算方法等进行规定。

2. 按标准的适用范围划分

（1）国际标准：由国际标准化机构批准公布并在世界范围内通行的标准。如联合国粮农组织（UNFAO）标准、世界卫生组织（WHO）、国际电报电话咨询委员会（CCITT）标准等。

（2）区域性标准：由世界上某一区域标准化机构批准发布的标准。如亚洲标准咨询委员会（ASAC）、泛美技术标准委员会（COPANT）等区域性机构以国际标准为基础，结合本地区、民族的特殊需要制定的区域标准。

（3）国家标准：由一个国家的标准化主管机构批准发布的标准。它数量大、范围广，跨部门、跨专业。全世界有100多个国家设有标准化机构，其中有90多个国家制定有自己的国家标准。

（4）专业（行业）标准，或称部颁标准、部标准：由行业主管机构或专业标准化机构批准发布的标准。中国的行业标准主要由国务院有关部委审批发布。行业标准往往是在没有相应的国家标准，为适应某专业范围的统一需要而制定的，并在该专业范围内使用。

（5）地方标准：由一个国家地方标准化机构批准制定发布的标准。对没有国家标准和行业标准而又需要在省、自治区、直辖市范围内统一工业产品的安全、卫生要求等，可制定地方标准，作为国标、行标的补充。

（6）企业标准：由企业或其上级机构批准发布的标准，亦称"公司标准"。在没有国标、行标的情况下可制定企业标准。另外，国家鼓励企业制定严于国家和行业标准的企业标准，在企业内部使用。如波音公司（BAC）制定的标准。

此外，还可以按标准的成熟程度，把标准划分为 4 级：法定标准；推荐标准，如 1972 年之前，ISO 使用推荐标准 ISO/R；试行标准；标准草案。

三、标准文献的分类

1.《中国标准文献分类法》

《中国标准文献分类法》（Chinese Classification for Standards，CCS）由国家技术监督局编辑，中国标准文献出版社 1989 年出版。《中国标准文献分类法》的类目设置以专业划分为主，适当结合科学分类。序列采取从总到分，从一般到具体的逻辑系统。该分类法采用二级分类，一级主类的设置主要以专业划分为主，二级类目设置采取非严格等级制的列类方法。一级分类由 24 个大类组成（如表 7.6 所示），每个大类有 100 个二级类目；一级分类由单个拉丁字母组成，二级分类由双数字组成。

表 7.6　CCS 大类标识符号及类目表

符号	类名	符号	类名	符号	类名
A	综合	J	机械	S	铁路
B	农业、林业	K	电工	T	车辆
C	医药、卫生、劳动保护	L	电子元器件与信息技术	U	船舶
		M	通信、广播	V	航空、航天
D	矿业	N	仪器、仪表	W	纺织
E	石油	P	工程建设	X	食品
F	能源、核技术	Q	建材	Y	轻工、文化与生活用品
G	化工	R	公路、水路运输	Z	环境保护
H	冶金				

2.《国际标准分类法》

《国际标准分类法》（International Classification Standards，ICS）是由国际标准化组织 1991 年组织编制的，主要用于国际标准、区域标准和国家标准以及其他标准文献的分类。国际标准分类法的推广应用，有利于标准文献分类的协调统一，促进国际间标准文献的交换与传播。ICS 采用 3 级数字编号，第 1 级由41个大类组成（如表7.7所示），第2级为387个二级类，第3级为789个小类。第1级和第3级用双位数表示，第2级用3位数表示，各级类目之间以圆点相隔。如71.040.50代表物理化学分析方法。

表7.7 ICS一级大类表

分类号	类名	分类号	类名
01	综合、术语学、标准化、文献	49	航空器和航天器工程
03	社会学、服务、公司（企业）的组织和管理、行政、运输	53	材料储运设备
		55	货物的包装和调运
07	数学、自然科学	59	纺织和皮革技术
11	医药卫生技术	61	服装工业
13	环保、保健与安全	65	农业
17	计量学和测量、物理现象	67	食品技术
19	试验	71	化工技术
21	机械系统和通用件	73	采矿和矿产品
23	流体系统和通用件	75	石油及相关技术
25	机械制造	77	冶金
27	能源和热传导工程	79	木材技术
29	电气工程	81	玻璃和陶瓷工业
31	电子学	83	橡胶和塑料工业
33	电信、音频和视频技术	85	造纸技术
35	信息技术、办公机械设备	87	涂料和颜料工业
37	成像技术	91	建筑材料和建筑物
39	精密机械、珠宝	93	土木工程
43	道路车辆工程	95	军事工程
45	铁路工程	97	家用和商用设备
47	造船和海上建筑物		

四、国际标准文献检索

国际标准是由国际标准化组织采用的标准或在某些情况下由国际标准化团体采用的技术规范。目前，国际标准包括两个部分，一是国际标准化组织（ISO）、国际电工委员会（IEC）和国际电信联盟（ITU）指定的标准；二是国际标准化组织认可的其他29个国际组织，如国际计量局（BIPM）、国际原子能

（6）企业标准：由企业或其上级机构批准发布的标准，亦称"公司标准"。在没有国标、行标的情况下可制定企业标准。另外，国家鼓励企业制定严于国家和行业标准的企业标准，在企业内部使用。如波音公司（BAC）制定的标准。

此外，还可以按标准的成熟程度，把标准划分为 4 级：法定标准；推荐标准，如 1972 年之前，ISO 使用推荐标准 ISO/R；试行标准；标准草案。

三、标准文献的分类

1.《中国标准文献分类法》

《中国标准文献分类法》（Chinese Classification for Standards，CCS）由国家技术监督局编辑，中国标准文献出版社 1989 年出版。《中国标准文献分类法》的类目设置以专业划分为主，适当结合科学分类。序列采取从总到分，从一般到具体的逻辑系统。该分类法采用二级分类，一级主类的设置主要以专业划分为主，二级类目设置采取非严格等级制的列类方法。一级分类由 24 个大类组成（如表 7.6 所示），每个大类有 100 个二级类目；一级分类由单个拉丁字母组成，二级分类由双数字组成。

表 7.6　CCS 大类标识符号及类目表

符号	类名	符号	类名	符号	类名
A	综合	J	机械	S	铁路
B	农业、林业	K	电工	T	车辆
C	医药、卫生、劳动保护	L	电子元器件与信息技术	U	船舶
		M	通信、广播	V	航空、航天
D	矿业	N	仪器、仪表	W	纺织
E	石油	P	工程建设	X	食品
F	能源、核技术	Q	建材	Y	轻工、文化与生活用品
G	化工	R	公路、水路运输	Z	环境保护
H	冶金				

2.《国际标准分类法》

《国际标准分类法》（International Classification Standards，ICS）是由国际标准化组织 1991 年组织编制的，主要用于国际标准、区域标准和国家标准以及其他标准文献的分类。国际标准分类法的推广应用，有利于标准文献分类的协调统一，促进国际间标准文献的交换与传播。ICS 采用 3 级数字编号，第 1 级由 41 个大类组成（如表 7.7 所示），第 2 级为 387 个二级类，第 3 级为 789 个小类。第 1 级和第 3 级用双位数表示，第 2 级用 3 位数表示，各级类目之间以圆点相隔。如 71.040.50 代表物理化学分析方法。

表 7.7 ICS 一级大类表

分类号	类名	分类号	类名
01	综合、术语学、标准化、文献	49	航空器和航天器工程
03	社会学、服务、公司（企业）的组织和管理、行政、运输	53	材料储运设备
		55	货物的包装和调运
07	数学、自然科学	59	纺织和皮革技术
11	医药卫生技术	61	服装工业
13	环保、保健与安全	65	农业
17	计量学和测量、物理现象	67	食品技术
19	试验	71	化工技术
21	机械系统和通用件	73	采矿和矿产品
23	流体系统和通用件	75	石油及相关技术
25	机械制造	77	冶金
27	能源和热传导工程	79	木材技术
29	电气工程	81	玻璃和陶瓷工业
31	电子学	83	橡胶和塑料工业
33	电信、音频和视频技术	85	造纸技术
35	信息技术、办公机械设备	87	涂料和颜料工业
37	成像技术	91	建筑材料和建筑物
39	精密机械、珠宝	93	土木工程
43	道路车辆工程	95	军事工程
45	铁路工程	97	家用和商用设备
47	造船和海上建筑物		

四、国际标准文献检索

国际标准是由国际标准化组织采用的标准或在某些情况下由国际标准化团体采用的技术规范。目前，国际标准包括两个部分，一是国际标准化组织（ISO）、国际电工委员会（IEC）和国际电信联盟（ITU）指定的标准；二是国际标准化组织认可的其他 29 个国际组织，如国际计量局（BIPM）、国际原子能机构（LAEA）等制定的一些标准。

1.《国际标准目录》

检索 ISO 标准的工具主要是《国际标准目录》。该刊由国际标准化组织（ISO）编辑出版，报道 ISO 各技术委员会制定的标准。该目录为年刊，用英法文对照本形式出版，部分还加上俄文对照。每年 2 月份出版发行，报道上一年 12 月底为止的全部现行标准。每年还出版 4 期补充目录。该目录主要内容包括下列 5 个部分：

（1）技术委员会序号目录（Technical Committee Order）：该项内容先按 TC 归类，再按标准号顺序排列。著录项目包括：技术委员会序号、标准号码及制定年份、期页数、标题等。

（2）作废标准目录（Withdrawals）：在该目录下列出已作废标准的标准号，同时对照现行标准的标准号，内容根据作废标准的标准号顺序排列。

（3）标准序号表（List in Numerical Order）：该表根据标准号顺序排列，其著录项目包括标准号码及制定年份、订购 1 件标准所含页数的价格代号、所属技术委员会序号等。

（4）UDC/技术委员会序号索引（UDC/TC Index）：该索引对照标准的 UDC 分类号与技术委员会的序号。

（5）主题索引（Subject Index）：该索引分别有英－法、法－英二种文字相互对照两个部分，根据主题词字顺排列，其著录项目包括：主题词、技术委员会序号、标准号码等。

除了上述部分主要内容外，该刊还附有"ISO 指南索引"，"标准手册索引"和"参考文献索引"等。

2.《国际电工委员会标准出版物目录》

《国际电工委员会标准出版物目录》（IEC Catalogue of Publications）由 IEC 以英法文对照的形式编辑出版，年刊。内容共分为标准顺序排列的"标准号目录"（Numeric-List of IEC Publications）和按主题词字顺排列的"主题索引"（Index by Subject Matter）两部分，没有分类目录。可以从序号和主题途径查找所需 IEC 标准的名称、页数、价格、简介、版次等内容。

此外，还有其他一些国际标准文献的检索工具，如《27 个国际组织标准目录》、《各国标准对照手册》等。通过相关的国际组织，如国际标准化组织（http://www.iso.ch）、国际电工技术委员会（http://www.iec.ch）等网站或联机检索系统也可以对标准文献信息进行检索。

五、美英诸国标准文献的检索

1.美国标准文献及其检索

美国国家标准(American National Standard,ANS)创建于1918年,由美国国家标准学会(American National Standards Institute,ANSI)负责制定。ANSI标准采用字母与数字相结合的混合标记分类法。用1个字母标记1个大类,用数字表示大类目下的小类。1984年前,ANSI共分24个大类;1985年以后,按《美国国家标准协会目录》分为17大类。

检索美国标准文献的工具主要有:

(1)《美国国家标准学会目录》(ANSI Catalogue)

该目录由美国国家标准学会编辑出版,每年出版一次,是美国标准的主要检索工具书。目录中列举了现行美国国家标准,内容包括两个主要部分,即"主题目录"(Listing by Subject)和"标准序号目录"(Listing by Designation)。在各条目下列出标准主要内容,标准制定机构名称代码和价格,可以从主题和序号途径查找美国国家标准。

(2)《美国试验与材料协会标准年鉴》(Annual Book of ASTM Standards)

该年鉴由美国试验与材料协会(Americal Society for Testing and Material,ASTM)编辑出版,是查找该协会制定的标准的主要检索工具,每年出版1次。该年鉴分16个部分,66卷,按专业分类。

《ATSM 标准年鉴》中可供检索用的主要有两个栏目:一个是主题索引(Subject Index),是年鉴中综合主题索引;另一个是字母序号表(Alphanumeric List),在此表中,按字母及序号的次序列出了全部ASTM现行标准和暂行标准。

(3)《联邦规格标准和商品说明书索引》(Index of Federal Specification, Standards and Commercial Item Descriptions)

该索引由美国总务管理局(General Services Administration)编辑出版,每年出1版,是查找美国联邦规格和标准的主要检索工具。内容主要有3部分:"字顺一览表"、"序号一览表"、"联邦供应分类一览表"。可以按字顺、序号和分类三种途径查找到该组织制定的标准和标题标准号码、合格产品目录、联邦供应分类、主编单位、日期和价格。

2.日本国家标准及其检索

日本工业标准(JIS)由成立于1949年的日本工业标准调查会(Japanese Industrial Standards Committee,JISC)负责制定。该调查会下设29个部会,2 000多个专门委员会。目前,现行JIS近万件,每隔5年审议1次。

日本工业标准为国家级标准,对象除药品、食品及其他农林产品另行制定专门技术规范或标准外，涉及各个工业领域，内容包括技术发明及符号，工业产品的形状、质量指数及性能，试验、分析与测量，设计、生产、使用及包装运输等方法。

检索日本国家标准的检索工具主要有：

（1）《日本工业标准总目录》（JIS 总目录）

该刊由日本标准协会编辑出版，每年出一版，报道收集到当年 3 月份为止的全部日本工业标准。主要内容分为两部分：第 1 部分是"JIS 总目录"，系专业分类下的标准序号索引，第 2 部分为主题索引。同时还附有 ISO 和 IEC 技术委员会的名称表，主要国外标准组织一览表及 JIS 和日本专业标准制定单位一览表等。

该目录提供有分类途径和主题途径。分类途径：使用分类目录查找，先确定课题所属的部类和小类，并按所指页次逐一查找，即能获得所需标准。标准按字母数字混合分类，共分 17 个大类。主题途径：索引按日文字母顺序列出一级和二级主题词，并在其后著录相关标准的标准号。

（2）《日本工业标准年鉴》（JIS Yearbook）：此年鉴系英文版的《日本工业标准目录》。这种目录我国有不定期中译本出版。

此外，还有《标准化杂志》、《日本工业标准手册》等多种检索工具及相关网站可以使用。

3.德国国家标准及其检索

现行德国国家标准采用原联邦德国标准（Deutsche Norm），由德国标准学会（Deutsches Institut fur Normung，DIN）负责制定。该组织成立于 1917 年，原名为德意志工业标准委员会（Normonausschuss fur den Allgemeinen Maschinenban），以后该组织名称多次变动，1975 年改为现名。

联邦德国标准学会是一个注册的民间组织团体，1975 年与联邦德国政府签署协议，政府承认该学会是德国标准化主管，具有法定资格，该学会制定的标准为联邦德国国家标准。目前，DIN 下设 123 个标准委员会和 3 655 个工作委员会。DIN 现行标准约 2 万余件。

检索联邦德国标准的工具主要有：

（1）《联邦德国标准学会技术标准目录》（Din-Katalog fur Technische Regein）

该目录由 DIN 编辑出版，每年出版 1 次，报道到上一年年底为止的现行标准。内容除了联邦德国标准外，还列出联邦德国工程师协会（VDI）、联邦德国航空标准组织（LN）、联邦德国国际防御装备标准（VG）组织的标准。

目录内容分为两部分：一部分是"国际十进位分类法的主题集"（Sarchgruppen-ubersicht mit DK-Zahlen）和作为检索之用的主要部分的"主题

集"（Sachteil），实质为国际十进位分类目录。另一部分是"数字索引"（Nummen-Register），"德文主题索引"（Schoag-wort-Register）和"英文主题索引"（English Index of Subject Troups）。该目录提供有分类、序号和主题途径。

（2）《联邦德国标准化通报》（DIN-Mitteilungen）

由联邦德国标准学会编辑出版，月刊。报道标准化论文和有关国内外标准化新闻以及新颁布标准等。

4.英国标准及其检索

英国国家标准的主体是英国标准（British Standard，BS），由创建于1901年的英国标准学会（British Standards Institution，BSI）负责制定。BSI 分标准、质量保证、信息服务与市场、公共事物、财务计算机管理，人事财产等多个部门，下设近千个技术委员会（TC）。

英国标准在世界上有较大影响，因为英国是标准化先进国家之一，并为英联邦国家采用，所以英国标准受到国际上的重视。英国标准 5 年复审 1 次，现行标准近万件。英国国家标准及有关出版物主有下列几种类型：一般标准（BS）、实用规范（CP）、手册和专辑（Handbook，PD）等。

检索英国标准的主要工具有：

（1）《英国标准学会目录》（BSI Catalogue）。该目录由英国标准学会按年度编辑发行。当年版本刊登到上一年 9 月 30 日为止的所有现行英国标准及其他英国标准协会的出版物。

（2）《英国标准学会通报》（BSI News）。月刊，1946 年创刊，由英国标准学会编辑出版，报道标准化理论，国内标准及 ISO、IEC 标准的动态。

（3）《英国标准学会年报》（The BSI Annual Report）。年刊，由英国标准学会编辑出版，报道英国标准学会，ISO 及 IEC 各委员会的工作成果。

此外，还有《英国标准年鉴》（British Standards Yearbook）、中文版的《英国标准目录》等检索工具以及相关的网站、联机检索系统可供使用。

六、我国标准文献的检索

我国标准文献的检索既有手工检索工具，也有各种光盘和网络数据库等检索系统。

1.手工检索工具

（1）《中国国家标准汇编》。这是一部大型综合性国家标准全集。中国标准出版社总编室编辑，中国标准出版社出版。自 1983 年起，按国家标准顺序号以精装本、平装本两种装帧形式陆续分册汇编出版。该汇编收录我国正式发布的全部国家标准,在一定程度上反映了我国建国以来标准化事业发展的基本情况和主要成就。汇编的出版时间与新国家标准的发布时间基本上达到同步,截至 2006 年年底,已经出版了 317 个分册。

(2)《中国国家标准分类汇编》。该标准于 1993 年起由中国标准出版社陆续出版,是一部大型的国家标准全集,收录全部现行国家标准。与《中国国家标准汇编》不同的是,它是按《中国标准文献分类法》一级类设定为卷(有些一级类合卷出版),每卷按二级类号顺序分若干分册,每个二级类内按标准顺序号排列。该汇编图文并茂,专业术语均有英文与中文相对照,有的卷(如电工卷)还附有中文索引及英文索引,每一分册中还附有"本分册国家标准的使用性质和采用程度表"。

(3)《中国标准化年鉴》。由我国国家技术监督局编辑,1985 年创刊,中国标准出版社出版,每年出版 1 卷。主要内容是阐述上一年我国标准化工作的全面情况,包括标准化事业的发展、管理机构、法规建设和科学研究工作的现状以及一年内发布的新国家标准目录等。所附的国家标准目录分为两种:标准号顺序目录和分类目录。分类目录按《中国标准文献分类法》分类排列,在同一类中按标准顺序号排列。

(4)《中华人民共和国国家标准目录总汇》。该刊由国家质量技术监督局编辑,中国标准出版社每年出版一次。自 1999 年版起,每年上半年出版新版,载入截止到上一年度批准发布的全部现行国家标准信息,同时补充载入国家标准清理整顿、复审、补充、修改和更正等相关信息。2000 年版目录总汇载入截止到 1999 年底批准发布的现行国家标准信息,条目共 19 027 项。该刊的正文部分按《中国标准文献分类法》编排。

(5)《中国标准导报》。由国家质量监督检验检疫总局主管,中国标准出版社主办,1992 年创刊,双月刊。作为中央级标准化综合性刊物,《中国标准导报》覆盖了全国各地区各部门的标准化机构、技术监督系统、大中型企业和三资企业,影响面较大。其宗旨是宣传国家标准化工作的方针和政策;报道标准化的发展和动态;介绍国内外标准化领域的最新研究成果;提供最新标准发布、出版、废止及代替信息。

此外,还有《中华人民共和国国家标准目录及信息总汇》、《标准化通讯》、《世界标准信息》等各种标准文献检索工具或刊物。

2.标准文献的网络检索

(1)中国标准服务网

中国标准服务网(http://www.cssn.net.cn/)于 1998 年 6 月开通,是世界标准服务网在中国的网站,由中国技术监督情报研究所、国家信息中心系统集成中心联合主办。网站设有标准查询、标准服务、标准出版物、标准化与质量论坛、标准与企业等多个栏目。

（2）国家标准化管理委员会网

国家标准化管理委员会网（http://www.sac.gov.cn/）由中国国家标准化管理委员会和 ISO/IEC 中国国家委员会秘书处主办。该网站设有标准化动态、标准目录、国标修改通知、采用国际标准、法律法规、中国标准化管理、中国标准化机构、标准化知识等许多栏目。

（3）中国标准咨询网

中国标准咨询网（http://www.chinastandard.com.cn/）由中国技术监督情报协会、北京中工技术开发公司与北京超星信息技术发展有限公司创办，于2001年4月开通运行。该网站设有标准数据库、标准信息、技术监督法规信息等栏目，其中，标准数据库提供国家标准、国际标准与国外标准数据的检索。

（4）中国标准网

中国标准网（http://www.zgbzw.com/）是检索中国标准信息的专业网站，由北京科技发展有限公司创办。该网站设有在线查询、标准新书目、标准知识、重点标准图书等栏目。在线查询可提供国家标准、行业标准等方面的检索服务，还可提供图书查询和国家标准详细分类查询等。

（5）中国质量信息网

中国质量信息网（http://www.cqi.gov.cn/）于1997年由国家质量监督检验检疫总局（原国家质量技术监督局）批准正式成立，提供的服务有标准目录查询，标准公告，标准与标准化介绍，生产、贸易、环保标准化及质量管理等。

此外，万方数据资源系统（http://www.fanfangdata.com.cn/）、中国工程技术标准信息网（http://www.std.cetin.net.cn/）、中国标准动态网（http://www.cssn.net.cn/）、中国标准计量信息网（http://www.stdcn.com/）等都提供有标准及标准文献检索方面的相关知识和服务。

思考题：

1. 美国科技报告中有哪"四大报告"？谈谈它们的范围、特点和主要检索工具。
2. 会议文献的出版形式主要有哪几种？国际上有哪些主要的会议文献检索工具？
3. 《科技会议录索引》（ISTP）有哪些检索途径？
4. 专利技术和专利文献有哪些特点？
5. 什么是专利说明书？它包括哪些主要的内容？
6. 专利文献有哪些主要的检索类型？
7. 标准文献的基本特征有哪些？
8. 国内外标准文献的检索工具和检索系统主要有哪些？

第八章 信息分析与利用技能

【内容提要】

本章主要介绍了信息阅读的基本知识和常用方法，重点描述了信息分析的意义及步骤，对于信息分析的重要方法，诸如内容分析法、文献计量法、基于文献的发现法等进行了说明，并提出了信息利用的保障和形式等问题。

第一节 信息阅读方法

一、阅读的基本知识

阅读是一种通过书面语言、符号而获取知识和信息的行为和心理过程，是人们间接地获得知识和经验的重要手段。

1. 阅读过程

阅读是一个主动的生理、心理过程，一般可分为感知、理解、表述、评价等四个阶段。感知阶段主要是抓住文献的筋骨脉络，从而对信息资料有一个整体印象。理解阶段主要是弄懂信息资料的概念、原理及体系，并把它们与自己原有的知识结合起来。表述阶段是对文献进一步加深理解并能用语言和数字加以表达，这一阶段可能产生新的知识和联想。评价是在理解和表述的基础上对信息的内容观点等做出自己的分析和判断。在整个阅读过程中，思维是至关重要的，没有正确的主动思维，就不会有成功的阅读。

2. 阅读速度

阅读速度是阅读能力的重要标志，一般用单位时间内的阅读量表示。通过训练可提高阅读速度，但这种提高是有限度的。根据实验研究和实践，专家们对阅读速度有以下分析：一是阅读速度是天然不均匀的，不必过分焦虑阅读速度而造成心理压力，这反而会影响理解率和阅读速度的提高。二是文献性质不同、难度不同、目的不同，其阅读速度自然不同，一般来说，减少回视和眼睛停顿可提高阅读速度,但不可一味追求提高速度。最佳的读者不是一味求快,而是能快能慢、主动掌握速度的人。三是阅读速度达到一定极限时,会影响理解和记忆,因为眼睛在接收到书面符号后,还要有一连串的感觉和知觉活动,脑中还有一个"短时记忆",如果速度过快,就可能出现前边的还未记住,后边的就将其覆盖了,产生一种"眼中虽有,心中却无"的现象。所以,阅读速度的训练应与理解和记忆统一协调起来。

3. 阅读效率

美国阅读专家 G.R.施道弗博士在《快速学习》(Speed Learning)一书中提出了检查阅读效率的公式:$E = R \times C$,其中 E 代表阅读效率(Reading Efficiency),R 代表阅读速度(Reading Rate),C 代表理解率(Comprehension,即阅读后答对问题与受试问题之比)。阅读速度和理解率是相互制约的,为达到一定的阅读效率,速度过快理解率就下降;过于追求理解率,速度又会大大降低。一般情况下,理解率低于 70%,表示速度过快,高于 90%则说明读得太慢;理解率保持在 70%~80%之间表示阅读速度适中。

二、阅读的主要方法

通过大量实践和研究,人们总结出许多行之有效的阅读方法,如目标阅读法、分层阅读法、比较阅读法、3W 阅读法、全息阅读法、序跋阅读法、文摘阅读法、科技论文阅读法、强记阅读法、快速阅读法等。我们对常用的几种阅读方法做一介绍。

1. 目标阅读法

这是一种在阅读时直接捕捉目标的阅读方法,阅读时要调动一切力量去搜寻和捕捉目标,不要在无关紧要的外围知识和次要信息上停留,必须绕过或跳过那些与目标无关的内容而直接命中目标。

2. 分层阅读法

现代社会需要更多的通才,也就是说对横向知识有一般了解,对纵向知识(专业知识)有深入地掌握。信息检索者的知识可分为三个层次:一是反映其基本知识素养的"一般社会知识层",它体现着一个人受普遍教育的程度和时代感,因此要读普通书刊文献、新闻摘要和畅销书。二是反映学科渗透、交叉和大科学的"一般学科知识层",这主要是指有关学科之间的交叉渗透趋向和进展、学科研究的方法论及不同文化、不同专业的总体研究等。因此要读学科文摘和学科史,读综合性书刊和方法论的有关著作。三是反映专业学科知识和成果的"专业学科知识层",这主要是指专业知识、专业基础研究、专业应用研究、专业前沿研究、专业渗透和辐射方向、发展趋势等,因此要注意阅读专业文摘、专业年鉴、综述、述评、核心书刊及本专业著名专家、学者的论著等。

3. 抓"点"阅读法

阅读时，确定重点，抓住要点，攻破难点，消除疑点，了解特点，这种方法就是抓"点"阅读法。确定重点时，一是抓住特别精彩、特别突出、特别有份量的部分。二是抓要点时，要努力剔除那些不着边际的文字。攻破难点，是指弄通那些难以理解的地方，这种难点可以采用分割解决法、请教良师益友、翻阅参考资料等方法解决。对检索到的每一条信息尤其是高质量信息，都有自己的特点，即与同类资料相比，在某一方面有独到之处，读者对读物的特点能有所了解，就能学到更多的东西。

4. 快速阅读法

在检索任务完成后，我们可能得到大量的信息，如何迅速掌握这些信息，快速阅读法不失为一种重要的方法。

从文字材料中迅速接收有用信息的阅读方法，简称"快读法"或"速读法"。快读法所指的快读不是泛泛浏览，而是在注意力高度集中下以获取有价值的信息为目的的一种积极的、创造性的理解过程。运用快读法，有三项基本要领：

（1）阅读时不要出声：无声阅读可以排除阅读中的潜语内听现象，使理解材料的思维过程大大简化，从而加快阅读的速度。无声阅读的技能可以经过训练来获得。

（2）科学用眼：阅读时，要尽力扩大视读广角，尽可能地摄入较大的语言单位，即采用面式阅读法，以整句、整段甚至整页的文字作为一个阅读单位，一瞥之间就掌握其要点。阅读时眼脑并用，注意力高度集中，尽量避免回视，要看完一遍全文后再考虑是否重读。

（3）要灵活运用多种筛选信息的方法：利用自己具备的有关知识，从整体上理解材料的内容。阅读时抓住材料的思路，根据上文判定下文，大胆猜读，不要消极地等待下一个语句出现；只选取主要的信息供大脑编码。次要信息和无关信息尽量排除。浏览式阅读、选择式阅读、排外式阅读、鉴别式阅读均是快读法中筛选信息的有效方法，可结合运用。

5. 科技论文阅读法

科技论文是一种重要的检索信息源，由于其专业性，阅读时往往比较困难。阅读科技论文，首先应了解其结构和段落的特点。一般来说，科技论文由篇名、摘要、引言、本文、结论、谢辞、附录等部分组成，阅读时要先看篇名和文摘，由此抓住文献的核心；全文阅读时应将主要精力集中在本文和结论两部分，本文阅读要注意理论和实践两个方面的阐述；理论方面应注重所提出的理论、假说及其逻辑论证，注意与内容有关的各个方面；如有讨论或对不同见解的评论，也应重视。对于实践的阐述，无论是观察、调查或实验，都要了解其方法、过程和结果。至于论文的结论，虽然在本文中已有表述，但结论部分的概述更精练、更集中，更典型、更有价值，所以应予以特别注意。科技论文在段、句的结构上要求统一、完整。统一指集中表达一个意思，完整指一个意思要叙述完整。

科技论文还十分讲究主句的运用。主句显示本段的宗旨，阅读时应抓住主句，如此由句到段再到篇，由论点到论据到论证，就容易读懂科技论文了。阅读科技论文应注意的第二点是必须具备一定的条件，这些条件大致是：掌握学科的基本知识，了解学科的发展情况，熟悉学科的研究方法。第三点应注意的是，科技论文除文字表达外，还广泛使用各种图、表、公式、照片等，要把这些与正文结合为一个统一体来阅读。

此外，在阅读过程中，还应当注意阅读的顺序技巧。对于检索到的信息资料，阅读的一般顺序为：主题相同的中外文资料，先阅读中文资料，后阅读外文资料，有助于理解内容，也能加快速度；同一篇文献既有文摘又有原文，先阅读文摘，后阅读原文，根据文摘提供的信息，决定是否需要索取原文，以节省精力和时间；同一类文献既有综述性文献，又有专题性文献，先阅读综述性文献，后阅读专题性文献，有助于在全面了解课题的基础上对专题文献做出选择；同一主题文献发表时间上有先后的，先阅读近期的，后阅读早期的，这样有助于了解最新水平和发展前景。

三、如何做阅读笔记

读书笔记是和阅读相伴随的，古人说，"不动笔墨不读书"。做笔记不是简单地抄书，而是一种学习和思考的过程。写读书笔记，是在对所学内容透彻理解的基础上，抓住论题、论据、论点、推理和典型事例等要点，用自己的语言进行简要记述。做笔记的主要目的是加深理解、帮助记忆、便于查找，使之成为学习、研究和积累资料的根据。记笔记有助于提高文字表达能力，有助于训练思维的逻辑性和条理性也提高分析问题和解决问题的能力。

从"记"以为"用"这个前提出发，笔记可以有各种各样的记法。在书籍、论文上做标记、划线、加框是一种，在有关章节上写旁记、做眉批又是一种；用笔记本做摘录也可以；还有用卡片做文摘或题录等。读者应根据需要，摸索出适合于自己的方法。

1.笔记的内容

按记录的内容来说，笔记大致可分为如下几种：

（1）资料式笔记：主要记录自己调查、实验所得的事实和统计数字、分析数据等；记录文摘中的一些重要原话，如重要结论、精辟论点等。

(2）摘录式笔记：这种笔记有的只记录书刊名称、论文题目以及详细出处以便日后查找；有的摘录名言警句、公式数据、原理定义、实验方法；有的摘录重要章节、段落；有的则按原文顺序抄录其要点。

(3）心得式笔记：这种笔记既有摘录，也有心得、体会和批注、评论。有时用自己的语言重新组织写出原作的主要论点或基本内容。

上述各式笔记在动笔时，常常是互相交叉或并行。笔记之功全在于积累，要博采、勤记。对已积累的资料要经常整理、思考，以巩固记忆，收到"温故而知新"之效。在整理过程中要将同类内容的笔记归并一起，内容相近的使之相衔接，以便对比及查阅。

2.笔记的形式

(1）书本式笔记：用练习本或日记本记做笔记，其优点是携带方便。由于读者所记不会限于极狭小的一种范围，如果将各门类的知识都记在一个本子上，则查阅复习都不方便；如果将各门类的知识再分别誊抄到分类的笔记本上，又嫌费工费时。因此，书本式笔记多用于摘记篇幅较长的专著，一本笔记可能就是一本或几本原作的缩影。

(2）卡片式笔记：这种笔记的优点是所记各学科的知识易于按类目分插，查找迅速。但由于卡片面积的限制，每张卡片的文字容量不可能太多，所以一般多用于摘录比较简短的内容。

(3）活页式笔记：这种笔记兼具上述二者的优点，且活页纸面积较大，文字容量较多，通常都是一页纸摘录一种内容，以便分类编插。缺点是纸质较软查找时不如卡片方便。

上述三种形式的笔记都各有优缺点，读者宜根据需要及条件自己选定。

3.笔记的索引

无论哪种形式的笔记，都必须有索引才便于查找。做索引，也叫做题录，就是把同自己的研究目标有关的文章及时地分类并加以整理，即写成题录。分类的标准可根据自己的需要，自立类目，也可参考图书馆的目录分类方法。索引款目应有如下内容：文献名称、作者姓名、出处（登载该文献的刊物名称、卷期、页码）、出版单位、收藏地点等。通过索引，可以掌握文献线索，一旦需要时，就能及时获得该文献。

为求个人读书笔记的索引更为条理化，也可将类目分为一级、二级、三级等等。不同级别的类目可用不同颜色的书标表示，也可用不同颜色的笔书写，使分级明晰。

在大量资料积累的基础上，有时将笔记或资料卡片稍加整理或归纳、综合，就可以升华成一种观点、一种思想，从而写成有价值的综述或评论性文献，有时甚至能创造出一种全新的学说或假说。随着科学技术的进步，做笔记和积累资料也有了更现代化的手段，如复印机的普遍使用，可以省去摘抄、制图的时间；电子计算机的文献检索，可以方便地查阅某一专题的资料。但是，正如抄写不能代替理解一样，这些现代化手段只能节省时间，而不能节省你的脑力劳动。所以，做索引、写摘要卡片、记笔记等形式仍然是读书的基本手段。

第二节 信息分析的意义及步骤

一、信息分析的意义

信息的阅读和分析并不是完全分开的，它们是一个相辅相成的过程。通过阅读我们可以了解所检索的内容大概，有助于人们的分析；通过分析，使所得到的信息条理化，系统化，对信息有更深入的认识和理解，方便人们的利用。信息分析是使信息从无序到有序，给信息重新定位的过程，是创造新信息系统的过程，也是赋予信息新价值的过程。其一般意义可表现为以下几方面。

1.解决信息利用的矛盾

信息是为了利用的，只有在利用中才能体现出它的价值。当今社会，已步入信息化时代，信息激增，给用户带来的不仅是喜悦，更多的是苦恼。如何解决信息与用户利用之间的矛盾，解除用户获取信息利用时的苦恼，惟一有效的办法就是对信息进行科学组织和全面控制。据统计，目前全世界每年度图书出版80余万种，期刊出版20余万种（其中学术期刊5万种）；每年发表科技文献450万篇，且每年以30%的速度增长。如此众多的文献信息，如果不加以有序加工组织，很难被社会利用，也永远不会成为社会发展的资源。在现实生活中，正是由于信息整理分析的不利，导致大量信息失控和无序状态，出现了信息实际数量与信息检索系统存量之间的巨大悬殊，使许多信息无据可查，无处可找，信息产生后就失去控制，自生自灭。信息的丢失和浪费，是最大的浪费，其损失是用什么方法也难以计算清楚的。从原始意义上讲，信息加工的重要目的就是对社会信息进行系统组织，建立信息控制系统及信息检索系统，让用户知道有哪些信息，到哪里去查阅，以及某一研究课题有些什么信息，其价值如何，从而解决信息利用中宏观和浅层次的问题。

2.信息传递更有效

在信息社会里，一方面，信息的数量急剧膨胀，其速度呈指数增长，另一方面，信息的污染严重，有用信息比例较小。有关数据表明，各类信息中有用的内容仅为25%。面对泛滥成灾、汹涌澎湃的信息浪潮，如果不加以鉴别、有选择性地传递给用户，不仅达不到传递的目的，反而会使用户身陷信息海洋，在真伪难辨、虚实不分中失去方向。信息传递的目的在于用户的有效利用，用户利用的是实质性信息、精华信息。而这些有价值有创造的观点、数据等毫无规律地散载在每种自身完善、自成体系的文献中，给用户增添了自然屏障，使用户很难利用消化，在利用过程中失去了生命，失去了智慧，失去了知识。为了解决用户的摸索寻觅之苦，必须对信息进行深度加工分析，科学系统地鉴选提取，把隐含在各章节段落中有价值的实质性信息发掘出来，使各种信息从隐潜到显明，从虚假到真实，从原生到再生，从繁富到精华。

3.赋予信息新的价值

经过分析的信息是从原生信息中派生而来的，虽然它们来自原生信息，但是它们已独立于原生信息而自成系统，独自发挥特殊的功能。用户在获取信息或利用信息时，往往通过这些信息产品而不需查阅原生信息就能满足对信息的需求，甚至比直接利用原生信息得到的启发和收获更大。正是这个原因，人们把信息产品称之为替代信息。信息产品的这种独特作用，是因为信息分析过程中融进了信息工作者的智慧和创造，投入了信息工作者大量的时间和智力劳动，赋予了信息新的价值。在信息泛滥的今天，许多零乱散落的信息有待通过集合、加工、研究、浓缩等分析过程，形成蒸馏过的信息产品，使用户便于利用和接受。正如米哈依洛夫20年前指出的那样，如果不采取某种方法将分散在各处的有价值的材料加以分类、评价，并首先是循序而详尽地加以凝聚的话，就可能导致科学发展的明显延缓。科学技术的进步，社会的持续发展，需要高价值的信息产品，高价值的信息产品需要智力的投入，只有深层次智能化的分析，才能使信息高度浓缩、科学聚合。

二、信息分析的步骤

信息分析研究，根据不同的划分标准有各种类型。按影响的范围分：有战略信息研究和战术信息研究；按成果表现形式分：有综述类、评论类和预测类3类信息研究；按信息内容分则有：科学技术信息研究、技术经济信息研究、管理信息研究、数据信息研究和专题信息研究等。

信息分析研究虽有多种类型，但它们的工作过程基本相同，大致由研究选题、制订计划、信息搜集、鉴别、整理、分析研究、撰写分析研究成果等7个步骤。

1.确定选题

选题是信息分析研究的第一步，也是有决定意义的第一步。选题恰当与否直接关系到信息分析研究的价值与效果。

信息分析研究课题的来源主要有 3 个方面：一是领导部门提出的研究课题；二是社会需要的研究课题，如经济贸易、设备引进、技术方案、工程论证、新产品开发以及其他社会所需要的信息研究课题；三是自选课题，如情报部门与情报研究人员在实际工作、深入调查、查阅资料等活动中自行选到的课题。

在选题工作中应注意以下一些问题：（1）要根据国家的科学技术、经济建设、环境保护、社会发展等方面的方针政策和需要来选择研究课题。（2）要从社会的急需与课题的应用性出发来选题。（3）要结合本单位的具体条件和实际可能性考虑，不宜选择力所不能及的课题。（4）要掌握好时机，要选择那些领导和群众都很关注而又无人研究，或普遍忽略而又较容易产生好的效果的选题。（5）要在未解或解之不深的学术领域或交叉边缘学科领域中选题，可将信息分析研究与科学研究有机结合起来，得出水平较高的研究成果。（6）课题选出后应请熟悉业务的专家加以审议，然后再确定课题。

2. 制定研究计划

课题确定以后，就要制定研究计划。计划一般包括以下内容：课题名称、研究目的、详细的调研提纲、信息搜集方案、预计的成果形式、工作进度、时间、实施步骤、人员组织与分工、整个研究工作所需的条件（包括经费设备）等。

3. 信息收集

信息收集的好坏、完整与否在很大程度上决定信息研究成果的质量。信息收集应根据研究课题的内容性质，确定其查找文献的类型、时间范围以及实地调查的对象。信息的获得主要是靠文献调查和实地调查这两条渠道。

文献调查要善于运用检索工具，主要通过运用我们前面几章的学习内容以获取充分的文献线索，同时要特别注意查阅核心期刊，采用普遍查阅和重点查阅相结合的方法，以保证"骨干"资料的完整。对国内外相关课题的分析研究资料更要注意搜集，以便更好地利用前人已有的成果。

实地调查包括现场调查、实物调查、信函调查等方式。其方法主要是直接到有关单位参观、考察、座谈、访问、参加有关会议，收集、参考甚至解析实物样品，发函给有关单位询问情况和索取资料等。

为了保证信息数据的系统性、完整性和及时性，应尽量利用国际联机检索系统和 Internet 查询有关资料，并下载在存储盘上，然后做进一步处理。

4. 信息鉴别

信息鉴别是从质的角度对检索到的信息进行严格审定，因为检索来的信息资料质量如何，既关系到资料本身是否有用，也关系到最终研究成果的水平。一般遵循可靠性、先进性、实用性原则进行信息鉴别。

（1）可靠性：信息资料的可靠性主要表现在资料的真实性、准确性。一般从资料的内容和外部形式进行考察。

从内容进行考察是看文章逻辑推理是否严谨，是否有精确的实验数据为依据；内容的阐述是否清楚，是否达到一定深度与广度；所持的论点与结论是否有充分的理论与实践为依据。对于技术文献，还要看它的技术内容是否详细、具体，是处于试验探索阶段，还是生产应用阶段。一般来说立论科学、论据充分、数据精确、阐述完整、技术成熟的文献，可靠性较大，参考价值也较大。

从文献的外部形式进行判断可归结为十看：看作者、看出版机构、看文献类型、看来源、看被引用率、看引文、看程度、看密级、看内容、看实践。一般来说，由著名专家撰写、著名出版社出版、官方与专业机构人员等提供的文献可靠性较大。

（2）先进性：先进性是一个相对概念，通常可用时间、空间、内容 3 个矢量合成的结果来衡量。

文献信息先进性评价可以从以下几方面进行：文献类型、出版机构、发表时间等文献外部特征、文献内容特征、信息发生源、实践效果等。

（3）适用性：适应性是指原始信息对信息接收者可利用的程度，对用户适合的程度与范围，也可以从两方面进行考察。

从内容考察是看信息内容，是否适合中国国情，是否适合用户的需要；是适合近期的需要，还是远期的需要等。凡能适合研究需要的资料，就具有适用性。

从适用范围考察，看信息是否只适用于某一方面，还是适用于多个方面；是适用于特定条件的局部，还是适用于整体；是适用于少数有关人员，还是适用于较多人员；是适用于一般水平，还是适用于高水平；是适用于科技发展较先进的地区，还是适用于比较落后的地区。总之，对信息的适用性要具体分析，要根据研究课题的目的、要求，成果应用的时间、地点、条件来进行判断。凡适合研究需要的信息，就是有参考价值的信息。

5.信息整理

F.培根指出，我们不应该像蚂蚁，只是收集；也不可像蜘蛛，只从自己肚中抽丝；而应该像蜜峰，既采集，又整理，这样才能酿出香甜的蜂蜜来。

信息整理一般包括形式整理与内容整理两个方面。

（1）形式整理

形式整理基本上不涉及信息的具体内容，而是凭借某一外在依据，进行分门别类的整理，是一种粗线条的信息初级分析。

按承载信息的载体分类整理：不同的载体有不同的性质、特点和保管、存储要求，因此按载体分类整理是必不可少的，通常可以分为纸张、磁盘、光盘、缩微品、视听材料、实物等几大类。

按使用方向分类整理：具有较高信息素质的信息检索人员在进行信息检索的过程中，一方面是围绕眼下正在进行的某项课题进行针对性的信息检索；另一方面是收集与研究机构即将开展的研究课题或信息检索人员自身比较感兴趣的研究领域有关系的一些信息资料，这些信息资料是在查找某课题相关资料时顺带查找的，是为今后的研究工作做铺垫和积累的信息材料。这两类信息有着明显不同的使用方向，应当区分开来。

按内容线索分类整理：这种分类整理具体分多少类以及分哪几类，并没有统一的规定，应当根据课题性质和原始信息的内容而定，一般在形式整理阶段只要粗略地分成几大类即可。

（2）内容整理

内容整理主要指对信息资料的分类、数据的汇总、观点的归纳和总结等，分别称之为分类整理、数据整理和观点整理。

分类整理：把原始信息的内容进行细分的依据是课题所包含的对象、内容范畴、领域、主题以及时间、空间等。例如，在研究钢铁工业技术引进现状和走势方面的课题时，可以按选矿、采矿、烧结、炼铁、炼钢、轧钢等类别将信息进行分类整理。在条件允许的情况下，每一类还应当根据其内容之间的差异性进行尽可能详细的划分，如将轧钢分为初轧和精轧，将精轧又进一步细分为棒材轧制、线材轧制、板材轧制和管材轧制。内容划分得越细，今后使用起来就越方便。

数据整理：在内容整理过程中，要特别注意一些连续性的数据的整理，在进行比较、鉴别、换算、订正和补遗之后制成相应的统计表和图形，以便于直接观察和分析其变化特征。可供选择的统计表和图形类型很多，如方格表、多因素表、坐标图、直方图、圆形图等。在条件许可的情况下，应充分发挥计算机在信息整理中的作用，边整理边制作一些数据库，为进一步的统计分析和数据挖掘做好准备。

观点整理：在这一过程中，要注意各种观点和事实的比较，包括矛盾的观点或事实的剖析、不同观点或事实的列举、相近观点或事实的归并、相同观点或事实的去重等。

经过整理的信息资料，最后要集中起来，按一定顺序存放，才便于保管和使用。按信息资料的登记号顺序，或分类号顺序存放都可以。但资料的登记或分类号应与目录款目和资料上的记录完全一致，才便于存取原文。

对信息的整理是对有关资料的论点进行归纳，对内容加以提炼，对数据加以汇总，对图表进行概括综合、分析比较，使之系统化、条理化，从而进行深入地鉴别、判断。所以，对信息的整理过程，也是开展研究的过程。通过综合概括、分析比较，可以进一步发现内部联系和规律。结合创造性的思维进行新的探索，这就是科学研究。

6.信息分析

分析研究是信息分析中最重要的一环，也是信息的检索、鉴别和整理的延续，在拥有大量的，错综复杂的信息基础上，这里的分析是指对经过初步整理的素材，运用各种定性和定量的方法，进行深入细致的审查、推敲和判断，把握其内容本质，形成新的增值的信息产品。同时信息分析也是后续阶段——报告编写的基础。掌握各种信息分析方法是进行信息分析的基础，如何运用各种信息分析方法我们将在第三节进行论述，在此不再赘述。

7.撰写分析研究报告

研究报告是信息分析研究成果的主要表现形式，一般有综述、述评、专题报告以及数据手册等。研究报告撰写的好坏直接关系到研究成果的质量和价值，以及成果的交流与利用。因此报告的内容要全面、深入、准确地反映研究的结果。报告的语言要精练、生动，这样才能达到简明扼要、容易阅读以及便于交流和利用的目的。

信息分析研究过程是一个互相联系的整体过程，各个步骤往往有交叉，不宜截然分开进行，前面做得不够的地方，后面要加以补充。

三、信息产品的类型

信息产品是信息分析活动产生的结果，是众多信息记录的有序组合，是在原生信息基础上，经过不同的分析派生的替代信息。为了更系统、多层次地对信息进行分析，形成信息产品完整科学的体系；同时为了用户选择利用的方便，对庞大的信息产品，从分析特点及信息含量的角度去认识理解，将信息产品可分为以下几种类型：

1. **外表描述类**

这类信息产品仅对信息的外表，如题名、责任者、出处、时间、形式等进行著录揭示，为用户提供信息的线索，回答有无某一信息，到何处可以找到某一信息，以及这一信息的长度、载体形式等。外表描述类信息产品具有分析简单、速度快、数量大等特点，对于信息资源共享及信息资源控制具有重要作用。属于这一类的信息产品有题录、书目数据库等。

2. **整体揭示类**

这类信息产品在认识信息的基础上，对信息的观点、数据、研究方法、创新、结论等进行高度概括或提炼，信息容量大，使用户不接触原生信息，就能对其中的内容有个大致了解，知道某一信息与自己的相关程度，消除对信息理解的不确定性，减少信息查阅量。整体揭示类信息产品，在分析上，需要有智力的投入，要求分析者具备一定的专业知识及综合素质修养，产品的分析过程就是浓缩信息综合分析的过程，使信息由潜结构到显结构，由隐含到浅显的过程，也是使信息增值并创造信息的过程。属于这一类的信息产品有提要、注语、文摘等。

3. 精粹鉴选类

这类信息产品在对有关信息调查研究的基础上，根据一定需要，对每种信息进行鉴别评价、筛选，或摘取语句节段，集万卷之精华；或录取其整篇全部，辑数篇为一册；或撷取单元信息，汇分散为系统，使用户直接看到信息的原貌，看到实质性信息，直接参考引用。精粹鉴选类信息产品，在分析上，需要根据鉴选标准和原则，对信息加以评定和确认。产品的分析过程就是排除"噪声"，为信息重新定位的过程，也是赋予信息新价值的过程。属于这一类的信息产品有文献汇编、精粹节录等。

4. 内容处理类

这类信息以一种或多种相关信息为分析对象，深入到信息内部的字、词、句或段、页、节，对有检索意义的词语或功能主题，进行周遍性或选择性标引，使有价值的信息索引化，使隐蔽潜在的信息显见系统化，变封闭性信息为开放性系统，使用户方便快捷地检索到有价值感兴趣的内容，跳跃式地选择利用信息。内容处理类信息产品，在分析上，需要对原生信息进行必要的技术处理，拟定标引规则，进行系统设计。分析的过程就是重新条理信息，摆脱杂乱信息包围和裹挟的过程，也是深度发掘信息价值的过程。属于这一类的信息产品有全文检索系统、功能主题检索系统等。

5. 深度研究类

这类信息产品以一种或一批相关文献为分析对象，在对信息进行深入研究的基础上或客观评价信息的价值和特点，述其旨要，评其品位，闻其新意，鉴其短长；或抽取观点、数据结论，进行提炼、分析、研究、论证，提出分析者的观点及建议。这类产品是学术性、智能化很高的产品，对分析者在知识结构、能力素养等方面有特殊的要求。分析过程就是研究、评判、综合的过程，也是判断、决策的过程。属于这一类的信息产品有信息评论、信息综述、信息研究报告等。

6. 相关组织类

这类信息产品根据信息与信息之间的关系，如引用、注释、参考等，通过一定的编辑方法把相关信息组织成检索系统，或扩展信息的相关性，使著文与引文互相折射，或对信息进行切割，重新组织，使信息结构化、模块化，建立起非线性知识系统。因为这类信息产品是将信息中的相关关系，通过引证联结或链路链结方法，建立起网状信息检索系统，所以，不仅为用户提供了一条查询相关信息的途径，也可帮助用户把信息扩展到更广的领域。用于这一类的信息产品有引文索引、超文本系统等。

第三节 常用信息分析方法

同任何科学研究一样，信息分析也要采用各种方法，对方法的合理使用是决定信息分析水平和效率以及信息分析质量和效益的重要因素。信息分析方法是指信息分析研究过程中所采取的一切方法和技巧的总和。因此，怎么强调信息分析方法的重要性也不为过，本节就一些常用的信息分析方法做一下介绍。

信息分析法是由多种方法构成的。按照手段可分为文献统计分析法、数学模型分析法、系统分析法、矩阵分析法、网络分析法等。其中最基本的是文献统计法、内容分析法、引文分析法、基于文献的发现法、逻辑分析法、聚类分析法和回归分析法等。

1.文献统计法

文献统计法指以某一特定单位对文献或其相关媒介进行统一的计量，它是利用统计学原理对文献进行统计分析，以数据来描述和揭示文献的数量特征和变化规律，从而达到一定的研究目的的一种分析研究方法。一般包括统计调查、统计整理和统计分析等类型。

文献计量法是对文献和文献工作进行定量研究的方法，所以必须建立一套具有"量"的规范化概念。但在文献信息领域，由于存在着许多不易计量的现象，所以我们需要采用质量问题数量化的研究方法把它们变成可计量的因素，然后再将各种因素之间的关系归纳成一定的数学表达式，从而实现定量化研究。文献计量的基础需要有一系列统计数据，这就是文献计量法的量度。主要包括：

（1）出版物统计：某一学科出版物的数量能够反映这一学科的基本状况。可以通过书目、索引、文摘等二次文献和书目指南等三次文献来获取详细的数据。

（2）科学术语的统计：通过对科学术语的统计研究可以进行科学水平的分析，使科学用语规范化，并为信息检索语言的编制提供科学依据。

（3）著者统计：对著者进行统计可以研究著者与出版物之间的关系。

（4）引证文献与被引文献的统计：统计分析文献之间的引证与被引之间的情况，可以揭示科学研究中的文献之间或著作之间的各种关系。

（5）用户统计：对用户进行统计分析可以研究用户的来源分布、需求倾向、利用文献的类型、查阅资料的重点以及对文献信息服务的评价等。

（6）文献利用情况的统计：包括文献的阅览数量、借阅数量、复印数量、拒借率、满足率等文献指标。

2. 内容分析法

内容分析法是一种系统化和定量化分析文献集合等信息载体中所含信息内容（如短语、词汇、概念、主题、句子、段落、人物等）的方法，尤其擅长于揭示信息生产者无意之间透露的真实信息，较之于一般的文献统计方法，更能洞悉问题的实质。早在20世纪初，就有人尝试在常规阅读文献的途径以外，采用一些半定量的方法来对文献所包含的内容做出进一步的分析。此后，在社会调查、心理研究和战时信息工作等许多领域中，这一方法得到了不断改进和发展。

内容分析是以行为科学、传播学、语言学和计算机科学等理论和方法作为基础的。主要类型包括主题分析、词频分析和篇幅分析等。内容分析的基本步骤包括抽取文献样本、确定分析单位、界定内容的类别、对内容进行定量处理等。

目前，内容分析的主要应用领域和成果有：

（1）社会情势调查分析。社会舆论和动态、公众态度和关切的问题等社会情势，是公共决策或企业决策的重要基础。奈斯比特以美国有代表性的地方报纸为分析对象，每月扫描6000种报纸，对反映美国社会问题的教育、就业、环境等10个一级主题、若干个二、三、四级主题进行内容单元的编码建库，并采用具体的定性和定量分析，以此得出了《大趋势》。

（2）军事和政治信息分析。在第二次世界大战中，以拉斯韦尔为代表，在美国国会图书馆组织了"战时通信研究"小组，以德国公开出版的报纸为对象，通过内容分析获取军政方面的机密信息。例如，为了估计法西斯政权近期政治攻击的矛头所向，他们在报纸上抽出"民主"、"共产主义"、"英格兰"和"希特勒"等关键词，分别在"容忍"、"反对"和"中立"三种语境下统计关键词的出现频率。这项工作不仅取得了实际效果，而且在方法上形成了一套模式，为战后内容分析的发展奠定了基础。美国参谋长联席会议特种行动部从1980年起出版《苏联新闻与宣传》就是一个应用的实例。该部对前苏联国防部机关报《红星报》逐月进行分析，从中推测苏联对外军事和政治的意图和动向。

1973年，美国中央情报局成立了一个探索在国际政治信息分析中运用计算机与定量方法的专门机构，后来该机构公布了几个内容分析的实例，其中之一，就是通过文献上特定指示词的词频来推测文献作者的倾向性。中央情报局认为，了解前苏联领导阶层对其领袖的态度，对研究其政治动态至关重要。一般通过以下4种途径就可以达到：一是地方党领导人及其密友的政治经历；二是他被人所知的政策立场；三是出席各种公共场合的情况及其排名顺序；四是在公开演说或著作中对领袖的称呼和提法等。

（3）科技和经济信息分析。早在1967年，日本机械振兴协会经济研究所出版的《关于信息分析的理论和实际研究》一书中，就把内容分析作为一种重要方法列入其中。例如，研究人员以美国的《商业周刊》和《新闻周刊》12年来所刊登的日本产品广告为对象，分析了日本企业打进美国市场的广告战略，并验证了广告战略四阶段假设：当日本产品在美国知名度还很低时，不突出产品，而是强调该企业在日本国内的优越地位；当企业知名度提高后，开始强调产品的价格、质量和外形等；当进入与美国企业竞争阶段时，广告就强调优于对手产品的特点；最后当产品进入世界市场，广告就突出其产品在世界上的地位。

其他方面的应用实例：我国学者在美国威斯康星大学用计算机对《红楼梦》后40回进行了词频分析，并同前80回做了比较，从而对其作者进行了推测。世界各国在20世纪80年代曾出现过"高技术区热"，有的国家盲目模仿，走了弯路；而日本通过篇幅分析，一方面极其深入地学习了别国的经验，另一方面密切结合本国的实际，做得比较成功。

3.引文分析法

在科技文献的体系结构中，每篇文献都不是孤立存在的，而是相互联系的，这种联系突出表现在文献之间的相互引用。科技文献的相互引用说明了各学科的相关性和自组织性，展示出科技发展过程中各事件的联系和知识信息的继承、交流和利用状况。科技文献之间的引用除了直接引用外，最有代表性是引文耦合(如果两篇论文同时引用一篇或多篇相同的论文，则称其在引文上是耦合的)、同被引（指两篇或多篇论文共同被后来的一篇或多篇论文所引用）、自引（指作者引用自己或与他人合著的先前的论文）等。

1927年，格罗斯（P. L. K. Gross）等人进行了文献学史上第1次引文分析，他们对化学专业的某些期刊论文的参考文献进行了统计分析，得出了化学教育方面的核心期刊。真正对分析做出杰出贡献的是美国的加菲尔德（E. Garfield）。加菲尔德根据《谢泼德索引》（Shepard's Citation，1873）的原理，采用科学计量学和文献计量学的方法，创造出了一种实用的"引文索引"和"引文分析方法"。1963年SCI的出现，打破了传统的主题和分类索引的垄断地位，开辟了新的检索途径。1973年和1978年，加菲尔德又分别创办了SSCI和A&HCI，并与普赖斯合作，创造了引文分析方法。

1995年，在国家自然科学基金委员会和中国科学院的支持下，在已经建成的"中国科学引文数据库"的基础上，中国科学院文献信息中心决定出版发行《中国科学引文索引》（China Science Citation Index，CSCI）。CSCI收录科技期刊 300 多种，年报道量 3 万余篇，由引文索引、来源索引、机构索引和轮排主题索引 4 部分组成。20 世纪 90 年代末南京大学中国社会科学研究评价中心研制出《中文社会科学引文索引》(Chinese Social Sciences Citation Index，CSSCI)。

目前，引文分析已经成为文献计量方法中研究最活跃、发表文章最多的一个领域。引文分析可以评价一个国家科学能力、科学团体和个人的学术水平；可以根据不同学科之间引用与被引用的统计，勾画出学科的内部网络；还能够比较客观地反映论文和期刊的质量等。例如，有人通过对 1989 年《情报学报》等 9 种信息学重要期刊论文所引用的论文和论文所属学科进行统计分析，结果发现，除了图书馆学和计算机科学外，经济学方面的文章是信息学论文引用次数最多的，并由此得出信息学与经济学之间的关系非常密切的结论，而这一结论大大出乎当时人们的意料。

常用引文分析的测度指标如下：

（1）引文率：是衡量研究对象吸收情报能力的一个相对指标，根据研究对象不同可分为期刊引文率、著者引文率、学科引文率、机构引文率、国家引文率等。例如：期刊引文率＝该刊中参考文献总数/期刊载文量；

（2）影响因子：某期刊第 k 年的影响因子＝第 k 年对该期刊在第 $k-1$ 年和第 $k-2$ 年发表文献的引用数量/该期刊第 $k-1$ 年和第 $k-2$ 年发表的文献数量；

（3）自引率：就是对主体本身范围内文献引用的次数与主体引用的文献总数的比值。自引率＝主体的自引次数/主体引用的文献总数；

（4）即时指标：是测度期刊被引用速度的指标，即时指标＝该年度对该刊当年发表文献的引用次数/当年该刊发表的文献总数；

（5）耦合强度：当两篇文章同时引用一篇或多篇相同的文献时，这种现象称为引文耦合，这两篇文献就具有耦合关系。引文耦合的文献之间总存在着这样或那样的联系，其联系的程度（共同引用的文献数）称为耦合强度；

（6）共引文强度：当两篇（或多篇）论文同时被别的论文引用时，则称这两篇论文具有"共引文"关系，引用它们的论文的多少，称为共引文强度。

引文分析方法在信息分析中有着广泛应用：利用引用数据研究文献结构和科学结构；利用引用数据研究文献的动态规律和用户行为特征和需求特点；利用引用数据研究科学发展史；利用引用数据评价人才、机构和成果；测定某一学科的影响和某一国家某些学科的重要性；研究学科信息源分布、评价和选择期刊和文献等。除了上述列举的应用之外，许多国家还用引文分析来确定科研资助政策和重点研究领域等等。

4.基于文献的发现法

随着科技文献的爆炸性增长，表面上没有任何联系（指不存在互引、共引或其他书目文献上的联系）的文献中，可能存在着被人们忽视的某种能导致新知识产生的潜在关联关系。基于文献的发现（Literature-based Discovery）就是以揭示蕴含于公开发表的文献中但尚未被人们认识或发觉的知识片断间的逻辑联系，从而提出知识假设，以便专业研究人员进一步证实，促使新知识的产生为目的的信息分析方法。它是继实验发现模式、理论发现模式之后的又一种新科学发现模式。

20世纪80年代，以美国芝加哥大学的斯旺森（Don R. Swanson）教授为代表的一些信息研究人员开始对揭示文献中隐含的逻辑关系产生兴趣。1985年，斯旺森对生物医学文献进行了研究，他发现两篇医学文献放在一起，会揭示出一个问题的答案，而这个答案是从单独一篇文献得不到的。这预示着在医学文献中存在着大量的未被发现的隐含的关联。据此，斯旺森提出了"未被发觉的公开知识"的概念，即公开知识有可能不被发觉，只因为组成这种知识具有逻辑联系的各部分从没有被任意同一人所知，并率先创立了一种纯信息学的研究方法，即基于非相关文献的知识发现法，为基于文献的知识发现研究奠定了理论基础。

斯旺森通过对比分析25篇论述"食用鱼油可以引起血液的某种变化"的生物医学文献和34篇论述相似的"血流变化可以导致雷诺氏症"的生物医学文献，然后在两组文献之间建立了联系。1986年，斯旺森在Perspectives in Biology and Medicine上撰文，提出如下知识假设：食用鱼油会对雷诺氏症患者有益。尽管这一假设当时还没有以任何形式公开发表过，不过两年后，他的这一假设却得到了临床报告的证实。接下来，斯旺森又通过文献研究发现了偏头疼和镁的11条被忽视的联系，并提出镁缺乏可引起偏头疼的假设，也得到了临床实验的证实。此外，他还发现了精安酸和生长调节素C、镁和神经健康等之间的隐含关系。

鉴于"基于文献的发现"研究中的文献是关于不同主题或属于不同学科的，从中推理出新的知识可能需要相当长的时间或具有某种偶然性，为此，斯旺森及其合作者还专门设计出一个用于发现MEDLINE数据库中所收录的医学文献间联系的软件Arrowsmith（http://Arrowsmith.psych.uic.edu/），去搜索非相关文献中的这种联系，目的在于帮助研究者从中找到新的有科学价值的知识。

5.常用逻辑分析方法

（1）比较法

比较也称对比，就是对照各个研究对象，以确定其差异点和共同点的一种逻辑思维方法。比较实际上就是对研究对象的某些共同特性或属性进行对比，所以在对比时必须对反映事物本质的特征或属性进行分解和分析,并从中确定其主要特征、属性和次要特征、属性,做到抓住主要特征和属性并尽可能多地分析次要特征和属性。

在比较时,应注意:事物间的可比性,如时间、空间和内容上的可比性;比较方式的选择;比较内容的深度;注意数据和图表的运用。

在信息分析中,比较的应用是非常广泛的,如行政管理领域中各种政策的比较、科学技术领域中各国科技发展水平和趋势的比较、经济领域中企业经济指标的比较、社会领域中人口素质的比较等。总之,只要符合比较的基本规范,比较法就可以以各种形式在信息分析中得到广泛应用。

(2)分析与综合

分析与综合是信息加工的基本方法、是揭示事物本质和规律的基本手段、是形成观点和模型的主要工具。分析法是将复杂的事物分解为若干部分,根据部分之间的特定关系进行分析,从已知的事实中分析得到新的认识,产生新的知识或结论。按分析的角度不同,有对比分析法和相关分析法。

在对比分析法中,对比的目的有:①可对同类事物不同方案、技术、用途进行对比,即从对比分析中找出最佳方案、最优技术、最佳用途;②可对同类事物不同时期技术特征进行对比,即从对比分析中了解发展动向和趋势;③可对不同事物进行类比,即从不同事物的类比中找出差距,取长补短。对比的方式有:文字分析对比,数据分析对比,图表分析对比等。

所谓相关分析法,是指利用事物之间或事物内部各个组成部分之间存在的某种相关关系,如利用事物的现象与本质、起因与结果,事物的目标与方法和过程等相关关系,从一种或几种已知事物特定的相关关系顺次地、逐步地来预测或推测未知事物,或获得新的结论。

综合法是把与研究课题有关的各种分散信息,按特定的目的汇集归纳成系统而完整的信息集合。综合的具体方法有简单综合、分析综合和系统综合。简单综合是把原理、观点、论点、方法、数据、结论等有关信息一一列举,进行综合归纳;分析综合是把有关的信息进行对比、分析、推理,在此基础上进行归纳综合,并可得出一些新的认识或结论;系统综合是一种纵横交错的综合方式。从纵的方面看,把获得的信息与有关的历史沿革、现状和发展预测进行综合,从中得到启迪,为有关决策提供借鉴。从横的方面看,把与之有关的相关学科领域、相关技术进行综合,从中找出规律,为技术创新或技术改革提供相关依据。

(3)推理分析

人们认识事物的过程,是从个别到一般,又从一般到个别的。归纳和演绎推理就是这一过程所采用的两种基本思维方法。推理是通过两个或两个以上的事实、数据、判断及他们之间的关系,推演出一个新的判断。推理方法一般可分为归纳推理和演绎推理，归纳推理是从个别到一般，即以若干特殊场合下的情况为前提，推断出一般的原理、原则等，简称归纳法；演绎推理是从一般到个别，即以一般的原理、原则、定理、公理为前提，推论到某个特殊的场合，得出结论，做出判断，简称为演绎法。

在信息分析中，还常用一种类比推理法，这是利用信息客体的特征和某些性质上的相同点，推知他们在另一些性质上也可能相同。

6. 聚类分析法

聚类分析（Cluster Analysis）是根据事物本身的特性研究个体分类的方法，是多元分析与当代分类学结合的产物，又称为群分析、点群分析或簇类分析。基本的思想是：认为研究的样本或指标（变量）之间存在着程度不同的相似性（亲疏关系）。于是根据样本的多个观测指标，将其置于多维空间，按照它们空间关系的亲疏程度进行分类。关系密切的聚合到一个小的分类单位，关系疏远的聚合到一个大的分类单位。聚类分析在文献信息分析中有着广泛的应用。

7. 回归分析法

回归分析法（Regression Analysis）是通过研究两个或两个以上变量之间的相关关系对未来进行预测的一种数学方法。回归分析法主要解决以下两个问题：一是确定几个变量之间是否存在相关关系，如果存在，找出他们之间适当的数学表达式；二是根据一个或几个变量的值，预测或控制另一个或几个变量的值，且要估计这种控制或预测可以达到何种精确度。回归分析法有以下几个工作步骤：根据自变量与因变量的现有数据以及关系，初步设定回归方程；求出合理的回归系数，并确定回归方程；进行相关性检验，确定相关系数；在符合相关性要求后，即可根据已得的回归方程与具体条件相结合，来确定事物的未来状况；并计算预测值的置信区间。

除上述分析方法外，还有原理法、枚举法、外推法、特尔菲法、层次分析法、未来图景草拟法等。信息分析的创造性和智能性的特点正是通过该阶段才充分体现出来的，同时充分的分析工作又是信息利用和创新的前提。

第四节 信息利用的保障与形式

信息检索行为的最终目的在于利用信息。人们科学研究或工作实践中的每一步，根据不同的目的无不需要利用相关的信息。利用信息不仅能扩展人们的视野，避免重复别人的研究工作，同时也使已有的信息达到产生新知识的效能。

一、信息利用的保障

1. 人才保障

信息利用是用户对所提供的信息有效运用的过程。为了真正使信息的价值能够体现和发挥,必须要求信息利用者有一定的信息素质。如第 1 章所述,信息素质是一个含义广泛的综合性概念,主要是指人对信息的需求欲望、熟练获取信息、正确处理和利用信息的综合能力,包括信息意识、信息能力和信息道德 3 个方面的含义。

2. 技术保障

技术对现代社会发展的重要性不言而喻。信息检索有着明显的技术特点,我们前面所论述的各种检索方法、检索工具的利用、信息的整理分析都与技术息息相关。对于信息的最终使用,技术也起着不可或缺的作用。

信息利用的技术保障必须便于访问和利用信息。主要手段有:

(1) 建立专业的数据库。借助专业搜索引擎,形成特色数据库,满足特定用户的信息需求。

(2) 提供专业信息导航。选定某领域内的主要高校、研究机构、试验室、电子书籍、电子刊物、学术团体、学术论坛及有关专家学者的信息资料,以形成有效的信息集合。

(3) 创建新型网络信息查询检索浏览器。对网上信息进行搜索、审评,筛选出精良的网络信息,按其学科或某种属性分门别类地进行二次重组,整合过滤处理。在此基础上,用户检索浏览器所检索到的信息,是经过分类并去除了伪劣而精选的高质量的信息。

(4) 开展信息增值服务。通过网上信息服务、专题分析研究、专题检索代理以及针对特定用户的需要进行创造性的信息产品深度加工,使得网上信息的利用在量与质的方面获得提高。

3. 宏观信息环境

国家信息政策与法规作为国家对信息活动进行宏观管理的重要手段,自 20 世纪 50 年代末至 60 年代以来,已逐渐受到各国政府的重视,成为政府、学术界、产业界共同关注的热点问题。

从我国信息政策与法规体系建设的整体来看,虽然我国在科技信息、社科信息、信息技术、信息高速公路建设、知识产权保护等方面制定并颁布了一系列政策法规,对我国信息事业的发展起到了重要的推动作用,但作为发展中国家,与发达国家相比,我国信息政策法规的建设还处于起步阶段,在信息政策与法规的研究与制定方面仍存在很多问题,特别是我国信息政策法规制度不健全、体系不完善；没有相应的政策法规的信息反馈渠道；信息政策法规的研究基础薄弱，缺乏指导性；与国际衔接不够，缺乏兼容性等。这些问题直接影响了我国信息政策与法规体系整体效应的发挥，对我国信息活动行为的指导和管理不够全面。从而在信息利用时，不能很好保护信息所有者权益，同时也影响了信息检索和分析工作者的积极性。

4.信息价值的提升

信息同人、生态系统、产品等一样也存在着生命同期，新信息的出现，旧信息的衰退和淘汰同样都是不可避免的。对于我们所检索到的信息，是否在其衰退或淘汰前已将其所包含的全部意义挖掘出来，在淘汰旧信息之前我们还要对其价值进行再评估。这种再评估有两种途径：一是以人为主体，通过对信息的应用和发现，并结合客观世界的情况，重新评估信息的价值。二是以应用系统为主体，通过应用系统对数据的访问时间，访问频率以及对信息利用后所能产生的知识和价值，重新评估信息的价值。

我们得到的信息既存在显性价值，又存在着隐性价值，人们在利用信息时往往只注重了信息的短期实用性，而忽略了信息潜在长期的效用，即对人知识的积累和智慧的增加。传统的信息利用，一般只能获得信息的显性价值，信息只有转化为人们所需要的知识，才能真正体现出信息的根本的价值。挖掘和积累信息的潜在和隐性价值是信息利用的进一步升值阶段。

二、信息利用的形式

1.信息咨询服务

提供咨询服务是文献信息机构的日常服务。简单而言，咨询就是利用专门的知识、信息、经验，针对不同的用户需求，提供解决某一问题的解决方案或决策建议。通常，咨询问题广泛、具体、即时，并带有个别性，往往难以预料，因此，这种服务往往由文献信息机构的业务资深者承担。传统的咨询服务是通过手工检索、口头解答（或书面解答）完成的；网络化的咨询服务由网上专家咨询系统承担，不受时间、地点限制，可开展全天候交互式服务。例如，上海图书馆的网上联合知识导航，用户登录后便可在线提问，相关专家会进行实时答疑。

咨询服务可分以下几个步骤：

（1）受理咨询

这是咨询服务中的首要环节。咨询人员通过口头、书面、电话等方式了解用户要求，确定以下各点：第一，该课题确属本单位咨询工作所应受理的范围；第二，咨询的目的、要求；第三，解答这一咨询课题的繁简程度及需用人力或工时的估计；第四，完成解答这一咨询的最恰当人员，并与用户建立直接联系；第五，填写咨询登记单，纳入工作安排，并开始实质性工作。

（2）调查摸底

受理咨询后，必须对课题情况、用户要求进行具体的调查了解，以便从实际出发，有针对性地解答咨询问题。关于课题情况，可与用户共同讨论完成，如研究课题进展情况、所要求的文献类型等。同时也应该了解用户的专业、课题计划、完成期限，最后对投入人力及文献调研做具体安排。

（3）查找文献

在调查了解有关课题情况的基础上，确定解决问题的初步方案和方法，如选择检索工具和参考工具书、确定检索标识、检索途径、检索方法等，然后进入具体的文献查寻。通过初步查找，将获得的结果直接通知用户，检验其效果，听取反应，以便修正检索方案，进行深查或再查。从大量的检索工具中，找出资料线索，然后再筛选出原始文献，并标明文献的收藏单位，或直接提供检索出的原始文献。

（4）答复咨询

经过一系列文献调查、查找、鉴别之后，获得用户所需要的文献或文献线索，还要进行登记、汇总、整理、编排，以便向用户做出正式解答。答复咨询的方式，依课题性质和读者需求面定。或直接提供答案，介绍有关参考工具；或提供专题书目与二次文献资料；或直接提供原始书刊资料、文献复制品；或提供网址。

（5）建立咨询档案

对咨询课题进行解答后，应通过登记簿或登记表记载用户单位、名称、地址、电话或电子邮箱地址；记录咨询提出的日期、内容、解答的日期、提供资料的名称、形式、来源、文种、数量及采用的手段，用户对咨询的反映等。咨询档案一方面备以后查问、统计和总结，另一方面也可作为衡量咨询服务质量的依据。

随着经济的发展，信息咨询服务已经发展成为一个行业，其范围已经远超出了传统情报机构的咨询。现代咨询业服务对象更多的面向企业、政府、个人等，为其提供管理咨询、财务咨询、法律咨询、工程咨询等等。同国外相比，我国咨询业还处于起步阶段，发展潜力巨大。

2. 定题服务

定题服务是文献信息机构根据用户研究课题需要，通过对信息的收集、筛选、整理并定期或不定期地提供给用户使用，直至协助课题完成的一种连续性的服务。

在进行定题服务时，首先，要明确需求对象。这里既要明确信息需求单位，又要明确需求何种信息，从而选定课题。其次，对信息的检索和分析过程，并将最终信息提供给用户。

在进行定题服务时要明确与信息咨询服务的区别。定题服务主要面向较高专业层次的用户群，如科研、教学人员，工程技术人员，决策管理人员。由于这种服务的开展一般是由文献信息机构的人员深入调查，主动了解科研、教学、生产活动中的信息需求，主动与用户建立联系，从而选定服务课题，主动收集、检索并提供与课题有关的文献信息等，整个服务过程自始至终体现了信息找用户的服务宗旨，因而，主动性是与信息咨询重要区别之一；另外，在服务方式和方法上不拘泥于某一固定服务模式，手检与机检，代查、代译、代复制、代索取原文等都在服务范围之内；定题服务一方面针对课题需要不断向用户提供数据库中最新信息，另一方面还可能应用户要求将文献资料汇集成某一专题的国内外文献资料线索，因此系统性是对定题服务的高要求；最后，定题服务要一直伴随课题的结束而结束。

3.科技查新

科技查新咨询工作是信息利用的一项重要活动，它是指通过手工检索和计算机检索等手段，运用综合分析和对比方法，为评价科研立项、成果鉴定、专利申请等的新颖性和先进性提供客观、公正的文献依据的一种带有法规性的信息咨询服务工作。科技查新工作主要是为科研立项、成果鉴定等提供决策参考服务，是科研管理工作中决策科学化的一个支持系统。查新工作能较好地为科研立项、成果鉴定提供客观依据，提高结论的可信度，避免科研工作的低水平重复和成果评审鉴定的差错，对于提高科研立项和成果鉴定的科学化、规范化起到积极的作用。例如：上海某大学为解决引进设备生产所需的原料——双氧水漂白稳定剂，经过几年摸索，于1987年正式在原纺织工业部立项研究，经过3年努力，于1990年9月完成，准备鉴定，研究人员根据自己掌握的科技情报，认为该成果属国际首创。结果经上海科技情报所查新发现，美国某公司早在1984年就已申请专利，且该大学研究成果的技术要点，均落入美国专利的权项中。

随着改革开放的不断深入，科学技术的发展和科学技术在国民经济和社会发展中的作用日益突出，我国第三产业在迅猛发展，查新工作的范围也必将不断扩展，从工程项目和其他项目的可行性研究、评估，到农业生产和大批中小型企业的技术改造和新产品开发、技术及设备的引进和出口等方面，为政府宏观决策、企业经营管理、国际贸易发展等发挥了参谋作用。总之，查新工作作为信息咨询业的重要组成部分，不仅对科研管理工作的规范化、科学化，而且对宏观和微观经济管理的科学化、规范化都会起到重大的作用。

科技查新一般可按下列步骤进行：

（1）办理查新登记，由用户到查新咨询部门办理登记手续，提出查新要求，填写机检登记表，与查新人员共同分析课题内容要点。

（2）深入分析课题，确定查新重点，明确方向，选择适当的检索标识、数据库，并设计检索策略。

（3）进行国内外文献检索，包括按用户要求提供二次文献或原始文献。

（4）对用户所要求解决的关键问题与检出的相关文献进行分析、比较和综合。

（5）撰写查新报告，其内容应包括：封面、课题技术要点、采用的检索手段与检索内容、查新结论以及参与查新咨询服务的人员及单位证明。

（6）审核，审核人由查新机构业务资深人员担任，并对查新结论负责。

（7）存档，查新报告及检索过程、结果等文件一式两份，一份交用户，另一份与查新有关的登记表一起存档。

思考题：
1. 常用的阅读方法有哪些？
2. 谈谈信息分析的意义。
3. 文献计量研究通常会考虑哪些指标？
4. 信息产品都有哪些主要类型？
5. 比较内容分析与引文分析方法的异同。
6. 为什么说基于文献的发现法是现代知识发现的重要方法？
7. 什么是科技查新和定题服务？

第九章　科学研究与论文写作

【内容提要】

读书治学是人类生活中的一个重要方面。本章从科学研究的概念与方法着手，重点阐述了学术研究和学位论文的特点，详细介绍了学位论文的价值要素和结构要素，并提出了学位论文写作的基本要求。在此基础上，给出了学位论文写作的主要步骤和写作程式。通过本章的学习，可以进一步弄清科学研究的主要成果形式以及科学研究信息保障的重要性。

科学研究是一种创造性的思维活动，通常是要对某个问题做出前所未有的判断。另一方面，任何科学研究活动都不是凭空进行的，它必须以前人已经提供的知识为起点。要进行有价值的科学研究，首先必须全面地获取有关的文献信息，及时了解各学科领域中出现的新问题、新理论、新观点。列夫·托尔斯泰说过："正确的道路是这样的，吸取你前辈所做的一切，然后再向前走。"马克思指出，科学研究"部分地以今人的协作为条件，部分地又以前人劳动的利用为条件"。如果离开了"今人的协作"和"前人劳动的利用"这两个条件，任何科学研究都是无法进行的。因此，全面地掌握和利用信息，是科学研究得以进行的前提条件；同时，科学研究的成果还需要表达出来，这一表达和描述的主要手段就是学术论文。因此，科学研究、信息检索和写作知识三者共同构成了学术素养的要素。

第一节　科学研究的概念与方法

一、科学研究的概念

1.科学研究始于科学问题

波普尔（Karl Popper）认为，"科学只能发端于问题"，"富有成果的科学家一般从问题开始"。巴尔扎克说道,打开一切科学的钥匙都毫无异议的是问号。问题意识强的人,不但手中的问题多,而且能够围绕问题组织知识,使知识更加序列化和科学化。

那么,什么是问题?通常认为,问题是人们经常遇到的一种情境,一种没有直接明确的方法、想法或途径可遵循的情境。国际科学史专家希尔皮恩(Risto Hilpinen)在《问题探究与认识进步》一文中是这样描述问题的:一个真正的问题就是对某事的无知并想了解它的一种表达方式,即:(1)不了解某事物;(2)想了解的愿望;(3)为了解该事物而做出努力。由此看来,一个问题必须具备3个条件:知识结构中尚未存储某物的知识;心理上有了解此物的愿望;在意志上有了解此物的行为。

通常,问题具有3个要素:一是给定。问题的"给定"是指一组已经明确知道的、关于问题条件的描述,即问题的初始状态。二是目标。即关于构成问题的结论的明确描述,即问题要求的答案或目标状态。三是差距。指问题的给定与目标之间直接或间接的距离,这种差距必须通过一定的思维活动才能找到答案并予以解决。问题有明确的问题和模糊的问题、科学的问题和日常生活问题、结构性问题和非结构性问题等类型。科学问题需要通过一定的科学研究才能够加以解决。

2. 什么是科学研究

"科学研究"一词,来源于英文的 research,由前缀 re(再度,反复)与 search(探索、寻求)组成,合起来的意思是反复探索。科学研究是人们探索自然现象和社会现象规律的一种认识过程,是人们有目的、有计划、有意识、有系统地在前人已有认识的基础上,运用科学的方法,对客观事实加以掌握、分析、概括,揭露其本质,探索新规律的认识过程。

科学研究的概念对于科学研究实践和科学研究事业具有导向意义。人们最早提出的科学研究是指创造和应用知识的探索工作,它由两个成分组成:基本成分是"探索工作",限定成分是"创造和应用知识的"。世界上许多国家习惯用"研究与开发"(Research and Development)来表示科学研究的概念;日本就直接用"研究开发"(RD)表示科学研究。英国的《牛津大辞典》和经济合作与发展组织(OECD)都提出:"研究与开发,是为了增加知识量,知识包括人类文化和社会知识的探索,以及利用这些知识去发明新用途所从事的系统创造性工作。"科学研究的实践表明,对已经产生的知识的收集、整理和分析利用也应当属于科学研究的范畴。

一般说来,科学研究是创造知识和整理知识以开拓知识新用途的探索工作。创造知识是创新、发现、发明,是探索未知的问题;整理知识是对已经产生的知识进行分析整理、鉴别和运用,是知识的规范化和系统化,是知识的继承问题。因此，科学研究的基本组成既有知识的创新和发展，又有知识的整理和继承。例如，著名科学家门捷列夫的早期研究工作只是对别人已经发现的诸多元素进行有序排列，这可以看做是整理知识；而当他按原子量、原子价大小的不同对元素进行排列并发现原子量与元素性质有函数关系，有的排序断裂表明还有元素有待发现，从而提出元素周期律理论之后，这就创造了前人未知的知识。科技发展史表明，整理知识与创造知识是密切相关、不可分割的，它们都是科学研究的重要内容。

3.科学研究的特征

科学研究不同于日常生活中的认识，它是人们有明确目的，有严密的计划，运用科学方法，有系统地去认识某一学科领域的某些问题，有意识地去搜集有关研究对象的事实，通过对事实做科学地分析和概括，从而揭示现象的本质，发现事物的规律，建立起能够说明事物或现象的理论。由此分析，科学研究的基本特征是：

（1）客观性。科学研究的对象来源于客观世界，来源于人类生活、生产的现实，是客观现实的需要；科学研究的过程要求严格的客观性，包括研究计划的制定、方法的选择、程序步骤的设计以及资料的搜集整理等；科学研究的结果往往是客观真理，即科学研究的结果是可以检验的，能反映一定客观规律的结论，而非主观臆断。

（2）系统性。任何科学研究都是人类认识环节上的一个组成部分；科学研究必须注重事物之间的联系；科学研究本身是一种系统的研究活动。

（3）创造性。科学研究本身就是一种创造性活动；科学研究需要创造出新的、更加科学的研究方法；科学研究是极为艰巨的创造性劳动。

二、科学研究的类型

可以根据不同的需要对科学研究进行多种分类。通常，科学研究的性质、目的、应用和过程等都可以作为具体的划分标准。

1.按照科学研究的性质划分：探索性研究和发展性研究

（1）探索性研究是一种属于开拓或探索新研究领域的研究。此类研究一般很少有前人的经验可以借鉴，研究者要冒一定的"风险"，因为研究者可能会获得重大发现，一鸣惊人，也可能毫无收获，一事无成。

（2）发展性研究是一种在前人开拓性研究领域中和已有成果的基础上，发展已有成果的研究，也包括进一步验证、巩固成果的研究，对已获得成果的应用研究等。此类研究比较"保险"，因其有现成的经验可以借鉴，因而一般不会一事无成，但往往缺乏创造性。研究成果在企业中常常被视为宝贵的财富，保密性较强。

探索性研究与发展性研究有时没有明显的界限。例如，孟德尔被誉为遗传学之父，因为他发现了一系列遗传定律，然而，在孟德尔从事研究之前，已有一些先驱工作者开始了类似的研究工作。又如，万有引力学说是由牛顿创立的，但从整个自然科学史来看，它也是一项发展性研究，因为引力思想在古希腊就已经出现，牛顿只是综合了伽利略和哥白尼等前人的成果而提出来的。不过，从牛顿的创造性成就来看，这是一项探索性研究。

2. 按照科学研究的过程划分：基础研究、应用研究和开发研究

这是最常见的分类方法，它们各自的主要特点、性质、管理方法和成果形式如表 9.1 所示。

表 9.1 基础研究、应用研究和开发研究的对比说明

类别	基础研究	应用研究	开发研究
概念定义性质	没有特定的商业目的，以创新探索知识为目标，称为基础研究。通常是指数学、物理学、化学、天文学、地理学和生物学等基础学科中的纯理论研究。有特定目标，运用基础研究的方法进行的基础研究称为定向基础研究，或称目标基础研究、应用基础研究。此类研究多在企业进行。	运用基础研究成果和有关知识为创造新产品、新方法、新技术、新材料的技术基础所进行的研究。它旨在解决当前生产中存在的问题，其核心是技术。它在整个科研过程中承上启下，使科学理论与生产相结合。	利用基础研究、应用研究成果和现有知识为创造新产品、新方法、新技术、新材料，以生产产品或完成工程任务而进行的技术研究活动。开发研究是比基础研究和应用研究更为普遍的科学活动形式，是科学理论转化为生产力的最终环节。为发展生产而开展的技术攻关就属于开发研究。
典型事例说明	①法拉第发现电磁感应原理②麦克斯韦提出电磁波理论	①西门子制成励磁电机，可以发电，但还不能应用②赫兹发现电磁波，制成电磁波发生装置，使无线电通讯成为可能	①爱迪生制成电机、建成电厂，建立电力技术体系，迎来电时代②波波夫与马可尼进行无线电通讯获得成功，实现跨越大洋的无线电通讯，迎来电讯时代
管理原则特点	①有目标、计划，探索性强②没有特定的实际要求和应用目的③研究周期长，一般没有时间限制④不急于评价⑤关键是学术带头人的水平⑥多数情况下，费用没有固定要求⑦一般没有保密性	①有实际要求②有时间限制，但有弹性③适当时候做出评价④选题和组织工作起重要作用⑤费用较多，控制较松⑥有一定的保密性	①有具体明确的目标，计划性强②研究周期短，有严格的时间控制③完成后立即评价④需要各方面协调配合，更注重组织和集体的作用⑤费用一般较多，控制较严⑥有很强的保密性
成功率	一般不到5%~10%，实现商业化、企业化占2%~3%；一旦成功，可能导致科技革命	一般到50%~60%，实现商业化、企业化的可能性较大	一般可达90%以上，实现商品化、企业化的可能性最大
成果形式	学术论文、学术专著	学术论文、专利、原理模型	专利设计、图纸、论证报告、技术专有、试产品等

三、科研方法的概念与层次

科学研究方法，原意是指获得科学知识应当遵循的程序。随着科学研究的发展，科学研究方法被概括为正确反映研究对象的客观规律的主观手段。在科学实践活动中，科学研究方法具体是指认识的途径、理论、学说，一切为解决具体问题而采用的手段、工具或操作的总和以及解决这一问题所需要的一套程序。

科学研究方法是科学研究活动不可缺少的手段，它自始至终贯穿于科学研究的整个过程之中。掌握并运用正确的科学研究方法，是开展科学研究工作的重要基础。现代科技的每一次重大发展，都依赖于或伴随着科学研究方法的重要进展；同样，重大科学研究方法的发明和运用，也会导致一个完整的科学新领域的产生，导致长期以来摆在科学面前的基本问题的解决。相反，没有正确的科学研究方法，科学研究工作就会走弯路或走死路。恩格斯曾指出，从歪曲的、片面的、错误的前提出发，循着错误的弯曲不可靠的途径行进，往往当真理碰到鼻尖上的时候还是没有得到真理。爱因斯坦则把正确的科学方法和艰苦劳动、少谈空论一起，视为科学研究成功的3大秘诀。

一般来说，科学研究方法可以分为3个层次：一是科学研究中的哲学方法。这是适用于一切科学研究的最普遍的科学研究方法，也是最高层次的具有指导意义的方法。通常哲学方法并不是用来解决某一学科的具体问题，而是在哲学高度上来研究问题。哲学方法具有普适性、多元性、广义性、抽象性和思辨性等特点。二是科学研究中的一般科学方法，即指各门学科或大部分学科都采用的方法。它是将各个学科研究方法的共性抽取出来而形成的具体的一般方法，具有通用性、横断性和综合性等特点。随着科学研究的深入发展，一般科学方法也在不断地发展和完善。就目前而言，一般科学方法基本上可以分为3大块，即横断科学方法，如数学方法、控制论方法、系统方法、信息方法；经验科学方法，如调查方法、观察方法、实验方法等；理性思维方法，如科学抽象法、比较与分类方法、归纳与演绎方法、公理方法等。三是各个学科研究中逐步形成的专有方法。如信息管理领域中的信息计量方法、引文分析方法，经济学中的投入产出方法等等。

科学研究方法尽管类型众多，各有价值，不过，在科学研究最基本的方法主要是观察法、调查法、文献法和实验法等。

1.观察法

观察法是一种最古老的研究方法。它是指人们有目的、有计划地感知和描述客观事物的一种科学认识方法。作为一种基本的认识活动，它贯穿于整个科学研究过程中。

人的观察能力是历史地发展着的，它曾表现出几个方面的飞跃：一是从感官观察扩展到仪器观察。科学仪器作为人的感官的延伸和补充，日益克服感官的生理局限性，不断开拓认识的视野，并使观察走向精确化和定量化。二是从自然状态的观察扩展到实验中观察。三是从人脑指导下的观察扩展到电脑参与下的观察。电脑作为人脑的延伸和补充，能够极大地提高观察效率，获得更多的信息量，更快、更及时地贮存和加工观察结果。四是从地面观察扩展到太空观察，从而使人们开始摆脱只在地球表面上观察的局限性。

科学观察中不只是感性活动，而且是由科学理论知识和科学思维方法武装起来的认识活动，理性思维渗透于观察过程的始终，"观察渗透着理论"。例如，丹麦天文学家第谷·布拉赫用了30年时间观察行星的位置，观察很出色，但却得出错误的结论。他既不同意托勒密的地心说，也不同意哥白尼的日心说，而是提出了一个折中的理论：行星围绕太阳转，太阳围绕地球转。1600年，布拉赫请德国的开普勒做自己的助手。开普勒对观察本身不太感兴趣，但却长于理论分析，结合布拉赫的资料，开普勒提出了行星运动三定律。这就是观察与理论相结合的成功范例。

在观察过程中，应当尽力做到观察的客观性、全面性和系统性，这样才能透过现象发现本质。同时，在科学观察中既要善于抓住最主要的东西，又要注意捕捉那些意外的偶然现象，跟踪追查，从偶然中发现必然的东西；因为观察中的机遇常常是重大科学发现和发明的契机。

在科学研究中，观察法的优点主要是：

（1）客观性。运用观察法取得的信息是客观的，是第一手资料，因此十分宝贵。这就是"耳听为虚，眼见为实"。例如，由于一些政府官员和企事业管理人员好大喜功，浮夸成风，常常报喜不报忧，许多数据和资料名不副实，这就需要通过实地观察来了解真实的情况。

（2）便利性。观察随时随地可以进行，十分方便。只要人们随时留心，就能通过日常观察获得大量有价值的经验性材料，为科学研究所用。

（3）经济性。观察法可以在不改变对象运行状态的条件下进行，因此代价较低。

但观察法也有自己的不足：一是观察法有时存在着时空局限性，观察得到的信息有时带有偶然性。例如，观察到学生在课堂上打瞌睡的现象，但不能据此就断定学生缺乏学习的积极性。二是观察者通过观察有时只能获得表面现象，难以了解各种现象之间的内在联系。例如，某些地方的田地荒芜，无人播种，究竟是因为气候原因还是农民不愿种地，仅仅依靠观察并不能提供明确的答案。最后是观察法的运用需要丰富的经验。同样的社会现象或自然现象，有的观察者能够从中获得大量的信息,而有的却"只见树木,不见森林",有的甚至"一叶障目",一无所知。

2.调查法

调查法是指通过访问、座谈或书面问卷等方式,与被调查者直接或间接沟通以获取信息的科学研究方法。具体包括现场调查、口头调查(访谈法)和书面调查(问卷法)3种基本方法。

(1)现场调查

现场调查是指信息采集人员深入现场所进行的调查了解。例如,公安人员深入案发现场进行勘察,采集案犯作案的有关信息;军事指挥人员亲临前线观察地形,掌握作战方案的有关信息;商店采购人员深入售货柜台,听取消费者的意见等等。现场调查取得的是第一手资料,内容真实可靠,而且时间短,可以快速反映事物的多个侧面。

(2)口头调查

口头调查(访谈法)是指通过访问或座谈,与被调查者直接沟通,以获取信息的方法。访谈可以采取个别谈话、电话访问、座谈等形式进行。访谈广泛应用于社会科学研究中,包括了解民情、征求意见、掌握事实等。

访谈法的优点主要是:首先,可以了解过去的事情。有些事情是过去发生的,并且缺乏历史记载,这就需要通过访问目击者、当事人获得必要的信息。其次,能够深入了解事物的因果关系。例如,为什么有的企业和部门的员工工作缺乏热情,对此,观察是无法给出解释的,而通过访谈也许可以细知端倪。第三,访谈调查比较深入。通过直接的交流,可以消除被调查者的思想顾虑,从而深入地交换看法,相互启发;通过访谈,还可以了解到被调查者的知识状况、人际关系等,这是其他调查方法所不及的。最后,与书面调查相比,访谈法的使用面比较广泛。例如,对于不能书写、不愿书写或不善书写的被调查者,访谈法机动灵活,简便易行。

访谈法的主要局限性在于:访谈的效率比较低,访谈需要较高的调查技巧,同时,访谈中经常出现主观片面性。例如,教授出面和大学生出面对同一个调查对象进行访谈,调查的顺利程度和所获取的信息量会有很大的差别。

为了得到较好的访谈效果,要做好访谈前的准备,如知识的准备、方案的准备、技巧的准备和组织的准备;在访谈过程中,要选择好时间、地点,要尊重对方,注意提问技巧,掌握主动,并详细记录访谈内容;最后还要对访谈结果进行及时整理和分析。

(3)书面调查

书面调查(问卷法)是社会科学研究中应用最广泛的方法之一,如民意测验、市场研究、人口研究、领导行为研究等均以问卷调查为主要方法。

问卷调查是指通过将调查内容设计成一种调查问卷,而后由调查对象进行填写,以此来了解和掌握相关资料的调查方法。这种调查可以现场进行,也可通过邮寄来开展。现场问卷调查迅速及时,问卷回收率大,但范围狭窄;邮寄问卷调查不受空间范围的限制,可以收到各种不同地区的意见,但回收率低,整理工作量大。特别是调查问卷的设计非常重要。

3.实验法

实验法源于自然科学中的实验传统,即人们为实现预定的目的,在人工控制条件下研究客体从而采集信息的方法。

科学实验萌芽于人类早期的生产活动中,后来逐渐分化出来,从 16 世纪开始成为独立的科学实践形式,并且成为近代自然科学的重要标志。实验法与观察法相比有其特殊的作用:

(1)"纯化"作用。为了突出研究客体的某一属性或活动过程,可以排除不必要的因素以及外界的影响,以便使观察在纯粹条件下进行。

(2)"重组"作用。为了探求因果关系,在实验中可以选取适当的因素进行不同的组合,以便系统地观察各因素之间的对应关系。

(3)"强化"作用。在实验室中可以把客体置于一些超常条件下,如超高温、超低温、超高压、高真空等,以观察其性能及变化规律。

(4)"模拟"作用。在科学实验中,可利用不同客体在结构、功能、属性和关系上的相似性,创造各种人工模型去模拟一些复杂的难以控制的,或者"时过境迁"、不易再现的研究对象,以探索其规律。

实验法在社会科学研究中也有着重要的应用。例如,企业在新产品投入市场或大批量生产之前,为了预测新产品的销售趋势,可以采用小规模、小范围的试销或试用,在取得较为准确的市场信息后,再决定是否需要大批生产等。实际上,各类供货会、订货会、物资交流会、交易会等形式,都是一种实验性的信息采集方法。著名的社会实验案例有科学管理中的"霍桑实验",正是基于这一实验,推动了"人际关系学说"以及行为科学的产生和发展。实验方法采集的信息比较准确,有代表性,而且信息反馈快,可以避免不必要的损失;但有时费用较高,有些情况也不适宜进行实验。

此外,文献研究、逻辑思辨等在科学研究,尤其是社会科学研究中都占据着重要地位。美国的威尔逊(E. B. Wilson)在《科学研究方法论》就曾说过,如果在图书馆度过 6 个小时,也许在实验室里可以节约 6 个月时间。

第二节　学术研究与学位论文

一、学术与学术标准

1. 学术概念的演变

"学术"一词，我国久已有之。《辞海》（1999年版）在解释"学术"一词时，举《旧唐书·杜暹传》中的"（杜暹）素无学术，每当朝议论，涉于浅近"为例，然后将此定义为"指较为专门、有系统的学问"。但这只是一个泛泛而论的定义，与现代的"学术"有较大差距。

19世纪末20世纪初，我国学者似乎尚未使用"学术"一词。当时的学者还是把"学"和"术"二字分开来使用的。例如，严复说："盖学与术异，学者考自然之理，立必然之例；术者据既知之理，求可求之功。学主知，术主行。"梁启超说："学者术之体，术者学之用。""夫学也者，观察事物而发明其真理者也；术也者，取所发明之真理而致用也。应用此真理以驾驶船舶，则航海术也；研究人体之组织，辨别各器官之机能，此生理学也；应用此真理以疗治疾病，则医术也。学与术之区分及其相关系，凡百皆准此。"由此看来，当时所说的学术包括"学"与"术"两个差异甚大的概念，尽管他们还没有使用"学术"一词，但他们所说的那种与"术"相对的"学"，其涵义实际上已很接近现在所说的"学术"了。

现代意义上的"学术"一词是从西方引进的。在西方，"学术"（Academic）一词包含的意思并不只是"较为专门、有系统的学问"。比较通行的几种解释是：

（1）《牛津高阶英汉双解辞典》（Oxford Advanced Learner's English-Chinese Dictionary）（1989年版）：①of (teaching or learning in)schools, colleges, etc.；②scholarly, not technical or practical；③of theoretical interest only。

（2）《剑桥国际英语辞典》（Cambridge International Dictionary of English）（1995年版）：relating to schools, colleges and universities, or connected with studying and thinking, not with practical skills。

（3）《美国传统辞典》（American Traditional Dictionary）：①Of, relating to, or characteristic of a school, especially one of higher learning；②Relating to studies that are liberal or classical rather than technical or vocational；③Scholarly to the point of being unaware of the outside world；④Based on formal education；

⑤Theoretical or speculative without a practical purpose or intention; ⑥Having no practical purpose or use.

2.学术的基本标准

上述对"学术"的解释有两个共同的主要特点：一是与学院有关的；二是非实用性。学术的这种特点从一开始就很明显。Academic 一词本源于柏拉图创建的一个高等教育学校，即 Academy。在这种学校里，人们"探索哲理只是为了想摆脱愚蠢，显然，他们为学求知而从事学术，并无任何实用的目的"。因此，所谓学术工作，就是由受过正规教育并在大学中工作的学者所进行的非实用性的研究工作。因此，在欧洲的传统中，学术是由受过专业训练的人在具备专业条件的环境中进行非实用的探索。

西方在界定"学术"一词时，之所以要强调上述特点，其原因主要有两个方面：

首先，学术与学院有密切的关系，是因为在一个分工发达的社会中，进行学术研究并非人人可为，处处可为，而是只有受过专门训练的人在专门的环境中才能进行的。正因为如此，美国的大学有研究型大学（Research University）和教学型学院（Teaching College）之分。在后一类中，并不要求教师进行学术研究，尽管这些教师都是经过正规训练的。即使是在前一类大学中，也只有一部分教师才具有进行学术研究的资格并拥有相应的学术职位——教授。许多在我国大学具有教授职称的人员（如承担公共外语、体育、艺术教育等教学工作的教师，学报资深编辑，实验室工程师等），在美国都不能进入教授之列。

其次，学术不能追求实用，原因即如梁启超所说，倘若"不以学问为目的而以为手段"，则动机高尚者，固然会以学问为变法改制的工具，但是动机低下者，则亦会以学问为博取功名的敲门砖，"过时则抛之而已"。不论哪一种做法，都会导致学者将其关注的焦点转移到学问本身之外，从而使得研究离开学术。因此，他大声疾呼："学问之为物，实应离'致用'之意味而独立"，"就纯粹的学者之见地论之，只当问成为学不成为学，不必问有用与无用，非如此则学问不能独立，不能发达"，学者应当以学问为重，"断不以学问供学问以外的手段"。也正是因为这个原因，王国维说："学术之发达，存在于其独立而已。"陈寅恪也说："吾国大学之职责，在本国学术之独立，此今日之公论也。"

二、什么是学术论文

人们常说，工业的描述手段是"蓝图"，而学术研究的描述手段则是"学术论文"。所谓学术论文,亦称科技论文、科学论文、研究论文,就是指对某一学科领域中的问题进行探讨、研究,并将形成的科学研究成果进行表述的议论说理性文章。英国的奥康纳(Steve O'Connor)曾给科学论文下过一个定义:"科学论文应该论述一些重要的实验性的、理论性的或观测性的新知识;一些已知原理在实际应用中的进展情况。"

通常,根据写作目的的不同,学术论文主要有专题研究论文、研究报告和学位论文 3 种基本类型。

第一,专题研究论文,是指各学科领域中专业人员或其他人员对自己所从事的领域进行科学研究而撰写的专业性论文,它是用来提交给科研等有关部门或学术会议上或专门性刊物上进行交流、讨论和发表的。专题研究论文一般要求探索各学科领域中的新课题,反映出各学科领域中的最新学术水平。专题研究论文数量较大,对促进科学研究和社会经济的发展都有重要的作用。

第二,研究报告,主要指科技工作者用来描述研究过程、报告研究成果的论文。研究报告比较侧重告知,除了一些公开发表的以外,还有许多只提供内部参考。根据取得原始数据的方法,研究报告又包括实验研究报告、调查研究报告等。实验研究报告是通过实验方法,即预先控制实验条件并搜集数据的实验研究撰写出的科技论文,通常会有较大的学术价值;调查研究报告是指通过以现场调查的方法作为搜集资料的主要手段并以此撰写出的科技论文,这类论文常常会有较大的实用意义。

第三,学位论文(Dissertation for Academic Degree),通常是指高校或研究机构的学生为取得学位在导师指导下完成的科学研究、科学试验成果的书面报告。通常根据授予学位的三个级别,把学位论文划分为学士学位论文、硕士(副博士或称修士)论文和博士论文;根据研究的内容,把学位论文划分为综述性学位论文和探索性学位论文。其中,综述性论文,是利用已发表的文献资料为原始素材而撰写的论文。这类论文对原始素材进行分析和评价后,提出在特定时期内某一领域或某一专题的研究工作进展和发展趋势。通过回顾、观察和展望,提出合乎逻辑的、具有启迪性的看法和建议。

三、学术论文的作用

撰写科技论文是任何科技工作者不可缺少的一项基本功。无论是科学研究,还是技术创新,在任务完成以后,需要对从实验或调查中获取的资料,加以综合分析,判断推理,提出论点,通过论文的形式加以总结,发现不足之处,明确进一步研究的方向,甚至开拓新的研究领域。因此,对一个科技工作者来说,论文撰写具有十分重要的作用。其目的和意义可以具体归纳为以下 7 个方面：

第一，撰写科技论文是任何科学研究或技术创新项目的最后完成阶段，尤其是基础研究项目。世界著名物理学家、化学家法拉第曾说过，科学研究有三个阶段：首先是开始，其次是完成，第三是发表。三者互相关联，相辅相成。在实际的科学研究中也分为三个阶段：第一是准备阶段，包括选题、查阅文献和课题设计；第二是进行阶段；第三是总结、撰写论文阶段。由此可见，撰写科技论文是科学研究或技术创新项目的最后完成阶段。通过撰写科技论文，不仅如实地记录科研工作，而且运用逻辑思维，把科研结果加以整理、分析和综合，去粗取精、去伪存真、由表及里、有所发现、有所发明并进行总结。因此，如果不能将科学研究成果以科技论文的形式发表，则等于该研究项目尚未完成，不能进行验收或鉴定。

第二，科技论文是进行学术交流的重要手段。开展学术交流的方法很多，如召开学术报告会，举办科技讲座，召开专业学术会议等。但不论何种形式，大都离不开科技论文，尤其是在专业学术会议上，有的论文在大会上宣读，有的全文或摘要录入会议论文集中。交流论文的数量和质量将代表某地区、某大学、某科研机构或某人的学术水平。

第三，实现知识的社会化和国际化。科技论文一旦发表，公诸于世，就成为科学文献，亦即使作者的研究成果成为一个国家乃至世界科技文献宝库的组成部分，为大家承认、参考和利用，促进科学技术的发展，为人类做出贡献。目前世界各国都设立有专门的文献信息中心，专门录入国内外已发表的科技论文的摘要、关键词、作者等，制作主题索引、作者索引，供科技工作者查阅，从而使科技论文广泛传播，促进了知识的社会化和国际化。

第四，发表论文的数量和质量已是科技工作者创造性劳动的公认的客观指标，也是确认其在科技领域中地位的较为公正的标准。许多科技工作者之间并不认识，可他们在阅读对方科技论文时相互"认识"。根据作者发表科技论文的数量和质量确立他在学术领域的地位，如被邀请去参加专业学术会议，授予某专业学会的某种学术头衔或荣誉称号等。

第五，已发表的科技论文是确认科技人员对某项发现或发明优先权的基本依据。例如，哈里斯（H. Harris）和瓦伦（F. Warren）在1955年发现绵羊血红蛋白存在多态性，以后不管是谁研究绵羊血红蛋白多态性，都会提出首先发现这一现象并予以研究的是他们两个。

第六，授予学位的需要。大学本科毕业生要取得学士学位，必须提交申请授予学士学位时评审用的科技论文。同样，攻读硕士或博士的研究生必须提交申请授予硕士或博士学位评审用的科技论文。只有评审合格，通过论文答辩，才能授予相应的学位。

第七，考核业务水平，评定专业技术职称的需要。对于科技工作者来说，每年都要进行学术考核。在考核标准中，往往根据相应职称提出应发表科技论文的数量、发表刊物的级别以及本人在科技论文中的排序，作为考核评分的标准之一；对于申请晋升专业技术职称的专业人员来说，除了规定学历、任职年限、外语和计算机知识考核以及任职期间的年终考核情况外，还规定相应职称应发表的论文数量、发表刊物级别以及作者排序。

综上所述，撰写和发表科技论文对于一个科技工作者来说具有十分重要的意义。它既是完成科学研究项目所必须的，又是开展学术交流，确定科技工作者学术地位和创造性劳动成果的公认的客观标准，同时还是管理人员考核科技工作者的重要标准之一。因此，每一个科技工作者都应严肃认真地对待科技论文写作，不可草率从事。

四、学位论文的内涵

据美国标准学会解释，学位论文是指为获得不同级别学位候选资格、专业资格或其他授奖提出的研究成果或研究结论的书面报告。我国国家标准的定义是：学位论文是表明作者从事科学研究取得创造性成果或有了新的见解，并依此为内容撰写而成，作为提出申请授予相应的学位时评审用的学术论文。

1. 学位论文不是一般的作品，而是一种论文

论文是论说文的简称，是一种以说明和说理为主要表达方式的理论性文章。根据《现代汉语词》的解释，凡是"讨论某种问题或研究某种问题的文章"可称为论文。

众所周知，不同的文字作品有其不同的社会功能，从而满足人们不同的精神需要。例如，文学作品主要满足读者艺术欣赏的需要，新闻报道主要满足读者了解信息的需要，工作计划专门满足指导行动的管理需要。而学位论文的基本功能则是阐述作者自己的理论见解或理论的应用探索。在这点上，它与科普作品、文献综述、经验介绍、工作总结等不同。例如，《陈云经济思想研究》和《读〈陈云论经济〉有感》，涉及的虽然都是陈云在经济方面的一些看法，但在写作要求上有很大的不同：前者要求弄清陈云经济思想的产生、形成、发展，其价值和历史地位等问题，并据此做出正确的评价；而后者则要求就陈云的经济思想发表个人的感想，强调的是个人的主观感觉。

2. 学位论文不是一般的论文，而是一种科研论文

作为科研论文中的一个重要类型，学位论文首先具有科研论文的重要特点，这就是学术性、创造性、科学性和专业性。同时，学位论文还有自己的一些基本特点。例如，学位论文重在理论探索；产生于有学位授予权的高校或研

究机构,并在导师指导下完成;学位论文一般都有篇幅规定,水平规定,并接受专家的审查;除少数在答辩通过后发表出版外,多数学位论文不公开发表,属于非卖品。只有一份被保存在授予学位的大学图书馆中以供阅览和复制服务。有些国家为发挥学位论文的作用,专门建有学位论文数据库、缩微胶卷等。

3. 学位论文不是一般的科研论文,而是学位制度的产物,为证实学位或专业资格的候选地位而提交的

学位论文有两大功能,一是考核,二是成果。作为考核手段,学位论文应当达到一定的水平,反映出与学位相称的学识和能力;作为成果,学位论文是大学生向社会提供的知识产品,应当有一定的价值。

对于学位授予制度的渊源,据国外学者的考证,公元前387年,古希腊柏拉图创立的阿卡德米学院就有授予学位的最初形式。比较正规的学科授予制度则源于中世纪的欧洲。1180年,巴黎大学就授予了第1批神学博士学位。不过,那时的学位只是一种荣誉称号,并不是真正学术水平的标志。具有现代意义的学科授予制度,起始于19世纪的德国。1810年,根据时任教育部长的W.洪堡的倡议,创立了柏林洪堡大学,在"教学与科研相结合"和"学术自由"的原则下,开创现代研究生教育的先河,并首先实施了学位论文的答辩制度。之后,美国的哈佛大学、耶鲁大学、霍普金斯大学等相继仿效并建立和完善了研究生教育,这些标志着学位授予制度逐渐走向成熟。

1935年4月,当时的中国政府仿效英美国家的高等教育体制和模式,颁布了"学位授予法",这是中国现代学位制度的开端。到1949年,全国约有232人获得硕士学位,但由于战乱,博士学位制度未予实施。从建国到1969年,共有20 934名研究生毕业,但未授予学位。"文革"开始后,我国的研究生教育中断了12年,造成高层次人才的严重断层。1978年,我国恢复了研究生招生制度。1980年2月,第五届全国人民代表大会常务委员会第十三次会议审议通过了《中华人民共和国学位条例》,并于1981年1月1日实施。1981年5月,国务院批准了《中华人民共和国学位条例暂行实施办法》,制定了各种学位学术水平的标准,从此中国建立了学位授予制度。

4. 学位论文数量庞大,质量参差不齐

20世纪中后期,全世界每年产生的博士、硕士论文约10万篇左右。很多学位论文因选题能够接触到前沿科学,所反映的创新见解和成果被企业所采纳或采用后直接变成了生产力和产品,有较大的学术价值、情报价值和实用价值。而另有些学位论文质量不高,没有太多的价值。

五、学位论文的检索工具

学位论文数量庞大，出版形式特殊，主要供审查答辩之用，以打印本为主。学位论文的检索途径很多：文摘（Abstract）、指导教师（Adviser）、论文作者（Author）、授予学位的时间（Degree Date）、授予的学位（Degree Awarded）、论文数据库ID（Dissertation Database ID）、论文卷期（Dissertation Volume/Issue）、国际标准书号（ISBN）、关键词或基本索引（Keyword/Basic Index）、语种（Language of Dissertation）、出版序号（Publication/Order Number）、学院名称或代码（School Name/Code）、论文主题（Subject）和论文题目（Title）等都可以作为检索的入口。

目前国际上有影响的学位论文检索工具约20余种，既有重要的检索刊物，也有学位论文数据库。

1.《中国学位论文通报》

《中国学位论文通报》是我国自然科学类学位论文的权威性检索工具。1985年创刊，由中国科技信息研究所编辑，科学技术文献出版社出版。现为双月刊。它以题录、简介和文摘结合的形式，报道该所收藏的我国高等院校和科研机构的自然科学领域的博士和硕士论文。设经济、数理科学和化学、工业技术、信息技术等9个大类和18个子类。正文前有分类目录。文摘款目内容有：分类号、顺序号、论文题目、学位名称、文种、著者姓名、学位授予单位、总页数、发表年月、文摘、图表，以及中国科技信息研究所馆藏资料索取号等。

检索者可按分类途径查找所需文献，按馆藏索取号向中国科学技术信息研究所借阅。对过去未曾报道的论文，补收在《中国博士硕士学位论文通报》中。

2.中国学位论文数据库

中国学位论文数据库（CDDB）由中国科技信息研究所（国家法定的学位论文收藏单位）研制，收录各高等院校、研究生院及研究所向中国科技信息研究所送交的我国自然科学领域的硕士、博士和博士后的论文。为中英文综合性文献型数据库，1995年由万方数据公司制成CDDB光盘，提供联机检索，每年更新。

3.中国优秀博硕士学位论文全文数据库

中国优秀博硕士学位论文全文数据库（CDMD）是目前国内相关资源最完备、收录质量最高、连续更新的中国博硕士学位论文全文数据库。1999年开发，每年收录全国370多家博士培养单位的优秀博士、硕士学位论文约28 000篇。包括理工、农医、文史哲、政治军事与法律、教育与社会科学综合、电子技术与信息科学、经济与管理等10个专辑，168个专题和近3 600个子栏目。

4.《国际学位论文文摘》

《国际学位论文文摘》(Dissertation Abstracts International)是查找国外博士论文的检索工具。该刊于 1938 年创刊,刊名几度变更,1969 年 7 月第 30 卷改用现名,由大学缩微品国际出版公司出版。目前该刊分为 3 个分册:A 辑是人文与社会科学;B 辑是科学与工程;C 辑是欧洲文摘。该刊报道美国、加拿大等国 500 多所大学的博士论文。该刊正文前有分类目次表,文摘款目按分类编排,摘录详细,每条约 350 字,能基本反映论文的主要内容。

第三节 学位论文的构成要素

一、学位论文的价值要素

学位论文必须有价值,包括理论价值和实践价值。理论价值是指学位论文提出了什么新的观点、新的思想、新的问题;实践价值是指学位论文对社会经济或科技发展等有什么实际效用,能够解决什么实际问题。具体来说,学位论文的价值要素主要有以下 6 个方面:

第一,新现象新事实的揭示。有些新现象或者事实刚刚出现,需要引起人们的注意;有些重要现象或者事实早就存在,但人们却熟视无睹。揭示这些新现象新事实,可以帮助人们更客观、更全面地认识世界;或者引起人们对这些现象和事实的重视,以便做出进一步的研究。例如,英国医生琴纳发现,挤牛奶的妇女普遍不害天花,并因此发明接种牛痘的方法。在社会学中,19 世纪的马尔萨斯揭示了人口成几何级数增长造成资源短缺的现象,为发展中国家制定人口政策提供了依据。在经济领域,有人揭示了买贵不买贱的现象,从而导出"消费预期"的概念。

第二,新概念的提出或概念的重新界定。概念是科学研究的细胞,是对某类事物本质的概括,因此有重要的价值。科学研究的重大突破通常是从新概念的提出或概念的重新界定开始的。例如,1980 年,匈牙利经济学家亚诺什·科尔内提出了短缺经济的概念,反映了计划经济体制下企业预算约束软化,造成资源普遍短缺的规律,从而为社会主义各国的经济改革提供了依据。1962 年美国经济学家马克鲁普(Fritz Machlup)提出"知识经济"的概念,20 世纪 70 年代末 80 年代初,美国管理学家提出了"企业文化"的概念等,这些都为经济管理科学的研究提供了支点和框架。

第三，新观点的提出或原有观点的新表述。概念是界定被认识对象，观点是对因果关系、发展规律或是非曲直的看法，是构成理论的主要内容，从某种程度上看，理论是相关观点的集合。因此观点的创新具有重要的意义。发表新的观点，展开重要观点的讨论，可以使人们逐步接近真理、增加共识。例如，传统的马克思主义者认为社会主义只能实行计划经济，邓小平同志提出社会主义也可搞市场经济，结果大大推进了中国的改革进程。

4.对原有结论或实践方法的新论证。没有经过论证或论证不严密的观点和方法很难令人信服，甚至会使人误入歧途。因此，对原有结论或实践方法的新论证是有价值的。例如，科学技术究竟是不是第一生产力，气功能不能治病，等等，这些观点都需要经过论证才能为人们所接受，否则就不是科学结论。需要说明的是，对一个断言是不是科学的，其衡量标准目前仍在争论：有人认为是可证实性，有人认为是可证伪性，有人认为是可检验性等。由此也可以看出，科学研究是一个不断发展的过程，每一种认识和观点都是这一链条中的一环，需要经过时间和实践的检验。

关于物体从高空下落的运动，亚里斯多德曾断言："快慢与其重量成正比"；这就是说，重的要比轻的落得快些。这个错误的论断延续了1800多年，直到伽利略才得到纠正。伽利略认为，在真空条件下，轻、重物体应同时落地。他除了用实验来证明以外，还提出一个十分简单的推理证法，使反对者不得不尊重事实。假设物体A比B重得多。按照亚里斯多德的说法，A应比B先落地。现在把A与B捆在一起成为物体A+B。一方面，因A+B比A重，它应比A先落地；另一方面，由于A比B落得快，B应减慢A的下落速度，所以A+B又应比A后落地，这样便得到了自相矛盾的结论：A+B既应比A先落地，又应比A后落地。既然这个矛盾来源于亚里斯多德的论断，因此，亚里斯多德的论断是错误的。

第五，新方法的提出和应用。方法泛指人们认识世界和改造世界的方向途径、策略手段、工具及其操作程序的选择系统。新方法的提出往往能够大大促进人们的科学认识和实践活动，这种例子在科技发展史上更是比比皆是。一般来说，新的方法包括新的研究方法、新的表达方法、新的计算方法、新的操作方法等。例如，20世纪50年代出现的"头脑风暴法"、"德尔菲法"，促进了科学预测和决策的发展；20世纪60年代美国管理学家德鲁克（Peter F. Druker）提出的目标管理方法，把组织需要与个人需要结合在一起，这一方法在全世界得到了应用，取得了良好的效果。

第六，新的理论体系和策略体系的建立。在社会科学或软科学研究中，建立新的理论体系和策略体系，是比较重要的一类研究成果。例如，在经济学上，西方影响最大的3本教科书是约翰·穆勒的《政治经济学原理》、马歇尔的《经济学原理》和萨缪尔森的《经济学》,这 3 位经济学家建立了新的经济学理论体系;在管理学上,泰勒在大量管理实验和实践的基础上,建立了新的科学管理体系。由此看来,新的理论体系既是对当时各种分散的新观点和知识的整合,也是研究者个人创见的展现。同样,为了启动市场需求或者为了调动职工在企业的劳动积极性等,而提出的一系列政策和策略,也应当属于学术研究的重要内容。

上述创新可以发生在不同的学科,也可以发生在同一门学科,如表 9.2 所示。

表 9.2 创新内容及其实例

创新内容/举例	自然科学实例	社会科学实例
揭示新的现象	发现射线现象	企业文化现象如日本员工在企业中的表现等
提出新的概念	放射性物质蜕变	企业文化的概念
提出新的观点	原子结构及能级理论	对企业文化功能、形成机制等提出新看法
提出新的论证	实验报告	中国企业文化的调查
提出新的方法	利用射线的技术	企业文化建设的策略
建立新的体系	放射物理学	企业文化理论体系

一般来说,任何学位论文至少应当包含 6 种价值要素的一种,有些论文包含多种价值要素,因此具有更为重要的理论和实践价值。

二、学位论文的结构要素

1.题目(Title,Topic)

或称标题、文题,是作者给自己的论文起的一个"名字"。题目既是一篇论文给出的涉及论文范围与水平的第一个重要的说明性信息,也是信息工作者编制二次文献时重要的实用性信息。有人把题目比如论文的"眼睛",因此,题目必须准确生动,简明扼要,使人一目了然,引人注目,以最恰当、最简明、最鲜明的词语反映论文中最重要的内容。

(1)学位论文的题目要有确切的含义,能够恰当地反映论文的主要内容,让读者一看题目就能知道作者讨论什么问题,不应使人产生费解或误解。

(2)学位论文的题目涉及的对象范围要与论文论述的范围一致,符合研究的基本逻辑。例如,如果论文主要就我国目前企业信息化的成就、问题、解决措施等进行论述,题目就应当定为《我国企业信息化现状简述》,而不是《我国企业信息化发展综述》或《我国企业信息化发展道路》。同样道理,如果论文主要论述了国外信息化发展的基本过程和经验得失等内容,却采用《信息化发展研究》等题目就犯了最基本的逻辑错误。

(3) 学位论文的题目应当密切联系专业学习和社会实践的实际情况,同时要精心设计,画龙点睛,争取给读者一个生动真切的"第一印象"。论文题目切忌大而空,俗而庸;一般不宜使用学科或分支学科的科目作为题目或题目的组成部分。例如,如果论文中只论述了某一地区硅铁冶炼业这个支柱产业的成因、贡献、存在问题、解决对策与措施,但却采用了"发展支柱产业,振兴区域经济"作为题目的话,那么这一题目就既不具体,也过于宽泛。

(4) 中文题目一般不宜超过 20 个字,英文题目不宜超过 10 个实词或 100 个书写符号;题目应是一个短语而不是一个句子;题目中尽量不用标点符号;应避免在题目中使用未被公认的或不常见的缩略词、首字母缩写符号、代号和公式等。

对于英文题目的书写格式,通常采用的是第一个词和实词的第一个字母大写,虚词的第一字母以及除此以外的其他字母均用小写;英文题目中的第一个冠词一般可以省略。对于中文题目中出现的"……的调查"、"……的探讨"、"……的分析"等表述,在英文翻译时通常会省略"Investigation on"、"Study on"、"Approach of"等。以往在英文题目中常见的"A Few Observation on"、"Some Thoughts on"、"A Study on"、"A Investigation on"、"A Report of"等,目前已经比较少见,因为省略后的题目显得更加简洁醒目,同时也符合当今英语题目的流行潮流。

(5) 对于有基金资助产出的论文,需要在论文首页以脚注的形式,注明基金项目名称及编号。例如,"国家社会科学基金项目:网络伦理及其社会调控机制研究(05CTQ006)"。

2. 署名(Author and Department)

署名既表示作者拥有版权,也表明文责自负,还是制作索引和阅读利用的重要依据。论文署名大体分为两种情况,即单个作者或多个作者。按照惯例,作者名下应当注明工作单位、单位所在地和邮政编码。单位要用全称,而不是简称,如不能把中国科学院写成"中科院"。在英文署名上,应当是作者姓名的汉语拼音及其工作单位的英文表述。其中姓氏汉语拼音的全部字母均大写,复姓应连写,名字的首字母大写,双名中间加连字符号。如:HU Jing(胡静)、JIA Yan-li(贾艳丽)。

一般来说,在选定课题、制定研究方案、实施研究工作及撰写论文 4 部分工作中,对全部或部分做出主要贡献,并能对文稿内容负责的都可署名;但署名者也不宜过多,有的期刊以 5 人为限。署名应当按其对研究工作与论文贡献的大小排序，坚持实事求是，反对冒名、挂名或借名等行为。多个作者如果在同一单位，则不需要分别注明工作单位、单位所在地和邮政编码；如果不在同一单位，应当分别予以注明。

除了署名之外，论文还要有作者简介，对第一作者可按以下顺序加以介绍：姓名（出生年）、性别（民族，汉族省略）、籍贯、职称、学位，研究方向。作者简介通常以脚注形式在论文首页标明，也可放在论文最后加以说明。

3.摘要（Abstract）

或称文摘、内容提要，是论文内容不加注释和评论的简短陈述。论文应有摘要，为了国际交流，还应当有外文摘要（通常和英文题名、英文署名一起置于参考文献之后）。摘要能使读者不用阅读全文，就能获得必要的信息。通常，摘要字数在200字~300字之间，外文摘要不宜超过250个实词，并与中文摘要相对应。摘要一般应包含以下内容：研究目的和重要性；研究的主要内容，完成了哪些工作；获得的基本结论和研究成果，突出论文的新见解；结论或结果的意义等。

4.关键词（Keyword）

关键词是从标题、文摘或正文中选取出来以表示文章主题内容的名词或名词性术语。没有检索意义的某些高频词，如"技术"、"调查"、"分析"、"观察"等，论文中提到的众所周知的常规技术等，不能作为关键词。关键词以显著的字符排在摘要的下方；中文关键词之间用空格隔开，英文关键词之间必须用逗号或分号隔开。

按照我国国家标准《科学技术报告、学位论文和学术论文的编写格式》（GB7713-87）规定，每篇论文应选取3个~8个词作为关键词，且尽可能使用《汉语主题词表》等词表中提供的主题词，即经过规范化、标准化的关键词。《文献叙词标引规则》（GB/T3860-1995）规定了文献主题的分析及根据各种汉语叙词表进行文献叙词标引的方法，标引程序主要是：弄清主题概念和中心内容，尽可能从题名、摘要、层次标题或重要段落中抽出与主题概念一致的词和词组，然后依"专指性→组配性→自由词"的原则和顺序依次进行标引。

通常，在关键词下面，还要有中图分类号。在分类号前加"中图分类号："作为标识，采用《中国图书馆分类法》（第4版）分类。多个分类号之间以"；"分隔。

5.引论（Introduction）

或称前言、序论，是整篇论文的开始，作用是给读者一些预备知识，将读者引入本题。内容包括：研究的理由、目的和重要性；研究的背景、前人的工作和现在的知识空白；理论依据和实践基础；预期结果及在相关领域中的地位、作用和意义。

引言应当言简意赅,紧扣题目,避免罗列一大堆与论文不甚相关的文献资料;不要赘述显而易见或人所共知的专业知识;不要贬低前人的研究成果;不要与摘要雷同或成为摘要的注释。引言的篇幅应视论文篇幅的大小及论文内容的需要来确定,长的可达 700 字～1000 字,短的只有 100 字左右;一般占正文的 1/8～1/10。

6.本论(Main body)

或称正文,是论文的主体,占论文的主要篇幅,约为全文的 2/3。正文部分表述的主要内容是作者详细阐述个人的研究成果,特别是详细地阐述作者提出的新的、有独创性的东西。在正文中,作者可以根据课题的性质,或正面立论,或反驳立论,或补充立论等。论文内容要求概念清楚、观点正确、立意新颖、自圆其说。不能宣扬反动、迷信和腐朽没落的思想。

7.结论(Conclusion)

论文的结论部分是最终的、总体的结论,而不是正文中各段小结的简单重复。结论部分的写作内容一般包括以下几个方面:本文研究结果说明了什么问题,得出了什么规律,解决了什么理论或实际的问题;对前人有关的看法做了哪些修正、补充、发展、证实或否定;本文研究的不足之处或遗留未予解决的问题,以及对解决这些问题的可能关键点和方向。

结论部分的写作要求:措词严谨,观点鲜明,最好不要用"大概"、"可能"等模棱两可的表述;言简意赅,逻辑严密,没有特殊内容的可以不写结论,如果要写就要突出新的观点,最好逐条写出并自成一段;对尚不能完全肯定的内容要留有余地,避免轻率地得出结论。

8.参考文献(Reference)

学位论文所引用文献的主要来源有:专著、连续出版物或期刊杂志、会议文献或会议记录、资料汇编、报告、专利、重要网站或网址等。

(1) 文后列出参考文献的目的是:承认科学的继承性,尊重别人的科研劳动和学术成果;反映真实的科学依据,从引用文献的情况评估该论文的学术水平;指明引用资料的出处,节约论文的篇幅,便于检索利用和深入研究。

(2) 对于参考文献的要求是:引用的文献必须是作者亲自阅读过的,与论文中的方法、结果等有密切关系的;尽可能引用最新的文献,少用次要的,尤其是教科书中众所周知的内容,不用无关的文献;引用的文献必须是公开发表的论文和资料,未公开发表,但已经被期刊通知刊用的论文也可引用,但应在刊名后用括号注明"待发表";引用参考文献应以原文、原著为主,未找到原文者,也可引用被公开发行的文摘期刊录用的文献;一般论文引用的参考文献数应在 10 条～15 条,综述应在 20 条以上。

（3）参考文献的标注方法：根据国家标准《文后参考文献著录规则》（GB7714-87）规定，参考文献的著录项目采用国际通用的著录符号。例如，专著必须依次标明：序号（外加方括号）作者.书名.出版地：出版者,出版年.页码。文献类型以单字母标识（外加方括号），具体是：专著为M，论文集为C，报纸文章为N，期刊文章为J，学位文章为D，研究报告为R，论文集中析出文献为A，字典为Z等。若有外文文献，要按中文在前、外文在后的顺序分别排列，并以第一作者姓氏的汉语拼音及外文字母为序；外文书名及刊名要用斜体字。若引用文章为电子文献，需注明网络地址及日期。

参考文献的著录格式样例：

期刊文章：[序号]作者.题名[J].刊名,出版年，卷(期)：页码。例如：张昆,冯立群等.近年来我国宏观经济理论研究述评.兰州大学学报，2003.4，54（2）：3~7

专著或译著：[序号]作者.书名[M].出版地：出版社,出版年：起止页码。例如：刘少奇.论共产党员的修养[M].修订2版.北京：人民出版社,1962.76页

论文集中析出文献：[序号]作者.析出文献题名[A].原文献主要责任者.原文献书名[C].出版地：出版社,出版年：起止页码

报纸文章：[序号]作者.题名[N].报纸名,出版日期（版次）

学位论文：[序号]姓名.论文题目[D]：[XX学位论文].授予单位所在地：授予单位,授予年。例如，刘猛男.信息经济学理论研究框架：[硕士学位论文].兰州：兰州大学管理学院，2003

专利文献：[序号]申请者.专利名[P].国名,专利文献种类,专利号,出版日期。例如，王志.一种温热外用药物的制备方法[P].中国专利，881056073，1980-07-26

技术标准：[序号]发布单位.技术标准代号.技术标准名称[S].出版地：出版者,出版日期。例如，中中华人民共和国国家技术监督局.GB3100~3102.中华人民共和国国家标准——量与单位[S].北京：中国标准出版社，1994-11-01

在线文献：[序号] 作者.文题[EB/OL]. http://…, 发表或更新日期/引用日期(任选)

（4）在文献引证上常见的问题主要有：随意引用别人的观点和数据而不加说明，个别论文甚至通篇未加附注，洋洋数万言似乎都是作者创作的；未明确注明出处，使读者无从考证，真伪难辨；文献引用数量不当，有的大段抄袭，甚至剽窃；参考文献标注不规范，有的只注明文献名而没有作者名，有的未标明文献出版或发表日期等。

据统计，代表我国经济学研究最高学术水平的刊物《经济研究》在1995~1997年3年间，共发表论文412篇，其中有文献引证的234篇，占56.8%，总

引证 2 233 篇次，平均每篇引用仅 9.5 篇，另外还有 178 篇论文没有文献引证。而在美国出版发行的《国际管理和组织研究》(International Studies of Management & Organization)刊物的一期上(FALL 1998，Volume 28 Number 3)，共发表 7 篇论文，所附参考文献 233 篇次，平均每篇引用 33.3 篇文献。

三、学位论文的基本要求

1.学位论文的一般要求

（1）选题方面。论题是指根据特定的科研实践、学科专业或导师的研究方向等需要，在已经具备一定的研究成果或资料的基础上，选择某个问题和题目进行研究的过程。对学位论文而言，选题要有专业性、代表性、时代性、创造性和可行性。

（2）结构方面。学位论文要求结构完整，既不可断臂缺肢，也不可添枝加叶。根据国家标准（GB7713-87）的规定，学位论文中的项目（章—条—款—项）表示采用国际上惯用的点系统，其基本格式由前置部分和主体部分构成。前置部分包括封面、题名、作者、摘要、关键词和目次；主体部分包括引言、正文（图 1 或图 2.1、图 2 或图 2.2……，表 1 或表 2.1、表 2 或表 2.2……）；最后是结论、参考文献等。在特定情况下，可以在前置部分增加符号、缩略词、单位、术语、名词等注释表；在主体部分增加致谢（Acknowledgment）等需要的部分。因为科学研究或技术创新通常都不是一个人能够完成的，需要许多单位和个人的帮助。致谢就是对给予财力支助的单位或个人、对论文提出过建议和意见的指导教师或相关人员等表示感谢，并置于正文之后和参考文献之前，或采用加注的方式放在论文首页之下。致谢要实事求是，征得被致谢者的书面同意；要提出被致谢者的工作内容和贡献，如"现场指导"、"提供资料"、"审修论文"等。

（3）论文文字方面。学位论文的语言应当言简意赅，尽量少用过长的复合句；书写要规范工整，防止错别字和病句现象；要使用专业术语，避免科学论文口语化等。

（4）论文篇幅方面。论文篇幅必须达到最低标准以上。

（5）完成时限方面。学生必须在规定的时间内完成论文并参加答辩。

（6）论文答辩方面。学生必须在规定的答辩委员会会议上，简练而有重点地介绍自己的论文，独立而准确地正面回答答辩委员当场提出的与论文有关的问题。

2.学位论文的特殊要求

对于不同层次和类型的学位论文，在具体要求上是有所不同的。根据《中华人民共和国学位条例》的规定，学士、硕士和博士论文在选题、篇幅、完成时限、答辩，特别是内容方面有不同要求。如表 9.3 所示。

表 9.3 不同层次学位论文的要求

论文类别	选题方向	内容要求	篇幅（万字）	完成时限（周）	答辩委员会组成
学士论文	热点课题	符合理论逻辑	1	8～10	讲师以上
硕士论文	难点课题	新的见解	3	30～40	副教授以上
博士论文	理论空白	创造性的成果	10	60～70 或更长	教授级别

（1）论文选题。由于培养目标不同，因此论文选题方向也应有所不同。对于本科生来说，基本要求是能够正确、灵活运用所学理论，解释或解决现实问题，因此选题倾向于当时的热点问题。对于硕士研究生，要求培养科学研究的能力，必然要求引导他们去关注和研究当前理论和实践方面难以解决的问题。对于博士研究生，培养目标是各方面的学术或业务带头人，他们应当站在学科或社会实践的前沿进行观察和思考，去开拓新的知识领域，因此论文选题就具有填补空白的性质。当然，学士论文可以涉及难点问题，硕士论文也可以触及有关领域的空白点。

（2）论文内容。论文的质量主要体现在内容方面，选题好只能说明问题找得准，但问题到底能够解决到什么程度就要看论文内容。我国还没有统一的学位论文评价标准，在《科学技术报告、学位论文和学术论文的编写格式》中有相关的要求：学士论文应能表明作者确已较好地掌握了本门学科的基础理论、专门知识和基本技能，并具有从事科学研究工作或担负专门技术工作的初步能力；硕士论文应能表明作者已在本门学科上掌握了坚实的基础理论和系统的专门知识，并对所研究课题有新的见解，有从事科学研究工作或独立负担专门技术工作的能力；博士论文应能表明作者确已在本门学科上掌握了坚实宽广的基础理论和系统深入的专门知识，并具有独立从事科学研究工作的能力，在科学或专门技术上做出了创造性的成果。

（3）论文篇幅。论文篇幅是根据论文内容要求决定的，也是对学生掌握知识的广博性的一个检验。对本科论文，只要能够运用所学理论，解释或解决某些现实问题就可以了，由于论文涉及的问题一般内容比较浅或范围比较窄，有 1 万字的篇幅就可以了。对于博士论文，由于有填补理论或实践空白的要求，作者必须有足够大的思维空间。作者要追溯历史，分析现有理论或实践的缺陷；要回顾前人的探索情况，找出有益的成分；更需做出假设，并给予有说服力的论证；还要对提出的理论和策略及其应用前景提供展望，论文篇幅必然要长一些，篇幅太短难以说清。实际上，博士论文具有建立新的理论体系的要求，10 万字并不算多。

（4）完成时限。这是由完成相应水平和篇幅论文所需要的研究和写作周期，以及学籍管理的需要决定的。论文水平越高，篇幅越长，完成的时限也就越长。完成博士论文所需查阅的文献、所需调查研究和思考的问题、所要完成的文字工作量都远远超过了学士论文和硕士论文。因此允许的完成时限达到 2 年或更长。不过完成论文的允许时限也不宜太长，否则会给学籍管理带来不便。因此博士修业年限，包括完成博士论文，不管是否脱产学习，一般设定为 5 年。

（5）答辩委员资格。博士论文的答辩委员必须是教授和专家，因为博士论文涉及的都是学位前沿课题，学术造诣达不到一定水平，就无法就论文提出值得讨论的问题，更无法客观公正地对论文做出评价。硕士论文研究的是理论或实践中的一些难点，往往争议比较多，对论文进行评价也有一定难度，因此答辩委员也必须是具有高级职称的专家。对学士论文的评价相对容易一些，答辩委员只需具有扎实的理论功底就可以了。

四、学位论文质量的保证——创新、研究与阅读

科技论文的写作要有 3 个方面的前提：一是研究基础，二是写作基础，三是检索能力，三者缺一不可。没有对学科领域中的问题进行深入研究，就等于"无米之炊"；没有较强的写作能力，也就像"茶壶煮饺子"，有货倒不出；没有检索能力，就无所谓知识的继承与创新。就三者的关系讲，研究是基础和前提，表达是手段和工具，检索是方法和保障。

1. 创新能力的培养

撰写学位论文是一个知识生产和创新的过程。因此特别强调创新能力的培养。培养创新型人才是 21 世纪对高等教育提出的客观要求。我国 1998 年颁布的《中华人民共和国高等教育法》明确规定："高等教育的任务是培养具有创新精神和实践能力的高级专门人才，发展科学技术文化，促进社会主义现代化建设。"应当说，高级专门人才应当具备基础扎实、知识面宽、能力强和素质高这四个基本特点。

培养本科生和研究生的创新能力和研究能力已经成为我国法定的学业标准。《中华人民共和国高等教育法》第十六条规定："本科教育应当使学生比较

系统地掌握本学科、专业必需的基础理论、基本知识，掌握本专业必要的基本技能、方法和相关知识，具有从事本专业实际工作和研究工作的初步能力；硕士研究生教育应当使学生掌握本学科坚实的基础理论、系统的专业知识，掌握相应的技能、方法和相关知识，具有从事本专业实际工作和研究工作的能力；博士研究生教育应当使学生掌握本学科坚实宽广的基础理论、系统深入的专业知识、相应的技能和方法，具有独立从事本学科创造性科学研究工作和实际工作的能力。"

国际上一些发达国家十分重视研究生，特别是博士生研究能力的培养。美、英、法、日等国家为此专门设立了研究型大学。例如，哈佛大学在政治、经济、科技领域培养造就了大批杰出人物；剑桥大学也为世界培养了一大批杰出的创新型人才，包括牛顿、麦克斯韦、卢瑟福、达尔文等。

创新能力的培养涉及智商、情商等多个方面，从创新思维的角度分析，应当从思维的广度、深度、力度、速度、密度、高度、精度、适度、时间和空间等多个方面着手。①广度训练：指对思维原料占有的广度，有了这个广度，思路才会开阔，解决问题的点子才会多。②深度训练：指对事物本质属性的"内涵式"了解，可以用"入木三分"来形容。③速度训练：指对事物的思考节奏要快，一下子就能抓到需要的信息。④力度训练：指思维的质量和冲击力，也就是对知识所采取的"打破沙锅问到底"、"不入虎穴焉得虎子"的"进攻性"。⑤密度训练：指大脑在思维时能够同时对紧凑、密集的信息进行思考。⑥高度训练：指人在思考问题时的立足点。站得高才能看得远，高屋建瓴才势如破竹。⑦精度训练：思维的准确性是成功的前提。⑧时间度训练：时间度是时代的标尺和脉搏，经过时间度的训练，人才会有清醒的时间意识，努力去把握生命与时间有关的因素。⑨空间度训练：空间度是思维角度的表现，人所处的空间位置不同，观察的结果就肯定不会一样。⑩适度训练：适度是一种分寸，不求完美无缺、白璧无瑕。

总的来说，大脑接受和处理的信息越多，得到训练的数量和质量也就越好，神经细胞的树突和轴突增长得就越快，分支也就越密；而创新能力的大小，与大脑神经细胞的树突、轴突数量与质量呈正相关的关系。因此，从大脑的生理原理上讲，创新能力训练的目的就是让大脑的神经细胞长出新的突触，从而将"思路"尽量地拓宽和延长，使神经的传导尽量地又快又准。这样，潜能的激发和思维力的提高，自然会促进创新能力的提升。

2.研究能力的培养

研究工作的成效取决于多种因素，如个人精力、个人智慧、研究条件、研究方法和学风等。归纳起来主要有心理素质、知识基础、研究方法、研究工夫和研究环境。培养研究能力就需要在这些方面不断努力，不断铺垫和充实。

(1) 心理素质与研究成效。研究工作是一项特殊的社会实践活动，需要特殊的心理素质。据研究，这些心理素质主要包括强烈的好奇心和探索兴趣，持久的注意力和韧性，敏锐的直觉和洞察力，坚强的勇气和自信心以及友好的开放与合作精神。

爱因斯坦在回忆录中生动地描述了好奇心对树立科学家人生价值观的作用："当我还是一个四五岁的小孩，在父亲给我看一个罗盘的时候，就经历过一种惊奇。这只指南针以如此确定的方式行动，……这种经验给我一个深刻而持久的印象……在我们之外有一个巨大的世界，它离开我们而独立存在，它在我们面前就像一个伟大而永恒的谜，然而至少部分的是我们观察和思维所能及的。对这个世界的凝视深思，就像得到解放一样吸引着我们，而且我不久就注意到，许多我所尊敬和敬佩的人，在专心从事这项事业中，找到了内心的自由和安宁。"爱因斯坦曾对传记作家塞利希说过："我没有特别的才能，不过喜欢寻根刨底地追究问题罢了。"他对一位物理学家说："空间时间是什么，别人在很小的时候就已经清楚了，我智力发育迟，长大了还没有搞清楚，于是一直揣摩这个问题，结果就比别人钻研得深一些。"

根据美国科学史专家朱克曼（Harriet Zuckerman）的统计，在1901—1972年诺贝尔奖获奖的286位科学家中，有64.7%的人是与别人合作进行研究的。在诺贝尔奖设立的第1个25年，合作的比例是41%；在第2个25年，合作的比例上升为65%；在第3个25年，合作的比例上升为79%。这些数字说明，科研合作业已成为当代科学研究的一种趋势。在社会科学研究中，尤其要克服文人相轻的陋习，学会博采众长而又保持学术风格。

(2) 知识基础与研究工夫。研究工作需要全面掌握坚实宽广的知识基础，然后才能有对现有理论和实践的超越。普通人经常坐在苹果树下看见苹果掉在头上，也没有发现万有引力；牛顿却可以从中发现，这就是知识基础的作用。胡适先生说过，研究如造金字塔，基础要厚，同时要冒尖。研究如学术攀登，既要站在巨人的肩膀上，同时又要风光长宜放眼望。任何研究都不可能是"忽如一夜春风来，千树万树梨花开。"从"研究"的字面上讲，研究工作需要下大功夫，才能达到金石为开、探幽入微的地步。清末学者王国维在《人间词话》中曾经生动而又深刻地描述做学问的3种意境："昨夜西风凋碧树，独上高楼，望尽天涯路"——"衣带渐宽终不悔，为伊消得人憔悴"——"众里寻他千百度，蓦然回首，那人却在灯火阑珊处"。他认为，古今成大业、大学问者，都必然经历过这3种意境。

(3) 研究方法与研究环境。著名数学家和哲学家笛卡尔（René Descartes）说过，最有价值的知识是方法的知识。科学的研究方法是有效研究的重要手段，此所谓"工欲善其事，必先利其器"。例如，胡克（Robert Hooke）与牛顿几乎同时对万有引力问题进行过研究，但是，牛顿能够用一个数学公式就轻易地说明了问题，而胡克却无法给出令人信服的证明过程。同时，良好的研究环境，如尊重知识、保护知识产权、先进的研究设备、合理的工作报酬、开放和竞争的学术氛围等都直接关系到研究工作的成效。

3. 阅读能力的培养

读书学习是科学研究的前提，是积累知识的基本手段。要提高阅读能力，首先要选好书，其次要确定好阅读顺序，最后要掌握阅读方法。要选好书，就需要根据学习和研究的目的选书，根据作者和出版机构选书；然后就需要知道哪些书要先看，哪些书须后读。如果对教科书还一知半解，就找名著拿原版，必然会如入迷宫，不知所从。在阅读时要把各种方法结合起来，有的书或章节可以快速阅读，有的需要重点阅读，有的则需要细细研读。在阅读过程中，还要根据实际情况做眉批、标签、卡片或读书笔记。山东大学教授牟世金提出的"三字读书法"很值得学习：以书为"友"，但不可尽信；以书为"敌"，批判怀疑，向其进攻；对于内容优秀或久攻不下的则要认真学习，以书为"师"。

第四节 学位论文的写作程式

学位论文的写作过程都要经过选择课题、拟定大纲、撰写成文和修改定稿等4个基本步骤，其中的每一个环节都离不开信息的检索和利用，特别是材料的收集、材料的阅读、材料的鉴别和材料的消化吸收等。

一、选择课题

1. 选题的概念与意义

（1）选题的概念。所谓选题是指选定学术研究中所要研究或探讨的主要问题。选题不等于选择论文的题目，也不等于提出论文的论点。选题一般包括两个方面：一是确定研究方向，二是选择研究课题。前者确定研究集体或个人在较长时间进行科学探索的主攻方向；后者是指在这一主攻方向下选择进攻的突破口和制高点。狭义地讲，选题主要是指选择研究课题。研究课题是科研的最基本单元，一个完整的课题主要包括研究人员、研究内容和方案、国内外发展趋势、预期实现的目标、完成课题所需要的条件以及完成时间等。

（2）选题的意义。选题是学术论文写作的起点。通常，选题的好坏直接决定了学位论文的成功与否，好的选题能够推动我国科学研究的发展，产生好的经济效益和社会效益；反之，选题不当，则会阻碍科学研究的发展，浪费人力、物力和财力，并带来负面的社会效应。一个人能否独立地进行学术研究，重要的标志就是能否选择一个合适的、可行的课题。爱因斯坦认为："提出一个问题往往比解决一个问题更为重要。因为解决一个问题也许仅是一个数学上的或实验上的技能而已，而提出新的问题、新的可能性、从新的角度去看旧的问题，却需要有创造性的想像力，而且标志着科学的真正进步。"著名物理学家李政道博士指出："能正确提出问题就是创新的第一步"。英国著名科学家贝尔纳曾说："课题的形成和选择是研究工作中最复杂的一个阶段。一般说来，提出课题比解决课题更困难。"这些论述都表明了选题的重要性和复杂性。

科学研究的实践表明，只有遵循科学的选题原则、选题方法和选题要求，才能设计出比较好的课题。

2.选题的四项基本原则

（1）科学性原则。科学性原则是指选题要符合科学研究的一般规律，要有一定的科学价值。选题有无科学价值主要看这个选题是否根据具体的科学研究做出的，是否符合严肃的科学态度和科学精神，有没有科学依据，能否对科学事业做出一定的贡献，对社会经济的发展有无促进作用等。

坚持科学依据是遵循科研选题科学性原则的关键。伟大的科学家牛顿在晚年，几乎用了25年时间选择了一个毫无科学依据的选题，埋头于约翰启示录的研究，企图证明上帝的存在，结果浪费了自己的科研精力和科研时间。美国的发明大王爱迪生也曾一度试图研制一种与彼岸世界进行联系的电讯装置，结果也只能是水中捞月，缘木求鱼。

需要说明的是，科学依据包括两个方面：一是事实依据，即通过一定的观察和实验发现的直接的客观事实；二是通过逻辑推导而得来的间接的理论依据。这两个方面都需要予以重视。孔子指出，"子绝四：勿意、勿必、勿固、勿我"，就是要求做学问要实事求是。

（2）可行性原则。选题必须考虑到完成的可行性。换言之，选题必须从研究的主客观条件出发，选择符合实际和经过努力可以进行研究的课题。选题的可行性原则要求：

首先，专业要对口。不同的研究者有不同的专业特长，其知识结构、研究能力、兴趣爱好也各不相同。在现代知识激增和科学研究日益复杂化的社会中，一个人要在自己熟悉的专业领域中有所突破已经很难；要在自己相关的领域中有所作为就更为困难；而要想在自己完全陌生的研究领域里做出突出的成绩，则难乎其难。据报道，要研究哥德巴赫猜想，首先必须具备数学博士水平，而许多民间科学爱好者对此几乎是不可能有什么作为的。同时，要系统地全面掌握一个完全新的学科和专业，需要付出大量的精力和时间，所以，课题选择要尽可能专业对口，从而可以多出成果、快出成果、出好成果。根据国家学位条例的要求，学位论文选题要符合所学专业和培养方向，否则无法根据他们的论文判断其专业水平是否达到了培养要求。

其次，大小要适中。课题的大小是针对其论证对象的范围和规模而言的。选题的大小要根据研究者的知识水平、材料积累、研究能力等方面的情况来定。课题太大，力不从心，难以完成；课题太小，发挥不出水平，也不能取得更好的成果。例如，《试论中国经济体制改革模式》、《谈谈中国经济发展战略》等，这样的课题就过大、过泛，不利于进行深入研究。

一般说来，选题宜小不宜大，提倡小题大做。因为选题太大了，研究不易透彻，论文难免会失之于蜻蜓点水、面面俱到、华而不实、缺乏深度，反而使文章失去其应有的价值。一篇学位论文不可能反映作者掌握的全部知识，所以作者没有必要去追求写全面论述性的大问题。相反，选择小一点的课题，特别是重要的小课题，经过深入研究，抓住其本质和核心，多方面、多层次进行挖掘，有理有据地阐述自己的新观点、新见解，把一个重要的小问题彻底解决，这样的论文会有分量、有价值。

胡适曾说过，在国学研究中，发现一个字的新意，对于研究者来说，其意义不亚于发现一颗新的星星。过去这句话曾遭到猛烈批判，认为是玩物丧志的典型。但从学理上、从实际情况来说，这都是有道理的。因为知识的大厦不仅要有栋梁这样的大部件，也要有砖瓦钉子等小部件，只重视栋梁而忽视砖瓦钉子，知识的大厦肯定盖不起来。况且，大厦需要的小部件在种类和数量要远远多于大部件。清华大学的李伯重认为，在中国史研究中，日本学者向来以善做小问题的研究著称，但是千千万万个小问题的研究成果，造就了日本学者在中国史坛上不可动摇的地位。按照不少西方学者的看法，近几十年来日本学者在中国史研究方面的学术成就甚至大于中国学者。

通常，对于刚开始从事科研和写作的大学生来说，选题应当从小到大，由易到难，要考虑自己是否有能力胜任，切忌好高骛远、急于求成；对于科研能力较强、有丰富的论文写作经验的研究者，则应当选择一些难度较大的题目，以期在学术上做出较大的贡献。

第三，条件要具备。选题时既要考虑个人的主观条件，同时也要考虑客观条件，这些客观条件包括文献资料、实物样本、实验设备，经费、时间以及相关学科的发展程度等。如果资料不足，达不到占有资料的最起码的支撑点，课题研究就无法进行；如果缺乏相应的实验设备或研究经费，研究工作也难以开展。因此上，客观条件不成熟，题目选择的再好，也无法顺利完成或取得较好的成果。

（3）创造性原则。创新是科学研究的灵魂和主要任务，学位论文要有所创新，即有新的发现或发明，其选题也必须有创造性。

创造性选题要突出一个"新"字，所谓新课题是指前人没有探讨过或虽有探讨但尚不深入或目前尚存争议的课题。对这些课题的研究，研究者可以得出一些创造性的见解，能够为科学大厦增加新的内容。李政道曾指出："随便做什么事情，都要跳到最前线去作战。问题不是怎么赶上，而是怎样超过。要看准人家站在什么地方，有些什么问题不能解决，不能老是跟，那样永远跑不到前面去。"

选题要有创新，就要从基本的文献信息资料入手，了解本学科的研究历史与现状，明确过去的研究成果，已经达到的程度与今后要解决的问题，避免选题的重复或内容的雷同，这样才会选出有创新性的课题。

（4）需求性原则。科研选题要着眼于社会实践的需要和科学本身发展的需要。需要是科学发展的动力，恩格斯指出："社会一旦有技术上的需要，则这种需要就会比十所大学更能把社会推向前进。整个流体静力学（托利拆利等）是由于 16 和 17 世纪调节意大利山洪的需要而产生的。"

在自然科学和社会科学的各个领域，总有一些迫切需要解决的问题：有的涉及当前生产和建设的重要问题，有的涉及该领域发展中的基础理论或关键性问题，也有的是科学自身发展中出现的理论矛盾或理论"悖论"等问题。学术研究首先应当注重这些亟待解决的问题。例如，巴斯德（L. Pasteur）正是出于对啤酒变酸和蚕生病的实际关注，才发现了细菌活动，并深入开展研究，建立了细菌致病学说。

3.选题的方法

从根本上讲，科研选题源于实践与理论的矛盾。实践中指出的新问题，原有的理论难以加以解决，这就构成了科研工作者的选题。因此，积极参与社会实践，深入开展调查研究，是发现和选择课题的基本途径。其具体方法包括：

（1）从读书和讨论中发现问题。宋代著名学者朱熹指出："读书有疑，有所见，自不容不立论。其不立论者，只是读书不到疑处耳"。在不少科研论著中，都可以发现常有这样一类词语："在一定条件下"、"在相当程度上"、"在某种范围内"、"存在着这样或那样的联系"、"多种多样的形式"等等。那么，究竟在什么条件下？在多大程度上？在何种范围内？存在着什么样的联系？有哪些不同的形式？这些就可以构成进一步研究的子课题。对这些子课题的锲而不舍的探讨，可能产生发展性的研究成果。此外，通过讨论、交谈也可以发现问题或使问题明确化和深刻化。

（2）从已有的研究成果中寻找薄弱环节。可以从下列几方面考虑：其成果有无不完备、不深入、不妥当之处？某学科领域中，哪些问题尚待解决？在已解决的问题中，有哪些问题需要根据时代的发展进行补充或修正？当前学术界有较大争议的主要问题是什么？争论的焦点在哪里？有代表性的观点是什么？

（3）通过文献调查、社会调查以及科学预测、学科之间的移植方法等等选择课题。要制定文献调查或社会调查的规划，包括文献调查的目的、范围与重点、信息源的选择、文献收集方法、文献的组织与分析等。

一般来说，常见的选题范围和类型主要有：

（1）热点课题。在科学发展的过程中，总有一些现象或问题是当时研究者投入精力最多、研究最集中的热点，可以称之为"当采课题"。这些热点课题比较容易进行研究并推出成果，也容易为社会所接受。例如，20世纪80年初期，我国经济学界热点课题主要集中在商品生产、按劳分配、价格改革等问题上；20世纪80年代中后期，经济理论研究主要集中在企业经营、宏观经济调控、计划与市场关系等问题上；20世纪90年代，经济理论研究则主要集中在新制度经济学、产权理论、转轨模式比较、经济增长方式等问题上；进入21世纪之后，我国的经济研究更加注重WTO与中国经济发展、可持续发展等热点问题。

（2）难点课题。有些课题是一门科学或学科发展过程中研究者遇到的前所未有的比较困惑、比较棘手的问题，或者研究者虽然研究过但尚未能取得实质性的进展，还需要进一步的探索。这类探索性课题对于一门学科的发展起着举足轻重的作用，对于这类难点课题，每一项新的发现、新的创造都将可能使这一学科的发展步入一个新的阶段或向前推进一步，因而它对学科的发展具有极大的贡献，具有很高的价值。

（3）疑点课题。带有争鸣性的课题通常是学者们都比较关注的，有的涉及重大的理论原则，有的涉及某个具体的现实问题。对这些课题进行探讨可以阐明自己的主张，可以促进学术的繁荣和发展，也有助于取得新的共识和新的成果。

（4）特点课题。选题要充分考虑所在地区的地方特色，包括经济发展状况、资源优势、民族特色、单位科研条件等方面，从而提出有地方特点的调研性课题。特点课题有助于科研与当地的经济发展相结合，有助于产学研相结合，有助于克服目前科研领域理论课题偏多，理论与实际脱节的弊端，从而提高科研的针对性和实用性，体现科技是第一生产力。

（5）盲点课题。总体上看，我国的科技水平还远远落后于一些发达国家，在许多新技术、新工艺、新产品等领域，我们尚未涉足。在一些重要的学科或专业领域，也有不少空白或短缺。我国的科学工作者和大学生都应当紧跟世界科技发展的潮流，尽快添补对这些空白课题的研究；同时也可以独立地开辟新领域、新理论的研究，这对于促进我国的科技发展具有重要的战略意义。控制论专家维纳提出："在科学发展上可以得到最大收获的领域是各种已经建立起来的部门之间的被人忽视的无人区。"维纳本人也正是在数学、物理、电子技术、信息理论、神经心理学等交叉地带开创了新的研究领域，创立了著名的控制论。总结实践经验的课题。我国正处在深化改革、不断发展的历史进程中。各行各业，各个学科都有实践经验需要及时总结、提高和升华。把在改革发展当中积累的许多成果和实践经验，通过总结和系统化，上升为完整的理论体系，有助于推动各行各业和各学科的起步发展。

（6）重点课题。有些课题在本学科的发展中居于前沿位置，通常是开辟新领域的研究，是科学上的新发现和新创造。这类课题属于重大的科学研究，事关整个国家或社会经济、科技和文化的发展，因而它对学科的发展也具有极大的贡献和很高的价值。致力于具有这类学科前沿性和开创性的课题的研究，应当是所有科学工作者努力追求的目标之一。例如，我国的863计划，即"高技术研究计划发展纲要"，就是要"顶天立地"。"顶天"就是要瞄准世界高技术领域的最高水平，突出重点，集中优势兵力，在短时间内接近或赶超世界先进水平；"立地"就是要紧密结合社会和经济发展提出的课题进行攻关。

此外，补充前说和纠正通说的课题也是选题时经常需要考虑的方面。补充前说是对前人研究成果的发展性研究。科学研究在许多情况下，总是先提出某种假说和论断，要经过不断的验证、补充和丰富之后才能成为完整的理论观点。换言之，对前人研究成果的深化、细化、简化和量化都是一种创新和发展，因此都具有一定的价值。纠正通说就是对流行的一些研究成果或一些思想观点中不正确的观点进行纠正，使人们得到更为正确的认识。这类发展性课题也极具价值。

总之，学位论文在选题时，要"善疑、求真、创新"。善疑就是不迷信、不轻信；求真就是力求真实、准确；创新就是独辟蹊径，敢于创造，有独到之处。例如，有的权威经济学教科书上经常把"生产社会性"和"生产社会化"这两个概念混为一谈，有人对此提出置疑：生产社会性是一个永恒的范畴，人类的物质生产从一开始就是社会性的，从原始公社的生产直到当代的生产都具有社会性；而生产社会化只是近代以来，随着机器大工业的出现以及大规模工厂化劳动方式的普及才形成的，两者有着本质上的区别，并以此作为论文选题进行深入分析，写出了有价值的学位论文。

4.选题的要求

学位论文在选题时除了要遵循上述原则之外，还要有一些基本的要求。

（1）要明确课题的性质。科研课题就其性质而言，主要分为专项研究课题和综合研究课题两类。专项研究课题是研究者对本学科或跨学科的一些尚未解决的问题和现象或新出现的问题和现象进行专门的科学研究，并提出了自己的值得报道的学术成果的研究课题。选择这类课题时，应该考虑到它的现实意义和将来可能发生的问题。同时要注意开展查新工作，避免选题的重复（对于同一课题如果有新的见解或更深入的研究，则另当别论）。

综合研究课题就是综合前人研究的结论，提出问题。也就是把前人的论述逐一给予检验、概括，并一分为二，指明谁是谁非，分别排队研究，形成自己的见解，并以此对前人的观点做出补充和发展，写成自己的学位论文。选择这类课题时，必须占有大量的相关资料，并善于发现问题和提出问题。

（2）要对题目加以限制。选题时，一般要从一个较大的研究范围内确定一个小的、自己能够把握的、感兴趣、并且有价值的题目。这样才能把研究范围缩小，使主客观条件易于满足，从而有利于课题的展开。这就是对题目的限定。

对题目的限定在学位论文的写作过程中是非常重要的。如果不善于限定题目，就会对研究的范围和重点、研究的角度和手段不甚了了，研究工作也就不容易开展。如果不考虑题目的大小，就盲目确定下来，很可能会产生一系列问题：题目大了，或因经费不足，难以为继，草草收场；或因资料不足，无足够的论据支持论点，只能泛泛而谈，使文章显得苍白无力，甚至无法立论。题目小了，研究者应有的科研水平发挥不出来，导致研究者的精力和能力的浪费，也无法对科学的发展做出应有的贡献。因此上，题目的限定要根据研究者的主客观条件来定，应以研究者经过一定的努力，最终能够获得比较满意的研究成果为宜。

（3）要考虑时间和篇幅。学位论文的写作一般都有时间限制，可以根据研究的课题和需要确定相应的时间。也可以根据时间选择题目的大小：时间长可选较大的题目，然后按部就班进行深入细致的研究；时间短则选较小的题目，抓住一点，有所突破即可。

学位论文的篇幅是一种空间限定。计划写两三万字的论文与计划写七八千字的论文，在选题上是有差别的。前者应当选较大的题目，后者应当选择较小的题目。目前，许多学术刊物对发表论文都有字数限制。一般说来，比较有分量的科研论文应当在 1 万字左右，一般的论文字数也应在 4 000 字～6 000 字左右。总而言之，学位论文应做到语言精练，用词准确，力求简短，反对长篇大论。

二、拟定大纲

在选定课题并确定好题目之后，就可着手科研设计，即在大量检索和分析资料的基础上，对科学研究的具体内容、研究方法和技术关键等进行计划安排。这可以看做是科学研究的行动纲领。

对于科研项目而言，主要是撰写项目申请书、书写开题报告、举行项目（课题）论证会等。项目申请书的内容主要包括：(1) 项目名称、承担单位和主持人；(2) 立项依据，包括项目的研究意义，国内外研究现状分析，并附上主要参考文献及出处。对于基础科研项目，应着重结合国际科学发展趋势，论述该项目的科学意义；对应用基础研究，应着重结合学科前沿，围绕国民经济和社会发展中的重要科技问题，论述其应用前景；对于应用研究，应着重论述该项目对生产的实用意义和经济效益；对于开发研究，应着重论述该项目完成后的实用意义、经济效益、示范意义和推广前景。(3) 研究方案，包括五个部分，即研究内容和拟解决的关键问题，拟采取的研究方法、技术路线、实验方案及可行性分析，本项目的特色和创新之处，年度研究计划及预期进展，预期研究成果和提交成果的形式等。(4) 项目要求达到的主要技术、经济指标，包括技术指标；经济指标和经济效益；社会效益和生态效益；市场调查分析与预测；示范意义和推广前景等。(5) 研究基础，包括研究者在与本项目有关的研究工作积累和已取得的研究成果；已具备的实验条件，尚缺少的实验条件和拟解决的途径；项目主持人及主要成员的概况，包括姓名、性别、年龄、专业技术职务、从事专业、工作单位、在本项目中的分工、每年用于本项目的工作时间，甚至列出近期发表的与本项目有关的论文、取得的科研成果和奖励情况。(6) 经费预算，涉及总经费，包括需资助的经费数、自筹经费数和其他来源的经费数；支出明细清单，如科研业务费、实验材料费、仪器设备费、协作费、印刷费，以及一些不可预见的开支；同时应写出金额数及计算根据和理由。

对于学位论文的写作而言，具体表现为拟定学位论文大纲。拟定大纲主要涉及以下两方面的内容：

1. 拟定写作提纲

（1）写作提纲的概念和框架。写作提纲是学位论文的设计蓝图，是整个论文的骨架，起着疏通思路、安排材料、形成结构的作用。写作提纲一般包括下列项目：题目、基本论点或中心论点、内容纲要、大项目、中项目和小项目。大项目对应的是学位论文中章（引论1，本论2，结论3）下面的条（2.1，2.2，2.3 等），它反映大段的段旨，或称上位论点；中项目对应的是条下面的款（2.2.1，2.2.2，2.2.3 等），它反映的是段旨，或称下位论点、从属论点；小项目则是指段中的一个材料，是款下面的一个项（2.2.2.1，2.2.2.2，2.2.2.3 等），它对各个下位论点提供支持。

（2）写作提纲的步骤。写作提纲的具体步骤主要是：拟定题目，以最简洁、最鲜明的语言概括论文的内容；写出主题句，确定全文的中心论点；考虑全文几个部分，以什么顺序安排基本论点；大的部分安排妥当之后，再考虑每个部分的下位观点，最好考虑到段一级，写出段的论点句；全面检查写作提纲，做必要的增、删、改等工作。

（3）写作提纲的基本类型。写作提纲可以分为简单提纲和详细提纲两种：简单提纲是很概括的，只提出论文的要点，对如何展开不多涉及；详细提纲则把论文的主要论点和展开部分都较为详细地列出来。

2.安排论文结构

从总体上讲，学位论文的结构要围绕中心，富于逻辑。不论是简单列举，还是按类归纳；不论是循时空经纬发展顺序，还是夹叙夹议去安排，都要注意逻辑上的循序渐进，使读者易于接受；都要注意反映事物本身的发展规律，使论文中的各部分相互协调。具体来说：

（1）确定论文结构。学位论文的结构基本上可以概括为以下4种：

①纵贯式：以时间的先后为顺序，或以事物发展变化的前后为程序，或以人们认识事物的发展规律为顺序来安排结构。凡是记叙人物活动的历史变化，事物的演变推移或者论述某个问题的内部规律性等问题的，都可以采用这种结构形式。

②并列式：根据表现主题的需要，或按物体所占据的空间方位，或按事物的本质属性、特征，以及材料类别来安排结构。其特点是：遵循论题，以不同事例的不同侧面论证论文的核心思想。通常，凡是直接剖析事物或者比较事物的类别和差异的，大都采用这种结构形式。

③递进式：根据材料的不同意义和作用，把材料分别归类，但类与类之间或以层层递进的关系，或以因果关系来安排结构。这是一种步步深入的关系，并且多层次之间是不可颠倒的。凡是要逐步深入地表现事理之间的分析综合的逻辑关系，要逐层深入、环环相扣以展示观点的，往往采用这种结构形式。

④综合式：以综合需要为顺序，把纵贯式、并列式、递进式结合运用。凡是内容庞杂、材料翔实、篇幅较长的论文，多半采用这种综合的结构形式。

需要说明的是，文章"大体则有，定体则无"，实际应用中绝不止这几种结构形式，而且，具体选择哪种结构形式，也要视情况和需要而定。

例如，对于《把改革教学方法和手段摆上重要日程》这样的题目，至少要从以下几个方面进行论述：①改革教学方法和教学手段是时代的命题，也是培养适应新世纪高质量人才的迫切要求；②改革教学方法和教学手段应把握好的几项原则；③采取切实措施推动教学方法和教学手段改革等。然后进一步对各个观点深入进行阐述。比如针对第二方面，就可以从"学生主体"原则、"学会学习"原则、"创新与素质优先"原则、"尊重个性"原则等角度加以分析。

（2）划分好层次段落。划分层次是论文结构的一个重要环节，是安排和表达内容的一个重要手段。划分层次就是根据反映的客观事物或客观事理的内部联系，把有关内容分为若干层面，再围绕中心思想，按照部分与整体、部分与部分之间的逻辑关系，确定每个层次的地位和次序，把它们组成一个有机的篇章。

学位论文一般按其结构的基本形式来划分层次：如以时间的推移为顺序为安排层次；以作者认识的推进和认识过程来显示层次；以逐步深入的论证展开层次；以空间方位的变换为序，按材料性质的分类划分层次；按演绎或归纳推理的原则，或并列或递进，或由总而分或由分而总安排层次等。

段落是按照表达层次划分出来的一个小的结构单位，是构成论文的基本单元，习惯上称为自然段。一个自然段只能有一个中心意思，而且要讲求独立完整。自然段一般要长短适度，轻重相宜，段与段之间要注意内在联系，使每段均为全篇的一个有机组成部分。

（3）注意过渡照应。过渡是指上下文之间的衔接、转换，是保证文脉贯通的重要手段。学术论文的过渡，既要内容上的严密性，也要注意形式上的连贯性，要巧用过渡词或过渡段，使上下文之间的因果、并列、递进、转折、总分等关系，合乎逻辑，水到渠成。

照应是指论文前后彼此照顾和呼应，以保证全文有机结合成一个整体。学位论文的照应主要指首尾照应、前后照应和题目照应。照应要注意使总论点和分论点，主要材料和次要材料，都有逻辑关系。如结论必须是引论中提出的、本论中论证的，顺理成章。没有论证的就不能妄下结论。

（4）斟酌开头结尾。开头是学位论文的有机组成部分，是表现论文主题的重要环节。开头体现了作者对所要描写的事件或谈论的问题的整体认识。

论文的开头主要有以下 6 种方式：①开门见山。开篇就亮明观点，然后再逐步阐述。②陈述目的。首先交代写作动机和目的，使读者更好地理解论文的内容和观点。③全文提要。用极简练的文字将全文概括介绍，使读者对全篇有扼要的认识。④因题设问。首先提出问题，然后阐述和回答所提问题，引起读者的兴趣和思索。⑤援引常例。先介绍一个相关的事例或现象，然后引入本题，吸引读者的联想和回味。⑥历史回顾。简要介绍历史状况，再转入本题，加深读者的认识。

开头一忌绕弯子，离题太远，不着边际；二忌过于突然，对于所论述的东西缺乏必要的交待；三忌虎头蛇尾或头重脚轻等。

结尾是学位论文的终结，它是文章内容发展的必然结果，是结论或表达的中心。结尾内容可以是一组结论、一份总结，也可以是一组建议等。

三、撰写初稿

当大纲拟定好之后，就可以执笔撰写初稿了。在撰写初稿时，要注意 3 方面的问题。

1. 执笔顺序

（1）从引论写起。从引论写起，然后再从本论写到结论。这样的写作顺序合乎人们的思维过程——提出问题、分析问题到解决问题。按照这样的顺序写作时，关键是要写好引论。这是因为引论是引导读者理解论文、显示论文结构和价值的部分。从学位评审的角度看，引论部分应当包括：

①提出问题。为什么要选择这一论题？研究这一问题有什么学术价值和实际意义？对这一问题的研究状况如何？

②描述方法。论文主要应用了哪些主要理论和研究方法？对于调查报告类研究论文还要说明调查方法、调查样本、统计分析等，以此表明论文的可信程度。

③说明结构。论文正文包括哪些部分？每一部分的主要内容及各部分的逻辑关系怎样？从而使读者对论文有一个整体印象。

④指出贡献。论文的主要特色和创新内容有哪些？这是引言中非常重要和关键的方面。实际上，一篇论文中真正属于创新的内容通常占很小的比重，但却是对人类知识大厦的重要贡献。所以，应当对此格外说明。

（2）从本论写起。从本论写起，就是先写本论，再写结论，最后写出引论。这样写的好处是：可以集中精力把本论写好，本论写充实了，结论也就顺理成章，这时再写引论就要容易得多。这里的关键是写好本论，因为本论是学位论文的最主要的部分，也是论文作者最有把握的部分。只有把本论写好了，才能使作者的见解得到充分表述。

（3）从结论写起。从结论写起，然后再写本论，没有引论部分。这种写法也比较常见。结论是论文作者研究课题的答案，把它摆在论文的开头，使读者一目了然，然后再论述这个结论是怎样得出来的，会使读者知其然也知其所以然，理解更为透彻。

2. 主题的表现

在学位论文的写作过程中如何运用材料来表现主题，即表述自己的观点，是关系学位论文成败的重要问题。运用材料来表现主题必须注意以下3方面的问题：

（1）材料要真实。学位论文的写作是一项严肃的科学研究活动，真实则是科学研究的生命。一篇学位论文只要有个别材料失真，也会导致读者对整个材料的真实性和论文的观点产生怀疑，有时甚至会产生严重的后果。为了保证材料的真实性，作者必须对引用的直接材料即"活材料"进行反复核实；对间接材料即"死材料"要准确查出其出处。

（2）材料要典型。典型材料是指那些能够深刻揭示事物本质并有代表性的材料。典型材料不是偶然的、个别的现象,是能够反映事物发展客观规律的事例。典型材料可以以一当十,有充分的说服力。

(3) 材料要集中。材料集中就是要围绕论文的主题来选取材料,凡是能够突出和说明主题的材料要重点和全面地加以选择;对那些与论文主题无关或关系不大的材料则要坚决舍弃。

3. 计划行不通时,重新考虑写作提纲

在按照拟定的写作大纲撰写初稿的过程中,有时会由于各种原因写不下去。例如,论述的对象不够明确,引用的材料不够恰当,段与段之间的衔接和过渡没有考虑周全,或者句子与句子之间的连接没有考虑好等等。这时就需要重新考虑写作提纲。有的可能做出局部调整,有的可能进行较大的变动,有的甚至要重新考虑整个写作提纲。出现这种情况并不是坏事,但需要针对问题加以解决。一般说来,学位论文的课题、主题和题目一经确立下来,不宜频繁变更。

四、修改定稿

科研论文之所以要修改,是因为人的认识不是一次完成的,"文不加点,一挥而就"的说法是不符合认识规律的。一篇未经修改的论文,总有不成熟、不完善的地方,需要进行修改。修改不仅是写作的一个必要环节,也是作者在一个新的水平上的写作和科研活动。

1. 论文修改的范围

学位论文的范围非常广泛,大到主题思想,小到一个标点符号。发现什么问题,就需要修改什么问题;在什么地方发现,就在什么地方修改。具体地说,可以从以下几个方面对论文进行修改:

(1) 修改主题。主题是作者在一篇论文中提出的基本观点或中心论点,是课题研究的结论部分。论文初稿完成后,作者应当起步审视主题是否正确,是不是有特色,是否已经把必须表达的思想完全表达出来了。如果主题存在问题,就要对其进行必要的修改。修改主题是全面修改文章的基础,是带有根本性的修改。

(2) 修改结构。论文结构的修改包括:层次和段落的安排是否条理分明,论文的分段是否恰当,论文结构是否紧凑和谐。

(3) 修改材料。文章的主题与材料密切相关,修改材料的目的是力求使观点能够统帅材料,材料能够说明观点,实现材料和观点的统一,充分表现主题。修改材料是根据中心论点和各分论点的要求,对材料进行增、删、调等工作,即对缺少材料和材料单薄的部分予以补充,对材料庞杂或材料重复的部分

予以删减，对材料平淡、陈旧的部分予以调换。

（4）修改语言。"言而无文，行之不远"。语言的修改主要是对字、词、句及标点符号的修改。对词不达意、似是而非、含混不清的词语，要予以修改，以保证论文的准确性。要消除赘文，使语言精练；修改病句，使文字通顺；删减冗笔，使文章严谨。这些都有利于增加论文的可读性和说服力。

（5）修改标题。标题的修改包括节段标题和总标题的修改。节段标题要检查层次、数目是否清楚，有无混乱，格式是否一致。通常，标题的层次、字数不宜过多；同一层次的标题，其语法需要一致等。

总标题一般在写作前已经拟好，但论文写完后，根据内容的需要也可以重新进行调整。总标题要有高度的概括性，并且简短、易读、易懂、易记。修改总标题必须反复推敲，仔细琢磨。

2.论文修改的方法

论文修改的方法主要有以下几种：

（1）热改法。是指初稿完成后立即进行修改的方法。作者在撰写初稿时，为了不中断自己的主要思路，往往寻求一气呵成，对行文中发现的问题常常采用暂时搁置的办法。行文中发现的问题，在初稿完成的时候立即着手进行修改比较方便，因为作者此时对行文当中发现的问题还有深刻的印象。热改法适合于对论文进行补充修改。

（2）冷改法。冷改法是指初稿完成后，放上一段时间再修改的方法。这种方法的一个最大的优点就是作者写作的兴奋期已过，再看稿时能够平心静气更趋理性，从而比较容易地发现初稿中不完善、不妥当的地方，以便进行必要的修改。

（3）求助法。求助法是指初稿完成后，请他人帮助修改的方法。求助法中求助的对象一般应当是本学科领域中科研能力、写作能力较强者。求助法的最大优点是由于修改者不是作者本人，能够对论文的基本观点、结构、语言等，提出更为客观的修改意见，从而使论文更全面、更客观。

（4）诵改法。诵改法是指初稿完成后，反复诵读，发现问题及时修改的方法。通过诵读，就可以把那些读不顺口、听不顺耳的地方辨别出来，并据此进行有针对性的修改。

上述这4种修改方法，在实际的论文修改过程中，经常综合使用。

3.论文的誊写定稿

学位论文经过认真修改后，就可以誊写或打印定稿了。誊稿一般要求使用

300 格或 400 格的稿纸,也可采用规格的打印稿,但论文格式必须符合国家标准 GB7713-87 的规定。

五、论文评审与发表

1.论文的评审

论文评审是评定学位论文的成绩,重新审核学生研究素质和综合素质的重要方面。尤其是答辩,作为评审的一个重要环节,能够检验作者创作的真实性,了解作者基本理论和专业知识的掌握情况,锻炼和考察学生的口头表达能力及应变能力。因此,应当认真准备,做好学位论文的答辩工作。

答辩准备主要包括:(1)准备好论文的各种相关材料,重点介绍研究的意义和论文的价值。(2)设想专家可能提出的问题以及如何积极应对。如论文的创新部分、重要概念;学术上有分歧的观点;对实际情况的了解;学术研究与实践的新动向等。(3)注意时间分配和其他基本礼仪。

2.论文的发表

学位论文只有正式发表才能产生影响,并接受社会的评价。因此,将修改或评审后的论文进行投稿是论文产生社会影响、让更多的人了解自己、扩展自己理论空间的关键。

投稿要循序渐进,选择恰当的期刊是论文投稿的关键。初次投稿可以请老师推荐,也可以利用检索工具选择合适的期刊进行投稿。《中文核心期刊要目总览》、《中国报刊总目》等,对了解刊物、指导投稿起到极大的指导作用。

投稿之前还要注意论文发表的一些规范性要求,避免一稿多投等情况。按《中华人民共和国著作权法》以及各报刊的一般约定,如果投出的文章 3 个月内没有得到采用,作者可以再投其他刊物。

思考题

1. 基础研究与应用研究有何区别和联系?
2. 怎样看待学位论文与学术论文的区别?
3. 学位论文有哪些常用的检索工具?
4. 学位论文应当具备哪些价值要素?
5. 如何正确引用和标注参考文献?
6. 学位论文在选题时应当注意哪些问题?
7. 如何处理好学位论文的材料与观点之间的关系?

主要参考文献

[1] 任胜国，周敬治.文献信息检索教程.北京：北京图书馆出版社，1999
[2] 叶鹰.信息检索：理论与方法.北京：高等教育出版社，2004
[3] 马张华.信息组织.北京：清华大学出版社，2001
[4] 李建蓉.专利文献与信息.北京：知识产权出版社，2002
[5] 苏新宁.信息技术及其应用.南京：南京大学出版社，2002
[6] 倪晓建.信息加工.武汉：武汉大学出版社，2001
[7] 王云.电脑网络信息检索方法.北京：国防工业出版社，1999
[8] 金红亚.光盘数据库检索使用指南.上海：上海科学技术文献出版社，2002
[9] 毕强、杨文祥主编.网络信息资源开发与利用.北京：科学出版社，2002
[10] 陆宝益.网络信息资源评价.情报学报，2002（1）：71~762
[11] 沈固朝.信息检索（多媒体）教程.北京：高等教育出版社，2002
[12] 宋健.现代科学技术基础知识.北京：科学出版社 中共中央党校出版社，1994
[13] 黄津孚.学位论文写作与研究方法.北京：经济科学出版社，2000
[14] 李伯重.学术与学术标准.学术规范与学风建设论坛.北京：高等教育出版社，2005
[15] 魏思玲.文献检索中主题词的选择和使用.情报科学，2001（7）
[16] 信息检索利用技术编写组.信息检索利用技术.成都：四川大学出版社，2001
[17] 朱庆华，陈铭.信息分析基础、方法与应用.北京：科学出版社，2005
[18] 焦玉英，符绍宏，何绍华.信息检索.武汉：武汉大学出版社，2001
[19] 郑彦宁.具有集中索引的数字图书馆系统结构.情报学报，2001（6）
[20] 王硕杨.国内外数字图书馆发展浅议.科技情报开发与经济.2006（13）
[21] 黄如花.数字图书馆原理与技术.武汉：武汉大学出版社，2005
[22] 叶鹰，潘有能，潘卫.情报学基础教程.北京：科学出版社，2006
[23] 李四福，叶玫.信息存储与检索.北京：机械工业出版社，2006
[24] 钟义信.信息科学原理（第3版）.北京：北京邮电大学出版社，2002
[25] 邱均平.文献计量学.北京：科学技术文献出版社，1988

附录1　　信息检索发展大事记

一、文献信息检索阶段（前2000—1954）

1.公元前 2000 年，类似文摘的东西首先出现在封装美索不达米亚人用楔形文字写成的文献的陶制封套上。

2.公元前 1 世纪，西汉刘向、刘歆父子编撰了《别录》、《七略》。

3.公元 7 世纪至 8 世纪，西方第 1 种专门索引《圣经词语索引》问世。

4.1665 年，法国的《学者杂志》和英国的《哲学汇刊》出版，这是世界上最早的期刊。

5.1830 年，柏林科学院《药学总览》出版，这标志着文摘刊物走向成熟。

6.1879 年，世界上出现第 1 种医学文献索引《世界最新医学文献季度分类记录》。

7.19 世纪后期，分类法和各种索引语言、标题法等先后建立并发展起来；美国和英国先后创办《工程索引》(1884) 和《科学文摘》(1898)。检索刊物获得较大的发展。

8.1933 年，分面组配法诞生。

9.1945 年，V. Bush 发表题为 *As We May Think* 的论文，提出用超文本组织和检索信息的设想，并设计出"记忆延伸系统"（Memory Extender，MEMEX）。这一设想经过 Hypertext、Xanadu、Web 的发展，在 20 世纪 90 年代初成为现实。

10.1946 年 2 月 14 日，世界上第 1 台电脑 ENIAC 正式投入使用，它标志着数字电子计算机的诞生和数字时代的到来。

11.1949 年，C. N. Morse 在国际数学会议上首次提出"信息检索是一种延时性通讯"。这一观点揭示了信息检索的固有通信本质，强调了信息用户及其与系统的动态交互过程。

12.1951 年，美国麻省理工学院(MIT)的 P. R. Bagley 利用该校的 Whirlwind 计算机对机检代码化文摘的可行性进行了研究。同年，U. S. Bureau of the Census 建立了第 1 个数值数据库；LC 开始用穿孔卡片编制出版期刊目录和管理标题表；Welch 医学图书馆用 IBM101 计算机编制书本式主题索引。这一年中，M. Taube 设计出单元词卡片，提出单元词组配标引法，为以后统治信息检索的以词匹配为核心的信息检索模式创造了引导性条件。

二、脱机信息检索阶段（1954—1964）

1.1954 年，美国海军军械实验站（兵器中心）图书馆首次研制出计算机信息检索试验系统。这一系统采用 IBM－701 和 1 个 96 000 单词的词表，将 14 000 个海军军械报告标引存储在 1/3 盘磁带上，每篇文献用 8 个单元词标引，每周工作三次进行 16 次批量检索，耗时约 11 分钟，输出的是文献号。这是计算机首次用于批式检索，从此拉开了计算机信息检索的序幕。

2.1957 年，美国 IBM 的工程师 H. P. Luhn 在 IBM 的《研究与发展》杂志上发表《文献处理机械化编码和检索用的统计学方法》一文，最先提出基于词频统计的文献自动化系统，为现代计算机检索奠定了方法基础，Luhn 也因此被称为计算机信息检索的鼻祖。同年，Y. Bar-Hillel 最早讨论了布尔逻辑用于计算机信息检索的可能性。与此同时，美国布朗大学的 T. Nelson 正式提出 Hypertext 一词。

3.1958 年，在华盛顿召开的国际科学信息会议上展出了许多机编轮排关键词索引，以及自动标引、自动摘录和机器翻译等方面的试验成果。同年，J. W. Perry 和 A. Kent 最早提出了查全率和查准率等衡量信息检索效率的指标。

4.1959 年，美国化学文摘社开始建立信息系统，发行机编的《化学题录》（Chemical Titles）。H. P. Luhn 首先提出题内关键词索引法，并利用 IBM650 计算机建成世界上第 1 个定题信息检索（SDI）系统，为科研机构提供特定主题的新到文献服务。

5.1960 年，美国发射了世界上第 1 颗通讯卫星"回声一号"，为国际间联机信息检索提供了物质技术基础。同年，美国系统发展公司（SDC）开发出全文检索系统 Protosynthex 并首次演示了联机文献检索，用于查阅 Golden Book Encyclopedia。也是在这一年，美国国家医学图书馆（NLM）开始建造"医学文献分析与检索系统"（MEDLARS）。

6.1961 年，M. E. Maron 和 J. L. Kuhns 对 Probabilistic theory of indexing 进行了研究，发表了"概率标引与信息检索"的论文。在此基础上，A. Bookstein、S. E. Robertson & Sparck-Jones、W. S. Cooper 等人先后提出 3 种概率检索模型。同年，美国信息学家 G. Salton 设计出 SMART 系统，Salton 的工作成了文本处理的先声；第 1 个法律全文检索系统 Pittsburgh System 也开发成功。

7.1962 年，MIT 进行了世界上最早的联机检索试验。使用 7094 II 大型机，联结 112 个终端，实现了计算机与通信的结合，为联机检索提供了重要的物质技术基础。

8.1963 年，SDC 受美国国防部委托开始研制 ORBIT 联机检索软件。在理论上，英国信息学家 C. W. Cleverdon 通过试验揭示了查全率与查准率一般呈互逆相关关系。在这一年，著名的信息计量学家加菲尔德首创了《科学引文索引》。

三、联机信息检索阶段（1964—1972）

1.1964 年，NLM 开始了 MEDLARS 联机信息检索系统商业化服务，使计算机信息检索进入了新的历史发展阶段，标志着文摘检索刊物的生产实现了机械化，检索服务实现了计算机化。同年，美国 Lockheed 公司研究实验室信息学组利用自己研制的联机检索系统 CONVERSE 和内部图书馆数据库进行了试验。

2.1965 年，MIT 利用 Project MAC 分时系统和 1 个拥有 35 000 篇文献的物理文献数据库，展出它的"技术信息计划"（TIP）联机检索系统。SDC 展出第 1 个全国性的联机检索网络，可供 13 个机构检索 20 万条有关外国技术的书目记录。

3.1966 年，Lockheed 公司在 CONVERSE 系统的基础上，经过不断改进，推出 DIALOG 系统并着手研制 NASA/RECON。与此同时，用光盘存储信息的概念首次被提出。

4.1967 年，Ei 开始提供两种磁带产品；DIALOG 系统开始为 NASA 提供常规检索服务。许多新的联机检索系统纷纷问世。

5.1968 年，R. Quilin 创立 Semantic networks 知识表达假设，为信息检索系统知识库的显式表达提供了工具，为联想检索方式提供了手段，对人工智能和信息检索都有巨大影响。

6.1969 年，H. P. Edmundson 发表文摘自动编制研究成果，提出 4 种抽词方法：提示法、关键法、标题法、位置法。同年，第 1 个大规模的联机检索系统 NASA 的 RECON 系统全面投入运营。在 Larry Roberts 的倡议下，美国 Advanced Research Project Agency 开始建设用于军事领域的实验性网络，即 ARPAnet。加州大学洛杉矶分校、斯坦福研究所、加州大学圣·巴巴拉分校和美国犹他州立大学的 4 台电脑按照分组交换的原理实现互联，这就是 Internet 的最初发端。

7.1970 年，美国的 TYMNET 计算机分时服务网投入运营，为跨洲、跨洋联机服务提供了物质技术基础。在这一年，Lockheed 公司的 DIALOG 系统和 SDC 的 ORBIT 系统相继建成，MEDLARS 也发展成为 MEDLINE。

8.1971 年，俄亥俄州学院图书馆中心开始提供书目数据库的联机查询服务，使它成为世界上第 1 个提供联机服务的图书馆自动化网络。

四、联机检索网络化阶段（1972—1985）

1.1972 年，MEDLINE 率先加入 TYMNET 通信网，之后又加入 TELENET 通信网。随后，DIALOG、ORBIT 等系统也相继进入网络，从而使联机检索进入到网络化检索阶段。

2.1973 年，C. V. Negoita 等人首先尝试用模糊逻辑来解释信息检索原理。同年 1 月，ORBIT 正式对外提供联机检索服务并发展成为国际性的联机检索系统。

3.1976 年，美国 Bibliography Retrieval Services 成立并投入商业运营，它采用 IBM 的 STAIRS 检索软件，经过改造后命名为 BRS-SEARCH。

4.1978 年，美国计算机协会（ACM）成立了信息检索专业小组（SIGIR），这表明信息检索是计算机科学的一个应用领域，计算机是信息检索的工具。在这一年中，中国科技情报所开始试建文献数据库和检索服务系统，初步实现了建库、编辑、排版和定题检索服务的功能。

5.1979 年，世界上第 1 个人工智能信息检索系统 CONIT 诞生，它由麻省理工学院研制，主要功能是帮助用户编制逻辑提问式，从此拉开了人工智能检索的序幕。

6.1980 年，北京召开首届计算机情报检索研讨会，这标志着我国计算机情报检索的新起点，成为推动我国数据库产业发展的一个重要力量。同年，由中国建筑技术发展中心等单位在我国驻香港海外建筑工程公司设立了我国第 1 个国际联机信息检索终端，通过香港大东电报局与美国的 DIALOG 和 ORBIT 系统联机。

7.1981 年，美国政治家 Al Gore 在美国科学与电视艺术研究院的一次演讲中，第 1 次提出 Information Highway 这一全新的概念。中国科技情报研究所与国家医药总局情报所合作，成功开发了我国第 1 个中文数据库《中国药学文献数据库》。

8.1983 年，G. Salton 与 E. A. Fox 等人提出扩展的布尔模型，解决了布尔检索存在的缺陷，对稳定布尔检索的地位有一定的作用。同年 10 月，中国科技情报所与欧洲空间组织的 ESA-IRS、德国的 STN、美国的 DIALOG 和 ORBIT 四大系统直接联机。

五、光盘与网络信息检索阶段（1985—）

1.1985 年，美国 National Science Foundation Network（NSFnet）对大学开

放，逐渐形成开放系统互联网。同年，第 1 张商品化的 CD-ROM 数据库 Bibliofile 问世，标志着光盘信息检索异军突起。

2.1986 年，美国 NSFnet 建成并投入使用，主要目的是让全美科研人员共享美国超级计算机中心的信息资源，增强研究人员之间的合作与交流。它采用 TCP/IP 协议，确保了 Internet 数据传输的安全性和可靠性，并逐步接替 ARPAnet 成为 Internet 的基干网。

3.1987 年，钱天白教授发出我国第 1 封电子邮件"越过长城，通向世界"，揭开了中国人使用 Internet 的序幕。

4.1988 年，DIALOG 系统被美国 Knight-Ridder 公司购并；BRS 被 Pergamon 集团子公司 Maxwell Communication Corp.购并，改名为 BRS Information Technologies。

5.1989 年，欧洲粒子研究中心（CERN）的著名科学家 Tim Berners-Lee 提出 World Wide Web，并推出了第 1 个基于 Hypertext 和 HTTP 的信息查询工具。

6.1990 年，钱天白教授代表中国正式在国际互联网络信息中心（INTERNIC）注册登记了我国的顶级域名 CN，并且从此开通了使用中国顶级域名 CN 的国际电子邮件服务。

7.1991 年，美国参议院通过 High Performance Computing Act，Al Gore 提出的 Information Superhighway 首次见诸官方文件。由于 Internet 发展太快，到 1991 年底，美国 NSFnet 作为 Internet 的主干网已经不堪重负，Advanced Networks and Services 成立，并建立了一个新的广域网 ANSNET，它是目前 Internet 的主干网。

8.1992 年，我国科委的科技情报司更名为科技信息司；我国第 1 个采用光盘存储的中文数据库《中文科技期刊数据库（光盘版）》出版发行。

9.1993 年，美国提出 National Information Infrastructure（NII），NII 为信息检索的普及化和网络化提供了一个强大的平台。同年，中国科技信息研究所成立了国内第 1 家专业数据库公司——北京万方数据公司，并逐步成为我国规模最大的以提供科技信息服务为主的网上信息服务系统。在这一年，我国政府逐步启动以"三金工程"为代表的国家信息化工程，公用分组数据交换网（CHINAPAC）建成并与世界上多个分组交换网实现国际互联。

10.1994 年，美国克林顿政府提出建立 Internet 及 Global Information Infrastructure（GII）计划。美国伊利诺斯大学超级计算机应用中心开发了第 1 代 WWW 浏览器 Mosaic，迅速在互联网上广泛传播，以 Yahoo!、WebCrawler 为代表的搜索引擎触发了网络检索的浪潮。这一年，我国的 CHINADDN 正式开通并对外营业，为信息检索提供了良好的平台；中国科学院高能物理研究所率先进入 Internet，使我国成为第 71 个成员国。中国邮电网（CHINANET）与美国 Spring 公司签约，通过 Spring 卫星也进入到 Internet。

11.1995 年，Netscape 把 Mosaic 变成了商用浏览器 Navigator，并因此创造互联网的第一波传奇。《中国国家书目光盘》、《人大复印报刊全文数据光盘》、《中国学术期刊（光盘版）》全文检索管理系统等相继研发成功。同年，中国教育科研网（CERNET）建成并通过 Spring 卫星与 Internet 相连。由教育部主办的《神州学人》，经 CERNET 进入 Internet，成为我国第 1 份中文电子杂志。

12.1996 年，国务院信息化工作领导小组成立。北京大学、清华大学和中国科学院有关信息中心在中关村地区教育与科研示范网络（NCPC）上以统一界面的书目公共查询系统正式开通服务。中国金桥信息网（CHINAGBN）、中国公众多媒体通信网等先后开始提供 Internet 服务。

13.1997 年，微软的 IE 浏览器进入市场并大获成功。同年，中国互联网络信息中心成立并发布了第 1 次《中国 Internet 发展状况统计报告》。中国公用计算机互联网实现了与中国科技网、中国教育和科研计算机网、中国金桥信息网的互连互通。

14.1998 年，Al Gore 正式提出 Digital Earth 的概念。同年，中国科学院网上文献检索共享系统"一期工程"通过验收，"中国国家书目回溯数据库（1949—1987）"在北京图书馆通过鉴定。

15.1999 年，我国定为"政府上网年"。目的在于推动国家各部委和各地政府在中国公众多媒体网上建立正式的站点，从而改变政府的工作方式，提高工作效率。

16.2000 年，我国定为"企业上网年"（电子商务年）。之后，又启动了"全民上网年"（家庭上网年）。信息检索登上了一个全新的平台并得到飞速的发展。

附录2　DIALOG系统主要数据库一览表

数据库编号	数据库名称	数据库的基本内容
1	ERIC《教育文摘》	提供教育学科的资料，主题包括各种教育及教育管理。编辑单位为美国教育信息中心。含文摘。收录年代：1966—
2（3、4）	INSPEC《科学文摘》	提供物理学、电机与电子、计算机与控制等资料。编辑单位为国际物理与工程信息服务部。含文摘。收录年代：1969—
5（55、205）	BIOSIS Previews《生物学文摘》	提供生物科学的资料，主题包括生物科学各个分支学科，农业、行为科学、实验医学、职业健康等。编辑单位为美国费城生物科学信息服务社。含文摘。收录年代：1969—
6	NTIS《美国政府研究报告》	提供美国政府资助的研究发展计划及工程报告等资料，内容包括行政与管理、工业与机械、航空与航天等众多领域。美国商务部全国技术信息服务处编辑。含文摘。收录年代：1964—
7	Social SciSearch《社会科学引文索引》	提供各种有关社会科学的文献资料，包括人类学、考古学、商业与财政、经济学、信息/图书馆学、社会学、心理学等诸多学科领域。美国科学信息社编辑。不含文摘。收录年代：1972—
8	Ei Compendex《美国工程索引》	提供工程技术各个领域的资料，内容包括动力、电子、机械制造、化工、工程活动、经济信息等方面。编辑单位为美国工程信息公司。含文摘。收录年代：1970—
10	AGRICOLA《美国农业文献索引》	提供农业方面的各种资料，内容包括农产品、动物科学、植物学、农业管理、公共卫生等。编辑单位为美国国家农业图书馆。不含文摘。收录年代：1970—
11	PsycINFO《心理学文摘》	提供心理学及行为科学的资料，主题包括心理科学的各个分支、生理问题、文化影响与社会问题、精神病学等。含文摘。收录年代：1967—

续表

15		ABI/INFORM《美国商业经营管理文摘》	提供商业与行政管理的资料,主要包括会计与审计、经济学、计算机系统与信息管理、管理科学、人力资源等。编辑单位为美国数据信使公司。含文摘。收录年代:1971—
19		Chemical Industry Notes (CIN)《化学工业文摘》	提供商业杂志上有关化学工业的信息,主题包括价格、销售、产品与制造过程、市场资料、资源与资源利用等。编辑单位为美国化学文摘社。含文摘。收录年代:1974—
29		Meteorological and Geoastrophysical Abstracts《气象学与天体物理学文摘》	提供气象学与地球天文物理学的资料,主题包括气象学、天文物理、物理海洋学、水文学、环境科学、冰川学。编辑单位:美国气象学、国家海洋和大气局。含文摘。收录年代:1970—
30		Asia-Pacific《亚—太文摘》	提供亚洲与太平洋地区商业、经济及新兴企业的文献资料及公司索引资料,内容包括农业、银行业、生物技术、商业、工业发展、政府风险等。含文摘。收录年代:1985—
34(432、433、434)		SciSearch《科学引文索引》	提供多种学科科技文献索引资料,主题包括农业、天体物理学、行为科学、生物学、化学等。编辑单位为美国费城信息研究所。含文摘。收录年代:1974—
35		Dissertation Abstracts Online《博士学位论文文摘》	提供欧美的博士学位论文索引资料,内容包括数学与统计、物理学、工程学、环境科学、历史与政治、图书馆与信息科学、语言学与文学、心理学与社会学、经济学等。美国国际大学缩微品公司编辑。含文摘。收录年代:1861—
39		Historical Abstracts《历史文摘》	提供1450年之后美国、加拿大之外的世界史和与其有关的社会人文科学资料,包括区域研究、文化史、外交史、经济史、军事史、图书馆与档案、社会史等。美国ABC-Clio信息服务公司编辑。含文摘。收录年代:1973—

续表

40	Enviroline 《环境文摘》	提供环境与资源的信息资源，包括空气污染、人口控制、能源利用、城市生态、地球物理变化、野生生物等。美国纽约环境资料中心编辑。含文摘。收录年代：1971—
42	Pharmaceutical News Index 《药学新闻索引》	提供制药工业消息，内容包括药品与化妆品工业管理信息、卫生法规、制药研究、工业财务信息与报告等。美国数据信使公司编辑。不含文摘。收录年代：1975—
48	SPORTDiscus 《体育文摘》	提供运动、健康及娱乐方面的资料，内容包括运动医学、体育、运动史、生物机械、社会科学与运动等。加拿大体育信息资料中心编辑。含文摘。收录年代：1949—
50	CAB ABSTRACTS 《英联邦农业文摘》	提供农业及生物的资料。包括农业工程、林业、植物病理学、农村经济、生物科技、植物育种、园艺学、动物疾病等。英联邦农业局编辑。含文摘。收录年代：1972—
51	Food Science and Technology Abstracts 《食品科技文摘》	提供食品科技方面的资料，包括食品科学、食品微生物学、食品卫生、食品工程、饮料、蔬菜、食品法规等。英国国际食品信息服务社编辑。含文摘。收录年代：1969—
58	GeoArchive 《英国地质科学索引》	提供地质科学方面的索引资料，包括能源、工程地质学、地球数学、地球物理、矿物学、海洋学、古生物学等。英国地质信息系统编辑。不含文摘。收录年代：1974—
62	SPIN 《物理学文摘》	提供美国等国家物理科学方面的资料，包括普通物理、核子物理、物理化学、生物物理学、地球物理、天文学与天文物理等。美国物理协会编辑。含文摘。收录年代：1975—
63	Transportation Research Information Services 《运输研究文摘》	提供海陆空各种运输方面的研究资料，内容包括政策法规、能源与环境、运输设备及其建造、维护、交通与通信等。美国运输部和运输研究会编辑。含文摘。收录年代：1970—

续表

67	World Textiles 《世界纺织文摘》	提供纺织技术资料,包括聚合物的合成、化学与物理、纤维、纺织品的处理、管理与经济、安全与污染等。英国 SHIRLEY 学会编辑。含文摘。收录年代:1970—
69	Energyline 《能源文摘》	提供能源政策、资源、转换、消耗方面的资料,包括经济、政策与规划、研究与发展、太阳能、电能、核能、煤矿资源、环境影响等。美国环境信息中心编辑。含文摘。收录年代:1971—
72(73)	EMBASE 《荷兰医学文摘》	提供人体医学方面的资料,包括人类学、解剖学、麻醉学、生物工程学、环境卫生、遗传学、职业健康、传染病、公共卫生、基因工程等。荷兰医学文摘社编辑。含文摘。收录年代:1974—
74	International Pharmaceutical Abstracts 《世界药学文摘》	提供药物的研究、使用、剂量以及相关教育资料,包括制药技术、药物反应、药物的毒性和稳定性、药性分析和评估、药理学、制药学、制药化学与法规等。美国医药学会编辑。含文摘。收录年代:1970—
89	GeoRef 《美国地质文摘》	提供地质学与地球物理学的文献资料,包括区域地质学、经济地质学、能源、工程地质学、地质化学、地球物理、古生物学、地震学等。美国地质学会编辑。收录年代:北美地区1785—,世界各地1933—
92	IHS International Standards and Specifications 《国际标准规范》	提供国际工业标准及美国国防部与联邦政府制定的标准和规格的资料,主题涵盖航空工程、建筑学、化学工程、通讯、电机工程、法律、机械工程、运输、军械工程等。最新资料,含文摘。
144	PASCAL 《法国科学文摘》	提供法-英双语科技文献资料,包括基础物理学和化学、生命科学、地球科学、信息科学、食品、农业等。由法国科技资料学会编辑制作。含文摘。收录年代:1973—

续表

179		Architecture Database《英国建筑索引》	提供建筑学文献目录资料，内容涵盖建筑史、建筑设计、建筑物保护、地形学、城市史、城乡规划等。编辑单位为英国皇家建筑学会和英国建筑学图书馆。不含文摘。收录年代：1978—
202		Information Science & Technology Abstracts《信息科学与技术文摘》	提供信息科学及图书馆学资料，主要包括信息管理、信息系统设计、信息理论、图书馆行政、缩微技术、出版、电信、翻译、索引、编码、分类等。美国 IFI/Plenum 数据公司编辑。含文摘。收录年代：1966—
203		AGRIS International《美国农业文摘》	提供联合国粮农组织收集的世界各国（美国除外）农业科技文献，涉及一般农业、地理与历史、经济发展、动植物生产、食品科学、人体营养、家政学等。编辑单位为美国国家农业图书馆。含文摘。收录年代：1975—
239		MathSci《数学文摘》	提供数字及统计学文摘资料，包括计算机、系统理论与控制，统计物理与物质结构、光学、力学、天文学、经济、信息与通讯科学等。美国数学会编辑。含文摘。收录年代：1910—
252		Packaging Science and Technology Abstracts《包装科技文摘》	提供有关包装方面的资料，主题包括包装材料、包装经济学、包装材料加工、运输与贮藏等。德国国际食品信息服务公司编辑。含文摘。收录年代：1981—
262		Canadian Business and Current Affairs Fulltext《加拿大商业和时事全文》	提供加拿大工商业与时事资料，包括政府动态、公司动态、工业新闻、科技趋势、国际和地方新闻、休闲娱乐及体育等。加拿大马科米迪有限公司编辑。含文摘。收录年代：1981—
287		Biography Master Index《传记文献索引》	提供各学科杰出人物的传记资料，主题包括科学、商业、文学、戏剧、法律、政治、体育、音乐、艺术、医药、教育等。美国 GALE 研究公司编辑。不含文摘。收录年代：最新资料。

续表

文档号	数据库名称	说明
308（309~314、320、399）	CA SEARCH（CHEMABS）《美国化学文摘》	提供化学化工领域的资料，包括生物化学、有机化学、高分子化学、应用化学和化学工程、物理化学、无机化学和分析化学等。美国化学文摘服务社编辑。含文摘。收录年代：1967—
340（23~25、125、223~225、340~341）	CLAIMS/U.S. Patents《美国专利文摘》	提供由美国专利商标局核准的专利资料，主题包括航天及航空工程、农业工程、化学工程、土木工程、电机及电子工程、机械工程、核子科学等。美国IFI/Plenum数据公司编辑。含文摘。收录年代：1950—
344	Chinese Patent Abstracts in English《中国专利英文文摘》	提供中国大陆专科资料处理服务中心出版的中国大陆专利资料。维也纳国际专利文献中心编辑。含文摘。收录年代：1985—
347	JAPIO - Patent Abstracts of Japan《日本专利文摘》	提供日本的专利资料，包括化学、制药、农业、食品、纺织、印刷、石油、冶金、工程、电子、通讯、仪器等。含文摘。收录年代：1976—
350（351）	Derwent World Patents Index《世界专利索引》	提供世界各国专利局公告的各类专利文献索引资料，内容涵盖化学化工、制药、农业、食品、纺织、印刷、仪器、计算机、通信等。英国德温特公司编辑。含文摘。收录年代：1963—
410	DIALOG Chronolog Newsletter《DIALOG月报》	提供DIALOG公司的服务、消息及活动报道。编辑单位为美国DIALOG信息服务公司。全文。收录年代：1981—
411	DIALINDEX《DIALOG总索引》	提供DIALOG系统中各数据库的综合索引。编辑单位为美国的DIALOG信息服务公司。最新资料，但不含文摘。
413	DIALOG Product Code Finder《DIALOG产品名录》	提供DIALOG系统中所有产品的数据库索引。最新资料，但不含文摘。
414	DIALOG Journal Name Finder《DIALOG期刊名录》	提供DIALOG系统中所有期刊的数据库索引。不含文摘。收录年代：1981—

续表

415	DIALOG Bluesheets 《数据库蓝页》	提供 DIALOG 系统中各个数据库的简介资料。最新资料，包含文摘。
416	DIALOG Company Name Finder 《DIALOG 公司名录》	提供 DIALOG 系统中所有公司的数据库索引。不含文摘。收录年代：1981—
469	Gale Database of Publications and Broadcast Media 《Gale 出版物与广播媒体数据库》	提供 65 000 多家各类出版商及传播媒体的出版资料。收录范围包括 Gale Directory of Publications and Broadcast Media、Directories in Print、City and State Directories in Print、Newsletters in Print 等。最新资料，含文摘。
480	Ulrich's International Periodicals Directory 《乌利希国际期刊指南》	提供世界各国的期刊、丛刊、会议录等出版资料，内容涉及出版动态、刊名刊期、出版地、国际标准连续出版物号码、杜威十进分类号、主题标题等。美国 R.R.BOWKER 公司编辑。不含文摘。最新资料。
502	Teikoku Databank: Japanese Companies 《日本公司名录》	提供日本 4 500 家具有英文名称的公司资料，内容包括公司名称、地址、电话、员工人数、信用评定、销售评定、执行主管、公司收入、销售额等。不含文摘。收录年代：1997—
516	D&B - Dun's Market Identifiers 《美国工商企业索引》	提供员工在 5 万人以上的美国公营民营企业的名称、地址、财务善及销售资料。美国 DUN'S 市场服务公司编辑。不含文摘。收录年代：1997—
518	D&B - International Dun's Market Identifiers 《国际公司名录》	提供欧美以外 90 多个国家约 20 万家公司的名录、销售额及总公司资料。美国 DUN'S 市场服务公司编辑。不含文摘。收录年代：1997—
521	D&B - European Dun's Market Identifiers 《欧洲公司名录》	提供欧洲 29 个国家 150 万家公司的名称、地址、业务、销售额及总公司资料。美国 DUN'S 市场服务公司编辑。含文摘。收录年代：1997—

续表

592	Kompass Asia/Pacific 《亚太公司名录》	提供30万家亚洲及太平洋地区公司的商业资料，包括公司名称、地址、电话、员工人数、资深管理者、对外贸易现状、产品、业务描述等。不含文摘。收录年代：1997—
652（653、654）	U.S. Patents Fulltext 《美国专利全文》	提供美国各种专利资料的全文，内容涉及发明、外观设计、再公告专利、植物专利等。美国专利局编辑。收录年代：1971—
703	USA Today 《今日美国》	提供 USA Today 新闻网每日头条新闻的资料全文，主题包括广告、银行经济、商业、能源、保健、保险、国际新闻、运动、技术、电信、旅行、未来趋势等。收录的资料为最近2个星期。

附录3　文摘编写规则（GB6447-86）

Rules for abstracts and abstracting

1.引言
　　1.1　本标准的目的是为了促进文摘编写的规范化。
　　1.2　本标准适用于编写作者文摘，也适用于编写文摘员文摘。
2.名词、术语
　　2.1　文摘　abstracts
　　以提供文摘内容梗概为目的，不加评论和补充解释，简明、确切地记述文献重要内容的短文。
　　2.2　报道性文摘　informative abstracts
　　指明一次文献的主题范围及内容梗概的简明文摘，也称简介。
　　2.3　报道/指示性文摘　informative-indicative abstracts
　　以报道性文摘的形式表述一次文献中信息价值较高的部分，而以指示性文摘的形式表述其余部分的文摘。
　　2.4　作者文摘　author's abstracts
　　由一次文摘的作者自己撰写的文摘。
　　2.5　文摘员文摘　abstractpr's abstracts
　　由一次文摘作者以外的人员编写的文摘。
3.著录
　　3.1　一次文献上的文摘，凡登载于题名与正文之间的，不加著录事项；凡刊登在文摘页上的，必须逐条带有主要的著录事项。
　　3.2　检索工具上的文摘，必须逐条有完整的著录事项。
　　3.3　必须统一遵照GB 3793-83《检索期刊条目著录规则》进行著录。
4.文摘的详简度
　　4.1　文摘的详简须根据一次文摘的内容、类型、学科领域、信息量、篇幅、语种、获得的难易程度和实际需要确定，其中文献内容是决定性因素。
　　4.2　报道性文摘和报道/指示性文摘一般以400字左右为宜；指示性文摘一般以200字左右为宜。
5.文摘的要素
　　5.1　目的——研究、研制、调查等的前提、目的和任务，所涉及的主题范围。

5.2 方法——所用的原理、理论、条件、对象、材料、工艺、结构、手段、装备、程序等。

5.3 结果——实验的、研究的结果，数据，被确定的关系，观察结果，得到的效果，性能等。

5.4 结论——结果的分析、研究、比较、评价、应用，提出的问题，今后的课题，假设，启发，建议，预测等。

5.5 其他——不属于研究、研制、调查的主要目的，但就其见识和情报价值而言也是重要的信息。

一般地说，对于报道性文摘，5.2、5.3、5.4宜写得详细，5.1、5.5可以写得简单，根据具体情况也可以省略；对于指示性文摘，5.1宜写得详细；5.2、5.3、5.4、5.5可以写得简单，根据具体情况也可以省略。

6.编写文摘的注意事项

6.1 要客观、如实地反映一次文献，切不可加进文摘编写者的主观见解、解释或评论。如一次文献有明显原则性错误，可加"摘者注"。

6.2 要着重反映新内容和作者特别强调的观点。

6.3 要排除在本学科领域已成常识的内容。

6.4 不得简单地重复题名中已有的信息。

6.5 书写要合乎语法、保持上下文的逻辑关系，尽量同作者的文体保持一致。

6.6 结构要严谨，表达要简明，语义要确切。一般不分段落。

6.7 要用第三人称的写法。应采用"对……进行了研究"、"报告了……现状"、"进行了……调查"等记述方法标明一次文献的性质和文献主题，不必使用"本文"、"作者"等作为主语。

6.8 除非该文献证实或否定了他人已出版的著作，否则不用引文。

6.9 要采用规范化的名词术语（包括地名、机构名和人名）；尚未规范化的词，以使用一次文献所采用者为原则。新术语或尚无合适汉文术语的，可用原文或译出后加括号注明原文。

6.10 商品名需要时应加注学名。

6.11 缩略语、略称、代号，除了相邻专业的读者也能清楚理解的以外，在首次出现处必须加以说明。

6.12 应采用国家颁布的法定计量单位。

6.13 要注意正确使用简化字和标点符号。

附录 4　　文后参考文献著录规则（GB7714-87）

Descriptive rules for bibliographic references

1.引言

　　1.1　本标准规定了各类型出版物中的文后参考文献的著录项目、著录顺序、著录用的符号、各个著录项目的著录方法以及参考文献标注法。

　　1.2　本标准专供著者与编者编纂文后参考文献使用，而不是图书馆员、文献目录编纂者以及索引编辑者使用的文献著录规则。

2.名词、术语

　　2.1　文后参考文献：为撰写或编辑论著而引用的有关图书资料。

　　2.2　识别题名：国际连续出版物数据系统（ISDS）认可的某种连续出版物唯一的名称。

3.著录项目与著录格式

本标准分别规定了专著、连续出版物、专利文献、专著中析出的文献以及连续出版物中析出的文献的著录格式。在五种著录格式中，凡是标注"供选择"字样的著录项目系参考文献的选择项目，其余的著录项目系参考文献的主要项目。可以按本标准第6章的规定或根据文献自身的特征取舍选择项目。

3.1 专著

3.1.1 著录项目

a.主要责任者

b.书名

c.文献类型标识（供选择）

d.其他责任者（供选择）

e.版本

f.出版项（出版地：出版者，出版年）

g.文献数量（供选择）

h.丛编项（供选择）

i.附注项（供选择）

j.文献标准编号（供选择）

3.1.2 著录格式

主要责任者. 书名[文献类型标识]. 其他责任者. 版本. 出版地：出版者, 出版年. 文献数量. 丛编项. 附注项. 文献标准编号

例：1 刘少奇. 论共产党员的修养. 修订 2 版. 北京：人民出版社，1962. 76 页

  2 Morton L T, ed. Use of medical literature. 2nd ed. London: Butterworths, 1977. 462P. Information sources for research and development. ISBN 0-408-70916-2

3.2 连续出版物

3.2.1 著录项目

a.题名

b.主要责任者

c.版本

d.卷、期、年、月或其他标识[年. 月，卷（期）～年. 月，卷（期），]（供选择）

e.出版项（出版地：出版者，出版年）

f.丛编项（供选择）

g.附注项（供选择）

h.文献标准编号（供选择）

3.2.2 著录格式

题名. 主要责任者. 版本. 年. 月，卷（期）～年. 月，卷（期）. 出版地：出版者，出版年. 丛编项. 附注项. 文献标准编号

例：1 地质论评. 中国地质学会. 1936,1(1)～. 北京：地质出版社，1936～.

  2 Communications equipment manufacturers. Manufacturing and Primary Industries Division, Statistics Canada. Preliminary ed. 1970～. Ottawa: Statistics Canada, 1970～. Annual census of manufacturers. Text in English and French. ISSN 0700～0758

3.3 专利文献

 3.3.1 著录项目

a.专利申请者

b.专利题名

c.其他责任者（供选择）

d.附注项（供选择）

e.文献标识符

f.专利国别

g.专利文献种类

h.专利号

i.出版日期

3.3.2 著录格式

专利申请者. 专利题名. 其他责任者. 附注项. 专利国别, 专利文献种类, 专利号. 出版日期

例：Carl Zeiss Jena, VBD. Anordnung zur lichtele-creischen Erfassung der Mitte cines Lichtfeldes. Erfinder: W Feist, C Wahnert, E Feistauer. Int. C1: G 02 B27/14. Schweiz, patentschrift, 608 626. 1979. 1.15

3.4 专著中析出的文献

3.4.1 著录项目

a. 析出责任者

b. 析出题名

c. 析出其他责任者（供选择）

d. 原文献责任者

e. 原文献题名

f. 版本

g. 出版项（出版地：出版者，出版年）

h. 在原文献的位置

3.4.2 著录格式

析出责任者. 析出题名. 析出其他责任者. 见：原文献责任者. 原文献题名. 版本. 出版地：出版者，出版年. 在原文献中的位置

例：Weinstein L, Swartz M N. Pathogenic properties of invading microorganisma. In: Sodeman W A, Jr., Sodeman W A, ed. Pathologic physiology: mechanisms of disease. Philadephia: Saunder, 1974. 457～472

3.5 连续出版物中析出的文献

3.5.1 著录项目

a. 析出责任者

b. 析出题名

c. 析出其他责任者（供选择）

d. 原文献题名

e. 版本

f. 在原文献中的位置

3.5.2 著录格式

析出责任者. 析出题名. 析出其他责任者. 原文献题名，版本. 在原文献中的位置

例：1 李四光. 地壳构造与地壳运动. 中国科学，1973（4）：400～429

2 Mastri A R. Neuropathy of diabetic neurogenic bladder. Ann Intern Med,

1980, 92(2.2):316～318
4. 著录来源
　　文后参考文献的著录来源是被著录的文献本身。专著、连续出版物等可依次按题名页、封面、刊头等著录。缩微制品、录音制品等非书资料可依据题名帧、片头、容器上的标签、附件等著录。
5. 著录总则
　　5.1 著录用文字
　　5.1.1 文后参考文献原则上要求用文献本身的文字著录。
　　5.1.2 著录数字时，须保持文献上原有的形式。但对表示版次、期号、册次、页数、出版年等数字用阿拉伯数字表示。版本用序数词缩写形式表示。
　　5.2 缩写
　　著者、编者以及以姓名命名的出版者，其姓全部著录，而名可以缩写为首字母（参见 6.1.1）。如用首字母无法识别该人名时，则宜用全名。
　　出版项中附在出版地之后的州名、省名、国名等（参见 6.7.1.1）以及作为限定语的机关团体名称可照公认的方法缩写。
　　期刊刊名的缩写应按照本标准附录 CISO4-1984《文献工作——期刊刊名缩写的国际规则》的规定执行。
　　5.3 大写字母
　　著录外文文献时，大写字母的使用要符合文献本身使用文字的习惯用法。
　　5.4 著录用符号
　　参考文献可使用下列规定的符号：
　　：用于副题名、说明题名文字、出版者、制作者、连续出版物中析出文献的页数；
　　，用于后续责任者、出版年、制作年、专利文献种类、专利国别、卷别、部分号、连续出版物中析出文献的原文献题名；
　　；用于丛书名、丛刊号、后续的"在原文献中的位置"项；
　　( ) 用于限定语、期号、部分号、报纸的版次、制作地、制作者、制作年；
　　[ ] 用于文献类型标识以及著者自拟的著录内容；
　　· 除上述各项外，其余的著录项目后用"·"号，末项除外。
6. 著录细则
　　6.1 主要责任者
　　主要责任者是指对文献的知识内容或艺术内容负主要责任的个人或团体。
　　主要责任者包括著者、专利申请者或专利所有者以及汇编本的编者等。
　　6.1.1 个人著者采用姓在前，名在后的著录形式。著者的名可以用缩写字母，在缩写名后不加"·"。但是，欧美著者的中译名可以只著录姓。

例：1 李时珍 （原题：李时珍）
　　2 Einstein A （原题：Albert Einstein）
　　3 韦杰 （原题：伏尔特·韦杰）

6.1.2 著作方式相同的责任者不超过三个时，可全部照录。责任者超过三个时，只著录前三个责任者，其后加"等"字或者其他与之相应的字。

例：1 马克思，恩格斯
　　2　Yelland R L, Jones S c, Easton K S, et al.

6.1.3 无责任或者责任者情况不明的文献，"主要责任者"项应注明"佚名"或者其他与之相应的词。凡采用顺序编码制排列的参考文献可省略此项，直接著录题名。

例：Anon. 1981. Coffee drinking and cancer of the pancreas.
　　Br Med J 28:3628

6.1.4 凡是对文献负责的机关团体有专用名称时，可直接按照著录来源著录，否则，机关团体名称应由上至下分级著录。

例：1 中国科学院物理研究所.
　　2 American Chemical Society.
　　3 Stanford University. Department of civil Engineering.

6.2 题名

题名包括书名、刊名、专利题名、析出题名等。
题名按著录来源所载的形式著录。

例：1 化学动力学和反应器原理.
　　2 Gases in sea ice 1975～1979.
　　3 J Math & Phys.

6.2.1 著录来源载有多个题名，可著录两个处于显要位置的题名。

例：1 百川书志，古今书刻.
　　2 Road map of France. Carte routière de la France.

6.2.2 副题名与说明题名文字可根据文献外部特征的提示情况决定取舍。必要时，以著录副题名与说明题名文字。

例：地壳运动假说：从大陆漂移到板块构造.

6.2.3 在参考文献中，连续出版物的识别题名（Key-title）可以取代著录来源所提供的题名。

例：Scientia (Milano)

6.3 文献类型标识（供选择）

根据 GB 3469—83《文献类型与文献载体代码》著录文献类型标识。例如，缩微制品、录音制品、录象制品的文献类型标识分别为"M"、"A"、"V"。

印刷型文献不著录此项。

6.4 其他责任者（供选择）

其他责任者是指除主要责任者以外的责任者。例如，编者、译者、插图者、专利发明者、主持机构等。但是，汇编本的编者可以作为著者处理，著录在主要责任者项内。

其他责任者及著作方式依据著录来源所载的形式著录。

例：1 奈斯比特. 大趋势：改变我们生活的十个新方向. 梅艳译
　　2 Dryden J. The works of John Dryden. Ed. By H T Swedenberg

6.5 版本

第一版不著录，其他版本说明需著录。版本用阿拉伯数字序数缩写形式或其他标识表示。

例：1 第3版　（原题：第三版）
　　2 5td ed.　（原题：fifth edition）
　　3 Rev ed.　（原题：Revised edition）
　　4 1978 ed.　（原题：1978 edition）

6.6 卷、期、年、月或其他标识（供选择）

一套完整的连续出版物要著录首卷与末卷的卷、期、年、月或其他标识。尚未出齐的连续出版物，只著录首卷的卷、期、年、月或其他标识。

例：1956，1～1963，8
　　1974，1（1）～

6.7 出版项

出版项按出版地、出版者、出版年顺序著录。非书资料还可以著录制作地、制作者、制作年，并置于圆括号内。

例：北京：科学出版社，1985.
　　New York: Academic Press, 1978.

6.7.1 出版地

6.7.1.1 出版地著录出版者所在地的城市名称。对同名异地或不为人们所熟悉的城市名，可在城市名后附州名、省名、国名等（参见 5.2）。

例：Cambridge(Eng)
　　Cambridge(Mass)

6.7.1.2 文献中载有多个出版地，只著录一个处于显要位置的出版地，无出版地要注明"出版地不详"或者与之相应的词。

例：1 London：Butterworths, 1978.
　　（原题：Butterworths
　　London Boston Sydney

    Wellington Durban Toronto 1978）

  2 [s.1.]：Macmillan，1975.

  3 [出版地不详]：商务印书馆，1982.

6.7.2 出版者

6.7.2.1 出版者可以按著录来源的形式著录，也可以按公认的简化形式或缩写形式著录。

 例：1 IRRI（原题：International Rice Research Institute）

   2 Wiley（原题：John Wiley and Sons co）

6.7.2.2 著录来源载有多个出版者时，只著录一个处于显要位置的出版者。

 例：Chicago：ALA，1978.

  （原题：American Library Association/Chicago

  Canadian Library Association/Ottawa 1978）

6.7.2.3 无出版者要注明"出版者不详"或者与之相应的词。

 例：Salt Lake City：[s.n.]，1964.

6.7.3 出版日期

6.7.3.1 出版年采用公元纪年，并用阿拉伯数字著录。如有其他纪年形式时，将原有的纪年形式置于"（）"内。报纸和专利文献要详细著录出版日期，其形式为年、月、日。

 例：1705年（康熙四十四年）

  1985-04-20

6.7.3.2 集中著录跨年度出版的多卷（册）出版物，需著录起讫年。尚未出齐的多卷（册）出版物先著录首卷出版年，尔后加"～"。

 例：1973～75

  1985～

6.7.3.3 出版年无法确定时，可依次选用版权年、印刷年、估计的年代。

 例：1978

  1982印刷

6.8 文献数量（供选择）

6.8.1 印刷型专著

印刷型专著的文献数量用页数、叶数、卷（册）数等表示。

 例：620页

  546P

  5v

6.8.2 非书资料

非书资料的文献数量根据文献载体的件数著录。

例：1 3盒
　　2 12 microfiches

6.9 丛编项（供选择）

依据著录来源所载的内容著录丛编项。丛编项包括丛书名及丛书号、丛刊名及丛刊号等。

例：1 建筑工人技术学习丛书；2
　　2　Interscience tracts on physics and astronomy；no.23

6.10 附注项（供选择）

下面列出的补充材料可以在附注项内加以说明。

6.10.1 难得文献的获取途径。

例：Available from NTIS：AD683428

6.10.2 重印本、复制本、影印本等可在附注项内说明与原作的关系。

例：Reprint of original published Boston：Estes and Lauriat, 1902.

6.10.3 获取文献或使用文献的对象。

例：Government use only

6.10.4 有关文献预先出版的情况。

例：1　Forthcoming
　　2 Application No 26032/71 filed 19 Apr 1971, Complete specification published 24 Apr 1974

6.10.5 分类法及分类号。

例：Dewey：001. 64' 25
　　Int C1：G02 B 27/14

6.10.6 其他被认为是相当重要，需加以注释的材料。

例：Limited ed. 100 copies

6.11 文献标准号

国际标准书号（ISBN）、国际标准连续出版物号（ISSN）等文献标准号参照有关标准著录。

例：ISBN 0-552-6787-3
　　ISSN 0340-0352

6.12 析出文献

析出文献按本标准3.4的有关规定著录。专著中析出的文献与原文献的关系用"见"字，或者其他与之相应的字表示。

例：1 Duclos R, Doukhan N, Escaig b, High temperature creep behaviour of nearly stoichiometric alumina spinel. J Mat Sci 1978, 3: 1740～1748
　　2 Eissen H N. Immunology: an introduction to molecular and cellular

principles of the immune response. 5th ed. New York: Harper and Row, 1974.406

3 Cowan J C. Sound recording. In: Mason D. A primer of non-book materials in libraries. Rev ed. London: Association of Libraries Librarians, 1978, 94～110

6.12.1 从连续出版物中析出的文献,应在"在原文献中的位置"项注明原文献的年代顺序号、卷、期、部分号、页数。

例：1980, 92 (2, 2)： 316～318
　　　↑　　↑　　↑　↑　　　↑
　　　年　　卷　　期 部分号　页数

1985 06 15
↑　↑　↑
年　月　日　报纸的版次

6.12.2 凡是在同一连续出版物上连载的文章,其后续部分不必另行著录,可以原有的参考文献后直接注明后续部分的年代顺序号、卷、期、部分号、页数等。

例：1981, 1：37～44； 1981, 2：47～52
　　↑　 ↑　 ↑　　　 ↑　 ↑　 ↑
　　年　 卷　页数　　 年　 卷　页数

7.参考文献表

参考文献表可以按顺序编码制组织,也可以按"著者-出版年"制组织。

7.1 顺序编码制

参考文献表按顺序编码制组织时,参考文献表中的各篇文献要按专论正文部分标注的序号依次列出（参见附录B.1）。

例：1 上海第一医院编.医用药理学.北京：人民卫生出版社,1977.24

2 Garattini S. Advance in pharmacology and chemotherapy v. 15. New York：Academic Press, 1978. 350

3 Adrian R H. Reviews of physiology, biochemistry and pharmacology v. 84. s.l.：Springer, 1978. 226

7.2 "著者-出版年"制

参考文献表采用"著者-出版年"制组织时,参考文献表中的各篇文献首先按文种集中,可分为中文、日文、西文、俄文、其他文种五部分,然后按著者字顺和出版年排列。中文文献可以按笔画、笔顺（"一"、"丨"、"丿"、"、"、"𠃍"）排列,也可按汉语拼音字顺排列（参见附录B.2）。

例：Boulton G S. 1978. Boulder shapes and grain-size distributions of debris as indicators of transpor paths through a glacier and till genesis. Sedimentology, 25: 773～799

Boulton G S. 1982. Processes and patterns of glacia erosion. In: coates D R, ed.Glacial geomorpholog, London: Allen & Unwin. 41～47

Crowell J C, Frakes L A. 1971. Late Paleozoic glaciation: part IV Australia, Bull Geol Soc Am, 82: 2515～2540.

Dreimanis A, Reavely G H. 1953. Differentiation of the lower and upper till along the North shore of Lake Erie. J Sedim Petrol, 23: 238～259.

8.参考文献标注法

专论正文部分引用的文献的标注方法可以采用顺序编码制，也可以采用"著者-出版年"制（参见附录B）。

8.1 顺序编码制

8.1.1 顺序编码制是按文章正文部分引用的文献出现的先后顺序连续编码，并将序号置于方括号中。

例：……西德学者 H. 克罗斯研究了瑞士巴塞尔市附近侏罗山中老第三纪断裂对第三系褶皱的控制[235]；之后，他又描述了西里西亚等第三条大型的近南北向构造带，并提出地槽是在不均一的块体的基底上发展的思想[236]。

……

8.1.2 引用多篇文献时，只须将各篇文献的序号在方括号内全部列出，各序号间用"，"。如遇连续序号，可标注起讫序号。

例：裴伟[570, 83]提出……

莫拉德对稳定区的节理格式的研究[255-256]。

8.2 "著者-出版年"制

8.2.1 专论正文部分引用的文献采用"著者-出版年"制时，各篇文献的标注内容由著者姓氏与出版年构成。倘若只标注著姓氏无法识别该人名时，可标注著者姓名。例如，中国人著者、朝鲜人著者、日本人用汉字姓名的著者等。集体著者著述的文献可标注机关团体名称。

例：The notion of an invisible college has been explored in the scitnces （Crand 1972）. Its absence among historians is notes by Stieg (1981). It may be, as Burchard (1965) points out …….

各篇文献的标注内容都以这一形式出现时，参考文献的出版年应紧接着著者著录。在这种情况下，可以省略出版项中的出版年。

例：……

Crane D. 1972. Invisible college. Chicago: Univ. Of Chicago Press.

Stieg M F. 1981. The information meeds of historians. Coll. and Res. Libraries, 42(6): 549～560

8.2.2 引用多著者文献时，只需标注第一个著者的姓，其后附"等"字，或附与之相应的词。

8.2.3 引用同一著者在同一年出版的多篇文献时，出版年后应用小写字母a，b，c……区别。

例：Kennedy W J, Garrison R E. 1975a. Morphology and genesis of nodular chalks and hardgrounds in the Upper Cretaceous of Southern England. Sedimentology, 22: 311～386

Kennedy W J, Garrison R E. 1975b. Morphology and genesis of nodular phosphates In the Cenomanian of south-east England. Lethaia, 8: 339～360.